Die Integration der culpa in contrahendo in das BGB nach der Schuldrechtsform

Europäische Hochschulschriften

European University Studies

Publications Universitaires Européennes

Reihe II **Rechtswissenschaft**

Series II Law

Série II Droit

Band/Volume **5978**

Elke Nüßlein

Die Integration der culpa in contrahendo in das BGB nach der Schuldrechtsform

Eine Studie zu den Erhaltungspflichten im Licht des Linoleumrollen-Urteils des Reichsgerichts RGZ 78, 239ff.

PETER LANG

Bibliografische Information der Deutschen Nationalbibliothek
Die Deutsche Nationalbibliothek verzeichnet diese Publikation in der Deutschen Nationalbibliografie; detaillierte bibliografische Daten sind im Internet über http://dnb.d-nb.de abrufbar.

Zugl.: Erlangen-Nürnberg, Univ., Diss., 2017

D 29 (n2)
ISSN 0531-7312
ISBN 978-3-631-74271-6 (Print)
E-ISBN 978-3-631-74292-1 (E-PDF)
E-ISBN 978-3-631-74293-8 (EPUB)
E-ISBN 978-3-631-74294-5 (MOBI)
DOI 10.3726/b13102

Diese Publikation wurde begutachtet.

www.peterlang.com

Vorwort

Die folgende Arbeit lag der rechtswissenschaftlichen Fakultät der Universität Erlangen-Nürnberg als Dissertation vor.

Mein großer Dank gilt Herrn Prof. Dr. Spengler, der die Arbeit betreut hat. Ferner danke ich Herrn Prof. Dr. Caspers für die Erstellung des Zweitgutachtens und Herrn Prof. Dr. Rohe für die Übernahme des Prüfungsvorsitzes.

Röttenbach, im September 2017 Elke Nüßlein

Inhaltsverzeichnis

Abkürzungsverzeichnis

a. a. O.	am angegebenen Ort
ABGB	Allgemeines Bürgerliches Gesetzbuch für Österreich
ABlEG	Amtsblatt der Europäischen Gemeinschaften(Ausg. C. Mitteilungen und Bekanntmachungen; Ausg. L. Rechtsvorschriften)
Abs.	Absatz
Abschn.	Abschnitt
AcP	Archiv für die civilistische Praxis
a. F.	alte Fassung
AGB	Allgemeine Geschäftsbedingungen
AGBG	Gesetz zur Regelung des Rechts der Allgemeinen Geschäftsbedingungen vom 9.12.1976
ALR	Allgemeines Landrecht für die Preußischen Staaten von 1794
Anm.	Anmerkung
Art.	Artikel
BB	Betriebsberater
BGB	Bürgerliches Gesetzbuch
BGBl.	Bundesgesetzblatt
BGH	Bundesgerichtshof
BGHZ	Entscheidungen des Bundesgerichtshofs in Zivilsachen
BR	Bundesrat
BT	Bundestag
bzw.	beziehungsweise
CC, cc	Code civil; Codice civile
c.i.c.	culpa in contrahendo
D.	Digesten
ders.	derselbe
DiskE	Diskussionsentwurf eines Schuldrechtsmodernisierungsgesetzes
Diss.	Dissertation
DJT	Deutscher Juristentag
Drucks.	Drucksache
EG	Europäische Gemeinschaften
Fn.	Fußnote
GruchotsB	Beiträge zur Erläuterung des Deutschen Rechts. Begründet von Gruchot
Inst.	Institutionen
Iust.	Iustinianus

JA	Juristische Arbeitsblätter
JhJB	Jherings Jahrbücher für die Dogmatik des heutigen römischen und deutschen Privatrechts (Band, Seite)
JuS	Juristische Schulung
Jura	Jura
JW	Juristische Wochenschrift
JZ	Juristenzeitung
Konsolidierte Fassung	Konsolidierte Fassung des Diskussionsentwurfs eines Schuldrechts-modernisierungsgesetzes
LM	Nachschlagewerk des Bundesgerichtshofs, herausgegeben von Lindenmayer, Möhring u. a.
LZ	Leipziger Zeitschrift für Deutsches Recht
MDR	Monatsschrift für Deutsches Recht
MüKo	Münchner Kommentar
NJW	Neue Juristische Wochenschrift
OR	Schweizerisches Obligationenrecht
RabelsZ	Zeitschrift für ausländisches und internationales Privatrecht; begründet von Ernst Rabel
Recht	Das Recht. Rundschau für den Deutschen Juristenstags. Herausgegeben von Soergel
RG	Reichsgericht
RGZ	Reichsgericht-Rechtsprechung in Zivilsachen
S	Satz (in Verbindung mit dem Zitat eines Paragraphen); Seite
SZ	Zeitschrift der Savigny-Stiftung für Rechtsgeschichte
u. a.	und andere
usw.	und so weiter
UWG	Gesetz gegen den unlauteren Wettbewerb vom 7.6.19
VersR	Versicherungsrecht. Juristische Rundschau für die Individualversicherung
v.	von
Vorw.	Vorwort
ZGB	Schweizerisches Zivilgesetzbuch
ZEuP	Zeitschrift für Europäisches Privatrecht
ZIP	Zeitschrift für Wirtschaftsrecht und Insolvenzpraxis
ZHR	Zeitschrift für das gesamte Handels- und Wirtschaftsrecht
ZIP	Zeitschrift für Wirtschaftsrecht; bis 1982: Zeitschrift für Wirtschaftsrecht und Insolvenzpraxis
ZStW	Zeitschrift für die gesamte Staatsrechtswissenschaft

Einleitung

Die culpa in contrahendo ist ein Rechtsinstitut, das seit Jahrzehnten Forschung und Rechtsprechung gleichermaßen beschäftigt. Obwohl Jhering[1] in gewissem Umfang die Idee einer vorvertraglichen Haftung konzipiert hatte, nahm das BGB diese Anregung nicht zum Anlass, eine generelle Regelung zu schaffen.[2] Lediglich in einzelnen Vorschriften fanden die Gedanken Jherings Eingang in das BGB. Eine eigene Vorschrift für die culpa in contrahendo als solche war bisher aber im BGB nicht vorhanden. In §§ 145 ff BGB sind nur Voraussetzungen für den Abschluss eines Vertrages geregelt. Das Scheitern von Vertragsverhandlungen hingegen wird hier nicht thematisiert. So fußt die culpa in contrahendo weniger auf dem BGB als vielmehr auf einer „schöpferischen Rechtsfortbildung“[3], die die Rechtsprechung und Wissenschaft geleistet haben. Bisher war die culpa in contrahendo gewohnheitsrechtlich anerkannt.[4] In der Vorschrift des § 11 Nr. 7 AGBG zeigte sich ausdrücklich deren Anerkennung durch den Gesetzgeber, ohne dass darin gleichzeitig die gesetzliche Grundlage für die culpa in contrahendo zu finden ist.[5] Bezüglich der Voraussetzungen oder des Inhalts der culpa in contrahendo enthält dieser Paragraph keine Regelung.[6] Nach der Schuldrechtsreform erkennt § 311 II BGB n. F. auch im Gesetzestext des BGB die culpa in contrahendo an, wobei aber keine ausdrückliche Nennung des Haftungsinstitutes erfolgt.

Obwohl bisher eine gesetzliche Normierung fehlte, ist die praktische Relevanz dieses Rechtsinstituts enorm. Die Konzeption des BGB ging bisher von der zentralen Stellung der Unmöglichkeit im Leistungsstörungsrecht aus. In der praktischen Bedeutung übertrifft heute die culpa in contrahendo vielfach die Unmöglichkeit.[7]

---

1 Zur Person Rudolph von Jherings (1818–1892): Wolf, Große Rechtsdenker der deutschen Geistesgeschichte, S. 622.

2 Jhering, Culpa in contrahendo oder Schadensersatz bei nichtigen oder nicht zur Perfection gelangten Verträgen, JhJb 4, S. 1 ff., erschienen 1861.

3 Larenz, Schuldrecht I, § 9 I, S. 104.

4 BGH NJW 1979, 1983; Fikentscher, Schuldrecht, § 20 IV 3, S. 68; Larenz, Schuldrecht I, § 9 I a, S. 108 f.; Palandt/Grüneberg, 74. Auflage, § 311 Rn. 11; Soergel/Wiedemann, Vor § 275 Rn. 13, 50; Staudinger/Löwisch, Vorbemerkung zu §§ 275–283, Rn. 38.

5 BGH NJW 1979, 1983; Staudinger/Löwisch, Vorbemerkung zu § 275–283 Rn. 39.

6 Schmidt-Räntsch, Das neue Schuldrecht, § 311, S. 274.

7 Emmerich, Zum gegenwärtigen Stand der Lehre von der culpa in contrahendo, Jura 1987, 561.

Sie stellt einen festen und anerkannten Teil des Haftungssystems im deutschen Zivilrecht dar.

Über das Thema der culpa in contrahendo sind unzählige Abhandlungen erschienen.[8] Die Fallgruppe der Verletzung von Schutzpflichten[9] ist möglicherweise nicht von so großer praktischer Relevanz wie etwa der Abbruch von Vertragsverhandlungen. Auch sind diese Fälle nicht so „modern" und „spektakulär" wie der Anlegerschutz, der auch zum Fallspektrum der culpa in contrahendo gerechnet wird.[10] Die wissenschaftliche Herausforderung dieser Fallgruppe hingegen liegt nicht nur in der nach wie vor brennenden Frage nach dem Haftungsgrund der culpa in contrahendo. Die Berührungspunkte, die zum Deliktsrecht bestehen, sind gleichzeitig Auslöser für Kontroversen.

Dabei hatte Larenz noch 1975 festgestellt, dass die Haftung für culpa in contrahendo einigermaßen ausdiskutiert zu sein scheine.[11] Nach einer dogmatischen Analyse einzelner Fallgruppen gipfelt allerdings sein Beitrag in der Aussage, dass „das Thema der Haftung für culpa in contrahendo …, entgegen dem ersten Anschein, noch längst nicht ausgeschöpft" sei.[12]

Heute stellt die culpa in contrahendo ein Haftungsinstitut dar, unter dessen Dach eine Vielzahl so genannter Fallgruppen zusammengefasst wird.[13] Ihre Gemeinsamkeit kann man darin sehen, dass ein Fehlverhalten zeitlich vor einem

---

8 Vergleiche nur aus jüngerer Zeit: Grigoleit, Vorvertragliche Informationshaftung; Lorenz, Der Schutz vor dem unerwünschten Vertrag; Nickel, Die Rechtsfolgen der culpa in contrahendo; Pohlmann, Die Haftung wegen der Verletzung von Aufklärungspflichten; Kakatsakis, Die culpa in contrahendo nach neuem Schuldrecht; Keller, Schuldverhältnis und Rechtskreisöffnung; Lüsing, Die Pflichten aus culpa in contrahendo und positiver Vertragsverletzung.

9 Die Terminologie variiert: von Schutzpflichten sprechen: Medicus, Verschulden bei Vertragsverhandlungen, in: Bundesminister der Justiz (Hrsg.), Gutachten und Vorschläge zur Überarbeitung des Schuldrechts, S. 479, 490; Palandt/Heinrichs, 62. Auflage, § 311 Rn. 33; Staudinger/Löwisch, 12. Auflage, Vorbemerkung zu §§ 275–283 Rn. 64; den Begriff Erhaltungspflichten verwendet Larenz, Festschrift Ballerstedt, S. 397, 400; Sicherungspflichten beschreibt Gernhuber, Das Schuldverhältnis, § 8 IV 2 b, S. 202.

10 Grundlegend zur Prospekthaftung: BGHZ 71, 284 ff.

11 Larenz, Festschrift Ballerstedt, S. 397 ff.

12 Larenz, a. a. O., S. 419.

13 Vergleiche die Übersicht bei: Staudinger/Löwisch, Vorbemerkung zu §§ 275–283 Rn. 61, 64 ff.; Soergel/Wiedemann, Vor § 275, Rn. 128 ff; Palandt/Grüneberg, 74. Auflage, § 311 Rn. 29–53; Staudinger/Löwisch/Feldmann, Neubearbeitung 2013, § 311 R. 99.

etwaigen Vertragsschluss zu verzeichnen ist. Auf den späteren Abschluss eines Vertrages kommt es nicht an.[14] Es geht um eine Ersatzpflicht, die von der späteren Entstehung von Leistungspflichten nicht nur losgelöst ist[15], sondern auch dann eintritt, wenn überhaupt keine Leistungspflichten begründet werden sollen.[16]

Die Integration der culpa in contrahendo in ein modernisiertes BGB ist eine Überlegung, die bereits im Rahmen der Gutachten zur Überarbeitung des Schuldrechts von 1981 gestellt wurde.[17] Die grundsätzlichen Schwierigkeiten dieser Aufgabe traten bereits damals klar hervor. Die zahlreichen Fallgruppen und deren ständige Erweiterung erwiesen sich auf der Suche nach einer Regelung als großes Problem. Dabei ist die in dieser Arbeit untersuchte Fallgruppe wegen ihrer Nähe zum Deliktsrecht von großem Interesse. Teilweise wird ihre Berechtigung im Rahmen der culpa in contrahendo ganz in Abrede gestellt. Dazu kommen grundsätzliche Probleme, die mit dem Haftungsinstitut selbst zusammenhängen. So ist der dogmatische Streit über deren Haftungsgrund bis in jüngste Zeit nicht beendet.[18] Nun ist „schlicht" das Gesetz Grundlage der Haftung.[19] „Dieser Umstand macht jedoch die Frage nach den Grundgedanken der Haftung aus c.i.c. , d.h. nach den letztlich hinter der gesetzlichen Regelung stehenden Wertungen, nicht entbehrlich, da nur eine möglichst klare Herausarbeitung dieser Grundgedanken geeignet ist, Maßstäbe für die Fortentwicklung der c.i.c. im Rahmen der §§ 311 Abs. 2 und 3 zu liefern".[20] Zu Fragen grundlegender Art treten noch zahlreiche Einzelprobleme.

Aus diesem Grund erscheint es sinnvoll, die Frage nach der Normierung der culpa in contrahendo auf eine ausgewählte Fallgruppe zu beschränken. Im Zentrum der Aufmerksamkeit steht nicht nur die Auseinandersetzung mit

---

14 Larenz, Schuldrecht I, § 9 I, S. 104.

15 Medicus, Probleme um das Schuldverhältnis, S. 7.

16 So in BGHZ 66, 51; teilweise kritisch dazu: Kreuzer, Anmerkungen zum Urteil des BGH vom 28.1.1976 (Gemüseblattfall), JZ 1976, (776), 778; Hohloch, Vorvertragliche Haftung nach culpa-in-contrahendo-Grundsätzen auch zugunsten Dritter? – BGHZ 66, 51, JuS 1977, 302.

17 Medicus, Verschulden bei Vertragsverhandlungen, in: Bundesminister der Justiz (Hrsg.), Gutachten und Vorschläge zur Überarbeitung des Schuldrechts, S. 479 ff.

18 Überblick bei: MüKo/Emmerich, 3. Auflage, Vor § 275 Rn. 43 ff., Soergel/Wiedemann, 12. Auflage, Vor § 275, Rn. 101 ff., Staudinger/Löwisch, 12. Auflage, Vorbemerkung zu §§ 275–283 Rn. 52 ff.; Canaris, Wandlungen des Schuldvertragsrechts – Tendenzen zu einer „Materialisierung", AcP 200 (2000), (274), 304 ff; MüKo/Emmerich, 6. Auflage, § 311 Rn. 41; Keller, Schuldverhältnis und Rechtskreisöffnung, S. 51 ff.

19 MüKo/Emmerich, 6. Auflage, §311, Rn. 39.

20 MüKo/Emmerich, a. a. O.

den Regelungsvorschlägen des Gesetzgebers in dogmatischer und inhaltlicher Art. Angesichts des Anwachsens des Anwendungsbereichs der culpa in contrahendo stellt sich auch die Frage, ob und gegebenenfalls wie eine solche Regelung ausgestaltet werden könnte und welchen Weg der Gesetzgeber gewählt hat. Viele Argumente, die vom Gesetzgeber für die Schuldrechtsreform ins Feld geführt werden, sind teilweise identisch mit der Begründung, die für die Normierung der culpa in contrahendo vorgetragen wird.

§ 1: Kapitel 1: Abgrenzung des Themas

1. Schuldrechtsreform und Normierung der culpa in contrahendo

Ein zentrales Anliegen der Schuldrechtsreform war es, das BGB so zu gestalten, dass es Auskunft über die aktuelle Rechtslage geben kann.[21] Zur Frage, wie eine Normierung der culpa in contrahendo umgesetzt werden kann, erarbeitete Medicus bereits 1981 einen Vorschlag.[22] Er unterschied nach einzelnen Fallgruppen der culpa in contrahendo, unterzog sie einer dogmatischen Überprüfung und schlug eine Regelung vor. Für die Fallgruppe der Integritätsverletzung kam er zu dem Schluss, dass sie zu Unrecht in der culpa in contrahendo angesiedelt sei und daher dort nicht geregelt werden sollte.[23]

Die Realität des Gesetzes (BGB) stellt sich nach der Schuldrechtsreform[24] anders dar. Nun sind es drei Paragraphen, die in ihrem Ineinandergreifen die culpa in contrahendo erfassen sollen: §§ 311 II, 241 II, 280 I BGB n. F.[25] Eine Differenzierung nach einzelnen Fallgruppen oder die Ausklammerung einzelner Bereiche hat nicht stattgefunden. Ebenfalls nicht durchsetzen konnte sich eine Regelung, die noch in § 305 BGB-Disk-E vorgesehen war und eine ganz generelle Einstellung der culpa in contrahendo in das BGB vorsah. Die Vorschrift des § 311 II BGB n. F. stellt nicht auf die verschiedenen Möglichkeiten einer Pflichtverletzung ab, mit der letztlich die Unterscheidung in die verschiedenen Fallgruppen getroffen wird. Dieses Feld ist jetzt in § 241 II BGB n. F. angesiedelt. In § 311 II BGB n. F. geht es nun um das Entstehen der culpa in contrahendo als gesetzliches Schuldverhältnis.[26] Man sieht darin auch ein Anklingen der verschiedenen dogmatischen Konzepte, die zur Frage des Haftungsgrundes der culpa in contrahendo vorgetragen werden.[27] Der Gesetzgeber glaubte, dass eine Regelung in allen Einzelheiten

---

21 Bundesministerium der Justiz (Hrsg.), Abschlußbericht zur Überarbeitung des Schuldrechts, 1992, S. 14.

22 Medicus, a. a. O. (Fn. 17), S. 479 ff.

23 Medicus, a. a. O. (Fn. 17), S. 494.

24 Gesetz zur Modernisierung des Schuldrechts BGBl 2001 I, 3138 ff.

25 § 311 III BGB betrifft die Haftung eines Dritten, der nicht selbst Vertragspartner werden soll, Palandt/Grüneberg, 74. Auflage, § 311 Rn. 60. Das wird im Rahmen dieser Arbeit nicht erörtert.

26 BGHZ 6, 333.

27 Krebs, in: Dauner-Lieb/Heidel (Hrsg.), Schuldrecht, § 311, S. 368 Rn. 17.

ohnehin nicht möglich sei.[28] Es ging auch nicht darum, die gegenwärtige Rechtslage zu ändern. Offenbar überwogen die Bedenken vor einer nicht beabsichtigten Festschreibung einzelner Fallgruppen.[29]

2. Bedenken gegen die Ausweitung der Haftung aus culpa in contrahendo

2.1 Problem der Weite der culpa in contrahendo

Das Ziel, die culpa in contrahendo im Gesetz zu verankern, ist mit einem grundlegenden Problem behaftet. Eine Regelung müsste der Tatsache Rechnung tragen, dass unter dem Dach der culpa in contrahendo eine Vielzahl der unterschiedlichsten Fallgruppen vereint ist. Der Ausgangspunkt der Rechtsprechung des Reichsgerichts waren die Haftung für Pflichtverletzungen bei Vertragsverhandlungen und die Haftung für die Verletzung von deliktisch geschützten Rechtsgütern. Diese Bereiche wurden aber längst in verschiedene Richtungen erweitert.

Das verbindende Element zwischen allen Fallgestaltungen scheint zu sein, dass es anlässlich von Vertragsverhandlungen zu einem Schaden bei einem Verhandlungspartner kommt. Larenz war 1964 der Auffassung, dass die culpa in contrahendo in ihrem Tatbestand durch die Aufnahme von Vertragsverhandlungen oder zumindest eines geschäftlichen Kontakts hinreichend bestimmt sei.[30] Er bezeichnete die culpa in contrahendo als „sinnentsprechende Fortentwicklung", die sich dem Ganzen unseres Haftungsrechts mühelos integrieren lasse.[31] Entgegen dieser ursprünglichen Einschätzung musste Larenz in späteren Jahren diese Ansicht revidieren.[32] Der Bogen der Anwendungsgebiete der culpa in contrahendo spannt sich zum Beispiel von der Verletzung von Körper und Eigentum des Verhandlungspartners und der Verletzung von Aufklärungspflichten bis zum grundlosen Abbruch von Vertragsverhandlungen. In überaus praxisrelevanten und aktuellen Problemfeldern wie der Prospekthaftung[33]

---

28 Schmidt-Räntsch, Das neue Schuldrecht, § 311, S. 276; BT-Drucks. 16/6040, S. 161 ff.

29 Schmidt-Räntsch, a. a. O.; BT-Drucks. 6040, S. 161 ff.

30 Larenz, Kennzeichen geglückter richterlicher Rechtsfortbildung, S. 13.

31 Larenz, a. a. O.

32 Larenz, Festschrift Ballerstedt, S. 397, 419.

33 Assmann, Entwicklungstendenzen der Prospekthaftung, WM 1983, 138 ff; Assmann, Prospekthaftung, S. 225, 276, 331 ff; Assmann (Hrsg.), Handbuch des Kapitalanlagerechts, S. 190; Hopt, Der Kapitalanlegerschutz im Recht der Banken, S. 414 ff; Werner/

und der Sachwalter- und Berufshaftung[34] ist die culpa in contrahendo ebenfalls präsent.

Die Systematisierung des Fallmaterials anhand der verschiedenen „Fallgruppen“ lässt sich mit der Bildung einer Generalklausel kaum in Einklang bringen. Wenn man ausschließlich an die Art der Pflichtverletzung anknüpft, müsste man eine Ausdifferenzierung in „Regelbeispiele“ ins Auge fassen. Diese Differenzierung nach Fallgruppen ist aber nicht zwingend.

Denkbar ist auch, auf das Verhältnis vom Schaden zum Vertrag abzustellen.[35] Bei Körper- und Eigentumsschäden kommt es auf einen Vertragsschluss nicht an.[36] Ist ein wirksamer Vertrag nicht oder ein unerwünschter Vertrag geschlossen worden, kann das andererseits zu einem Schaden führen. In diesen Fällen geht es nicht mehr um die Verletzung von Rechtsgütern, die § 823 I BGB erfasst, sondern um Vermögensschäden. Ein deliktischer Schadensersatzanspruch aus § 823 II BGB beziehungsweise § 826 BGB scheitert meist am Vorsatz – sei es, dass kein Vorsatz gegeben ist oder es an der Beweisbarkeit fehlt. Anders ausgedrückt lassen sich zwei übergeordnete Pflichtenkreise ausmachen.[37] Dies sind Pflichten, die sich auf vertragsfremde Rechtsgüter – also die, die § 823 I BGB schützt – beziehen. Abschluss und Inhalt des Vertrages sind davon nicht tangiert. Ein Zusammenhang mit dem in Aussicht genommenen Vertrag ist im Bereich der Vermögensverletzungen gegeben, da sich hier die Pflichten auf den beabsichtigten Vertrag beziehen.

Zu einer interessanten und überraschenden Überlegung führt die Rechtsprechung des Bundesgerichtshofes im Bereich des Kapitalanlegerschutzes. Dieses hochkomplexe Gebiet wurde nicht nur für die culpa in contrahendo fruchtbar gemacht, sondern führt in eine Vielzahl anderer Anspruchsgrundlagen und Sondergesetze. Die Problematik dieses Rechtsgebietes liegt darin, dass es sich um eine außerordentlich spezielle Materie handelt. Im Zentrum der Überlegungen steht der Schutz des Anlegers vor Übervorteilung. Es fehlt dem Investor meist an

Machunsky, Rechte und Ansprüche geschädigter Kapitalanleger; BGHZ 79, 337; BGH NJW 1990, 2461; BGH NJW 1982, 1095; grundlegend: BGHZ 71, 284 ff.

34 Assmann, Prospekthaftung, S. 245, 305 ff; grundlegend: Herrmann, Die Sachwalterhaftung vermögenssorgender Berufe, JZ 1983, 422 ff; Schulze, Grundprobleme der Dritthaftung bei Verletzung von Auskunfts- und Beratungspflichten in der neueren Rechtsprechung, JuS 1983, 81 f.

35 Medicus, Schuldrecht I, S. 57 Rn. 103; ebenso jetzt Medicus/Lorenz, Schuldrecht AT, 21. Auflage 2015, S. 245 Rn. 531.

36 Medicus, a.a.O; ebenso Medicus/Lorenz, a. a. O.

37 V. Caemmerer, Wandlungen, S. 56 f.

der Möglichkeit, das Risiko sowohl wirtschaftlicher als auch rechtlicher Art zutreffend zu beurteilen. Der Gesetzgeber hat beispielsweise im Kapitalanlagegesetzbuch, dem Vermögensanlagengesetz und dem Wertpapierhandelsgesetz auf diese Problematik reagiert. Die Rechtsprechung bedient sich in diesem Bereich einer Reihe von Anspruchsgrundlagen. Neben den oben genannten Gesetzen reicht die Bandbreite von vertraglichen Ansprüchen über die culpa in contrahendo bis zu deliktischen Anspruchsgrundlagen. So gewinnt die vorsätzliche sittenwidrige Schädigung gemäß § 826 BGB ebenso Bedeutung wie § 823 II BGB in Verbindung mit § 264 a StGB (Kapitalanlagebetrug), der als Schutzgesetz fungiert. Häufig ist hier der Vorsatz problematisch. Im Rahmen der vertraglichen Ansprüche werden oft Beraterverträge bejaht.[38] Die culpa in contrahendo findet ihren Anwendungsbereich häufig im Zusammenhang mit Aufklärungspflichten, wobei die Rechtsprechung die Lösung teilweise über konkludente Beratungsverträge findet.[39] Dieser Bereich ist noch mit Unsicherheiten belastet, die aus der rechtlichen Begründung der Aufklärungspflichten resultieren. Das Schwanken der Rechtsprechung zwischen culpa in contrahendo und konkludenten Verträgen führt den Blick zurück zur Entwicklung der Rechtsprechung des Reichsgerichts mit seinen diversen vertraglich ausgerichteten Hilfskonstruktionen bis hin zum Linoleumrollenfall. Ein Beispiel in diesem Problemfeld ist das Urteil zum Vertrieb von Bond-Anleihen.[40] Eine Bank, die eine Kapitalanlage wie Wertpapiere vermittelt, wird nicht selbst Vertragspartner des Kunden. Andererseits hat die Rechtsprechung die umfangreiche Aufklärungspflicht etwa der Bank oder anderer Vermittler von Anlagen betont.[41] Die Haftung einer Bank aus culpa in contrahendo kann unter dem Aspekt der für den so genannten Verhandlungsgehilfen entwickelten Grundsätze geprüft werden. Gerade das Kriterium des besonderen persönlichen Vertrauens ist alles andere als unproblematisch.[42] So ist es meist bei Angestellten oder Handlungsbevollmächtigten nicht gegeben.[43] Daran ändert auch nichts, dass sie ihre Sachkunde im Rahmen der Vertragsverhandlungen heraus gestellt haben.[44] Wenn Warenterminoptionen vermittelt wurden, hat hin-

38 BGHZ 74, 103, 106; BGH ZIP 1983, 1148 f.

39 Eine Haftung aus culpa in contrahendo bejaht BGH NJW 1990, 1907 ff.; ebenso für culpa in contrahendo BGH ZIP 1991, 1207.

40 BGH ZIP 1993, 1148 ff.

41 BGH NJW 1982, 1095; 1990, 2461; BGH NJW-RR 1989, 150.

42 BGHZ 6, 30 ff; 92, 164, 175; 14, 313, 318; 56, 81 ff; BGH NJW 1990, 1907.

43 BGHZ 88, 67 ff.

44 BGH NJW 1990, 506.

gegen der Bundesgerichtshof das persönliche Vertrauen bejaht.[45] Das andere Kriterium, das mit dem Stichwort der Haftung des Verhandlungsgehilfen verknüpft ist, nämlich das eigene wirtschaftliche Interesse, ist dann nicht gegeben, wenn es nur um eine Provisionszahlung und somit nur um ein mittelbares Interesse am Vertragsschluss geht.[46] Erforderlich ist eine einem Vertrags- oder Geschäftspartner vergleichbare Position.[47]

All diese problematischen Punkte entfallen mit der Bejahung eines konkludent geschlossenen Beratervertrags zwischen dem Kunden und dem Anlagevermittler, etwa einer Bank. Die Rechtsprechung ist diesen Weg gegangen und zwar auch dann, wenn die Bank oder der Anlagevermittler für die Vermittlung keine zusätzliche Gebühr erhebt.[48] Der Fall zur Bond-Anleihe mag als Beispiel dienen.[49] Zusätzlich zur Annahme eines konkludenten Beratungsvertrags nimmt der Bundesgerichtshof zum Umfang der vertraglichen Aufklärungspflichten Stellung. Er fordert, dass sie „ anlegergerecht" sind, indem sie die Anlageziele und persönlichen Verhältnisse des Kunden berücksichtigen und die Risiken der Anlage vor Augen führen.[50] Dieser Fall macht vor allem eines deutlich: Die Annahme der culpa in contrahendo ist weder zwingend noch die einzig gangbare Möglichkeit, um zu einer Haftung der Bank zu gelangen. Der Umfang und die Art der Beratung sind Fragen, die es erst zu klären gilt. Dieser „Unsicherheit" steht aber die Heranziehung eines Vertrags als Anspruchsgrundlage gegenüber.

Damit ist auch eine Entwicklung angesprochen, die durchaus Beachtung verdient. Ohne an bereits zur culpa in contrahendo entwickelte Tatbestände anzuknüpfen, geht die Rechtsprechung den umgekehrten Weg. Sie verlässt ausdrücklich diese Möglichkeit und gelangt zu einer Lösung außerhalb der culpa in contrahendo über das Vertragsrecht.

Das macht deutlich, dass der ständige Ausbau der culpa in contrahendo keine zwingende Entwicklung darstellt. Dieses Herausbrechen einzelner Gebiete sollte man auch beachten. Nicht nur das Anwachsen der Fallgruppen, sondern auch der umgekehrte Weg sind möglich – und dieser wird, wie gezeigt, praktiziert.

---

45 BGHZ 822, 80 ff; BGH NJW 1987, 641.

46 BGH NJW 1990, 506.

47 BGHZ 56, 81, 84; BGH NJW 1984, 2284, 2286; 1988, 2234 f.

48 BGHZ 100, 117 ff; in einer Entscheidung aus dem Jahr 1998 (BGH ZIP 1998, 134 = LM BGB § 676 Nr. 53) bejaht der BGH einen stillschweigend geschlossenen Auskunftsvertrag und bestätigt insofern diese Linie der Rechtsprechung.

49 BGH ZIP 1993, 1148 f.

50 BGH a. a. O.

Bei einer Regelung der culpa in contrahendo sollten auch solche Tendenzen Erwähnung finden. Dass der Weg heraus aus der culpa in contrahendo nicht nur ins Vertragsrecht führt, zeigt die Rechtsprechung zu § 826 BGB.[51] Die Pflichten zur Aufklärung, denen der Anlagevermittler gegenüber dem Kunden nachkommen muss, entsprechen denen, die sich aus culpa in contrahendo ergeben würden.[52] Ihre Verletzung besteht im Unterlassen der Aufklärung. Daraus ergibt sich nicht nur die Verletzungshandlung, sondern auch die Sittenwidrigkeit gemäß § 826 BGB. Auf diese Weise ist es möglich, zu einer persönlichen Haftung der Geschäftsführer oder Angestellten der Anlagevermittlungsfirma zu gelangen, für die die Grundsätze der Eigenhaftung von Verhandlungsgehilfen nicht zutreffen. Eine Haftung aus culpa in contrahendo konnte aus diesem Grund nicht greifen.[53]

Diese Entwicklung ist ebenso beachtenswert wie die zuvor dargestellte Entwicklung. Der Initiator der Weiterentwicklung der culpa in contrahendo war die Schwäche des Deliktsrechts. Hier bot sich die culpa in contrahendo als Lösungsweg an. Wenn bei der zuletzt dargestellten Entscheidung der Weg zurück ins Deliktsrecht eingeschlagen wird, scheint es so zu sein, als wolle die Rechtsprechung die problematische Eigenhaftung im Rahmen der culpa in contrahendo nicht berühren.

Beide Beispiele belegen, dass sich die culpa in contrahendo nicht in jedem Fall eignet, um über Schwächen des Vertrags- oder Deliktsrechts hinwegzuhelfen. Auch die culpa in contrahendo selbst weist schwierige Voraussetzungen oder Unklarheiten auf. Hier hat dann die Rechtsprechung das Vertrags- oder Deliktsrecht einer Lösung nach culpa in contrahendo vorgezogen. Das zeigt auch, dass beide Bereiche für moderne Fälle des Wirtschaftslebens durchaus fruchtbar gemacht werden können. Die ständige Erweiterung der Fallgruppen der culpa in contrahendo ist nicht zwangsläufig.

2.2 Tendenz der Haftungsausweitung

Die Entwicklung der culpa in contrahendo ist durch eine kontinuierliche Erweiterung des Anwendungsbereiches gekennzeichnet. Zwei Entscheidungen des BGH aus dem Jahr 1998[54] unterstreichen ebenfalls die Aktualität der Diskussion

51 BGH WM 1988, 291; BGHZ 105, 108 ff.

52 BGHZ 105, 108, 110.

53 Die culpa in contrahendo greift aber für die Haftung der Anlagevermittlungsfirma selbst ein.

54 BGH NJW 1998, 302 ff.: hier ging es um die Rückgängigmachung eines Kaufvertrages wegen falscher Angaben bei Verhandlungen über den Kauf eines Grundstücks;

um die culpa in contrahendo. Dabei fehlt ein Konsens bezüglich vieler grundsätzlicher Probleme ebenso wie bei zahlreichen Detailproblemen. Die Ausweitung der Haftung ist indessen ein Prozess, der auch aus diesem Grund Anlass zur Kritik bietet. Die culpa in contrahendo dürfe nicht als „bequemes Allzweckinstrument zur Erreichung beliebiger Billigkeitsentscheidungen" missbraucht werden.[55]

Die Haftungsausweitung betrifft aber nicht nur die culpa in contrahendo. Sie findet sich im gesamten Haftungsrecht. Damit sind Bedenken nicht nur rechtspolitischer Art verbunden. Die Folge ist auch eine immer komplexere Rechtsmaterie, deren Einzellfallbezogenheit mit dem Rechtsfrieden, dem Gebot der Gleichbehandlung von vergleichbaren Fällen und der Einzelfallgerechtigkeit in Konflikt zu geraten droht. Gerade die hier zur Diskussion stehende Fallgruppe der culpa in contrahendo ist wegen ihrer Nähe zum Deliktsrecht der Kritik einer unberechtigten Ausdehnung der Haftung ausgesetzt. Dabei geht es nicht nur um Fragen, die um das Problem der Haftungsausweitung an sich kreisen. Betroffen sind auch Erwägungen, die mit dem Deliktsrecht selbst zusammenhängen. Es geht dabei beispielsweise um die Frage des Vermögensschutzes, der im Deliktsrecht unbefriedigend ausgestaltet ist. Dieses Kriterium ist wiederum ein Argument, das im Zusammenhang mit dem Prinzip der Trennung von Vertragsrecht und Deliktsrecht auftaucht. Wenn man die Anwendung der culpa in contrahendo bei Integritätsverletzungen anzweifelt, muss man sich gleichzeitig bewusst werden, dass die etwaige Ausklammerung dieser Fallgruppe aus dem Anwendungsbereich der culpa in contrahendo ebenso grundsätzlich überdacht werden muss.

Im Rahmen der Schuldrechtsreform bot sich Gelegenheit, anlässlich der Frage der Normierung der culpa in contrahendo das Rechtsinstitut zur Diskussion zu stellen und auch die Fallgruppe der Integritätsverletzung zu überprüfen. Der Gesetzgeber hat diese Herausforderung aber nicht aufgegriffen, um den Umfang des Haftungsinstitutes zu beschneiden. Die Intention des Gesetzgebers war nicht die Eindämmung der Haftungsausweitung, sondern in erster Linie der Wunsch, einem so zentralen Rechtsinstitut wie der culpa in contrahendo einen Platz im BGB zu verschaffen.[56]

BGH NJW 1998, 858 ff.: hier unterblieb die Aufklärung über die Sozialbindung einer Wohnung und die Vorspiegelung des Verkäufers über die Mieterträge und Steuerersparnis, die entgegen seiner Angaben nicht die Unkosten des Käufers deckten.

55 MüKo/Emmerich, 3. Auflage, Vor § 275 Rn. 86.

56 Schmidt-Räntsch, a. a. O.; BT-Drucks. 16/6040, S. 161 ff; Canaris, Schuldrechtsmodernisierung, S. 720 ff.

3. Die Fallgruppe der Integritätsverletzung im Rahmen der culpa in contrahendo

3.1 Charakteristikum der Fallgruppe

Das Charakteristikum der hier zur Diskussion gestellten Fallgruppe liegt darin, dass eine Körper- oder Eigentumsverletzung eines Verhandlungspartners durch den anderen vorliegt.[57] Es handelt sich um Schäden jenseits des Leistungsinteresses.[58] Paradebeispiel hierfür sind die Unfälle in Kaufhäusern[59], wenn vor oder bei Vertragsverhandlungen die körperliche Integrität verletzt wird.[60] Die Terminologie, mit der die „Warenhausunfälle" bezeichnet werden, ist nicht einheitlich. Es ist von der Verletzung des Integritätsinteresses[61], des Erhaltungsinteresses[62] oder Körper- und Eigentumsschäden[63] die Rede.

Nicht thematisiert werden sollen hier die Verletzung von Obhutspflichten oder der Missbrauch einer Verhandlungssituation.[64]

Es besteht schon während der Vertragsverhandlungen die Pflicht, sich „so zu verhalten, dass Körper, Leben, Eigentum und sonstige Rechtsgüter des anderen Teils nicht verletzt werden".[65] Dies bedeutet einen besonderen Integritätsschutz für jeden potentiellen Vertragspartner.[66] Diese Haftung besteht unabhängig von einem späteren Vertragsschluss.[67] Der Vorteil liegt in der Anwendung von Vorschriften nach vertraglichen Grundsätzen wie zum Beispiel § 278 BGB.[68] Dabei besteht die Haftung nicht nur gegenüber dem Verhandlungspartner, sondern auch gegenüber anderen Personen, die in den Schutzbereich des in Aussicht genommenen Vertrages einbezogen sind.[69] Je größer die Verkehrsöffnung ist, desto strenger ist die Haftung. So sind bei Großmärkten Haftungsfreizeichnungen

57 Medicus, Schuldrecht I, S. 57 Rn. 104.
58 Soergel / Wiedemann, Vor § 275 Rn. 172.
59 BGH NJW 1962, S. 31 f. (Bananenschalenfall).
60 MüKo/Emmerich, 6. Auflage, § 311 Rn. 63.
61 Gernhuber, Das Schuldverhältnis, § 8 IV 2 b, S. 202; Soergel/Wiedemann, Vor § 275 Rn. 172.
62 Larenz, Schuldrecht I, § 9 I 3, S. 112.
63 Medicus, Schuldrecht I, S. 57 Rn. 104.
64 Soergel/Wiedemann, Vor § 275 Rn. 175.
65 Palandt/Grüneberg, 74. Auflage, § 311 Rn. 29.
66 Canaris, Ansprüche wegen „positiver Vertragsverletzung" und „Schutzwirkung für Dritte" bei nichtigen Verträgen, JZ 1965, (475), 477.
67 MüKo/Emmerich, 6. Auflage, § 311 Rn. 46, 53.
68 Staudinger/Löwisch/Feldmann, Neubearbeitung 2013, § 311 Rn. 156.
69 BGHZ 66, 51 (Gemüseblattfall).

wie „Betreten auf eigene Gefahr“ nicht gestattet.[70] Die Haftung beginnt mit dem Betreten der Räume und endet, wenn sie verlassen werden.[71]

Unklar ist, ob auch gegenüber Personen gehaftet wird, die keine Kaufabsicht besitzen. Das betrifft Passanten, die sich nur vor schlechtem Wetter schützen wollen, Landstreicher oder Ladendiebe. Der „Schutz nach Vertragsgrundsätzen“ geht über das Deliktsrecht hinaus.[72] Eine wichtige Aufgabe der culpa in contrahendo ist es, die Anwendung des § 278 BGB zu ermöglichen. Bei der Verletzung einer Schutzpflicht muss das Integritätsinteresse des Geschädigten ersetzt werden.[73] Das umfasst den gesamten Schaden, der aus der Körperverletzung oder Sachbeschädigung entstanden ist.[74]

3.2 Problematik dieser Fallgruppe

Obwohl diese Fallgruppe ein klassisches Anwendungsgebiet der culpa in contrahendo ist, ist ihre Zuordnung zur culpa in contrahendo nicht unumstritten. Sie wird auch als „Etikettenschwindel“ gebrandmarkt.[75] Der Berührungspunkt zum Deliktsrecht ergibt sich durch die Verletzung eines Rechtsgutes, das im Rahmen von § 823 I BGB absolut geschützt ist. Dies ist beispielsweise bei der Verletzung des Körpers oder der Gesundheit der Fall. Die Lösung derartiger Fälle über die culpa in contrahendo könnte auch eine „Flucht“ aus dem Deliktsrecht darstellen. So entfiele auch die Anwendung des § 831 BGB, obwohl der Blick auf die verletzten Rechtsgüter auch eine deliktsrechtliche Lösung nahe legt. Natürlich ist auch zu bedenken, dass die Schädigung sich im Rahmen von Vertragsverhandlungen ereignet. Die culpa in contrahendo ist in einem Grenzgebiet zwischen Vertrag und Delikt angesiedelt.[76] Ihre Anwendbarkeit ist unter dem Aspekt der Subsidiarität zu prüfen.[77] Die Konkurrenz mit dem Deliktsrecht betrifft alle Fallgruppen der

70 BGH NJW 1986, 2757.

71 BGH NJW 1962, 32.

72 Staudinger/Löwisch, Vorbemerkung zu § 275–283 Rn. 64; MüKo/Emmerich, 6. Auflage, § 311 Rn. 40.

73 Staudinger/Löwisch/Feldmann, Neubearbeitung 2013, § 311 Rn. 147.

74 Larenz, Schuldrecht I, § 9 I 3, S. 107.

75 Picker, Positive Forderungsverletzung und culpa in contrahendo – zur Problematik der Haftungen zwischen Vertrag und Delikt, AcP 183 (1983), (369), 376.

76 Crezelius, Culpa in contrahendo des Vertreters ohne Vertretungsmacht, JuS 1977, 796; Hohloch, Vorvertragliche Haftung nach culpa-in-contrahendo-Grundsätzen auch zugunsten Dritter? – BGHZ 66, 51, JuS 1977, 302 f.; Schmidt, Nachwort, S. 132.

77 Michalski, Das Rechtsinstitut der „culpa in contrahendo“ (c.i.c.), Jura 1993, 22 ff.

culpa in contrahendo.[78] Für Ansprüche aus unerlaubter Handlung und culpa in contrahendo besteht ein Nebeneinander.[79]

3.3 Bedeutung des Linoleumrollen-Falles (RGZ 78, 239 ff.)

Der Linoleumrollen-Fall ist ein „Klassiker", der fast immer zusammen mit den Warenhausfällen zitiert wird.[80] Gleichzeitig fehlt meist der Hinweis, dass es sich damals eigentlich nicht um eine Entscheidung zur culpa in contrahendo handelte. Auch Medicus knüpft an diesen erst später hergestellten Zusammenhang an, indem er das Linoleumrollenurteil als die Entscheidung bezeichnet, in der erstmalig bei Körperverletzungen ein Schadensersatzanspruch aufgrund culpa in contrahendo bejaht wurde.[81] Trotzdem eignet sich dieser Fall, um ihn sowohl unter dem Aspekt der culpa in contrahendo als auch des Deliktsrechts zu untersuchen. Durch die Entwicklung im Bereich der Verkehrssicherungspflichten ist jetzt eine deliktsrechtliche Lösung möglich, die dem Reichsgericht noch nicht zur Verfügung stand. Daher ist zu bedenken, dass nun der Weg über die culpa in contrahendo unter Umständen je nach Fallgestaltung nicht mehr nötig ist, um zu einem Ersatzanspruch des Geschädigten zu gelangen. Die Exkulpationsmöglichkeit aus § 831 BGB hat so an Bedeutung eingebüßt. Anknüpfungspunkt für den Schadensersatzanspruch des Geschädigten gegen den Inhaber eines Kaufhauses ist dann § 823 I BGB.

Der Fall interessiert aber auch vor dem Hintergrund der Trennung von Vertragsrecht und Deliktsrecht. Das Konzept des BGB geht von einer Zweispurigkeit der Haftung aus. Wenn eine vertragliche Bindung eingegangen worden ist, ist bei der Frage nach der Haftung das Vertragsrecht einschlägig. Das Deliktsrecht kommt beim Fehlen einer vertraglichen Bindung zum Tragen. Dieses System der Dichotomie von Vertrags- und Deliktsrecht hat Haftungslücken zur Folge, die zum Teil durch die culpa in contrahendo überwunden werden können. Das Urteil des Reichsgerichts ist in diesem Spannungsfeld angesiedelt. Dessen Aussagen können auch in Bezug auf diesen Punkt hinterfragt werden. Ob die Argumentation des Reichsgerichts insgesamt überzeugen kann, ist dabei ebenso zu erörtern.

---

78 Nirk, Festschrift Möhring II, S. 71 ff., 85.

79 Fikentscher, Schuldrecht, § 20 III 1, S. 70; Palandt/Thomas, 58. Auflage, Einführung vor § 823 Rn. 4.

80 RGZ 78, 239.

81 Medicus, Verschulden bei Vertragsverhandlungen, in: Bundesminister der Justiz (Hrsg.), Gutachten und Vorschläge zur Überarbeitung des Schuldrechts, S. 488.

4. Abgrenzung des Themas

Ein „klassischer" Brennpunkt ist die dogmatische Bewältigung der culpa in contrahendo. Das Reichsgericht konnte hierzu allein schon deshalb keine Stellung nehmen, weil es die Entscheidung nicht als solche zur culpa in contrahendo gefällt hat. Bis heute ist die dogmatische Aufarbeitung des Haftungsgrundes der culpa in contrahendo aktuell und nicht abgeschlossen. Von einer „herrschenden Meinung" kann man auf diesem Gebiet nicht sprechen.

Nicht hilfreich ist in diesem Zusammenhang der Hinweis darauf, dass die culpa in contrahendo gewohnheitsrechtlich anerkannt sei.[82] Die Frage nach dem Haftungsgrund ist nicht rein theoretischer Natur, denn auch die Verankerung der culpa in contrahendo im BGB kommt mit diesen Überlegungen in Berührung.

Auf die Legitimität der richterlichen Rechtsfortbildung soll hier nicht eingegangen werden. Ebenso wenig wird das Problem der gewohnheitsrechtlichen Geltung der culpa in contrahendo thematisiert. Grigoleit hat für die vorvertragliche Informationshaftung untersucht, ob die traditionellen Begründungsmuster wie Lückenfüllung, Gewohnheitsrecht, § 242 BGB und richterliche Rechtsfortbildung die Haftung aus culpa in contrahendo legitimieren können.[83] Er stellte fest, dass die „allgemeine methodische Legitimität der Fahrlässigkeitshaftung" kaum thematisiert wird, weil die Vorstellung bestehe, dass die informationelle Fahrlässigkeitshaftung am Geltungsgrund der culpa in contrahendo allgemein teilhabe.[84] Wie zweifelhaft diese pauschale Sichtweise ist, kann er aufzeigen. Daraus wird deutlich, dass auch für die Fallgruppe der Verletzung von Erhaltungspflichten diese Frage gesondert geprüft werden müsste. Allerdings wird seit der Schuldrechtsreform ein gesetzliches Schuldverhältnis durch die ausdrückliche gesetzliche Anordnung des § 311 II, III BGB n. F. begründet.[85]

5. Gang der Untersuchung

Die Schuldrechtsreform hat mit der Normierung der culpa in contrahendo der Diskussion über dieses Rechtsinstitut neue Nahrung gegeben. Gleichzeitig bildet ihre Aufnahme im BGB den Höhe- und in gewisser Weise auch den Schlusspunkt

---

82 BGH NJW 1979, 1983; Fikentscher, Schuldrecht, § 20 IV 3, S. 68; Larenz, Schuldrecht I, § 9 I a, S. 108 f.; Palandt/Grüneberg, 74. Auflage, § 311 Rn. 11; Soergel/Wiedemann, Vor § 275 Rn. 50, 113; Staudinger/Löwisch, Vorbemerkung zu §§ 275–283 Rn. 38.

83 Grigoleit, Vorvertragliche Informationshaftung, S. 40 ff.

84 Grigoleit, a. a. O., S. 40.

85 Blenske, in: Schimmel/Buhlmann (Hrsg.), Frankfurter Handbuch zum neuen Schuldrecht, S. 150.

einer jahrzehntelangen Auseinandersetzung. Überlegungen zur Normierung der culpa in contrahendo sind in den Gutachten zur Überarbeitung des Schuldrechts aus dem Jahr 1981 dokumentiert.[86] Allein die Umsetzung dieses Vorhabens ließ auf sich warten. Eine entscheidende Wende brachte die Pflicht zur Umsetzung von europarechtlichen Vorgaben. Im Zuge dieser Entwicklung schulterte der Gesetzgeber eine umfassende Reform des Schuldrechts, bei der gleichzeitig auch die culpa in contrahendo im Gesetz verankert wurde. Das Vorhaben des Gesetzgebers zu einer umfassenden Reform wurde teilweise heftig angegriffen. So waren zahlreiche Änderungen der Gesetzesvorschläge nötig. Im Zentrum der Aufmerksamkeit soll deshalb das zeitliche Prozedere der Vorschläge des Gesetzgebers stehen. Nur so lässt sich der Überblick über die verschiedenen Gesetzesvorschläge – auch in Hinblick auf die culpa in contrahendo – behalten.

Aus historischer Sicht legte Rudolph von Jhering den Grundstein der culpa in contrahendo. Er ließ sich von Quellen des römischen Rechts inspirieren, um seine Idee einer vorvertraglichen Haftung zu formulieren. Wie aussagekräftig diese Texte in Bezug auf seine Konzeption der culpa in contrahendo sind, ist Ausgangspunkt der Überlegungen. Jhering hat selbst seiner Theorie eine Exegese der Quellentexte vorangestellt. Es geht im Rahmen dieser Arbeit nicht darum, Jherings Auswertung der Quellen nachzuvollziehen. Wichtig erscheint im vorliegenden Zusammenhang lediglich, ob die Quellen tatsächlich eine Aussage zu einer culpa in contrahendo enthalten und ob Jhering deren Inhalt zutreffend erkannt und welche Folgerungen er daraus gezogen hat. Nicht angesprochen werden Fragen, die spezifisch mit dem Rechtsdenken Jherings verknüpft sind. So sind seine naturhistorische Methode und sein Verständnis vom Vertrag ebenso wenig im Blickpunkt wie eine detaillierte Untersuchung seiner Lehre von der culpa in contrahendo.[87] Wenn er auch als der „Entdecker" der culpa in contrahendo bezeichnet wird, bedarf diese Aussage einer näheren Betrachtung.[88] Jhering gab einen bestimmten Anwendungsbereich vor, der mit der heutigen Bandbreite des Haftungsinstituts nicht identisch ist. Dennoch sollte bei einer Fragestellung um die Normierung der culpa in contrahendo deren historischer Kern nicht in Vergessenheit geraten.

---

86 Medicus, Verschulden bei Vertragsverhandlungen, in: Gutachten und Vorschläge zur Überarbeitung des Schuldrechts, Bundesminister der Justiz (Hrsg.), S. 485 ff.

87 Vergleiche dazu: Choe, Culpa in Contrahendo bei Rudolph von Jhering; Schanze, Culpa in contrahendo bei Jhering, in: Ius Commune 7 (1978), 326 ff.; Schmidt, Nachwort, S. 131 ff.; Wieacker/Wollschläger, Jherings Erbe Göttinger Symposion zur 150. Wiederkehr des Geburtstags von Rudolf von Jhering.

88 Sonnabend, Die Typen der culpa in Contrahendo, A § 1, S. 4, differenzierend Soergel/Wiedemann, Vor § 275 Rn. 101.

Bei der Schaffung des BGB bot sich die Gelegenheit, Jherings Gedanken aufzugreifen. Dies ist aber nicht im Sinne einer generellen Regelung der culpa in contrahendo geschehen. Vielmehr finden sich im BGB einzelne Vorschriften, gleichsam als „Spuren“ einer culpa in contrahendo. Auch in diesem Bereich lässt sich durch die Schuldrechtsreform mit der Streichung der §§ 307, 309 BGB a. F. eine Veränderung feststellen. § 311 a I BGB n. F. bestimmt, dass ein Vertrag trotz eines anfänglichen Leistungshindernisses gem. § 275 I bis III BGB n. F. wirksam ist und § 311 a II BGB n. F. gewährt einen Anspruch auf Ersatz des positiven Interesses.

Der Linoleumrollen-Fall, den das Reichsgericht zu entscheiden hatte, wird in nahezu jeder Abhandlung zur culpa in contrahendo zitiert.[89] Dabei ist diese Entscheidung in ihrer Bedeutung und Tragweite nur verständlich, wenn man die ihr vorausgehende Rechtsprechung in Bezug auf die hier zu untersuchende Fallgruppe wenigstens in groben Zügen verfolgt. In diesem Kontext bewegt sich das Linoleumrollen-Urteil. Es wirft zudem eine Reihe von Fragen auf, die grundsätzlicher Natur sind. Von Bedeutung sind Themen wie die Rechtsgeschäftslehre, die Anwendung des § 278 BGB und die Trennung von Vertragsrecht und Deliktsrecht, die dem BGB zugrunde liegt. Die Rechtslage vor Inkrafttreten des BGB wird nicht in die Untersuchung einbezogen. Ein Blick auf die Argumentation des Gerichts kann nicht nur Aufschluss über die Motive des Reichsgerichts geben, sondern gewährt auch einen Einblick in dessen Begründungsarbeit. Ausgeklammert bleiben Streitpunkte zum Thema Willenserklärung, Auslegung, Schuldverhältnis und generell der Rechtszustand vor Inkrafttreten des BGB. Die Diskussion hierüber war zur Zeit des Linoleumrollenurteils noch im Fluss und kann in der Breite nicht nachgezeichnet werden. Auch kann die weitere Entwicklung der Rechtsprechung im Rahmen dieser Arbeit nicht dargestellt werden. Ebenso unberücksichtigt bleibt der Beitrag der Wissenschaft sowohl was die Reaktion auf Jhering anbelangt als auch bezüglich ihres Beitrags zur culpa in contrahendo im zeitlichen Umfeld zum Linoleumrollenurteil und der oben bereits ausgeschiedenen Streitfragen.

Die Gedanken zur Lösung des Linoleumrollen-Falles umfassen sowohl die Perspektive des Deliktsrechts als auch die culpa in contrahendo selbst. Ziel dieser Fragestellung ist es, diesen Fall aus einer rein theoretischen Erörterung herauszuführen und um eine „praktische“ Dimension zu erweitern. Damit wird auch der historische Blickwinkel verlassen und die culpa in contrahendo unter Aspekten der heutigen Zeit erörtert. Das Reichsgericht hat eine deliktsrechtliche Lösung gar nicht angesprochen. Dieser Weg ist deshalb von besonderem Interesse, weil

89 RGZ 78, 239 ff.

durch die Entwicklung im Bereich der deliktischen Verkehrssicherungspflichten eine direkte Lösung über § 823 I BGB erwogen werden kann. Dabei wird sowohl die Rolle des § 31 BGB zu klären sein als auch das Problem, ob auf weisungsgebundene Personen überhaupt Verkehrssicherungspflichten übertragen werden können. Ein tieferes Eindringen in Probleme um die Verkehrssicherungspflichten schlechthin – etwa die Abgrenzung zu außerdeliktischen Schutzpflichten – ist nicht beabsichtigt und muss Arbeiten vorbehalten bleiben, die sich speziell dieser Thematik annehmen.

Bei der Lösung des Falles unter dem Aspekt der culpa in contrahendo geht es vor allem darum, die neuen Vorschriften anzuwenden und deren Zusammenspiel aufzuzeigen. Der Gesetzgeber hat keine inhaltliche Veränderung bei der Lösung von Fällen im Rahmen der culpa in contrahendo beabsichtigt. Eine wichtige Änderung im Bereich der Rechtsfolge hat aber das Zweite Gesetz zur Änderung schadensersatzrechtlicher Vorschriften beigetragen.[90]

Die Fragen, die sich nun anschließen, betreffen die Normierung der culpa in contrahendo.

Die dogmatische Rechtfertigung der culpa in contrahendo ist ständiger Gegenstand wissenschaftlichen Bemühens. Gleichsam als "klassische" Erklärungsansätze sollen die Meinungen von Ballerstedt, Medicus, Larenz, Canaris und Dölle vorgestellt werden.[91] Es steht hier das Bestreben im Vordergrund, die grundsätzlichen Aussagen der jeweiligen Position herauszuarbeiten und gegeneinander abzuwägen. Eine Entscheidung für eine Ansicht ist weder sinnvoll noch nötig. Daneben kommen neuere Stimmen und deren Erklärungsmodelle zu Wort, wobei kein Anspruch auf Vollständigkeit des gesamten Meinungsspektrums erhoben wird. Von besonderem Interesse ist hier die Frage, ob die Fallgruppe der Integritätsverletzung überhaupt von den Erklärungsmodellen getragen werden kann. Das wiederum ist ein Kernpunkt im Zusammenhang mit der gesetzlichen Regelung der culpa in contrahendo. Wenn gelegentlich die Ausgliederung der Fallgruppe der Verletzung von Erhaltungspflichten aus der culpa in contrahendo

---

90 BGBl. I 2002, S. 2674; § 253 II BGB integriert das Schmerzensgeld in das allgemeine Schadensrecht und erweitert die Gewährung von Schmerzensgeld auf Fälle der Vertrags- oder Gefährdungshaftung.

91 Ballerstedt, Zur Haftung für culpa in contrahendo bei Geschäftsabschluß durch Stellvertreter, AcP 151 (1951), 501 ff.; Medicus, Grenzen der Haftung für culpa in contrahendo, JuS 1965, 209; Canaris, Die Vertrauenshaftung im deutschen Privatrecht, S. 491 ff., 518 ff., 540; Dölle, Außergesetzliche Schuldpflichten, ZStW 103 (1942/43), 67–102; Larenz, Culpa in contrahendo, Verkehrssicherungspflicht und sozialer Kontakt, MDR 1954, 515–518; ders., Festschrift Ballerstedt, S. 397 ff.

gefordert wird, ist die Frage, ob überhaupt eine Sonderverbindung bejaht werden kann, zugleich Anfangs- wie Endpunkt einer entsprechenden Überlegung. Hier bereits erfolgt die entscheidende Weichenstellung. Nicht thematisiert werden soll die Einordnung der culpa in contrahendo in eine „dritte Spur des Haftungsrechts".[92] Europarechtliche oder rechtsvergleichende Aspekte bleiben ebenfalls außer Betracht.

Zentrum der Untersuchung sind § 305 BGB-DiskE und § 311 II BGB n. F. Dem Normierungsvorschlag, den Medicus gemacht hat, hat sich der Gesetzgeber nicht angeschlossen.[93] Obwohl über achtzig Jahre Rechtsprechung zum Thema der culpa in contrahendo existieren, scheute sich der Gesetzgeber davor, gewisse gefestigte Strukturen in das BGB zu übernehmen.[94] Im Gegensatz zu einer differenzierten Regelung sind sowohl § 305 BGB-DiskE als auch § 311 II BGB n. F. eher „strukturell"[95] ausgefallen. Die Systematik des neuen Schuldrechts ist ein Problem, das nicht speziell die culpa in contrahendo betrifft, sondern das gesamte Schuldrecht. Aus diesem Grund werden allgemeine Erörterungen zu diesem Thema ausgeblendet und nur Fragen aufgegriffen, die die culpa in contrahendo selbst betreffen wie etwa ihre Stellung im System des neuen Schuldrechts. Auf einen Zusammenhang mit der Normierung der positiven Forderungsverletzung „kraft Systemwechsels" wird ebenfalls nicht eingegangen.[96]

---

92 Canaris, Festschrift Larenz II, S. 19 ff.

93 Medicus, Verschulden bei Vertragsverhandlungen, in: Bundesminister der Justiz (Hrsg.), Gutachten und Vorschläge zur Überarbeitung des Schuldrechts, S. 485 ff.

94 In einem Urteil aus dem Jahr 1918 (RGZ 95, 58) gelang dem Reichsgericht die Synthese der Begriffe culpa in contrahendo und vorvertragliches Verschulden.

95 Schulze, Grundfragen zum Umgang mit modernisiertem Schuldrecht – Wandel oder Umbruch im Methodenverständnis, in: JBJZivRWiss, S. 168 ff, 177.

96 Dauner-Lieb, Kodifikation von Richterrecht, in: Ernst/Zimmermann, Zivilrechtswissenschaft und Schuldrechtsreform, S. 309.

§ 2: Kapitel 2: Das Projekt Schuldrechtsreform

1. Gründe für eine Reform – Anlass, Reichweite und Zielsetzung

Kein Thema hat seit den ersten Reformüberlegungen in den siebziger Jahren Wissenschaft, Wirtschaft und juristische Fachkräfte dermaßen beschäftigt, wie die Frage nach einer Modernisierung des BGB und deren Bedarf für eine tatsächliche Umsetzung. Das Gesetz zur Modernisierung des Schuldrechts wurde am 29.11.2001 im Bundesgesetzblatt verkündet und trat am 1.1.2002 in Kraft.[97]

1.1 Hintergründe

Die Beweggründe für eine Gesetzesreform sind vielschichtig. Sie gehen aber mit den jeweiligen geschichtlichen Hintergründen und dem damit verbundenen gesellschaftlichen Wandel einher. Für eine umfassende Begründungsarbeit ist es deshalb sinnvoll, einen Blick zurück zu den Wurzeln des BGB zu werfen.

Am 1.1.1900 ist das Deutsche Bürgerliche Gesetzbuch in Kraft getreten und bildete fortan die zentrale Anlaufstelle im Zivilrecht. Inzwischen feierte das BGB seinen 100jährigen Geburtstag. Seit seinem Bestehen wurde es von den Befürwortern gelobt, seine Gegner äußerten stetige Kritik daran.

Das BGB verdeutlichte die wirtschaftliche und soziale Stellung seines Landes und trug dem industriellen Zeitalter Rechnung. Zentrale Gedanken waren die Vertragsfreiheit, Gewerbefreiheit, Rechte über die Gestaltung des Eigentums und die Testierfreiheit. Schon zu jeder Zeit wurden Reform- und Neuregelungswünsche geäußert. Der Grundsatz der formalen Gleichbehandlung, das bedeutet Rechtsgleichheit und gemeinsames Recht für alle Bürger, setzte sich in der zweiten Hälfte des 19. Jahrhunderts durch. Unter der Herrschaft der Nationalsozialisten wurde dieser Grundsatz außer Kraft gesetzt. Dass das BGB während der Herrschaft des Dritten Reiches in Kraft blieb, hatte es wohl letztendlich dem Umstand des Kriegsausbruchs 1939 zu verdanken. Denn 1937 wurde mit enormem Aufwand der „Abschied vom BGB" angestrebt.[98] Das „ Deutsche Volksbürgerrecht" oder das „Volksgenössische Gemeinrecht" wie das neue Gesetzbuch fortan heißen sollte, stützte sich auf zwei Säulen: „Gemeinnutz geht vor Eigennutz"

97 BGBl 2001 I 3138 ff.

98 Schlegelberger, Abschied vom BGB.

und „Alles Recht hat der Erhaltung der völkischen Rasse und Art zu dienen".[99] Geplant war also nicht eine Überarbeitung des alten BGB, sondern dessen Ausradierung als Gesamtgesetz, ein Hinwegsetzen über das BGB als Kodifikationswerk. 1943 schließlich stellte man dieses Vorhaben ein, dennoch äußerte sich die nationalsozialistische Rechtslehre auch ohne Änderung des Gesetzestextes, indem das BGB in diesem Sinne ausgelegt wurde. Mit Hilfe der Generalklauseln wie §§ 242, 138 BGB sollten die Richter das BGB im nationalsozialistischen Geist auslegen. Außerhalb des BGB entstandene Gesetze zollten der nationalsozialistischen Denkweise und der rassistischen Einstellung ganz offen Rechnung. Ein Beispiel ist das Ehegesetz von 1938.[100] Als Scheidungsgrund konnte nun auf das Zerrüttungsprinzip zurückgegriffen werden, das bedeutet Scheidung bei unheilbarer Zerrüttung der Ehe. Die Nationalsozialisten konnten das Prinzip jedoch auf ihre Weise deuten und eine Zerrüttung bejahen, wenn für Volk und Staat kein sozialer Nutzwert mehr aus der Ehe gezogen werden konnte. Ein geringes Gewicht wurde auf die Interessen der Ehepartner gelegt.

In der Bundesrepublik Deutschland hat das BGB seinen unbestrittenen Platz eingenommen. Freilich hat das BGB in sozialen Bereichen Änderungen erfahren. Hier sticht besonders das Familienrecht hervor. Dort wurde eine grundlegende Reform vorgenommen. Insgesamt gebe es im Familienrecht heute kaum noch einen Paragraphen, der das gleiche Aussehen hätte wie im Jahre 1900.[101] Die durch und durch konservative Einstellung zu Ehe und Familie zu der Zeit, als das BGB in Kraft trat, konnte dem gesellschaftlichen Wandel, Bedürfnissen und Anschauungen nicht mehr gerecht werden, vor allem nach dem Inkrafttreten des Grundgesetzes. Gerade dieses Rechtsgebiet macht die Gründe für die stetigen Reformen in diesem Bereich anschaulich. Deshalb soll es als Beispiel hier vorgestellt werden.

Das Familienrecht des BGB von 1900 legte auf die Bevorzugung des Mannes besonderes Gewicht. Ihm oblagen alle Entscheidungen im ehelichen Bereich, die alleinige elterliche Gewalt und die Bevorzugung im Güterrecht. Keine gesellschaftliche Akzeptanz erfuhr eine allein stehende, unverheiratete Frau mit ihrem Kind. Von den zahlreichen Änderungsgesetzen sollen hier in chronologischer Reihenfolge nur diejenigen aufgeführt werden, die den gesellschaftlichen Umbruch besonders deutlich widerspiegeln. Einen besonderen Stellenwert nahmen bei den Reformgedanken die Rechte der Frau ein. So konnte das 1957 im Bundes-

99 Stoll, Das Bürgerliche Recht in der Zeitenwende, Stuttgart 1933, S. 24.

100 Verordnung zur Durchführung und Ergänzung des Gesetzes zur Vereinheitlichung des Rechts der Eheschließung und der Ehescheidung (Ehegesetz) vom 27.07.1938 / RGBl. I S. 923.

101 Zweigert/Kötz, Einführung in die Rechtsvergleichung, S. 141.

tag verabschiedete Gleichberechtigungsgesetz[102] die herausragende Stellung des Mannes ablösen. Dabei wurde § 1354 BGB fallen gelassen, wonach dem Mann allein die Entscheidung in allen das gemeinschaftliche, eheliche Leben betreffenden Angelegenheiten zugeteilt waren. Volle Gleichberechtigung findet sich im Unterhaltsrecht. Als weitere Neuerungen gelten das Familienrechtsänderungsgesetz[103] von 1961 und das 1969 verabschiedete Gesetz[104] über die rechtliche Stellung der nichtehelichen Kinder. Einen besonderen Stellenwert nimmt die Reduzierung der Volljährigkeit von 21 auf 18 Jahre durch den Gesetzgeber im Jahr 1974 ein.[105] Von dieser Regelung profitierten vor allem die Wirtschaft und Industrie, führte aber gleichzeitig auch zu einer erhöhten Eigenverantwortlichkeit der 18jährigen.

Erwähnenswert ist das Betreuungsgesetz, das 1990 in Kraft trat.[106] Eine besondere Betonung verdient auch das 1993 durch bundesverfassungsrechtlichen Entscheid ergangene, neu geformte Ehenamenrecht.[107]

Vergleicht man diese stetigen Änderungen mit den anderen vier Büchern des BGB, wird deutlich, dass es dort im Vergleich nur relativ wenige Neuerungen gab. Im Miet- und Dienstvertragsrecht ergaben sich Änderungen. Erwähnenswert sind die vorgenommenen Ergänzungen im Besonderen Schuldrecht durch Einfügung der Vorschriften über das Reisevertragsrecht §§ 651 a ff BGB, Regeln zur Landpacht §§ 585 ff BGB und Normen über den Überweisungs-, Zahlungs- und Girovertrag §§ 676 a ff BGB.

Die zahlreichen Aktivitäten des Gesetzgebers auf dem Gebiet des Schuldrechts belegen, dass dieses Rechtsgebiet ständiger Veränderung unterworfen ist. Diese Änderungen zielen meist darauf ab, dem Schwächeren Schutz zu bieten.[108] Die Rolle des Schuldrechts in der Wirtschafts- und Sozialordnung kann aufgrund der Vielfältigkeit seiner Regelungen nicht allgemein beschrieben werden. Eine konkrete Aussage ist nur möglich, indem einzelne schuldrechtliche Institute unter-

---

102 Gesetz über die Gleichberechtigung von Mann und Frau auf dem Gebiete des bürgerlichen Rechts (Gleichberechtigungsgesetz) vom 18.07. 1957 (BGBl. I S. 609).

103 Gesetz zur Vereinheitlichung und Änderung familienrechtlicher Vorschriften (Familienrechtsänderungsgesetz) vom 11.08.1961 (BGBl. I S. 1221).

104 Gesetz über die rechtliche Stellung der nichtehelichen Kinder vom 19.08.1969 (BGBl. I S. 1243).

105 Siehe § 2 BGB neu gefasst durch das Gesetz vom 31. 07. 1974 (BGBl. S. 1713).

106 Gesetz zur Reform des Rechts der Vormundschaft und Pflegschaft für Volljährige (Betreuungsgesetz) vom 12.09.1990 (BGBl. I S. 2002).

107 Familiennamenrechtsgesetz vom 16.12.1993 (BGBl. I S. 2054).

108 Medicus, Schuldrecht I, S. 23 Rn. 46; ebenso jetzt Medicus/Lorenz, Schuldrecht AT, 21. Auflage 2015, S. 19 Rn. 46.

sucht werden. Mit dem Stichwort „Dynamik des Schuldrechts“ weist Medicus auf einen weiteren Aspekt hin.[109] Das Schuldrecht wird grundsätzlich – anders als das Sachenrecht – als dynamisch bezeichnet, weil es hier zu einer Bewegung von Geld, Waren, Gegenständen oder Dienstleistungen kommt. Die Erfüllung dient dem Abbau der Spannung, die durch das Schuldverhältnis zwischen Gläubiger und Schuldner angelegt ist.[110]

Das Bestreben nach Neuerungen des BGB trifft scheinbar nicht auf den allgemeinen Teil des BGB sowie auf das zweite Buch, das Schuldrecht zu. Dort haben nahezu keine Änderungen stattgefunden, abgesehen von den oben genannten Neuerungen. Gerade im Schuldrecht ist es schwierig, diese Tatsache nachzuvollziehen. Denn dieses Rechtsgebiet ist eigentlich mehr als jedes andere, da es die Rechtsbeziehungen zwischen Vertragspartnern regelt, den Veränderungen und Fortschritten der Zeit ausgesetzt. Die Vorgehensweise bei Vertragsschlüssen, die Vertragsgegenstände, die neu entwickelten Herstellungsformen mit schnellerer Vertriebsmöglichkeit, eine zunehmend arbeitende Bevölkerung mit den Massenarbeitsverträgen und das vermehrte Angebot bei den Dienstleitungen kann einem Vergleich, als das BGB 1900 in Kraft trat, nicht mehr standhalten. Die vermehrte Abwicklung der Rechtsgeschäfte über den Computer vergrößerte zusätzlich das Bedürfnis für rechtlich verbindliche Regeln in diesem Bereich. Außerhalb des BGB hingegen entstand „ eine zweite Privatrechtsordnung der Sonder- und Nebengesetze“.[111] Schon 1982 konnte man etwa 250 Gesetze sowie Verordnungen mit circa 2700 Vorschriften zählen, die das Schuldrecht betrafen. Diese Regelungen waren außerhalb des BGB normiert. Je nach Bedarf schuf der Gesetzgeber im Laufe der Zeit für spezielle Rechtsbereiche des Schuldrechts neue Gesetze. Dies führte zu einem unübersichtlichen Nebeneinander von schuldrechtlichen Sondergesetzen und dem konventionellen BGB. Das Beispiel des Rechts des Verbraucherschutzes verdeutlicht die Situation vor dem Schuldrechtsmodernisierungsgesetz besonders anschaulich. Die Bekanntesten hiervon waren das Gesetz zur Regelung des Rechts der Allgemeinen Geschäftsbedingungen (AGBG), das Gesetz über den Widerruf von Haustürgeschäften und ähnlichen Geschäften (HaustürWG) sowie das Verbraucherkreditgesetz (VerbrKrG). Eine weitere neue Regelung stellt das Fernabsatzgesetz (FernabG) dar. So hat sich das praktizierte Schuldrecht immer weiter vom BGB entfernt. Dem Wandel der Zeit trugen diese Sondergesetze Rechnung.

---

109 Medicus, a. a. O., S. 20 Rn. 41; ebenso jetzt Medicus/Lorenz, a. a. O.

110 Medicus, a. a. O., S. 20 Rn. 41; ebenso jetzt Medicus/Lorenz, a. a. O.

111 Stürner, Der hundertste Geburtstag des BGB – nationale Kodifikation im Greisenalter, JZ 1996, (741), 742 ff.

1.2 Gründe, Motive und Ziele

Die Gründe für die Umsetzung der Schuldrechtsreform sind vielfältiger Natur. Eine klare Trennung von den Gründen für die Umsetzung der Reform und der Motivation kann nicht herausgearbeitet werden, vielmehr sind beide wohl ineinander verkettet. Die Gründe waren geeignet, die Reformbedürftigkeit anschaulich darzustellen und so eine Aktivität für das Schuldrechtsmodernisierungsgesetz zu entfalten. Die Reform des Schuldrechts „soll das Bürgerliche Gesetzbuch als zentrale zivilrechtliche Kodifikation auch im Vertragsrecht stärken".[112]

1.2.1 Zersplitterungsgedanke

Wie oben am Beispiel des Rechts des Verbraucherschutzes explizit dargestellt, wurde der Gesetzgeber den Bedürfnissen und Anforderungen der modernen Gesellschaft durch Verabschiedung zahlreicher schuldrechtlicher Sondergesetze außerhalb des BGB gerecht. Dies führte aber auch dazu, dass das BGB gut 100 Jahre nach seinem Inkrafttreten sehr zersplittert war. Die zahlreichen Sonder- und Nebengesetze zollten dem gesellschaftlichen Wandel und ihren Bedürfnissen sowie europarechtlichen Vorgaben Rechnung. Wie oben erwähnt, dienten zum Beispiel das AGB-Gesetz, das Abzahlungsgesetz, das Verbraucherkreditgesetz und das Haustürwiderrufsgesetz dem Verbraucherschutz. Das Produkthaftungsgesetz, das Umwelthaftungsgesetz und das Haftpflichtgesetz regelten die Haftung im Verkehr sowie die Haftung bei der Massenproduktion. Der Gesetzgeber bediente sich dieser Regelungsmechanik, um die modernen Anforderungen rechtlich gestalten zu können, ohne einen Eingriff in die Systematik des BGB vornehmen zu müssen. Keiner Gesetzessammlung zum Privatrecht ist es möglich, alle vom Gesetzgeber erlassenen Regelungen kompakt oder etwa übersichtlich darzustellen. Dies stellte selbst einen erfahrenen Juristen vor nicht unerhebliche Probleme. Denn zusätzlich zu den oft nicht mühelos aufzufindenden Sondergesetzen musste auch noch deren Anwendungsbereich neben dem BGB geklärt werden.

Ein tragender Grund für die Umsetzung der Reform stellte demnach der Wunsch dar, das BGB und seine zahlreichen Sonder- und Nebengesetze systematisch zu vereinheitlichen. Übersichtlichkeit und Kompaktheit sollte mit der Reform gewährleistet werden. Die „sonderprivatrechtlichen Metastasen"[113], wie die zahlreichen außerhalb des BGB bestehenden Sonder- und Nebengesetze auch

---

112 Eckert/Wallstein, Das neue Arbeitsvertragsrecht, S. 14.

113 Schmidt , Die Zukunft der Kodifikationsidee, S. 49.

genannt wurden, sollten eingeschränkt werden. In der Einarbeitung der oben aufgeführten Sondergesetze des Verbraucherschutzes in das neue BGB wollte die Schuldrechtsreform die Rechte des Verbrauchers stärken.

1.2.2 Kodifikationsgedanke

Die Schuldrechtsreform wird mit dem Kodifikationsgedanken in Verbindung gebracht. Das BGB ist eine Kodifikation des bürgerlichen Rechts. Es entstand, um die darin enthaltene Materie erschöpfend und abschließend aufzuzeichnen. Mit seiner wissenschaftlichen Präzision, Sachlichkeit und einer hoch entwickelten abstrakten Begriffssprache weist es die Merkmale einer modernen Kodifikation auf. Es ist aber auch ein Produkt des Liberalismus am Ende des 19. Jahrhunderts. In ihm vereinen sich gemäßigt liberale, autoritäre und konservative Züge. Insgesamt 22 Jahre arbeitete man am BGB.[114] Erstmals orientierten sich Wissenschaftler und Praktiker an diesem Gesetzbuch, das für ganz Deutschland einheitlich Geltung entfaltete und rechtsvergleichende Fallbearbeitung ermöglichte. Rechtsvereinheitlichung und Verbesserung des Rechtsverständnisses wurden bereits damals als Gründe für die Schaffung des BGB ins Feld geführt und werden wieder als Gründe für die Durchführung der Schuldrechtsreform genannt.

Bayern schuf als erster deutscher Territorialstaat Gesetzeswerke mit dem Ziel der Rechtsverbesserung und Rechtsvereinheitlichung. Der Codex juris Bavarici criminalis von 1751 (Strafrecht und Strafprozessrecht), der Codex juris Bavarici judiciarii von 1753 (Zivilverfahrensrecht) und der Codex Maximilianeus Bavaricus civilis von 1756 (Privatrecht) gehen auf die Vorschläge von Freiherr von Kreittmayr (1705–1790) zurück.[115] 1794 folgte als Gesetzeswerk das „Allgemeine Landrecht für die Preußischen Staaten (ALR)“.[116] Frankreich stellte 1804 seinen Code Civil vor, der auch in den linksrheinischen Gebieten seit Beginn des 19. Jahrhunderts galt. Auf das österreichische Allgemeine Bürgerliche Gesetzbuch konnte seit 1811 zurückgegriffen werden.[117] In Deutschland setzte der Prozess

---

114 Schulte-Nölke, Die schwere Geburt des Bürgerlichen Gesetzbuches, NJW 1996, 1705 ff.

115 Bauer, Wiguläus Xaver Aloys Freiherr von Kreittmayr 1705–1790, Ein Leben für Recht, Staat und Politik.

116 Schwennicke, Zwischen Tradition und Fortschritt – Zum 200.Geburtstag des Preußischen Allgemeinen Landrechts von 1794, JuS 1994, 456 ff.

117 Schlosser, Kodifikation im Umfeld des Preußischen Allgemeinen Landrechts. Der französische Code Civil (1804) und das österreichische Allgemeine Bürgerliche Gesetzbuch (1811), in: Merten (Hrsg.), Kodifikation gestern und heute: Zum 200. Geburtstag des Allgemeinen Landrechts für die Preußischen Staaten, S. 63 ff.

der Rechtsvereinheitlichung bereits vor der Gründung des Deutschen Reichs im Jahr 1871 ein. Das betraf nicht nur die Allgemeine Deutsche Wechselordnung sondern auch das Allgemeine Handelsgesetzbuch. Politisch ebnete die Gründung des Deutschen Reichs mit einer entsprechenden Änderung der Verfassung den Weg zu einer umfassenden Erarbeitung des bürgerlichen Rechts. So konnten die Vorarbeiten für das BGB im Jahr 1874 beginnen.

Die Niederlande vollendeten ihr Bürgerliches Gesetzbuch 1991[118], das am 1.1.1992 in Kraft trat. Was den Bereich des allgemeinen Schuldrechts betrifft, ist das neue niederländische Burgerlijk Wetboek die modernste Kodifikation in Europa. Die Spanier legten 1995[119] ihr neues Strafgesetzbuch vor, das am 25.5.1996 nach gründlichen Vorarbeiten in Kraft trat. Damit einher ging eine Wiederbelebung der Kodifikationsidee.

Mit dem Kodifikationsgedanken ist noch eine Vielzahl von Fragen verbunden, wie die nach der Notwendigkeit einer Neukodifikation, die bisherige rechtserprobte Kodifikationslösung und die Realisierungsmöglichkeit einer Kodifikation in der heutigen Zeit. Die Fragen wurden sowohl von den Befürwortern der Schuldrechtsreform als auch von den Gegnern im Vorfeld diskutiert. Man erkannte einen Reformbedarf im Leistungsstörungsrecht.[120] Gerade die Art und Weise der Neuregelung war aber im Vorfeld der tatsächlichen Umsetzung heftig umstritten. Aus dem Jahr 1982 stammt das Zitat „Was nicht im BGB steht, steht im Palandt".[121] Eine erneuerte Kodifikationsidee beinhaltet das Streben nach einer möglichst vollständigen Regelung in einem zentralen Regelungswerk.[122] In Deutschland fand keine umfassende, sondern eine auf bestimmte Problemfelder beschränkte Reform statt, die eine neue Systematik des Leistungsstörungsrechts mit materiellrechtlichen Änderungen verband.

Schon in den 70er Jahren hatte man erkannt, dass sich das Schuldrecht in der Rechtspraxis mehr und mehr von der Fassung des BGB entfernt hat. Das BGB, insbesondere das Schuldrecht, konnte umfassende Fragen zu Rechtsmaterien ohne Zuhilfenahme der Sondergesetze und der Rechtsprechung nicht beantworten. Die Fassung des BGB spiegelte die Rechtsentwicklung seit dem Inkrafttreten

118 Hondius, Das neue Niederländische Zivilgesetzbuch, AcP 191 (1991), 378 ff.

119 Tiedemann, Das neue Strafgesetzbuch Spaniens und die europäische Kodifikationsidee, JZ 1996, 647 ff.

120 Bundesministerium der Justiz (Hrsg.), Abschlußbericht der Kommission zur Überarbeitung des Schuldrechts, 1992.

121 Harder, Buchbesprechung zu: Palandt: Bürgerliches Gesetzbuch, NJW 1982, 1140.

122 Tiedemann, Das neue Strafgesetzbuch Spaniens und die Europäische Kodifikationsidee, JZ 1996, 647.

des BGB nicht wieder. Einen besonderen Stellenwert nimmt dabei die Rechtsprechung ein. Die Problematik kann am Beispiel der culpa in contrahendo anschaulich dargestellt werden. Es sind die Gerichte, die das Recht interpretieren und weiter formen. Die culpa in contrahendo war als Haftungsinstitut anerkannt. Allerdings ging das Bestehen dieses Rechtsinstituts nicht aus dem BGB hervor, sondern war in Kommentaren nachzulesen und wurde von der Rechtsprechung selbstverständlich angewendet. Eine Reform könnte zur Übersichtlichkeit und Rechtssicherheit beitragen, indem das gelebte Recht aus den Normen des BGB unmittelbar ersichtlich ist. Das BGB soll schließlich nicht nur dem ausgebildeten Juristen als Arbeitsgrundlage dienen, auch Ausländern und Studenten soll es Hilfe bieten können, ebenso den Bürgern, indem sie ihre gesuchten Normen und Fragen dort auffinden können.[123] Einigkeit bestand darin, das BGB nicht zu einem Lesebuch zu degradieren. Auch sollte der rechtlich nicht bewanderte Bürger nicht benachteiligt werden.

Das BGB wird als teilweise bewährte und teilweise überarbeitungsbedürftige Kodifikation bezeichnet.[124] Das Schuldrechtsmodernisierungsgesetz ordnet einen Teilbereich neu, der für überarbeitungsbedürftig gehalten wurde. Die culpa in contrahendo überführte es in das BGB. Die neuen Vorschriften können dabei als gesetzgeberischer Hinweis auf eine bekannte Rechtsfigur aufgefasst werden, weil sie keine Antwort auf Probleme geben, die sich im Zusammenhang mit der culpa in contrahendo allmählich herausgebildet haben. Da die Normierung der culpa in contrahendo kein zusammenhängendes System von Regeln umfasst, sollte sie auch nicht als Kodifikation bezeichnet werden.

1.2.3 Soziale Motive

1.2.3.1 Das Privatrecht im sozialen, demokratischen Rechtsstaat

Schon bei den Reformüberlegungen in den 70er Jahren spielten soziale Motive eine erhebliche Rolle. Das Ziel war, das BGB so zu formen, dass eine Gleichbehandlung der Parteien im Rechtsverkehr unter Berücksichtigung von Macht und Abhängigkeit normiert werden konnte. Erster Schritt in diese Richtung war das Bestreben, ein für jedermann verständliches, übersichtliches BGB zu schaffen und den Parteien so die Möglichkeit zu geben, ihre Rechtslage selbst zu erkennen und durchzusetzen. So trägt zum Beispiel das Recht auf Nachbesserung bei einem Mangel einer neuwertigen Sache (§ 439 BGB n. F.) diesem Anliegen Rechnung.

---

123 Canaris, Die Reform des Rechts der Leistungsstörungen , JZ 2001, (499), 519.

124 Stürner, Der hundertste Geburtstag des BGB – nationale Kodifikation im Greisenalter?, JZ 1996, (741), 752.

1.2.3.2 Berücksichtigung des Verbraucherschutzes

Dem Verbraucherschutz, letztlich wohl mit ursächlich für die Umstrukturierung des BGB in Form der „großen Lösung"[125], soll besonderes Augenmerk zukommen. Der Verbraucher wurde bis zur Verabschiedung des Gesetzes zur Schuldrechtsmodernisierung durch schuldrechtliche Sondergesetze geschützt. Mit der Einbeziehung dieser Sondergesetze zum Verbraucherschutz in das BGB will der Gesetzgeber die Rolle des Verbrauchers hervorheben und stärken. So wurden das Haustürwiderrufsgesetz und das Fernabsatzgesetz, sowie Vorschriften über Teilzeit-Wohnrechtsverträge, das Verbraucherkreditgesetz und das AGB-Gesetz im neu gestalteten BGB angesiedelt. Zwar stellt das AGB-Gesetz nicht ein Verbraucherschutzgesetz dar. Dennoch wurde auf die Einfügung in den §§ 305 ff BGB n. F. großer Wert gelegt, um der Rechtssicherheit und Rechtseinheit im Parteienverkehr gerecht zu werden.

1.2.4 EU-Richtlinien

In Brüssel wurden in den vergangenen Jahren viele Richtlinien verabschiedet. Wie am Haustürwiderrufsgesetz ersichtlich ist, hat der Gesetzgeber Sondergesetze geformt. Drei EU-Richtlinien, davon insbesondere die Verbrauchsgüterkaufrichtlinie[126], zwangen die Bundesrepublik Deutschland zur Umsetzung in das deutsche Recht. Gerade die Verbrauchsgüterkaufrichtlinie wird mit der Verabschiedung des Schuldrechtsmodernisierungsgesetzes in Zusammenhang gebracht. Die Frist zur Umsetzung dieser Richtlinie endete am 31.12.2001. Wäre die BRD dieser Pflicht in diesem Zeitraum nicht nachgekommen, hätten ihr Schadensersatzansprüche nach der Francovic-Doktrin gedroht. Dies wollte die Bundesregierung vermeiden. So lässt sich nachvollziehbar erklären, warum die Schuldrechtsreform nach Jahren des Stillstandes doch in so kurzer Zeit durchgeführt wurde. Ein erneutes Sondergesetz hätte neben dem zu Beginn dargestellten Zersplitterungsgedanken zu einer Verwirrung mit dem bisher gültigen Kaufrecht geführt. Man befürchtete Unübersichtlichkeit und Rechtsunsicherheit im Neben- beziehungsweise Miteinander mit dem BGB.

---

125 Däubler-Gmelin, Die Entscheidung für die so genannte Große Lösung bei der Schuldrechtsreform, NJW 2001, 2281.

126 Richtlinie 1999/ 44/ EG ABlEG Nr. L 171/12: Richtlinie des Europäischen Parlamentes und des Rates vom 25.5.1999 zu bestimmten Bereichen des Verbrauchsgüterkaufs und der Garantien für Verbrauchsgüter.

1.2.4.1 *Die Verbrauchsgüterkaufrichtlinie*[127]

Diese Richtlinie dient einem Mindestmaß an Verbraucherschutz. So sind ausschließlich Kaufverträge über bewegliche Sachen zwischen dem Verbraucher[128] und dem Unternehmer[129] davon betroffen. Diese Richtlinie will durch die Umsetzungspflicht das kaufrechtliche Mängelgewährleistungsrecht und das Werkvertragsrecht für neu hergestellte Sachen oder herzustellende bewegliche Sachen aufeinander abstimmen. Zwei Punkte dieser Richtlinie kamen bei der Verpflichtung zur Einarbeitung in das bestehende deutsche Gesetz und der geplanten Umsetzung der Schuldrechtsreform eine zentrale Bedeutung zu. Dies sind der Erfüllungsanspruch des Käufers und die Verjährungsfrist. Daneben verpflichtete die Richtlinie, den Sachmängelbegriff neu zu definieren, die unterschiedlichen Merkmale von Sach- und Rechtsmängeln aufzugeben, die Gewährleistungsrechte neu zu überarbeiten und die Gewährleistungsfrist zu verlängern sowie von den Vorschriften über den Viehkauf abzusehen.

1.2.4.2 *Die Zahlungsverzugsrichtlinie*[130]

Diese Richtlinie zur Bekämpfung von Zahlungsverzug im Geschäftsverkehr wurde am 29. Juni 2000 vom Europäischen Parlament und Rat verabschiedet und sah eine Umsetzungsfrist bis zum 7.8.2002 vor. Die Umsetzung erfolgte im Rahmen des Schuldrechtsmodernisierungsgesetzes. Die Richtlinie betraf im Wesentlichen die Umsetzung von Normen über den Verzugszins. Zwar waren die zum größten Teil die notwendigen Schritte schon im Gesetz zur Beschleunigung fälliger Zahlungen vom 30.3.2000 geschehen, aber die Richtlinie verpflichtete zur Umsetzung der Zinshöhe in einer ergänzenden Regelung.[131] Inzwischen ersetzt eine neue Richtlinie zur Bekämpfung von Zahlungsverzug im Geschäftsverkehr die alte Regelung.[132] Ihre Umsetzung findet sich in §§ 271 a, 286, 288, 308, 310 BGB sowie dem Unterlassungsklagengesetz und Art. 229 § 34 EGBGB.

127 Richtlinie 199/44/EG vom 25.5.1999.

128 Siehe Legaldefinition in § 13 BGB.

129 Siehe Legaldefinition in § 14 BGB.

130 Richtlinie 2000/35 EG, ABlEG Nr. 200 S. 35: Richtlinie zur Bekämpfung von Zahlungsverzug im Geschäftsverkehr.

131 BGBl. I/S. 330.

132 Richtlinie 2011/7/EU, ABl. Nr. L 48 S. 1.

1.2.4.3 Die E-Commerce-Richtlinie[133]

Die Richtlinie über bestimmte rechtliche Aspekte der Dienste der Informationsgesellschaft, insbesondere des elektronischen Geschäftsverkehrs im Binnenmarkt wurde am 8.7.2000 verabschiedet und verpflichtete zur Umsetzung bis zum 26.2.2002 (inzwischen §§ 312 i, j BGB). Darin werden die Unternehmer bei ihrem Warenverkauf und ihren Dienstleistungen zur Weitergabe von Informationen an die Kunden verpflichtet. Der Unternehmer muss in der Lage sein, seinen Kunden die Vertragsklauseln so anbieten zu können, dass eine elektronische Speicherung und ein Abruf jederzeit möglich sind. Gerade die Geschäftsbeziehungen zwischen Unternehmern will die Richtlinie regeln, indem Vorschriften zur fehlerlosen Geschäftsabwicklung vorgeschrieben sind. Angesprochen wird aber zum größten Teil das öffentliche Recht.

Einen weiteren Aspekt kann möglicherweise die am 19.5.1998 verabschiedete Richtlinie über Unterlassungsklagen zum Schutz der Verbraucherinteressen beitragen.[134] Das Bundesjustizministerium beruft sich im Zusammenhang mit der Schuldrechtsreform nicht auf diese Richtlinie. Es ging aber im Zuge der Umsetzung dieser Richtlinie um die Gestaltung eines Unterlassungsklagengesetzes (UKLaG: Gesetz über Unterlassungsklagen bei Verbraucherrechts- und anderen Verstößen) und im weitesten Sinn um Verbraucherrechte.

1.2.5 Europäisierungsgedanke

Mit der Verabschiedung des Gesetzes zur Schuldrechtsmodernisierung und dessen tatsächlicher Umsetzung im BGB wurde das Schuldrecht im nationalen Bereich neu gestaltet. In diesem Zusammenhang stellt sich die Frage, ob die Schuldrechtsreform als Wegbereiter für ein gemeinsames europäisches Zivilrecht dienen kann. Die breit angelegte Schuldrechtsmodernisierung will die Europatauglichkeit beweisen und soll aufzeigen, dass das deutsche Privatrecht durchaus mit dem Zivilrecht anderer europäischer Mitgliedsstaaten konkurrieren kann. Dieser Gedanke auf nationaler Ebene ist von der Anregung des Europäischen Parlaments, ein gemeinsames europäisches Gesetzbuch für das Privatrecht zu gestalten, zu unterscheiden. Diese Strömung ist wohl eher der europäischen Kodifikationsidee zuzuordnen.

---

133 Richtlinie 2000/31 EG, ABlEG Nr. L 178 S. 1: Richtlinie über bestimmte rechtliche Aspekte der Dienste der Informationsgesellschaft, insbesondere des elektronischen Geschäftsverkehrs im Binnenmarkt.

134 Richtlinie 1998/27/EG.

Schon seit geraumer Zeit finden Diskussionen um die zukünftige Ausarbeitung eines gemeinsamen europäischen Privatrechts in Europa statt. Zu nennen ist hier die von der EG-Kommission unterstützte Lando-Gruppe mit ihren „Principles of European Contract Law". Die Lando-Kommission versuchte im Zeitraum von 14 Jahren, ein europäisches Privatrecht in „ kodifikationsähnlicher Form"[135] zu normieren.[136] Im Rahmen der europäischen Gemeinschaft arbeiteten ebenfalls Professoren Regelwerke für eine Kodifikation im Rahmen des Vertragsrechts aus.[137] Gegenstand der Diskussionen waren aber auch dingliche Kreditsicherheiten, die außervertragliche Haftung sowie einzelne Vertragsarten. An dieser Auseinandersetzung nimmt das Europäische Parlament Anteil. Im Jahr 2000 fanden mehrere Tagungen statt.[138] Wenn auch in unmittelbarer Zukunft ein gemeinsames Europäisches Zivilrecht noch nicht erwartet werden kann, so sind möglicherweise die grundlegenden Schritte hierfür schon getan worden. Das ernsthafte Bestreben einer europäischen Kodifikationsidee wird sichtbar.[139] Im Juli 2001 wurde eine Mitteilung der Kommission zum Europäischen Vertragsrecht veröffentlicht.[140] Daraus geht hervor, dass eine europäische Kodifikation ein politisches Anliegen ist. Das Europäische Parlament beschäftigt sich schon länger mit dieser Thematik.[141] Der Europäische Rat folgte seit 1999. Die Mitteilung der Kommission wird vor allem als eine politische Stellungnahme eingestuft. Im

135 Zimmermann, Konturen eines Europäischen Privatrechts, JZ 1995, S. 477 ff.

136 Weiterführend: Lando, Principles of European Contract Law, Part I; Taupitz, Europäische Privatrechtsvereinheitlichung heute und morgen.

137 Erwähnenswert sind die Arbeiten „Code europêen des contrats" unter der Leitung von Guiseppe Gandolfi mit der Expertengruppe Academia die giusprivatisti europei; außerdem: Gordley, The Enforceability of Promises in European Contract Law.

138 Veranstaltung der Europäischen Rechtsakademie in Trier am 17./18.11.2000 (European Civil Code(s)"; am 21.11.2000 fand unter der Federführung des Ausschusses für Recht und Binnenmarkt eine öffentliche Anhörung zum Thema „Annäherung des Zivil- und Handelsrechts der Mitgliedsstaaten" statt. Zur Veranstaltung in Leuven siehe Grundmann, Harmonisierung, Europäischer Kodex, Europäisches System der Vertragsrechte, NJW 2002, 393, Fn. 1.

139 Es sind bereits Überlegungen vorhanden, in welcher Sprache ein gemeinsames europäisches Gesetzbuch für das Privatrecht gestaltet werden sollte. Die englische Sprache erschien hierfür angebracht. Für eine mehrsprachige Version plädiert Basedow, in: Basedow, Grundlagen des europäischen Privatrechts, JuS 2004, (89), 91.

140 ABlEG 2001 Nr. C 255, S. 1.

141 ABlEG 1989 Nr. C, S. 400; ABlEG 1994 Nr. C 205; S. 518; am 15.11.2001 folgte eine Entschließung bezüglich einer Annäherung von Zivil- und Handelsrecht der Mitgliedstaaten.

Rahmen einer Diskussion von Praxis und Wissenschaft wird erst noch geklärt werden müssen, wie ein europäisches Vertragsrechtswerk zu gestalten ist.[142] Die schrittweise Annäherung an ein europäisches Privatrecht sei eine der bedeutsamsten juristischen Entwicklungen der Gegenwart.[143] Ein Europäisches Zivilgesetzbuch kann jetzt noch als Vision bezeichnet werden, zumal eine Reihe von Fragen noch geklärt werden müssen, wie etwa die Notwendigkeit, Organisation der Arbeiten und die Gegenstände der Regelung. Problematisch ist bisher, dass ein innerer Zusammenhang zwischen den einzelnen Regelungsgegenständen des Gemeinschaftsprivatrechts bisher nicht erkennbar ist und die Frage nach einer Stärkung des Systemgedankens im europäischen Gemeinschaftsprivatrechts noch nicht geklärt ist. Noch weit reichender sind die Vorstellungen der Kommission aus dem Jahr 2003.[144] Sie zielen auf einen Ausbau der sektorspezifischen Gesetzgebung, der Formulierung von grundlegenden Prinzipien für das Vertragsrecht und die Herstellung eines allgemeinen Bezugsrahmens durch die Definition von allgemeinen Begriffen wie „Schaden" oder „Vertrag". Inzwischen gibt es mit dem Draft Common Frame of Reference (DCFR) von 2009 eine wissenschaftliche Grundlage für ein künftiges europäisches Vertragsrecht und angrenzende Rechtsgebiete.[145] Seit 2011 existiert der Vorschlag der Europäischen Kommission für eine Verordnung über ein gemeinsames Europäisches Kaufrecht (CESL). Hier geht es um ein optionales Kaufrecht, das den Parteien als Wahlmöglichkeit neben dem nationalen Kaufrecht zur Verfügung stehen soll.[146]

2. Entstehungsprozess

2.1 Erste Schritte

Erste Anstöße, das Schuldrecht neu zu überarbeiten, gehen bis in die siebziger Jahre zurück. Die Länder Bayern, Bremen, Hessen, Niedersachsen, Nordrhein-Westfalen und Schleswig-Holstein trugen dieses Ansinnen an das Bundesjustizministerium heran mit der Bitte, eine Kommission zur Überprüfung des gesamten Vertragsrechtes zu bilden. Es hatte sich in der Vergangenheit gezeigt, dass das Leistungsstörungs- und Verzugsrecht den vielfältigen Fallgestaltungen der Praxis angepasst und so flexibler geformt werden müsste. Weiterer Anlass für eine Re-

142 Dazu: Grundmann, a.a.O., NJW 2002, 393 ff.

143 Zimmermann, Konturen eines europäischen Privatrechts, JZ 1995, 477.

144 Basedow, Grundlagen des europäischen Privatrechts, JuS 2004, (89), 96.

145 Palandt/Sprau, 74. Auflage, Einleitung Rn. 33.

146 Palandt/Sprau, a.a.O.

form bot das am 1.4.1977 in Kraft getretene AGB-Gesetz. In diesem Zusammenhang wurde offensichtlich, dass eine Reihe von anerkannten Schuldverhältnissen im BGB nicht geregelt war. Schon bei der Ausarbeitung des AGB-Gesetzes wurden Diskussionen geführt, das Schuldrecht neu zu überarbeiten.

Die Lücken und Mängel im Gesetz waren also schon Anfang der siebziger Jahre bekannt und das Bedürfnis für eine Reform zeigte sich auch in dem Bestreben, das Recht den Wandlungen und Neuerungen der Zeit anzupassen. Dr. Hans-Jochen Vogel ist als offizieller Vater der Schuldrechtsreform bekannt. Er widmete sich als damaliger Bundesminister der Justiz dem Projekt Schuldrechtsreform. Am 25.1.1978 regte er im Deutschen Bundestag erste Schritte in Richtung Reform an und betraute eine Sachverständigengruppe des Bundesjustizministeriums mit dieser Aufgabe.

Das Schuldrecht zeichnete sich bis zur Schuldrechtsreform von 2001 durch eine Aufsplitterung vieler einzelner Sonder- und Nebengesetze aus. Dies führte zu Unübersichtlichkeit und auch dazu, dass ein Laie kaum sinnvoll mit dieser Materie umgehen konnte. Selbst der Praktiker stieß auf Schwierigkeiten, da er bestimmte Gesetze nicht einmal im „Schönfelder“ finden konnte und zur näheren Klärung eine gut sortierte Bibliothek aufsuchen musste.[147] Seine Reformidee stellte der damalige Bundesminister der Justiz auf dem 52. Deutschen Juristentag in Wiesbaden zur Diskussion.[148] Die Schwerpunkte dieser frühen Reformbemühung bildeten das Ziel, eine Reihe von schuldrechtlichen Vorschriften in das BGB einzugliedern. Einer immer größer werdenden Zersplitterung sollte so vorgebeugt und ein BGB von geballter Komplexität und Übersichtlichkeit geschaffen werden. Dazu zählten zum Beispiel das AGB-Gesetz, das Abzahlungsgesetz sowie Vorschriften der Gefährdungshaftung. Ebenso stellte der Entwurf auf die Einfügung und gesetzliche Normierung neuer Schuldverhältnisse ab, wie zum Beispiel den Arztvertrag, den Alters- und Pflegeheimvertrag, Verträge über leitungsgebundene Energie, Verträge zwischen der Bank und ihren Kunden sowie Leasing und Factoring und viele andere Vertragsarten. Selbst die Schuldverhältnisse, die bereits im BGB geregelt waren, wie das Kauf- und Werkvertragsrecht, das Bereicherungsrecht und das Deliktsrecht sollten neu überarbeitet werden und so den Fortschritten im internationalen Bereich Rechnung tragen.

Die Breite des Vorhabens fand in der Politik keine ungeteilte Zustimmung. Kritische Stimmen zweifelten an der Reformbedürftigkeit und -fähigkeit des Schuldrechts

147 So zum Beispiel das Fernunterrichtsschutzgesetz (FernUSG) vom 24.8.1976 (BGBl. S. 2525).

148 Zimmermann, Schuldrechtsmodernisierung ?, JZ 2001, (171), 176.

und befürchteten große Rechtsunsicherheiten und enorme Umstellungskosten. Als besonders problematisch galt die Vorgehensweise, das moderne Schuldrecht mit dem Gesetzgebungsprozess zu vereinbaren. Auch aus diesem Grund wurde eine erneute und detaillierte Überprüfung der Rechtsmaterie gefordert. Dies erfolgte dann zu Beginn der achtziger Jahre. Auf Anlass des Bundesjustizministeriums wurden in dieser Zeit 24 Gutachten erstellt. Darin wurden jeweils bestimmte Teilbereiche des Schuldrechts auf die Notwendigkeit einer Überarbeitung geprüft und gleichzeitig Lösungswege einer Neuregelung dargestellt. Die Gutachten dienten dazu, generell das Schuldrecht auf etwaige Unzulänglichkeiten hin zu untersuchen und Wege zu finden, Schuldverhältnisse, wie zum Beispiel die culpa in contrahendo, in das BGB einzufügen. 1981 und 1983 wurde das Ergebnis in drei Bänden veröffentlicht.[149] 1982/83 setzten sich zwei rechtswissenschaftliche Tagungen mit diesen umfangreichen Resultaten auseinander.[150] Auch die Wissenschaft befasste sich mit diesen Vorschlägen eingehend.[151] Diese umfassende Auseinandersetzung der Reformansätze führte wiederum bei Praktikern und Wissenschaftlern zu großer Unsicherheit, da sie von einer kompletten Neuformung des BGB durch die Bundesregierung ausgingen. Dennoch waren die Vorarbeiten der Gutachten auf fruchtbaren Boden gestoßen. Bundesjustizminister Engelhardt bildete eine Kommission zur Überarbeitung des Schuldrechts. Diese konstituierte sich am 2.2.1984. Sein Vorgehen begründete er damit, „dass es nicht um einen Abschied vom BGB gehe, sondern um eine Überarbeitung, bei der unter Wahrung der systematischen Grundstruk-

---

149 Bundesminister der Justiz (Hrsg.), Gutachten und Vorschläge zur Überarbeitung des Schuldrechts, Band I und Band II, erschienen 1981, Band III, erschienen 1983.

150 Vergleiche die Beiträge verschiedener Autoren in: AcP 183 (1983): Lieb, Grundfragen einer Schuldrechtsreform, AcP 183 (1983), 327 ff.; Picker, Positiver Forderungsverletzung und culpa in contrahendo – Zur Problematik der Haftungen „zwischen" Vertrag und Delikt, AcP 183 (1983), 369 ff.; Vollkommer, Die Konkurrenz des allgemeinen Leistungsstörungsrechts mit den Leistungsstörungsinstituten der besonderen Schuldvertragstypen, AcP 183 (1983), 525 ff., Leser, Zu den Instrumenten des Rechtsgüterschutzes im Delikts- und Gefährdungshaftungsrecht, AcP 183 (1983), 568 ff.; Hopt, Nichtvertragliche Haftung außerhalb von Schadens- und Bereicherungsausgleich, AcP 183 (1983), 608 ff.

151 Dazu die Artikel in: NJW 1982: Schmude, Schuldrechtsüberarbeitung – eine Herausforderung an den Gesetzgeber, NJW 1982, 2017 ff.; Heinrichs, Reform des Verjährungsrechts ?, NJW 1982, 2021 ff.; Schünemann, Wandlungen des Vertragsrechts, NJW 1982, 2027 ff.; Lieb, Das Bereicherungsrecht de lege ferenda, NJW 1982, 2034 ff.; Hübner, Zur Reform von Deliktsrecht und Gefährdungshaftung NJW 1982, 2041 ff.; Denck, Verdrängung des Haftungsrechts durch Teilungsabkommen? NJW 1982, 2048 ff.

turen, methodischen Ansätze und Grundwertungen des Gesetzes gewissermaßen die Erfahrungen aus acht Jahrzehnten seiner Anwendung aufgearbeitet werden".[152] Die Kommission setzte sich aus fünfzehn Mitgliedern, Rechtswissenschaftlern, Richtern, Beamten mit Erfahrung im Bereich der Gesetzgebung und aus Praktikern zusammen. Ein übergreifender Reformvorschlag aus Praxis und Wissenschaft sollte gewährleistet werden. Dennoch war der Aufgabenbereich der Kommission enger gesteckt als noch bei den Gutachten. Ihr Aufgabenbereich konzentrierte sich insbesondere auf die Überprüfung des Leistungsstörungsrechts, das heißt der Mängelhaftung bei Kauf- und Werkvertrag sowie Fragen der Verjährung. Es ging der Kommission darum, wie diese Normen „übersichtlicher und zeitgemäßer gestaltet werden können".[153] „Sollte die Kommission im Verlaufe der Arbeit erkennen, dass weitere Bereiche des Schuldrechts der Überarbeitung bedürfen, so sollte sie Ihre Überlegungen hierzu ebenfalls in der Form eines Berichts unterbreiten".[154] Von dieser Möglichkeit, ihren Auftrag zu erweitern, machte die Kommission jedoch keinen Gebrauch. Im Jahr 1991 stellte die Kommission in ihrem Bericht Lösungsvorschläge dar, die in 22 mehrtägigen Sitzungen herausgearbeitet wurden.[155] Darin fanden sich vorformulierte Gesetzesvorschläge und die Erläuterung sowie Begründung von Lösungswegen.[156] Schwerpunkte der Neuregelung waren das Verjährungsrecht, das allgemeine Leistungsstörungsrecht, das Kaufrecht, das Werkvertragsrecht und das AGB-Gesetz. Kennzeichnend für diesen Entwurf ist ein gänzlich neuer Ansatzpunkt. Im Zentrum des Blickwinkels stehen die in Frage kommenden Rechtsbehelfe, wie etwa die Erfüllung, der Schadensersatz und Vertragsaufhebung. Dem Tatbestand der Pflichtverletzung kommt hierbei zentrale Bedeutung zu.

Dabei berücksichtigte die Kommission das Übereinkommen der Vereinten Nationen über Verträge über den Internationalen Warenkauf (CISG)[157] und orientierte sich im Leistungsstörungsrecht daran.[158] Es lassen sich aber auch

---

152 Engelhardt, Zu den Aufgaben einer Kommission für die Überarbeitung des Schuldrechts, NJW 1984, (1201), 1202.

153 Engelhardt, a. a. O., 1201.

154 Engelhardt, a. a. O.

155 Bundesminister der Justiz (Hrsg.), Abschlußbericht der Kommission zur Überarbeitung des Schuldrechts, erschienen 1992.

156 Rolland, Schuldrechtsreform – Allgemeiner Teil, NJW 1992, 2377 ff.; Medicus, Vorschläge zur Überarbeitung des Schuldrechts: Das allgemeine Recht der Leistungsstörungen, NJW 1992, 2384 ff.

157 Internationales UN-Kaufrecht; CISG bedeutet: United Nations Convention on Contracts for the International Sale of Goods.

158 In Deutschland trat das Übereinkommen der Vereinten Nationen über Verträge über den internationalen Warenkauf vom 11.4.1980 am 1.1.1991 in Kraft.

Unterschiede zum CISG feststellen. Der Reformentwurf der Kommission stellte beispielsweise für einen Schadensersatzanspruch auf das Verschulden des Schuldners ab. Anders dagegen die Regelung nach CISG: danach entfällt die Haftung des Schuldners für einen für ihn unvorhersehbaren, seinem Einflussbereich entzogenen Hinderungsgrund. Ein Vergleich beider Regelungen – die der Kommission und des CISG – führte zu dem Ergebnis, dass kaum ein großer praktischer Unterschied festgestellt werden konnte.[159]

Im September 1994 diskutierte die zivilrechtliche Abteilung den Entwurf auf dem 60. Deutschen Juristentag in Münster.[160] Trotz überwiegend positiver Resonanz[161] übte die Wissenschaft Kritik.[162] Industrie und Wirtschaft lehnten den Reformvorschlag gänzlich ab. Der Juristentag bot die Gelegenheit zur Überprüfung der Vorschläge der Kommission oder aber die Möglichkeit des Verzichts auf eine Modernisierung. Am Ende der Tagung überwog trotz heftiger Kritik die positive Stimmung in Richtung Modernisierung.[163] Die Zeitschriften NJW und JZ dokumentierten mit ihren Berichten diesen positiven Trend als „ein erfreuliches Ergebnis".[164] Gleichzeitig erging die Aufforderung an den Gesetzgeber, zur Tat zu schreiten. Trotz der euphorischen Stimmung kam das Projekt in der Folgezeit nicht voran. Die Reformvorschläge wurden nicht zu einem förmlichen Gesetzesentwurf verarbeitet. Maßgebender Grund für diese Stockung war wohl das von der EU-Kommission Ende 1993 vorgelegte Grünbuch zum Kaufrecht.[165] Darin wurden im Rahmen einer geplanten Richtlinie über den Verbrauchsgüterkauf auch die Punkte berührt, die auch das Reformvorhaben in Deutschland betrafen, etwa die Verjährung und Ansprüche auf Erfüllung durch den Käufer. Die Reform war damit zunächst aufgeschoben. Den Tendenzen und Regelungen der europäischen Gesetzgebung sollte so Vorrang gelassen werden, um eine Anpassung des

---

159 Schlechtriem, Rechtsvereinheitlichung in Europa und Schuldrechtsreform in Deutschland, ZEuP 1 (1993), (217), 217 ff., 228 ff., 234 ff.

160 Die Diskussion bezog sich auf den Abschlußbericht der Kommission zur Überarbeitung des Schuldrechts von 1992. Es wurden keine neuen Gutachten mehr gefordert.

161 Unter der Rubrik Mitteilungen. 60 Deutscher Juristentag: Der Tagungsverlauf, NJW 1994, 3070; Frielé, Tagungsbericht: Der 60. Deutsche Juristentag in Münster, JZ 1995, 189 ff.

162 Vor dem Juristentag äußerte sich in ähnlichem Sinn: Ernst, Zum Kommissionsentwurf für eine Schuldrechtsreform, NJW 1994, 2177 ff.; ders. Kernfragen der Schuldrechtsreform, JZ 1994, 801 ff.

163 Frielé, Tagungsbericht: Der 60. Deutsche Juristentag in Münster, JZ 1995, 190.

164 60. Deutscher Juristentag: Der Tagungsverlauf, NJW 1994, 3070.

165 BR-Drucksache 926/93.

nationalen Rechts an diese Entwicklung zu ermöglichen. Einen nationalen Alleingang der Gesetzesreform galt es zu vermeiden. Am 25. 5.1999 verabschiedete das Europäische Parlament und der Rat die Richtlinie zu bestimmten Aspekten des Verbrauchsgüterkaufs und der Garantien für Verbrauchsgüter[166], die so genannte „Verbrauchsgüterkaufrichtlinie".[167] Deren Umsetzungsfrist endete am 31.12.2001. So war zugleich ein Zeitrahmen für die Überarbeitung des Schuldrechts vorgegeben. Die Frage einer tief greifenden Änderung des Schuldrechts im Rahmen einer großen Lösung stellte sich in diesem Zusammenhang. Sie ist aber unabhängig von der Pflicht zur Umsetzung der „Verbrauchsgüterkaufrichtlinie" zu sehen.

2.2 Aufgreifen des Reformvorhabens durch die Bundesregierung

Nach anfänglichem Stillstand setzte sich das Bundesministerium der Justiz erst in den Jahren 1999 und 2000 mit der Wiederaufnahme der Reform auseinander. Dafür gibt es mehrere einschneidende Gründe. Die Auseinandersetzung mit Fragen des Verbraucherschutzes führte zu dem am 30.6.2000 in Kraft getretenen „Gesetz über Fernabsatzverträge".[168] Ebenso musste die Umstellung auf den Euro vollzogen werden. Den herausragenden Anstoß für die Wiederaufnahme der Schuldrechtsreform stellten wohl die drei EU-Richtlinien dar, insbesondere die Verbrauchsgüterkaufrichtlinie.

2.3 Der Diskussionsentwurf

Am 4.8.2000 stellte das Bundesministerium der Justiz den Diskussionsentwurf für ein Schuldrechtsmodernisierungsgesetz vor. Der Inhalt umfasste 630 Seiten und stimmte mit den Reformvorschlägen der Schuldrechtskommission in Teilbereichen, wie im allgemeinen Leistungsstörungsrecht überein. An anderen Stellen wurden Änderungen herausgearbeitet. Dennoch sind drei hervorstechende Punkte anzuführen.

Bei der Verjährung soll zwischen vertraglichen und gesetzlichen Ansprüchen nicht mehr differenziert werden. Das Reformmodell der Schuldrechtskommission gewährte bei vertraglichen Ansprüchen eine Frist von drei Jahren, für gesetzliche Ansprüche dagegen zehn Jahre. Aus Wertungsgesichtspunkten rückte der Diskussionsentwurf von dieser Differenzierung ab und legte eine generelle Verjährungsfrist von drei Jahren fest.

---

166 ABlEG Nr. L 171, S. 12.

167 Richtlinie 1999/44/EG.

168 Gesetz über Fernabsatzverträge und andere Fragen des Verbraucherrechts vom 30.06.2000 (BGBL. S. 897).

Auch im Kaufrecht kam es zu einer Neuerung, indem die Sonderkaufrechte ganz gestrichen wurden. Die Schuldrechtskommission wollte diese Sonderkaufrechte für Vieh und Saatgut beibehalten.

Bestimmte Rechtsinstitute, die bereits allgemein anerkannt waren, aber im BGB nicht normiert wurden, sollten nun dort eingearbeitet werden. Das betrifft beispielsweise die culpa in contrahendo. Ebenso wurde dem Problem der Aufsplitterung des BGB in die vielen Sondergesetze Rechnung getragen. Vorgeschlagen wurde die Integration dieser Sondergesetze in das BGB und EGBGB. Betroffen waren folgende Vorschriften: Haustürwiderrufsgesetz, Verbraucherkreditgesetz, Fernabsatzgesetz, Teilzeitwohnrechtgesetz, Diskontsatz-Überleitungsgesetz, FIBOR-Überleitungs-Verordnung, Lombardsatz-Überleitungsverordnung, Basiszinssatz-Bezugsgrößen-Verordnung und ein bestimmter Teilbereich des AGBG.

Dieser Entwurf war im November 2000 bei einer von den Professoren Wolfgang Ernst und Reinhard Zimmermann veranstalteten Tagung starker Kritik durch die Wissenschaft ausgesetzt.[169] Bei einer weiteren Tagung in Münster im Jahr 2001, die die Professoren Reiner Schulze und Hans Schulte-Nölke ins Leben riefen, wurde der Entwurf ebenfalls scharf kritisiert.[170] Aufgrund dieser am Diskussionsentwurf entstandenen Kritik und der damit verbundenen Auseinandersetzung kam es am 6.3.2001 zu der konsolidierten Fassung des Diskussionsentwurfes für das Schuldrechtsmodernisierungsgesetz durch das Bundesjustizministerium. Vorausgegangen war ebenfalls eine intensive Auseinandersetzung. So waren zwei Arbeitskreise gebildet worden. Diese setzten sich erneut mit dem Inhalt des Entwurfs auseinander, um Problemfelder aufzuspüren und zu lösen. Das Bundesministerium der Justiz berief den Bund-Länder Arbeitskreis, der am 15./16. 01.2001 seine erste Zusammenkunft hatte. Thema der Auseinandersetzung stellte das Verjährungsrecht dar.[171] Am 11.09.2001 beendete der Arbeitskreis seine Aufgabe mit dieser letzten Sitzung. Nicht nur Richter[172] und Rechtswissenschaftler[173], auch Beamte des Bundesjustizministeriums sowie anderer Ministerien und der Landesjustizministerien setzten sich mit den Rechtsfragen auseinander. Die zweite Grup-

169 Ernst/Zimmermann, Zivilrechtswissenschaft und Schuldrechtsreform.

170 Schulze/Schulte-Nölke, Die Schuldrechtsreform vor dem Hintergrund des Gemeinschaftsrechts.

171 Zimmermann/Leenen/Mausel/Ernst, Finis Litium? Zum Verjährungsrecht nach dem Regierungsentwurf eines Schuldrechtsmodernisierungsgesetzes, JZ 2001, 685.

172 Das sind: Prof. Dr. h.c. Heinrichs, Dr. Kreft, W. Ball, Dr. Dressler, Dr. Kniffka, Prof. Dr. Krüger, W. Schlick, Dr. Zugehör, Prof. Dr. Mikosch, S. Seiters.

173 Bei der Diskussion über das Verjährungsrecht: Prof. Dr. Zimmermann, Prof. Dr. Westermann, Prof. Dr. Ernst, Prof. Dr. Dr. h.c. mult. Canaris.

pe befasste sich mit Fragen des Leistungsstörungsrechts und trug den Namen „Kommission Leistungsstörungsrecht“. Ihr gehörten zum Teil Wissenschaftler und Teilnehmer der früheren Schuldrechtskommission an.[174] Am 17.1.2001 begann die „Kommission Leistungsstörungsrecht“ mit ihrer Arbeit. Schon am 2. und 3.3.2001 wurden die Ergebnisse verabschiedet. Der zeitliche Rahmen der Veröffentlichung der konsolidierten Fassung am 6.3.2001 zeigt, wie schnell die Verantwortlichen Entscheidungen und Ergebnisse zu wichtigen Fragen treffen mussten. In der konsolidierten Fassung fanden die Vorschläge der Leistungsstörungskommission vollständige Berücksichtigung. Zuvor war eine Aufteilung in verschiedene Gruppen erfolgt, die sich auf ihren Arbeitskreis konzentrierten. Auf ihren Arbeiten basierten in den Plenarsitzungen die Diskussionen und fanden auch die Abstimmungen statt. Der Bund- Länderarbeitskreis setzte sich mit seinen Aufgaben in Form von Diskussionsrunden auseinander, nicht jedoch durch Abstimmungen ihrer Ergebnisse. Dabei wurden alle Punkte der Schuldrechtsreform behandelt, auch die Fragen des Leistungsstörungsrechts. Herausstechend an dieser Fassung ist die Einfügung des Rechtsinstituts der Unmöglichkeit. Das Bundesjustizministerium präsentierte am 23.03.2001 das Verjährungsrecht durch eine Neufassung vom 22.03.2001. Ebenfalls im März 2001 stellte diese konsolidierte Fassung auf der Sondertagung der Zivilrechtslehrervereinigung in Berlin einen wichtigen Diskussionspunkt dar.[175] Aber auch die konsolidierte Fassung ließ die Kritiker nicht verstummen. Am 12.4.2001 forderten 18 Professoren, unter ihnen Altmeppen und Wilhelm dazu auf, gemeinsam vor einer übereilten Reform zu warnen. Sie betonten ihre Befürchtung, dass insbesondere die Umformung des gesamten Schuldrechts aufgrund des eng gesteckten zeitlichen Rahmens nicht ausreichend durchdacht sein könnte. Zwar war ihnen bei ihrer Aufforderung bewusst, dass Deutschland aufgrund der genannten Richtlinien zu deren Umsetzung verpflichtet war. Dennoch beharrten sie auf ihrer Überzeugung, dass man auf eine umfassende Schuldrechtsreform keinerlei Druck ausüben darf, weder aus zeitlicher Sicht noch von Seiten der Wirtschaft. Sie sprachen sich ausdrücklich dafür aus, nur die Rechtsgebiete, die von den Richtlinien betroffen sind, sorgfältig zu überarbeiten. 258 Professoren schlossen sich dieser Aufforderung an. Insgesamt wurden 550 Professoren angesprochen.

---

174 Das waren: Prof. Dr. Rolland, Prof. Dr. Brambring, Prof. Dr. Dr. h.c. mult. Canaris, Prof. Dr. Däubler, Prof. Dr. Ernst, Prof. Dr. Grunewald, Leitender Ministerialrat Dr. Haas, Prof. Dr. h.c. Heinrichs, Prof. Dr. Heldrich, Prof. Dr. Konzen, Prof. Dr. Medicus, Prof. Dr. Dr. h.c. Schlechtriem, Prof. Dr. Teichmann, Prof. Dr. Westermann.

175 Geiger, Sondertagung Schuldrechtsmodernisierung , JZ 2001, 473 ff.

Einen anderen Standpunkt dazu nahm Canaris ein. Als Teilnehmer der „Kommission Leistungsstörungsrecht" rief er seinerseits die Professoren auf, sich nicht der Bewegung von Altmeppen und Wilhelm anzuschließen. Der enorme Zeitdruck war für ihn kein Argument gegen die Durchführung einer umfassenden Schuldrechtsreform und das eventuelle Entstehen unvorhergesehener Rechtsfolgen. Er berief sich darauf, dass die Schuldrechtskommission bis zu ihrem Abschlußbericht 1992 viele Jahre zu durchdachten und sinnvollen Regelungen Zeit hatte. Die Neuerungen der konsolidierten Fassung von 2001 fußen im Grunde auf den Arbeiten der Schuldrechtskommission. Weiter führte er an, dass eine umfassende Reform die Systematik des bestehenden BGB keinesfalls aushebeln könne, da in der konsolidierten Fassung keine Regelung enthalten ist, die die bereits bekannte Systematik außer Kraft setzen könnte. Die konsolidierte Fassung wäre inhaltlich wieder dem bestehenden BGB gefolgt. Ausdrücklich spricht er sich gegen die Vorschläge von Altmeppen und Wilhelm aus.

2.4 Vom Regierungsentwurf bis zur Gesetzesverkündung am 29.11.2001

Das Gesetz zur Modernisierung des Schuldrechts wurde am 9.5.2001 vom Bundeskabinett beschlossen. Diesem Regierungsentwurf ging eine eindringliche Auseinandersetzung der Rechtsmaterie voraus.

Dabei beschritt das Bundesjustizministerium einen völlig neuen Weg. Es verwendete Sorgfalt darauf, den Werdegang dieses Regierungsentwurfs nachvollziehbar zu gestalten und kam diesem Anliegen durch Veröffentlichung der Beschlüsse nach. Da die Verbrauchsgüterkaufrichtlinie die Umsetzung bis zum 31.12.2001 verpflichtend vorsah, reichte die Bundesregierung am 11.5.2001 den Gesetzesentwurf beim Präsidenten des Bundesrates ein. Ein gleichlaufender Gesetzesentwurf von SPD und Bündnis 90/Die Grünen wurde am 14.5.2001 beim Bundestag eingereicht.

Nur diese Vorgehensweise, das heißt die beinahe zeitgleiche Einreichung der Gesetzesentwürfe führte zu einem frühen Beginn des Gesetzgebungsverfahrens im Bundestag. So konnte auch eine öffentliche Anhörung stattfinden.

2.4.1 Stationen des Gesetzentwurfes der Bundesregierung während des Gesetzgebungsverfahrens

Zunächst leitete die Bundesregierung ihren Gesetzesentwurf am 9.5.2001 dem Bundesrat zu als „Entwurf eines Gesetzes zur Modernisierung des Schuldrechts".[176] Dazu äußerte sich am 13.7.2001 der Bundesrat in der Plenarsitzung in etwa 150 Einzelziffern. Am 29.8.2001 wurde der Regierungsentwurf, die Stellungnahme des Bundesrates und die Gegenäußerung der Bundesregierung dazu an den Deutschen Bundestag übergeben.[177] Über den Gesetzesentwurf verhandelte der Bundestag am 27.9.2001 in erster Lesung.[178] Am 11.10.2001 wurde er dann, zusammen mit dem Gesetzesentwurf von SPD und Bündnis 90/ Die Grünen in zweiter und dritter Lesung im Bundestag behandelt.[179] Dabei wurde der Regierungsentwurf vom Plenum des Deutschen Bundestages auf Anraten des Rechtsausschusses des Deutschen Bundestages für erledigt erklärt.

2.4.2 Stationen des Gesetzentwurfes von SPD und Bündnis 90/ Die Grünen

Wie oben kurz erwähnt, brachten die Koalitionsfraktionen den gleichlaufenden Gesetzesentwurf am 14.5.2001 in den Deutschen Bundestag ein.[180] Schon am 18.5.2001 erfolgte die Verteilung des Entwurfs an die Ausschüsse. Daraufhin hielt der Rechtsausschuss des Bundestags am 2. und 4.7.2001 eine öffentliche Anhörung von 44 Sachverständigen ab. Eine abschließende Beratung führte er dann am 25.9.2001 durch.[181] Die Annahme des Gesetzesentwurfs in dem vom Rechtsausschuss ausgearbeiteten Entwurf erfolgte durch den Deutschen Bundestag am 11.10.2001 in zweiter und dritter Lesung mit Zustimmung von der Koalitionsfraktion SPD/Bündnis 90/Die Grünen sowie der PDS. Dagegen äußerten sich CDU/CSU und FDP. Am 11.10.2001 erfolgte dann die Zuleitung des Gesetzesbeschlusses des Deutschen Bundestages an den Bundesrat.[182] Dieser widersprach in seiner Plenarsitzung am 9.11.2001 dem Gesetz nicht.[183] Er kam dem Antrag

---

176 BR-Drucks. 338/01; Canaris, Schuldrechtsmodernisierung, S. 429.

177 BT-Drucks. 14/6857; Canaris, Schuldrechtsmodernisierung, S. 429.

178 BT-Drucks. 14/6857; Canaris, Schuldrechtsmodernisierung, S. 429; der Entwurf der Bundesregierung (BT-Drucks. 6857 = BR-Drucks. 338/01) ist textgleich mit dem Entwurf der Bundestagsfraktionen in BT-Drucks. 14/6040 von SPD/und Bündnis 90/Die Grünen

179 BT-Drucks. 14/6040; Canaris, Schuldrechtsmodernisierung, a. a. O.

180 BT-Drucks. 14/6040; Canaris, Schuldrechtsmodernisierung, a. a. O.

181 BT-Drucks. 14/7052; Canaris, Schuldrechtsmodernisierung, a. a. O.

182 BR-Drucks. 819/01.

183 Eine Zustimmung benötigt das Gesetz zur Modernisierung des Schuldrechts nicht, aber gemäß Artikel 77 II GG eine Beratung. Diese führte, wie erläutert, nicht zur Anrufung des Vermittlungsausschusses.

mehrerer Länder, den Vermittlungsausschuss anzurufen, nicht nach.[184] Es fehlte an der dafür erforderlichen Mehrheit. 35 von insgesamt 69 Stimmen wären dafür notwendig gewesen. Die Länder Baden-Württemberg, Bayern, Hamburg, Hessen, Saarland, Sachsen und Thüringen plädierten für die Anrufung des Vermittlungsausschusses, konnten aber nur 31 Stimmen erzielen. Somit fand das Gesetzgebungsverfahren seinen Abschluss.

Der Bundespräsident Johannes Rau fertigte am 26.11.2001 das Gesetz aus. Die Verkündung erfolgte dann am 29.11.2001 im Bundesgesetzblatt.[185]

2.5 Das BGB im neuen Gewand

Das BGB zeigt sich seitdem in einem neuen Gewand. Der Allgemeine Teil des BGB hat in der Neugestaltung des Verjährungsrechts eine Veränderung erfahren. Das Leistungsstörungsrecht aus dem Allgemeinen Schuldrecht und das Kauf- und Werkvertragsrecht aus dem Besonderen Schuldrecht wurden umgestaltet. Die in Nebengesetzen normierten Verbraucherschutzgesetze fanden eine Einarbeitung in das BGB. Die richterrechtlich anerkannten Rechtsinstitute wurden ebenfalls in das BGB aufgenommen. Dazu zählt unter anderem die culpa in contrahendo. Die einzelnen Paragraphen bekamen amtliche Überschriften. Die Anstrengungen im Rahmen der internationalen Rechtsvereinheitlichung, die „Principles of european contract law“ der Europäischen Vertragsrechtskommission und die von UNIDROIT ausgearbeiteten „Principles for international commercial contracts“ dienten bei der Schuldrechtsreform als Anhaltspunkte.[186]

2.6 Notwendigkeit von Übergangsregeln

2.6.1 Zweck und Zielsetzung

Eine so tief greifende Veränderung des Schuld- und Verjährungsrechts machte die Schaffung von Übergangsregelungen unerlässlich. Die Vorschriften des Artikel 229 §§ 5–7 EGBGB wollen eine zügige Anwendung des neuen Rechts ermöglichen. Ziel ist das Streben nach Rechtsvereinheitlichung und die Gewähr für Rechtssicherheit. Allerdings sind Übergangsvorschriften nur in den Rechtsbereichen notwendig, in

184 BR-Drucks. 819/01 (Beschluss).

185 BGBl. I S. 3138.

186 Darunter versteht man Vorschläge für internationale Handelsverträge, wobei auch Normen die Abwicklung von Leistungsstörungen regeln. UNIDROIT hat dabei keinen verbindlichen Charakter, sondern ist auf die mittelbare Förderung der Rechtsangleichung unter den Staaten ausgerichtet.

welchen inhaltliche und rechtliche Änderungen vorgenommen wurden. Dies trifft zum Beispiel auf das Kauf- und Werkvertragsrecht und auf das Verjährungsrecht zu. Die gleichzeitige Anwendung von neuem und altem Recht würde zu Überstrapazierung führen und so dienen die Übergangsvorschriften der Entlastung der Gerichte und der zügigen Bearbeitung der Rechtsfälle. Artikel 229 § 5 EGBGB stellt bei der Frage, wann das neue Recht Gültigkeit entfaltet, eine wichtige Grundvorschrift dar und beinhaltet für das gesamte Schuldrecht eine intertemporale Kollisionsnorm. Das Verjährungsrecht hat in Artikel 229 § 6 seine Übergangsvorschrift bekommen. Für die Zinsvorschriften gilt Artikel 229 § 7 EGBGB.

2.6.1.1 Anwendbarkeit des Art. 229 § 5, S. 1 EGBGB

Artikel 229 § 5, S. 1 EGBGB findet auf alle zivilrechtlichen Schuldverhältnisse Anwendung.[187] Dies können Schuldverhältnisse sein, die durch Vertrag geschlossen wurden oder auch gesetzliche Schuldverhältnisse. Artikel 229 § 5, S. 1 EGBGB besagt, dass für Schuldverhältnisse, die vor dem 1.1.2002 entstanden sind, das BGB a. F. Gültigkeit hat. Auf Schuldverhältnisse, die erst nach dem 1.1.2002 begründet wurden, ist hingegen das neue Recht anzuwenden. Bei einem vertraglichen Schuldverhältnis ist somit der Zeitpunkt des Vertragsschlusses entscheidend. Danach ist das Schuldverhältnis in dem Zeitpunkt begründet worden, in dem die Annahmeerklärung des Vertragspartners wirksam wurde.[188] Für die wirksame Entstehung des gesetzlichen Schuldverhältnisses müssen alle Tatbestandsvoraussetzungen erfüllt sein. Weitere Vorkommnisse sind nicht gefordert.

Zu klären gilt also die Handhabung der Übergangsregel des Artikel 229 § 5, S. 1 EGBGB für die culpa in contrahendo. Abzustellen ist auf den Zeitpunkt des vorvertraglichen Kontakts.[189] Es gilt das alte Recht, wenn die pflichtwidrige Handlung vor dem 1.1.2002 erfolgte, der Schaden aber erst nach dem 31.12.2001 entstanden ist.[190] Aber nicht nur die Frage nach der Gültigkeit von neuem und altem Recht ist im Zusammenhang mit der Übergangsvorschrift des Artikel 229 § 5, S. 1

---

187 Art. 229 §§ 5–7 EGBGB sind früheren Überleitungsvorschriften nachgebildet. So ist Art. 232 § 1 EGBGB Vorläufer des Art. 229 § 5 EGBGB, während Art. 229 § 6 EGBGB auf Art. 231 § 6 EGBGB zurückgeht.

188 MüKo / Heinrichs, Artikel 232 § 1 EGBGB Rn. 2.

189 Heß, Das neue Schuldrecht – In-Kraft-Treten und Übergangsregelungen, NJW 2002, 254 f.; abweichend Palandt/Heinrichs, 58. Auflage, Artikel 232 § 1 Rn. 3: abgestellt wird in Anlehnung an Artikel 232 § 10, der eine Sonderregelung für die unerlaubte Handlung enthält, auf die Vornahme der pflichtwidrigen Handlung; offen gelassen in Palandt/Weidlich, 74. Auflage, Artikel 229 § 5 Rn. 4 EGBGB.

190 MüKo/ Heinrichs, Artikel 232 § 1 EGBGB Rn. 7.

EGBGB relevant, sondern auch die Prüfung, nach welchen Vorschriften zum Beispiel etwaige Sekundäransprüche erfolgen können. Auch hierfür gibt Artikel 229 § 5, S. 1 EGBGB die Richtung vor. Denn mit der Prüfung, zu welchem Zeitpunkt ein Schuldverhältnis wirksam begründet wurde, geht auch die gleichzeitige Entscheidung einher, ob die folgenden Ansprüche nach altem oder neuem Recht zu lösen sind. Ein Schuldverhältnis, das gemäß Artikel 229 § 5, S. 1 EGBGB noch die Anwendung des alten Rechts vorsieht, zwingt auch im Bereich der entstandenen rechtlichen Verpflichtungen zur Lösung nach altem Recht. Das bisherige Recht erfasst dann das Schuldverhältnis im Ganzen sowohl bezüglich der Entstehung als auch bezüglich der Durchführung und Beendigung.

2.6.1.2 Anwendbarkeit des Art. 229 § 5, S. 2 EGBGB

Artikel 229 § 5, S. 2 EGBGB regelt die Anwendbarkeit des neuen Rechts für Dauerschuldverhältnisse und sieht eine Zeitspanne von einem Jahr für die Vertragsanpassung an das neue Recht vor.[191] Für ein Dauerschuldverhältnis, das vor dem 1.1.2002 wirksam geschlossen wurde, bestimmt Artikel 229 § 5, S. 2 EGBGB, dass das alte Recht vorerst noch anzuwenden war, gestattet den Parteien aber die Möglichkeit zur Vertragsanpassung. Sollte diese nicht bis zum 31. 12. 2002 vorgenommen worden sein, gilt ab dem 1.1.2003 zwingend das neue Recht.[192]

2.6.2 Art. 229 § 5 EGBGB als intertemporale Kollisionsnorm

Artikel 229 § 5 EGBGB ist für die Parteien dispositiv. Sie erlaubt die Gültigkeit des neuen Rechts auch für Schuldverhältnisse, die vor dem 1.1.2002 entstanden sind (Altschuldverhältnisse) durch ausdrückliche oder konkludente Parteivereinbarung.

3. Durchsetzung der „großen Lösung“

Das deutsche BGB präsentiert sich nun seit dem 1.1.2002 in einem neuen Gewand. Die EU hat es ihren Mitgliedsstaaten freigestellt, auf welche Art und Weise die Richtlinien in das jeweilige Recht umgearbeitet werden müssen. Die Bundesrepublik Deutschland hat sich aus eigenem Antrieb für eine umfassende Reform entschieden. Das Endprodukt umfangreicher Diskussionen und Auseinandersetzungen um die Schuldrechtsreform wird auch als die so genannte „große Lösung“ bezeichnet.[193]

---

191 BT- Drucks. 14/ 6040, S. 273, Canaris, Schuldrechtsmodernisierung, S. 924.

192 Palandt/Weidlich, 74. Auflage, Artikel 229 § 5 Rn. 4 EGBGB.

193 Zur rechtspolitischen Auseinandersetzung: Däubler-Gmelin, Die Entscheidung für die so genannte Große Lösung bei der Schuldrechtsreform, NJW 2001, 2281 ff.

Das bedeutet die tiefgehende Reformierung der ersten zwei Bücher des BGB, die Einarbeitung bestehender schuldrechtlicher Sondergesetze in das BGB, die Umsetzung der EU-Richtlinien in das deutsche Recht und die Normierung von richterrechtlich anerkannten Rechtsinstituten. Hiermit wurde das Schuldrecht seit dem Inkrafttreten des BGB im Jahr 1900 grundlegend verändert. Das Schuldrechtsmodernisierungsgesetz hat die Verbrauchsgüterkaufrichtlinie, die Zahlungsverzugsrichtlinie sowie die Artikel 10, 11, 18 der E-Commerce-Richtlinie in das deutsche Recht umgesetzt. Zugleich verkörpert es das nationale Umsetzungsgesetz der Richtlinien der Europäischen Gemeinschaft, die seit längerer Zeit in Kraft getreten waren. Das sind die Richtlinie[194] über den Verbraucherschutz im Fall von außerhalb von Geschäftsräumen geschlossenen Verträgen, die Richtlinie[195] über die Angleichung der Rechts- und Verwaltungsvorschriften der Mitgliedsstaaten über den Verbraucherkredit, die Richtlinie[196] über missbräuchliche Klauseln in Verbraucherverträgen, die Richtlinie[197] über bestimmte Aspekte von Verträgen über den Erwerb von Teilnutzungsrechten an Immobilien, die Richtlinie[198] über den Verbraucherschutz bei Vertragsabschlüssen im Fernabsatz und die Richtlinie[199] über Unterlassungsklagen zum Schutz von Verbraucherinteressen.

3.1 Vorschläge gegen die „große Lösung“

Die Gegner der „großen Lösung“ meldeten bereits im Vorfeld der Durchführung der Reform ihre Bedenken gegen diese tief greifende Art der Reform an. Konträre Vorschläge über die Art der Umsetzung wurden vorgestellt.[200] Zeigte das Bundesjustizministerium die Bereitschaft und das ernsthafte Bestreben, die „große Lösung“ durchführen zu wollen, schlugen die Gegner andere Lösungswege vor.[201]

---

194 Richtlinie des Rates 85/577/EWG vom 20.12.1985, ABlEG Nr. L 372 S. 31.

195 Richtlinie des Rates 87/102/EWG, ABlEG Nr. L 42 S. 48, zuletzt geändert durch die Richtlinie 98/7/EG des Europäischen Parlaments und des Rates vom 16.2.1998, ABlEG Nr. L 101 S. 17.

196 Richtlinie des Rates 93/13/EWG vom 5. April 1993, ABlEG Nr. L 95 S. 29.

197 Richtlinie 47/94/EG des Europäischen Parlaments und des Rates vom 26. 10. 1994, ABlEG Nr. L 280 S. 82.

198 Richtlinie 97/7/EG des Europäischen Parlaments und des Rates vom 20.5.1997, ABlEG Nr. L 144 S. 19.

199 Richtlinie98/27/EG des Europäischen Parlaments und des Rates vom 19.5.1998, ABlEG Nr. L 166 S. 51

200 Ernst/Zimmermann, Zivilrechtswissenschaft und Schuldrechtsreform.

201 Däubler-Gmelin, Die Entscheidung für die so genannte Große Lösung bei der Schuldrechtsreform, NJW 2001, 2281.

Sie sprachen sich darin ausdrücklich gegen eine tief greifende Schuldrechtsreform aus und stellten ihre Vorschläge zur Diskussion.

So sollte etwa bei der Umsetzung der Verbrauchsgüterkaufrichtlinie kein erneutes sondergesetzliches Gewährleistungsrecht geformt werden. Vielmehr wurde vorgeschlagen, eine umfassende Umgestaltung des Gewährleistungsrechts vorzunehmen. Das geltende Gewährleistungsrecht sollte so grundlegend der Verbrauchsgüterkaufrichtlinie angepasst werden. Die Rechtsmängelhaftung und das AGB-Gesetz sollten weiterhin beibehalten werden.[202]

Auch der Vorschlag, der Umsetzungspflicht in Form einer sondergesetzlichen Kodifizierung des Verbraucherkaufrechts nachzukommen, wurde vorgestellt.[203] Die Befürworter dieses Vorschlags begründeten ihre Vorgehensweise damit, dass eine Einarbeitung der Verbrauchsgüterkaufrichtlinie in das bestehende Gewährleistungsrecht mit deren Rechtsbehelfen unvereinbar sei.[204]

Auch wurde die Frage diskutiert, ob das AGB-Gesetz in das BGB eingearbeitet werden sollte. Das geschah dann später im Rahmen des Schuldrechtsmodernisierungsgesetzes gemäß §§ 305 ff BGB n. F.[205]

3.2 Das Endprodukt „große Lösung"

Die „große Lösung" hat sich durchgesetzt. Das BGB hat nun nicht nur ein neues Gesicht erhalten, sondern auch eine inhaltliche Reform erfahren. Für die damalige Bundesjustizministerin Prof. Däubler-Gmelin stellte die tiefgehende Schuldrechtsreform ein besonderes Anliegen dar, was bereits ihre Äußerung zum Regierungsentwurf zeigt. So sollte das reformierte Schuldrecht „für die Bürgerinnen und Bürger, für die Wirtschaft und für die Richterinnen und Richter viel leichter anwendbar" sein.[206]

---

202 Nähere Ausführungen dazu: Ernst/Gsell, Kaufrechtslinie und BGB, ZIP 2000, 1410 ff., ders., Nochmals für die „kleine Lösung", ZIP 2000, 1812 ff.

203 Zur Diskussion hierüber: Ernst/Zimmermann, Zivilrechtswissenschaft und Schuldrechtsreform.

204 Zur Auseinandersetzung dazu: Schulze/Schulte-Nölke, Die Schuldrechtsreform vor dem Hintergrund des Gemeinschaftsrechts.

205 Ulmer, Integration des AGB-Gesetzes in das BGB?, in: Schulze/Schulte-Nölke, Die Schuldrechtsreform vor dem Hintergrund des Gemeinschaftsrechts, S. 215; von Westphalen, AGB-Recht ins BGB, NJW 2002, 12 ff.

206 Däubler-Gmelin, BT 14. Wahlperiode 171. Sitzung vom 18.5.2001, S. 16719 ff.

§ 3: Kapitel 3: Grundlegung der culpa in contrahendo durch Rudolph von Jhering

1. Ausgangsbedingungen

In seiner Abhandlung „Culpa in contrahendo oder Schadensersatz bei nichtigen oder nicht zur Perfektion gelangten Verträgen" thematisierte Rudolph von Jhering das Rechtsinstitut der culpa in contrahendo.[207] Obwohl als Erscheinungsdatum seines Aufsatzes das Jahr 1861[208] genannt wird, spricht auch einiges für ein früheres Erscheinen im Jahr 1860.[209] Jherings Idee einer Gesamtkonzeption für eine vorvertragliche Haftung bildet den Ausgangspunkt, von dem aus sich die culpa in contrahendo entwickeln konnte. Gleichzeitig unterschied sich seine Auffassung aber wesentlich vom Verständnis der heutigen Rechtsfigur.

Im klassischen römischen Recht existierte die culpa in contrahendo als eigene Rechtsfigur nicht. Dennoch stützte sich Jhering auf Quellen des römischen Rechts. Er erkannte, dass sie keine direkte Aussage zur culpa in contrahendo enthielten. Der Begriff culpa in contrahendo taucht auch in dem von ihm verwendeten Quellenmaterial nicht auf. Trotzdem genügten ihm die Anhaltspunkte, die er vorfand, um seine Theorie zu untermauern. Ob seine Auffassung diesbezüglich berechtigt war, ist eine Frage, die sich anhand der Quellen überprüfen lässt. Eine andere stellt sich im Zusammenhang mit dem Anwendungsbereich der culpa in contrahendo nach dem Verständnis von Jhering. Dieser kann mit dem modernen Anwendungsfeld der Rechtsfigur nicht gleichgesetzt werden.

Es geht hier nicht darum, diesen Punkten detailliert in Einzelheiten nachzugehen. Vielmehr entspringt die Bezugnahme auf Jhering dem Gedanken, dass im Rahmen der Überlegungen zur Verankerung der culpa in contrahendo im BGB im Zuge der Schuldrechtsreform auch die historische Wurzel der Rechtsfigur mit einbezogen werden sollte. Letztlich ist es Jherings Verdienst, „eine richtige Frage gestellt" zu haben.[210] Mit der Bezeichnung „culpa in contrahendo" goss er den Kernpunkt seiner Gedanken zugleich in einen aussagekräftigen und pointierten Begriff.

207 Jhering, JhJB 4, S. 1 ff.

208 Im 4. Band (4. Jahrgang) ist das Jahr 1861 gedruckt.

209 Schanze, Culpa in Contrahendo bei Jhering, in: Ius Commune, 7 (1978), (326), 333.

210 Choe, Culpa in contrahendo bei Rudolph von Jhering, S. 238.

Gleichzeitig belegt Jherings culpa in contrahendo sein Verständnis von der Rechtswissenschaft, das in dem Satz: „*Durch das römische Recht über das römische Recht hinaus!*" kulminiert.[211]

Welches Gewicht Jhering dem römischen Recht beimaß, ist nicht unumstritten.[212] Das kann hier aber nicht weiter verfolgt werden – ebenso wenig wie sein Methodenverständnis.[213] Die Bedenken gegen eine Herangehensweise auf der Grundlage moderner Dogmatik sind grundsätzlicher Natur.[214] Die Bezeichnung der culpa in contrahendo als ein „Meisterstück einer kreativen Anwendung juristischer Technik" thematisiert auch den Zusammenhang mit Jherings so genannter naturhistorischer Methode.[215] In dieser Arbeit geht es allerdings nicht um eine dogmengeschichtliche Aufarbeitung von Jherings Ideen. Hier interessiert lediglich, ob seine Berufung auf die Quellen des römischen Rechts überzeugend ist. Ferner geht es um den Anwendungsbereich seiner culpa in contrahendo in Hinblick auf das später in Kraft getretene Bürgerliche Gesetzbuch.

2. Bezugnahme auf Quellen des römischen Rechts

2.1 Das Quellenmaterial

Die Exegese des Quellenmaterials umfasst in Jherings Abhandlung vierzehn Seiten. Es handelt sich dabei um eine Stelle aus den Institutionen und drei Digestenstellen.[216] In diesen Quellen geht es um den Verkauf einer Sache, die dem privaten Verkehr entzogen ist und um den Verkauf einer nicht existierenden Erbschaft. Bei diesen Quellen handelt es sich um Fälle, die nicht gerade als gängig

---

211 Jhering, Gesammelte Aufsätze Band 1, S. 45; Jhering, Geist I, S. 14.

212 Wilhelm, Jherings Erbe, S. 228–239; Pleister, Persönlichkeit und Freiheit im Werke Jherings, S. 39 f., 158 f.; Wilhelm, „Zur Theorie des abstrakten Privatrechts. Die Lehre Jherings, in: Studien zur europäischen Rechtsgeschichte, S. 265 ff.; Fikentscher, Methoden des Rechts in vergleichender Darstellung, Band III, S. 187 ff., 227 f.

213 Dazu etwa: Hommes, Rudolph von Jherings naturhistorische Methode, in: Wieacker/Wollschläger (Hrsg.), Jherings Erbe, Göttinger Symposion zur 150. Wiederkehr des Geburtstags von Rudolph von Jherings; Wilhelm, Zur juristischen Methodenlehre im 19. Jahrhundert – Die Herkunft der Methode Paul Labands aus der Privatrechtswissenschaft, S. 123 f.

214 Zu diesem Fragenkreis: Wolf, Festschrift von Hippel, S. 687–710; Wieacker, Festschrift Schwind, S. 355–375.

215 Wieacker, Rudolph von Jhering, in: SZ 86, (1969), (1), 23; Schanze, Culpa in contrahendo bei Jhering, in: Ius Commune 7, 1978, (326), 334 ff.

216 Inst. Iust. 3.23.5; Modestinus D. 18.1.62.1 (5 reg.); Ulpianus D. 11.7.8.1 (25 ed.); Iavolenus D.18.4.8 (2 ex Plautio) mit Paulus D. 18.4.9 (33 ed.).

bezeichnet werden können. Zudem ist die Auswertung der Stellen keine leichte Aufgabe. Jhering zog zwar diese Quellen für seine Arbeit heran. Er erkannte aber auch, dass diese Bezugnahme nicht unproblematisch war, da eine direkte Aussage über die culpa in contrahendo hierin nicht enthalten war.

Dem klassischen römischen Recht war eine allgemeine Haftung für culpa in contrahendo fremd.[217] Ein allgemeines Haftungsprinzip mit dieser Bezeichnung war nicht vorhanden. Der Begriff culpa in contrahendo taucht erst bei den Glossatoren auf.[218]

2.2 Allgemeine Rahmenbedingungen des römischen Rechts

Der Blickpunkt im römischen Recht bezog sich aus verschiedenen Gründen nicht auf ein Verschulden vor Vertragsschluss. Für den Fall eines wirksamen Vertragsschlusses waren die Vertragsklagen vorgesehen. Die moderne Terminologie der Willenserklärung und des Rechtsgeschäfts waren im römischen Recht nicht vorhanden. In der Kasuistik der römischen Rechtsquellen lassen sich lediglich Ansätze erkennen. Die Begriffe pactum (pactio), conventio, contrahere, contractus stellen keine technischen Bezeichnungen für den Vertrag dar. Contractus betrifft nur die schuldrechtlichen Verträge. Bereits in klassischer Zeit beinhaltete contractus eine vertragliche Einigung.[219] Für den Vertragsschluss selbst entwickelte das römische Recht allgemeine Regeln nur im Ansatz.[220] Die lex Aquilia behandelt die deliktische Haftung bei Sachbeschädigungen. Das Problem dabei ist, dass sie für reine Vermögensschäden nicht eingreift. Die Unwirksamkeit eines Rechtsgeschäftes hingegen ist ein Rechtsgebiet, dem das römische Recht wenig Aufmerksamkeit schenkte und das auch nur unvollkommen geregelt ist. So existierten dafür weder feste terminologische Begriffe noch eine allgemeine Theorie. Eine Systematisierung der verwendeten etwa dreißig Umschreibungen wie nullum, nullius momenti, inutile, irritum (non ratum), inane, imperfectum, vitiosum, non valere, nihil agere (nihil acti esse) usw. ist mangels feststehender Bedeutung nicht möglich. Das römische Recht beurteilte Geschäfte, die rechtlich oder tatsächlich unmögliche Leistungen zum Gegenstand hatten, als zivilrechtlich nichtig. Dies betraf etwa den Verkauf eines gestorbenen Tieres oder eines heiligen oder geweihten Ortes. Diesem fehlte die Verkehrsfähigkeit. Ebenso nichtig war eine Stipulation, die das Versprechen

217 Frick, Culpa in contrahendo – Eine rechtsvergleichende und kollisionsrechtliche Studie, S. 105.

218 Bürge, Römisches Privatrecht, S. 213 f.

219 Ulpianus D. 2.14.I,3.

220 Kaser/Knütel, Römisches Privatrecht, § 5 II, S. 48.

enthielt, einen Hippozentauren zu geben. Das nach ius civile unwirksame Rechtsgeschäft kann nicht die Wirkungen des entsprechenden Geschäftstyps entfalten. Andere, davon unabhängige Wirkungen sind aber durchaus möglich.[221]

Die Geltendmachung der Forderung geschah mit einer actio (Klage) gegen den Schuldner. Das edictum perpetuum enthielt die actiones, die vom Prätor im Einzelfall gewährt wurden. Anders für den modernen Juristen, der zwischen materiellem und prozessualem Recht unterscheidet, stand für den römischen Juristen die konkrete Klagemöglichkeit im Vordergrund.[222] Die rechtliche Problematik, um die es hier geht, ist die Abwicklung von nichtigen Verträgen, die äußerlich betrachtet teilweise oder im Ganzen durchgeführt wurden. Das römische Recht hielt dafür drei Lösungsmöglichkeiten bereit. Zum einen gab es eine actio in factum, die condictio oder die actio empti. Die actio in factum ist ein Rechtsmittel, das vom Prätor ergänzend im Einzelfall aufgrund seiner Rechtsprechungshoheit gewährt wird. Diese auf einen individuellen Sachverhalt zugeschnittene Klage stellt eine Ergänzung zu den Klagen dar, die im prätorischen Edikt enthalten sind. Diese Klage war nötig, wenn es sich nicht um einen typengebundenen Vertrag handelte und bereits Leistungen ausgetauscht wurden, aber die Leistung eines Teils noch fehlte. Mit der condictio ob causam datorum wäre nur eine Rückforderung der bereits erbrachten Leistung möglich. Bei der condictio geht es um die Rückgewähr der erbrachten Leistung. Unter actio empti versteht man den Rechtsbehelf des Käufers gegen den Verkäufer, wenn es nicht speziell um den Marktkauf von mangelhaften Sklaven und Vieh geht. Die Klageformel war auf Treu und Glauben (bona fides) ausgerichtet. Danach musste der Verkäufer dem Käufer das leisten oder geben, was er nach Treu und Glauben schuldete.[223] Die Flexibilität dieser Klageformel ermöglichte dem Richter einen weiten Ermessensspielraum, indem er sämtliche Umstände des jeweiligen Falles berücksichtigen konnte, insbesondere die Parteivereinbarung. Das Ermessen des Richters betraf nicht nur die Frage, ob die Voraussetzungen für eine Klage vorlagen, sondern umfasste auch die Rechtsfolgen. Die actio empti war ein umfassender Rechtsbehelf, mit dem nicht nur Wandelung, sondern auch Minderung und Schadensersatz gefordert werden konnte. Die Erweiterung der Geltung der actio empti ist ein besonders streitiger Punkt. Dabei wird dem gutgläubigen Käufer trotz Vertragsunwirksamkeit als Ausnahme die actio empti gewährt.[224]

---

221 Kaser, Das Römische Privatrecht, § 60 I, S. 246.

222 Chiusi, Zum Kauf nach BGB und römischem Recht, JURA 2003, (217), 223.

223 Chiusi, a. a. O., (217), 221.

224 Peters, Zur dogmatischen Einordnung der anfänglichen objektiven Unmöglichkeit beim Kauf, in: Festschrift Kaser, S. 285 ff.; Medicus, Zur Funktion der Leistungsunmöglichkeiten im römischen Recht, in: SZ 86, 1969, 67 ff.

2.3 Folgerungen Jherings über die Aussagekraft der römisch-rechtlichen Quellen

Eine grundlegende Frage im Zusammenhang mit den Quellenstellen ist, ob Jhering sie richtig interpretiert hat. Das darf im Wesentlichen bejaht werden.[225] Damit ist auch geklärt, dass Jhering die Grenzen der Aussagekraft der Quellenstellen für die von ihm aufgeworfene Problematik erkannt hat. Jhering selbst stellte fest, dass er aus den Quellen einen „mehr verborgenen als ausgesprochenen Inhalt" herausgearbeitet hatte.[226]

Andererseits hat sich Jhering erst nach der Formulierung seines Ergebnisses auf Quellensuche begeben. Er bezeichnete die von ihm ausgewählten Stellen als „eine Reihe anderer Fälle, in denen sich derselbe Thatbestand wiederholte, und unter ihnen zu meiner Freude auch einen, in dem die Nothwendigkeit einer Klage, freilich ohne genügende Begründung, bereits von der Theorie anerkannt war. Der wichtigste Fund von allen aber war mir der, dass das römische Recht selbst in zwei Fällen, dem des Verkaufs einer *res extra commercium* und einer nicht existierenden Erbschaft, die Schadensersatzverbindlichkeit ausgesprochen hatte".[227]

So ist letztlich Jherings konkrete Arbeitsweise in seiner Abhandlung zu bedenken, die ihrerseits von der naturhistorischen Methode geprägt ist. Jhering verwendete diesen Begriff im Band 2, 2. Teil seines Werkes „Der Geist im römischen Recht".[228] Er schloss damit an den ersten Band an, in dem er eine „Naturlehre des Rechts" beschrieb.[229] Mit Rechtstechnik bezeichnet Jhering die Methode zur gedanklichen Beherrschung und zweckmäßigen Anwendung des positiven Rechts. Es geht dabei nicht um den Inhalt, sondern um die Anwendung des Rechts.[230] Das Mittel hierzu stellt die quantitative und qualitative Vereinfachung des Rechtsstoffes dar.[231] Die qualitative Vereinfachung geschehe mittels „juristischer Konstruktion" von abstrakten Rechtsbegriffen und Rechtsinstituten.[232] Sie sei „Erfinden", eine „künstlerische Produktion", indem etwas Neues geschaffen

225 Choe, Culpa in contrahendo bei Rudolph von Jhering, S. 25.
226 Jhering, JhJB 4, S. 8.
227 Jhering, JhJB 4, S. 8..
228 Jhering, Geist II, Teil 2, S. 399
229 Jhering, Geist I, S. 23.
230 Jhering, Geist II, Teil 2, S. 325.
231 Hommes, Rudolf von Jherings naturhistorische Methode, in: Wieacker/Wollschläger, Jherings Erbe, Göttinger Symposion zur 150. Wiederkehr des Geburtstages von Rudolf von Jhering, S. 103.
232 Jhering, Geist II, Teil 2, S. 361.

werde.[233] Die naturhistorische Methode stelle die „Erhebung des Rechtsstoffes in einen höheren Aggregatszustand“ dar.[234] Später hat sich Jhering von der naturhistorischen Methode distanziert.[235]

In Hinblick auf das römische Recht und die culpa in contrahendo hat sich Jhering so geäußert: „Ob ihr *die theoretische Berechtigung* vom Standpunkt des römischen Rechts aus streitig gemacht werden kann, muß die Zukunft lehren; ich selbst, der ich sie seit Jahren mit mir herumgetragen und gepflegt und mich ganz in sie hineingelebt habe, bin aufs vollkommenste von ihrer Richtigkeit überzeugt und höchstens darüber zweifelhaft, ob ich nicht bei Anwendung meiner Theorie auf die einzelnen Fälle (III) hie und da zu weit gegangen bin. Wer freilich den Beruf der Jurisprudenz in nichts anderem findet, als mit Hülfe der hermeneutischen Leuchte dunkle Gesetzesstellen zu erklären, möge immerhin meine ganze Theorie mit dem einfachen Einwande abthun, dass der Ausdruck *culpa in contrahendo* im ganzen *corpus juris* nicht vorkomme“.[236]

Auch über die Bedeutung der Quellenstellen findet sich eine Stellungnahme Jherings: „ Die bisherige Ausführung hat im Anschluß an die Quellen die wesentlichen Momente, von denen unser Ersatzanspruch abhängt, darzulegen versucht, allein die Einsicht in die juristische Natur desselben ist damit noch keineswegs gewonnen, und doch ist ein bestimmtes Urtheil über dieselbe nicht bloß vom Standpunkt des theoretischen Interesses aus, sondern auch zum Zweck der detaillirteren dogmatischen Behandlung des Verhältnisses unerläßlich. Die Quellen selbst geben uns, wie bemerkt, über diese Frage keinen *directen* Aufschluß, aber meiner Ansicht nach reichen die Anhaltspunkte, welche sie gewähren, vollkommen aus, um dieselbe zu beantworten“.[237]

3. Merkmale der culpa in contrahendo nach dem Verständnis Jherings

3.1 Ausgangspunkt von Jherings Überlegungen

Jhering gewährt am Anfang seines Aufsatzes Einblick in seine Arbeitsweise. „Bei dem Vortrage der Lehre vom wesentlichen Irrthum in meinen Vorlesungen machte mir schon seit Jahren ein Punkt große Schwierigkeit, auf den ich eine

233 Jhering, Geist II, Teil 2, S. 359 f.
234 Jhering, Geist II, Teil 2, S. 361.
235 Jhering, Geist III, S. 318 ff.
236 Jhering, JhJB 4, S. 51 f.
237 Jhering, JhJB 4, S. 23.

befriedigende Auskunft zu ertheilen nicht im Stande war, nämlich die Frage: ob nicht der irrende Theil dem Gegner auf Ersatz des durch seine Schuld ihm verursachten Schadens hafte?".[238]

Er empfand die Verneinung des Schadensersatzes als eine „Unbilligkeit und praktische Trostlosigkeit".[239] Damit verlieh er seinem rechtsethischen Empfinden Ausdruck.[240] So bildet eine rechtsethische Wertung den Ausgangspunkt von Jherings Überlegungen.[241]

Jhering führte noch andere Fälle an, zum Beispiel die Verwechslung von Gewichtszeichen oder der Anzahl bei einer Bestellung und Schreibfehler bei einer Bankorder, die telegraphisch übermittelt ist.[242] Auf der Suche nach einem Unterscheidungsmerkmal gegenüber anderen Fallgestaltungen arbeitete er eine „culpa begangen bei Gelegenheit eines *intendirten Contractsverhältnisses*" heraus.[243] Der Schaden sei dadurch entstanden, dass der eine Teil „einen ihm vom Andern proponirten und dem *äußern Hergang* nach zustande gekommenen Vertrag ausführte".[244] Nun konnte Jhering auf die culpa in contrahendo schließen, also das Verschulden beim Abschluß eines Vertrages.[245] Die eigentliche Suche nach Quellen im römischen Recht schloss Jhering an, nachdem er seine Frage formuliert hatte.

Der Entwicklungsprozess der Vorstellung einer culpa in contrahendo beginnt mit der rechtsethischen Wertung Jherings. An diese fügt er eine Auseinandersetzung mit Fällen an und sucht nach Unterschieden oder Parallelen, indem er andere Fälle als Vergleich heranzog. Seine Idee von der culpa in contrahendo äußerte er im Anschluss daran. Die Suche nach Quellen im römischen Recht und eine Auswertung der Literatur folgten erst jetzt.

Der Entdeckungsvorgang Jherings ist nicht von der systematischen Anknüpfung im Sinn einer Deduktion aus einem begrifflichen System geprägt.[246] Er stellt vielmehr eine auf einer Wertung beruhenden Entscheidung eines Falles dar.[247] Die

---

238 Jhering, JhJB 4, S. 1.
239 Jhering, JhJB 4, S. 2 f.
240 Schanze, Culpa in contrahendo bei Jhering, in: Ius Commune 7 (1978), (326), 337 f.
241 Schanze, a.a.O., (326), 338,
242 Jhering, JhJB 4, S. 4 ff.
243 Jhering, JhJB 4, S. 7.
244 Jhering, a.a.O.
245 Jhering, JhJB 4, S. 7.
246 Larenz, Methodenlehre der Rechtswissenschaft, S. 209.
247 Esser, Grundsatz und Norm in der richterlichen Fortbildung des Privatrechts, S. 162 ff.

Rechtsfortbildung vollzog sich in Anknüpfung an ein rechtsethisches Prinzip.[248] „Am Anfang stand seine rechtsethische Wertung, ihr folgte eine Analyse der Fälle, auf die sie sich bezog, und deren Vergleich mit anderen Fällen; darauf formulierte er das Prinzip. Sodann erst suchte er nach Anwendungsfällen dieses Prinzips im römischen Recht und in der damaligen Jurisprudenz. Die von ihm gefundenen, spärlichen und einigermaßen entlegenen Anwendungsfälle genügten ihm jedoch nicht, er machte daher den Versuch, den bisher lediglich in Anwendung auf die beiden quellenmäßigen Fälle entwickelten Begriff der culpa in contrahendo in der ihm zukommenden Allgemeinheit festzustellen und zu begründen. Er suchte nach der inneren Begründung oder Rechtfertigung der von ihm postulierten Haftung, und fand sie in dem Gedanken: „Wer kontrahiert, tritt damit aus dem rein negativen Pflichtenkreis des außerkontraktlichen Verkehrs in den positiven der Kontraktsphäre."… Das war freilich zunächst nichts anderes als die Äußerung eines Rechtsgedankens, dessen allgemeine Geltung für das damalige positive Recht lediglich eine Behauptung war".[249] Aus dem Blickwinkel von Jherings naturhistorischer Methode wird auch eine abweichende Beurteilung vertreten.[250] Eine Frage aus der Rechtspraxis äußere sich nicht als „offene Wertungsfrage", sondern als seine Frage, die „das System auf Konsistenz hin reinigen soll, die Systemprobleme exemplifiziert".[251] Mit dem Unbehagen, das Jhering über die Verneinung der Gewährung von Schadensersatz zu Beginn seiner Abhandlung äußert, sei kein Hinweis auf ein rechtsethisches Prinzip verbunden. Es gehe vielmehr um die „Darstellung *eines ästhetischen Makels am System, der konstruktiv* zu beseitigen sei.[252] Im Zentrum der Überlegungen stehe der Lehrbuchfall. Bei den Fällen, auf die Jhering Bezug nimmt, handelt es sich um solche Lehrbuchfälle. Anhand dieser Beispiele lasse sich der „Makel"[253] am System aufzeigen. Nach der Offenlegung eines solchen Mangels gehe es darum, „konsequent die Gesetze produktiver Konstruktion im Sinne der naturhistorischen Methode anzuwenden".[254] Die culpa in contrahendo von Jhering stelle eine „Korrekturformel von Systemunstimmigkeiten" dar.[255] Dieser „naturhistorische" Blick-

248 Larenz, a. a. O., S. 410.
249 Larenz, a. a. O., S. 412.
250 Schanze, Culpa in contrahendo bei Jhering, in: Ius Commune 7 (1978), (326), 331 ff.
251 Schanze, a. a. O., (326), 336.
252 Schanze, a. a. O., (326), 336.
253 Schanze, a. a. O., (326), 336.
254 Schanze, a. a. O., (326), 336.
255 Schanze, a. a. O., (326), 340.

winkel erscheint indes angreifbar[256], wenn man eine Aussage Jherings in Betracht zieht:"...Leihen Sie der Stimme Ihres Rechtsgefühls Gehör. Dann erst lassen Sie die theoretische Begründung folgen...Führt diese zu einem abweichenden Ergebnis, so ist sie nichts wert".[257]

Andererseits gewährt ein Vergleich von Jherings Abhandlung mit seinem rechtstheoretischen Verständnis auch Einblick in seine Vorgehensweise bei der Formulierung seiner Gedanken. Seine naturhistorische Methode und die Entwicklung der culpa in contrahendo stehen keineswegs isoliert nebeneinander. Jhering hat diese Methodenlehre in seinem Aufsatz zur culpa in contrahendo konsequent angewendet und „wahrscheinlich ... bei keiner anderen Abhandlung ähnlich „methodenrein" operiert".[258]

3.2 Kernaussage

Es darf nicht übersehen werden, dass der Anwendungsbereich, den Jhering für seine culpa in contrahendo vorgesehen hat, weitaus enger ist, als es das heutige Verständnis der Rechtsfigur vermuten ließe. Jhering ging es um Fallkonstellationen, in denen ein Vertrag zwar der äußeren Form nach, aber dennoch unwirksam geschlossen wurde. Nach der heutigen Terminologie könnte man sein Anwendungsgebiet wohl unter die Fallgruppe der Haftung bei Nichtzustandekommen (Nichtigkeit, Unwirksamkeit) eines vermeintlich geschlossenen Vertrages einordnen.[259]

Als einen zentralen Gedanken seiner Theorie formuliert Jhering: „Das Gebot der contractlichen diligentia gilt wie für gewordene, so auch für werdende Contractsverhältnisse, eine Verletzung desselben begründet hier, wie dort die Contractsklage auf Schadensersatz. Die culpa in contrahendo ist nichts, als die contractliche culpa in einer besonderen Richtung".[260]

„Wer contrahirt, tritt damit aus dem rein negativen Pflichtenkreis des außerkontractlichen Verkehrs in den positiven der Contractssphäre, von dem Gebiete der bloßen *culpa in faciendo* auf das der *culpa in non faciendo*, der positiven *di-*

---

256 Kritisch dazu Behrends, Das Rechtsgefühl in der historisch-kritischen Rechtstheorie des späten Jhering. Ein Versuch zur Interpretation und Einordnung von Jherings zweiten Wiener Vortrag, in: Rudolph von Jhering, Über die Entstehung des Rechtsgefühls, S. 178 Anm. 165.

257 Zitiert nach: Wolf, Große Rechtsdenker der deutschen Geistesgeschichte, S. 644 Anm. 66.

258 Schanze, a.a.O., (326), 336.

259 Jauernig/Vollkommer, § 276 Anm. VI 2.

260 Jhering, JhJB 4, S. 52.

ligentia, und die erste und allgemeinste Verpflichtung, die er damit übernimmt, ist die: beim Contrahiren selbst bereits die nöthige *diligentia* aufzuwenden. Nicht bloß die *bestehenden*, sondern bereits die *entstehenden* Contractsverhältnisse müssen unter dem Schutz der Regeln über die *culpa* stehen, wenn nicht der contractliche Verkehr nach dieser Seite hin empfindlichster Weise bloß gestellt, jeder Contrahent der Gefahr Preis gegeben werden soll, das Opfer fremder Nachlässigkeit zu werden".[261]

Für Jhering ist damit ein Eintritt in den positiven Pflichtenkreis der Kontrakstsphäre ausschlaggebend.[262] Die Nichtigkeit des Vertrages hingegen schließe nur die Verpflichtung zur Erfüllung aus, bedeute aber nicht die Abwesenheit sämtlicher Wirkungen.[263]

Ausgangspunkt von Jherings Überlegungen ist die Nichtigkeit des Vertrages. Das bedeute zwar, dass keine Leistungspflichten mehr vorhanden sind. Es könnten aber durchaus andere Sekundärpflichten gegeben sein. Insofern könne auch ein nichtiger Vertrag noch Wirkungen entfalten. "Die Eigenschaft der Sache als einer *res extra commercium* schließt die Möglichkeit der *Erfüllung* mit Nothwendigkeit aus, nicht aber die einer sonstigen aus diesem Vertrage sich ergebenden Verpflichtung. Die Parteien haben consentirt, alle übrigen Voraussetzungen des Vertrages mit Ausnahme der Fähigkeit des Objects sind vorhanden, warum also sollte derselbe nicht eine Verpflichtung unter ihnen hervorbringen können, insoweit letztere nicht die Leistung eines Gegenstandes selbst zum Zweck hat?".[264] Die Nichtigkeit des Vertrages schließt einen Anspruch auf Erfüllung aus. Andere „Verbindlichkeiten" aus dem nichtigen Vertrag, wie etwa die Rückgabe der Sache oder Schadensersatz, können trotz der Nichtigkeit des Vertrages bestehen und sind mit der Nichtigkeit des Vertrages vereinbar.[265] Da beim Vertrag vertragliche Hauptleistungspflichten infolge der Nichtigkeit fehlen und Sekundärpflichten vorstellbar sind, konnte Jhering die culpa in contrahendo an den Vertrag anlehnen.

3.3 Anwendungsbereich

Jhering stellte sowohl auf den Vertragsschluss als solchen ab als auch auf den falschen Schein der Wirksamkeit und die Ausführung des vermeintlich geschlos-

261 Jhering, JhJB 4, S. 41.

262 Frick, S. 22 spricht von Kontaktsphäre, während Jhering den Begriff Contractsphäre benutzt.

263 Frick, a. a. O., S. 23.

264 Jhering, JhJB 4, S. 30.

265 Jhering, JhJB 4, S. 29.

senen Vertrages im Vertrauen auf dessen Wirksamkeit. Nach der Auswertung der Quellen entwickelte Jhering Voraussetzungen für die culpa in contrahendo.[266]

Er forderte den äußeren Abschluss eines Kaufvertrages, die Nichtigkeit des Vertrages (weil die Sache nicht existiert oder nicht verkehrsfähig ist), einen Mangel in der Person des Verkäufers und die Unkenntnis des Verkäufers vom Mangel. Jhering spricht vom „intendirten und äußerlich oder scheinbar vollzogenen Abschluß eines *Contracts*".[267] Damit stellt Jhering den Zusammenhang zwischen der Entstehung des Schadens und der Vertragsbezogenheit des vorvertraglichen Verschuldens her. Das Merkmal „Mangel in der Person des *Verkäufers*, d. h. Mangel einer Eigenschaft, die er contractsmäßig zu gewähren hätte", beinhaltet einen Kernpunkt seiner Theorie.[268] Es geht darum, ob der Schädiger nur im Falle von dolus haftet oder ob culpa ausreichend ist. Anders formuliert betrifft dieser Punkt das Problem, ob vom Verkäufer Kenntnis des Mangels des Kaufgegenstandes gefordert wird oder nicht. Jhering hat sich gegen eine reine dolus-Haftung entschieden.[269] Die Voraussetzung der „*Unbekanntschaft des Käufers* mit dem Mangel" gewinnt er aus der Analyse des von ihm herangezogenen Quellenmaterials.[270] „Unsere Klage geht nämlich, …, darauf, dass der Verkäufer den Käufer rücksichtlich derjenigen nachtheiligen Handlungen, zu denen der Glaube auf die Gültigkeit des Contracts ihn veranlasst hat, schadlos halte, sie cessirt mithin, wenn der Käufer den Mangel kennt, also weiß oder wissen muß, dass der Vertrag nichtig ist".[271]

Den Beginn der Haftung legt Jhering auf den Vertragsschluss fest. „Der erste Schritt zum Contract ist die Offerte. Beginnt die Verpflichtung zur *diligentia in contrahendo* bereits mit ihr? …Wer unvorsichtig genug ist, aus Anlaß einer Offerte, anstatt dieselbe vorher zu acceptiren, bereits zu handeln, Maßregeln zur Ausführung des Contracts zu machen, darauf hin mit Dritten zu contrahiren u. s. w., ist selbst in *culpa,* denn er musste auf die Möglichkeit des Widerrufs der Offerte bis zum Moment ihrer Acceptation gefaßt sein. Erst mit *diesem* Momente ist er berechtigt, auf die Basis des sei es wirklich oder nur scheinbar zustande gekommenen Vertrages weiter fortzubauen, und wenn die Maßnahmen, die er zu dem Zweck getroffen, ihm durch eine zwar zeitig erfolgte, aber ihm nicht zeitig bekannt gewordene Zurücknahme der Offerte vereitelt sind, so darf er die

266 Jhering, JhJB 4, S. 10 ff.
267 Jhering, JhJB 4, S. 26.
268 Jhering, JhJB 4, S. 10 f
269 Weiterführend dazu: Choe, Culpa in Contrahendo bei Rudolph von Jhering, S. 67 ff.
270 Jhering, JhJB 4, S. 4
271 Jhering, JhJB 4, S. 14

nachteiligen Folgen dem Gegner überweisen, der ihn zu diesen Handlungen aufgefordert hat".[272] Jhering thematisiert damit das Verschulden bei Vertragsschluss, nicht nur bei Vertragsverhandlungen. Letztere beträfen nur die Absicht zum Vertragsschluss.

3.4 Rechtsfolgen

Jhering gewährt eine Vertragsklage, die auf Schadensersatz gerichtet ist. Er spricht von der unabweisbaren Forderung nach einer Schadensersatzklage.[273] Das Neuartige an Jherings Idee ist die Verknüpfung der Klage mit dem Vertragsrecht.

Die Quellen des römischen Rechts enthielten schon keine Aussage zur culpa in contrahendo als Haftungsinstitut. Zwangsläufig war daher in ihnen auch kein Hinweis über die juristische Konstruktion eines Schadensersatzanspruchs enthalten. Diese war Jhering überlassen und er stellte sich dieser Herausforderung bewusst. Immerhin gewährten zwei Stellen der Quellen die Vertragsklage.[274] Das war für Jhering der Hinweis, ebenfalls den Weg einer Vertragsklage zu beschreiten.

Jhering erkannte, dass sowohl die actio de dolo als auch die actio legis Aquiliae nicht einschlägig waren. „Der Umstand, daß der Contract juristisch gar nicht zu Stande gekommen, würde uns, wie es scheint, mit Nothwendigkeit auf das Gebiet der außercontractlichen Beschädigung verweisen, und insofern wir die Klage nicht als eine juristische Irregularität völlig isolirt und unerklärt da stehen lassen wollten, würden wir nur die Wahl haben, sie an die *act. de dolo* oder an die *act. legis Aquiliae* anzuschließen. Gegen beide Klagen erheben sich die gewichtigsten Bedenken. Beide nämlich ließen sich für diesen Zweck nur dann verwenden, wenn man bei der act. doli über das Moment des *dolus*, bei der *act. legis Aquiliae* über das der eigenthümlichen Art der Beschädigung hinwegsähe".[275]

Die Kontraktsklage begründet Jhering über den Aspekt der kontraktlichen Verschuldung, die mit dem beabsichtigten Vertrag im Zusammenhang stehe. „Ist es nun dem Bisherigen nach geradezu unmöglich, unsern Schadensersatzanspruch an die genannten beiden Fälle außercontractlicher Beschädigung anzubahnen – und andere Fälle bieten sich nicht dar –, so bleibt nichts übrig, als den Gedanken des *außercontractlichen* Charakters der demselben zu Grunde liegenden Verschuldung gänzlich aufzugeben, und entweder jenen Anspruch als

272 Jhering, JhJB 4, S. 43 f.
273 Jhering, JhJB 4, S. 7.
274 D.18.1.62.1;Inst. Iust.3.23.5.
275 Jhering, JhJB 4, S. 23 f.

völlig unconstruirbar anzuerkennen oder aber zu versuchen, ob er sich nicht trotz der Nichtigkeit des Contracts auf den Gesichtspunct contractlicher Verschuldung zurückführen lasse".[276]

Die Nichtigkeit des Vertrages bedeutet für Jhering nicht, dass sämtliche Wirkungen des, wenn auch nichtigen Vertrages, entfallen. Ausgeschlossen ist der Anspruch auf Erfüllung. Eine Schadensersatzpflicht ist aber durchaus möglich.[277] Lediglich bei der Wirksamkeit eines Vertragsschlusses oder dessen Fehlen kommt es zu keiner Haftung aus culpa in contrahendo. Der nichtige Vertragsschluss als solcher ist aber Voraussetzung für eine Haftung. Das Moment der culpa sieht Jhering im Zusammenhang mit dem beabsichtigten Vertrag. Er stuft die culpa deshalb als kontraktlich ein und gewährt so die Kontraktsklage.[278]

Als Rechtsfolge sieht Jhering den Ersatz des negativen Vertragsinteresses vor, also das, was der Geschädigte „haben würde, wenn die äußere Thatsache des Contractsabschlusses gar nicht vorgekommen wäre".[279] Jhering fordert, dass der Verkäufer den Käufer „rücksichtlich derjenigen nachtheiligen Handlungen, zu denen der Glaube an die Gültigkeit des Contracts ihn veranlasst hat, schadlos halte".[280] Zur Höhe des negativen Interesses äußert sich Jhering so: „dass die Interessenforderung des Klägers, wie sie sich einerseits bis zur Höhe des Erfüllungsinteresses erheben, so andererseits auf Nichts reduciren kann, bedarf nicht erst der Bemerkung".[281]

4. Zusammenfassung

Um der Argumentation Jherings, der juristischen Konstruktion und dogmatischen Begründung seiner culpa in contrahendo näher nachzugehen, müsste auch sein juristisches Methodendenken und die Vorstellung vom Vertrag mit in die Untersuchung einbezogen werden. Diese Gedanken weisen aber in eine andere thematische Zielsetzung, der hier nicht weiter nachzugehen ist.

Jhering bemühte sich darum, den Gedanken der culpa im Sinne des heutigen § 276 BGB als das tragende Element der culpa in contrahendo herauszustellen. Er klassifiziert die culpa als kontraktlich, weil sie äußerlich und innerlich mit

276 Jhering, JhJB 4, S. 25 f.
277 Jhering, JhJB 4, S. 29 f.
278 Jhering, JhJB 4, S. 23 ff.
279 Jhering, JhJB 4, S. 16.
280 Jhering, JhJB 4, S. 14.
281 Jhering, JhJB 4, S. 21 f.

dem intendierten Vertragsverhältnis verbunden ist.[282] Einerseits kann Jhering so eine Abgrenzung zu einer unerwünschten außervertraglichen Haftung für jedes Verschulden erreichen. So hat er die Tatsache, dass ein Vertrag gerade nicht geschlossen wurde und genau aus diesem Grund das Vertragsrecht nicht greifen konnte, wohl gesehen. Andererseits ermöglichte gerade die Anbindung an das Vertragsrecht, trotz dieses greifbaren Widerspruchs, überhaupt erst die Gewährung eines Schadensersatzanspruchs. Die actio legis Aquiliae und die actio doli sind nicht einschlägig.

Was die dogmatische Begründung angeht, so greift Jhering verschiedene Ansatzpunkte heraus. Er bleibt aber nicht ohne Widersprüche. Die Gesichtspunkte, die er untersucht, kreisen sowohl um den Gedanken der culpa als auch um den des Rechtsscheins: „… der Verkäufer contrahirt, *ohne die Erfordernisse der Gültigkeit des Vertrages in seiner Person prästiren zu können, und durch den falschen Schein des Contracts den andern Theil irre führt*".[283] Daneben liege eine stillschweigende vertragliche Garantie im „Contrahiren selber".[284] Diese Wendung überrascht insofern, als die zuerst genannten Gedanken bei konsequenter Weiterführung eher um den Aspekt des Vertrauensschutzes hätten erweitert werden können.[285] Diese Überlegung hat Jhering aber nicht weiter ausgeführt. Wie neu und ungewöhnlich seine Gedanken waren, hat Jhering erkannt und sich der Herausforderung bewusst gestellt. Die wegweisende Erkenntnis Jherings liegt in der Entdeckung des negativen Interesses.[286]

Er erstellte ein Gesamtkonzept, in dem er die römisch rechtlichen Quellen interpretierte und einer Gesamtanalogie unterzog. Seine Leistung ist deshalb auch in der Verallgemeinerung zu sehen. Letztlich verlässt Jhering das Prinzip der Trennung von Vertragsrecht und Deliktsrecht, das bereits im römischen Recht angelegt war und auch dem späteren Bürgerlichen Gesetzbuch zugrunde liegt.

282 Choe, Culpa in contrahendo bei Rudolph von Jhering, S. 111.

283 Jhering, JhJB 4, S. 41.

284 Jhering, JhJB 4, S. 42 f.

285 Choe, Culpa in contrahendo bei Rudolph von Jhering, S. 180.

286 Bohrer, Die Haftung des Dispositionsgaranten, S. 99, 258 ff.; Choe, a. a. O., S. 108, 199 ff.; Giaro, Culpa in contrahendo: eine Geschichte der Wiederentdeckungen, in Falk/Mohnhaupt, Das Bürgerliche Gesetzbuch und seine Richter, S. 116.

§ 4: Kapitel 4: „Spuren“ der culpa in contrahendo im BGB alter Fassung

1. Veränderung von Rahmenbedingungen

Jherings Ansatz baute auf der Willenstheorie auf, die davon ausging, dass eine Willenserklärung nichtig war, wenn der Erklärende einem wesentlichen Irrtum unterlag. Jhering teilte ganz selbstverständlich die auf Savigny zurückgehende Vorstellung, dass „der Wille als das einzig Wichtige und Wirksame“ anzusehen sei.[287] Ein Anspruch auf Erfüllung konnte demnach nur bei übereinstimmendem Willen in Betracht kommen. Diese unangetastete Prämisse führte Jhering zur Ausarbeitung des negativen Vertragsinteresses. Das BGB zeigt indessen in §§ 116 ff BGB, dass Willenserklärungen auch dann wirksam sind, wenn Wille und Erklärung nicht in vollem Umfang übereinstimmen.[288]

2. Aussage der Motive zu §§ 122, 179, 307, 309 BGB a. F.

Dem BGB ist es nicht gelungen, sich von der Kasuistik Jherings zu lösen und die culpa in contrahendo insgesamt zu erfassen.[289] Zur Zeit des ersten Entwurfes des BGB aus dem Jahr 1887 waren die Gedanken Jherings bekannt. Die culpa in contrahendo wird im BGB dennoch weder mit einer eigenen Vorschrift bedacht noch im Gesetz überhaupt erwähnt.

Das preussische Allgemeine Landrecht von 1794 enthielt in §§ 284, 285 ALR Vorschriften, die auf ein Verschulden bei Vertragsschluss Bezug nehmen.[290] Jhering selbst sah ALR I 5 § 284 als Bestätigung seiner Auffassung an. Diese Folgerung ist problematisch. Jhering selbst hatte kein tieferes Interesse an dieser

---

287 Savigny, System III, S. 98 ff., 263 ff.; Schanze, a. a. O., 326, 346.

288 Die Frage, ob das BGB auf der Erklärungs- oder Willenstheorie zurückgreift, soll hier dahinstehen.

289 Schmidt, Nachwort, S. 132.

290 ALR I 5 § 284 lautet: „Was wegen des bey Erfüllung des Vertrages zu vertretenden Grades der Schuld Rechtens ist, gilt auch für den Fall, wenn einer der Contrahenten bei Abschließung des Vertrages die ihm obliegenden Pflichten vernachlässigt hat.“ ALR I 5 § 285 lautet: „Wer bey Abschließung oder Erfüllung des Vertrages seine Pflichten vorsetzlich, oder aus grobem Versehen, verletzt hat, muß dem Andern sein ganzes Interesse vergüten.“

Vorschrift, sondern interpolierte sie mit seinem eigenen Problembewusstsein.[291] Die Vorschrift ALR I 5 § 284 setzt einen wirksamen Vertragsschluss voraus und sieht eine Regelung auf vertraglicher Grundlage vor.[292] Darin liegt eine wesentliche Abweichung von der Theorie Jherings.

In den Motiven taucht der Begriff der culpa in contrahendo auf, wenn auch terminologische Ungenauigkeiten zu beobachten sind. So erfolgt teilweise ein Bezug sowohl zu wirksamen als auch zu unwirksamen Verträgen.

Den Grundgedanken von Jherings culpa in contrahendo hat das BGB nicht übernommen und keine generelle Regelung vorgesehen.[293] Im BGB erfolgte lediglich eine Schaffung einzelner Vorschriften, die mit der Lehre Jherings – teilweise im weitesten Sinn – in Zusammenhang gebracht werden, wie beispielsweise §§ 122, 123, 179, 307, 309, 463 S. 2 , 523 I, 524 I, 600, 663, 694 BGB a. F.[294] Wie die Schaffung der Regelungen der §§ 122, 179, 307, 309 BGB zeigen, handelt es sich nur um einen fallweisen Rückgriff auf die Ideen Jherings.[295] Die Vorschriften sind durch die Unterschiedlichkeit sowohl ihrer Voraussetzungen als auch der Rechtsfolgen gekennzeichnet. Das BGB gestaltete §§ 122, 179 BGB a. F. verschuldensunabhängig aus. §§ 463 S. 2, 523 I, 524 I, 600 BGB a. F. stellen eine Aufklärungspflichtverletzung dar, für die bei Arglist gehaftet werden muss.

§§ 97 III, 99 II, 101, 345, 347 des ersten Entwurfs zum BGB stellen Vorläufer der §§ 122, 307 I 1, 309 BGB a. F. dar. Die Motive ordnen diese Vorschriften des ersten Entwurfs noch der culpa in contrahendo zu.[296] Die Konstruktion der culpa in contrahendo ließen die Motive bewusst ungelöst. „Ob begrifflich die Haftung für culpa in contrahendo auf einen Eingriff in den fremden Rechtskreis, mithin auf eine unerlaubte Handlung oder auf die Verletzung einer Verkehrssicherungspflicht zurückzuführen sei, ist eine Konstruktionsfrage, deren Lösung der Wissenschaft überlassen werden darf".[297] In den Regelungen der §§ 97 III, 99 II, 101, 345, 347 des ersten Entwurfs geht es um den Ersatz des negativen Interesses. Allerdings

291 Schanze, Culpa in contrahendo bei Jhering, in: Ius Commune 7 (1978), (326), 330.

292 Koch, Allgemeines Landrecht für die Preußischen Staaten, Band 1, ALR I 5 §§ 284, 285, S. 324 merkt in der Kommentierung an: „Ist der Vertrag ungültig, so findet daraus gar keine Klage, also auch kein Anspruch auf Entschädigung statt."

293 Schmidt, Nachwort, S. 132.

294 Soergel/Wiedemann, Vor § 275 Rn. 101.

295 Schmidt, Nachwort, S. 132.

296 Motive I, S. 217; Mugdan, Band I, S. 472.

297 Motive I, S. 195; Mugdan, Band I, S. 460.

ginge eine Haftung über das Erfüllungsinteresse hinaus zu weit und widerspreche den Grenzen der Billigkeit.[298]

§§ 97 III, 99 II des ersten Entwurfs waren Vorläufer des § 122 I BGB. Der Regelung des § 97 des ersten Entwurfs liegt eine Zweiteilung zugrunde. § 97 I des ersten Entwurfs erfasst Willenserklärungen, die nicht ernstlich gemeint sind (§§ 118, 122 BGB). Leichte Fahrlässigkeit dessen, der sich in einem Irrtum befindet (§ 99 des ersten Entwurfs) oder dessen, der seine Erklärung nicht ernst meint (§ 97 des ersten Entwurfs), führt zu einer Schadensersatzpflicht bezüglich des negativen Interesses (§§ 97 III, 99 III des ersten Entwurfs). Im Gegensatz dazu ordnen die §§ 97 II, 99 I des ersten Entwurfs die Gültigkeit einer Willenserklärung bei grober Fahrlässigkeit an. Auf diese Differenzierung verzichtete dann der zweite Entwurf. Anders als Jhering, der die Nichtigkeit eines Vertrages forderte, stellen die Motive auf die „Übermittlung einer unzuverlässigen Erklärung" ab.[299] Die sehr weite Auffassung Jherings engen die Motive ein, indem sie auf Fahrlässigkeit bei der Eingehung eines Rechtsgeschäfts abstellen. Das kann als Abgrenzung zu Jhering aufgefasst werden. Jhering nennt in seiner Abhandlung das Beispiel, dass sich jemand eines Boten bedient: „... jeder Contrahent hat seinen Willen *selber* zu äußern; wer sich zu diesem Zweck anderer Personen bedient, thut dies auf eigene Gefahr ..."[300] Das Verschulden sieht Jhering darin, dass eine andere Person zur Übermittlung einer Willensäußerung benutzt wird. Dagegen fordern die Regelungen der §§ 97 III, 99 II des ersten Entwurfes Fahrlässigkeit beim Eingehen eines Rechtsgeschäfts. Die Vorschriften der §§ 97 III, 99 II des ersten Entwurfs werden im zweiten Entwurf in § 97 I vereint. Die Regelung des § 97 I zweiten Entwurfs ersetzt ausdrücklich das negative Interesse, wobei das Erfordernis des Verschuldens gestrichen wurde. Bereits im ersten Entwurf war der Ersatz des negativen Interesses nur bis zur Höhe des Erfüllungsinteresses möglich. Während die Vorschriften der §§ 97 III, 99 II des ersten Entwurfs noch der culpa in contrahendo zugeordnet werden können, erscheint das infolge des Verzichts auf das Verschulden bei § 97 I des zweiten Entwurfs und des § 122 BGB als zweifelhaft. Aus diesem Grund wird heute § 122 BGB als verschuldensunabhängige Garantiehaftung begriffen.[301]

§ 345 I des ersten Entwurfs wurde im BGB zu § 307 I 1 BGB a. F., während § 347 des ersten Entwurfs die Regelung des § 309 BGB a. F. vorbereitete. Aus den Moti-

298 Motive I, S. 195; Mugdan Band I, S. 460.
299 Motive I, S. 195; Mugdan Band I, S. 460.
300 Jhering, JhJB 4, S. 85.
301 MüKo/Kramer, § 122 Rn. 6; Staudinger/Dilcher, § 122 Rn. 4; Soergel/Hefermehl, § 122 Rn. 1, 7.

ven geht hervor, dass es sich hier um Fälle der culpa in contrahendo handelt.[302] Die Haftung auf das negative Interesse ergebe sich aus einem „allgemein anerkannten Verkehrsbedürfnisse".[303] Bei einem nichtigen Vertrag komme Erfüllung und der Ersatz des Erfüllungsinteresses nicht in Betracht.[304] § 345 I 1 des ersten Entwurfs sah eine Haftung grundsätzlich nur bei Verschulden vor. Jhering hingegen fasste auch hier den Begriff des Verschuldens sehr weit. Er arbeitete heraus, dass der Verkäufer auch dann haften muss, wenn es sich um ein Hindernis handelt, das der Verkäufer nicht kannte, selbst wenn es ihm „...bei dem besten Willen verborgen bleiben durfte".[305] An anderer Stelle erblickt Jhering das Verschulden darin, dass jemand „...einen Contract abschloß, ohne sich seiner Sache sicher zu sein".[306] Der Gesetzgeber berührte mit der Vorschrift des § 345 I 1 des ersten Entwurfes ein Problemfeld, das kontrovers diskutiert wurde. Gegen die Meinung von Jhering stand die Auffassung von Windscheid, der eine verschuldensunabhängige Garantiehaftung vertrat.[307] Die überwiegende Ansicht befürwortete eine Haftung nur bei grober Nachlässigkeit oder Arglist. § 345 I 1 des ersten Entwurfes nimmt eine vermittelnde Haltung ein.

Bezüglich der §§ 307, 309 BGB a. F. entwickelte sich die Diskussion, ob diese Vorschrift überhaupt der culpa in contrahendo zuzuordnen sind.[308] Die Motive haben indes eine eindeutige Aussage in Richtung culpa in contrahendo getroffen und so widerspricht eine abweichende Meinung dem Willen des historischen Gesetzgebers. Zudem sind §§ 306–309 BGB a. F. im Wege der Schuldrechtsreform gestrichen worden. § 306 BGB a. F. drückte das römisch-rechtliche Prinzip des impossibilium est nulla obligatio aus.[309] Dieses Prinzip wird durch die Abschaffung der §§ 306 ff BGB a. F. im neuen Schuldrecht aufgegeben. § 311 a I BGB n. F. ordnet nun die Wirksamkeit eines Vertrages auch bei anfänglicher, objektiver Unmöglichkeit an. Die Anspruchsgrundlage des § 311 a II BGB n. F. sieht vor, dass das positive Interesse oder Aufwendungsersatz gemäß § 284 BGB n. F. verlangt werden kann, sofern der Schuldner das Leistungshindernis bei Vertragsschluss kannte oder er seine Unkenntnis zu vertreten hat. Damit wurde die Garantiehaftung bei anfänglichem Unvermögen aufgegeben. Begründet wird die Hinwen-

302 Motive I, S. 195; Mugdan Band I, S. 460.
303 Motive II, S. 178; Mugdan Band II, S. 98.
304 Motive II, S. 178; Mugdan Band II, S. 98.
305 Jhering, JhJB 4, S. 34.
306 Jhering, JhJB 4, S. 39.
307 Windscheid, Lehrbuch des Pandektenrechts, Band II, § 315.
308 Dagegen beispielsweise Staudinger/Löwisch, § 307 Rn. 1.
309 Celsus D. 50.17. 185.

dung zum Verschuldensprinzip mit Gerechtigkeitserwägungen und der höheren rechtsethischen Überzeugungskraft.[310] Das Vertretenmüssen bezieht sich in dieser Vorschrift auf das Kennen beziehungsweise Kennenmüssen des Schuldners von dem Leistungshindernis und nicht auf den Umstand, aufgrund dessen es zur Befreiung von der Leistung nach § 275 I BGB n. F. kommt. Es geht hier also nicht um Pflichten bezüglich des Leistungsgegenstandes wie bei der nachträglichen Unmöglichkeit, sondern um Informationspflichten. Widersprüchlich an dieser Vorschrift ist, dass Ersatz des positiven Interesses gewährt wird, obwohl die Verletzung der Aufklärungspflicht nur auf das negative Interesse bezogen ist.[311] § 311 a BGB n. F. ist im Zusammenhang mit der Neukonzeption der Unmöglichkeit gemäß §§ 275 ff BGB n. F. zu sehen. Der Gesetzgeber war bestrebt, die anfängliche und nachträgliche Unmöglichkeit bezüglich der Rechtsfolgen gleich zu stellen. Für die nachträgliche Unmöglichkeit gelten die §§ 280 III, 283 BGB n. F.

Aus § 125 des ersten Entwurfs wurde schließlich § 179 BGB. Es handelt sich hier aber nicht um eine Regelung der culpa in contrahendo. Die Haftung des Vertreters, die auf Erfüllung oder das positive Interesse gerichtet ist, ist vielmehr Ausdruck der Ablehnung der culpa in contrahendo durch den Gesetzgeber in diesem Bereich. Er war der Ansicht, dass eine Beschränkung auf das negative Interesse dem Verkehrsbedürfnis widerspreche.[312] Aus diesem Grund wurde auch die Überlegung verworfen, den Vertreter aus dem Gesichtspunkt der culpa in contrahendo auf das negative Interesse haften zu lassen. Die Arbeit an der Regelung des § 179 BGB ist auch Ausdruck der damaligen Debatte über die Stellvertreterhaftung.[313] Letztlich gelang mit § 179 BGB eine Vorschrift, die verschiedene Ansätze in sich vereint. § 125 des ersten Entwurfes lässt noch den Einfluss Windscheids erkennen, der eine Garantiehaftung befürwortete.[314] In den Protokollen ist die Auseinandersetzung mit dieser Meinung dokumentiert. Hier wird kritisiert, dass der Erfüllungsanspruch aufgrund der Garantieerklärung auf einer Fiktion des Haftungswillens des Vertreters beruht.[315] Jhering hingegen verlangte „culpa" und gewährte nur einen Ersatz des negativen Interesses. § 125 des ersten Entwurfs war noch als Garantiehaftung konzipiert. Die Regelung des § 146 I des zweiten Entwurfs könnte man als Kompromisslösung bezeichnen. Sie kann schon mit § 179 BGB verglichen werden. Beim Umfang des Schadensersatzanspruches

310 BT-Drucks. 14/6040, S. 165; Canaris, Schuldrechtsmodernisierung, S. 726.
311 Pohlmann, Die Haftung wegen Verletzung von Aufklärungspflichten, § 2, S. 51.
312 Motive I, S. 243 f.; Mugdan Band I, S. 487.
313 Protokolle Band I, S. 322; Mugdan Band I, S. 750.
314 Windscheid, Lehrbuch des Pandektenrechts, Band I, § 74, S. 196.
315 Protokolle Band I, S. 322; Mugdan Band I, S. 750.

differenziert diese Regelung danach, ob Unkenntnis oder Kenntnis in Hinblick auf den Mangel der Vertretungsmacht vorliegt. Die dem § 179 II BGB entsprechende Vorschrift wurde nicht aus dem Gesichtspunkt der culpa in contrahendo geschaffen, sondern aus Gründen der ausgleichenden Gerechtigkeit.[316]

Die Regelung des § 694 BGB bezeichnen die Motive als Fall der culpa in contrahendo.[317] Problematisch ist, dass § 694 BGB einen wirksamen Vertrag voraussetzt. Es handelt sich auch nicht um einen von Jhering besprochenen Fall. Der Zusammenhang mit der culpa in contrahendo könnte in einem Verschulden zu sehen sein, das sich vor dem Vertragsschluss ereignete.[318]

Nicht ersichtlich wird aus den Motiven, ob § 443 S. 2 (§ 523 I BGB), § 444 I 2 (§ 524 I BGB), § 385 2. Alt. (§ 463 S. 2 BGB a. F.) und § 551 II (§ 600 BGB) des ersten Entwurfs aus einem Regelungsbedürfnis der culpa in contrahendo heraus motiviert werden. Bei § 551 II des ersten Entwurfes beziehen sich die Motive auf die Vorschriften zur Schenkung und zur Leihe (§§ 443, 444 des ersten Entwurfs). Auf die culpa in contrahendo gehen die Motive nicht ein. Den Vorschriften der §§ 443 S. 2, 444 I 2 und 385 2. Alt. des ersten Entwurfs ist gemeinsam, dass es sich um arglistiges Verhalten handelt. Heute begreift man §§ 463 S. 2 BGB a. F., 523 I, 524 I, 600 BGB als Fälle der culpa in contrahendo wegen der Verletzung von vorvertraglichen Pflichten.[319]

---

316 Protokolle Band I, S. 319 f.; Mugdan Band I, S. 460.

317 Motive I, S. 195; Mugdan Band I, S. 460.

318 Nickel, Die Rechtsfolgen der culpa in contrahendo, S. 60.

319 Palandt/Heinrichs, 58. Auflage, § 463 Rn. 11; Staudinger/Cremer, § 523 Rn. 1; MüKo/Kollhosser, § 523 Rn. 2.

§ 5: Kapitel 5: Das Linoleumrollen-Urteil des Reichsgerichts (RGZ 78, 239 ff.)

1. Bedeutung des Urteils

Das Linoleumrollen-Urteil besitzt herausragende Bedeutung für den Bereich der culpa in contrahendo, bei dem es um die Verletzung der körperlichen Integrität des Verhandlungspartners geht. Das Urteil des Reichsgerichts ist dabei zugleich Initiator und Wegbereiter für die weitere Entwicklung der culpa in contrahendo auf diesem Gebiet. Indem das Reichsgericht auf ein „den Kauf vorbereitendes Rechtsverhältnis" abstellte, konnte es den Fall unabhängig von einer rein deliktsrechtlichen Lösung entscheiden.[320] Ohne den Begriff der culpa in contrahendo überhaupt zu verwenden, prägte diese Entscheidung die weitere Linie der Rechtsprechung. Sie konnte sich nun aufbauend auf diesem Urteil weiterentwickeln.

Welchen Meilenstein das Urteil bildet, beweist der Vergleich mit der Rechtsprechung des Reichsgerichts etwa ab 1905 bis zum Zeitpunkt des Linoleumrollen-Urteils von 1911. Dabei lassen sich zwei Strömungen feststellen. Zum einen geht es um die Haftung für Pflichtverletzungen bei Vertragsverhandlungen. Zum anderen kristallisierte sich die Ausdehnung des Anwedungsfeldes der culpa in contrahendo in den ursprünglich rein deliktisch gelösten Bereich der Integritätsverletzung heraus. Letzteres Gebiet ist die Domäne des Linoleumrollen-Urteils. Das eigentlich überraschende ist, dass es ursprünglich gar nicht als Entscheidung zur culpa in contrahendo erging. Dieser Zusammenhang wurde erst später hergestellt. Jetzt zitiert man dieses Urteil nahezu selbstverständlich in einem Atemzug mit der culpa in contrahendo und speziell mit der Fallgruppe der Verletzung von Erhaltungspflichten, ohne auf diese Tatsache hinzuweisen. So ist es auch nicht mehr verwunderlich, dass kaum nähere inhaltliche Aussagen zu diesem Urteil gemacht werden. Dabei bietet es sich geradezu an, das Urteil aus verschiedenen Blickwinkeln zu beleuchten. Da es einen Wendepunkt in der Rechtsprechung markiert, ist ein Blick auf die vorangehende Rechtsprechung aufschlussreich und interessant zugleich. Der Stellenwert des Linoleumrollen-Urteils erschließt sich auch hieraus.

Schon 1906 stellte sich eine ähnliche Problematik, die das Reichsgericht damals noch an das Berufungsgericht zurückverwies.[321] Es ging damals um die Körper-

320 RGZ 78, 239.
321 RGZ 65, 17.

verletzung eines Beifahrers, der als Gast im Auto der Beklagten mitgefahren war. Die Beklagte ließ ihr Auto an einem Wettbewerb im Taunus teilnehmen, wobei ein gesetzlicher Vertreter der Beklagten dem Kläger die Mitfahrt erlaubte. Eine vertragliche Verpflichtung zur Beförderung verneinte das Reichsgericht und beurteilte die Mitfahrt als rein tatsächlichen Vorgang ohne rechtliche Bedeutung. Eine andere Beurteilung sei nur möglich, wenn die Mitfahrt zum Zweck von Vertragsverhandlungen über den Kauf des Wagens erfolgte. „Dann würde ein bestimmter rechtlicher Zweck und ein rechtliches Interesse, sei es auch bloß auf der Seite des Beklagten, oder auch auf der des Klägers, vorgelegen haben, und daher würde sich der Vorgang charakterisieren als der Abschluss eines den eventuell in Aussicht genommenen Kaufvertrag vorbereitenden Vertrages“.[322] Gerade dieser Umstand wurde von der Beklagten bestritten und konnte nicht geklärt werden.

Im Linoleumrollen-Urteil sprach das Reichsgericht erstmalig der verletzten Kundin (vor-)vertragliche Ansprüche auf Ersatz ihres Körperschadens zu.

1.1 Einordnung des Urteils vor dem Hintergrund der bisherigen Rechtsprechung des Reichsgerichts

Das Linoleumrollen-Urteil[323] markiert eine neue Sicht in der Rechtsprechung. Die Rechtsprechung des Reichsgerichts orientierte sich an einer deliktisch ausgerichteten Linie. Es bekräftigte noch 1910, dass eine Haftung wegen schuldhaften Verhaltens bei Verhandlungen zum Zweck eines Vertragsschlusses nach dem BGB nur aus dem Gesichtspunkt der Verpflichtung zum Schadensersatz aus unerlaubter Handlung in Betracht kommen könne.[324] Ebenso hatte das Reichsgericht schon 1909 geurteilt.[325] In dieser Entscheidung konzentrierte es sich ebenfalls auf eine Haftung aus unerlaubter Handlung und schied eine Haftung aus § 823 I BGB von vornherein aus, „weil diese Vorschrift nur bestimmte Rechtsgüter und … nicht das Vermögen schlechthin schützt“.[326]

In eine ähnliche Richtung geht bereits ein Urteil von 1907.[327] Hier lehnte das Reichsgericht eine Haftung für die fahrlässige Erregung eines Irrtums beim Verhandlungspartner ab. Ein „Ausnahmefall“, der eine „Haftung auf das negative Vertragsinteresse“ vorsehe, wie das etwa in § 307 BGB der Fall sei, greife hier nicht

322 RGZ, a. a. O.
323 RGZ 78, 239.
324 RG LZ 1910, S. 80, Nr. 2.
325 RG JW 1909, S. 684, Nr. 3.
326 RG JW 1909, a. a. O.
327 RG Recht, 1907, Nr. 3083.

ein.[328] Der „besondere Fall des § 307 oder des § 309“ müsse im vorliegenden Fall verneint werden.[329] Ein „fertiges Schuldverhältnis“ sei zudem nicht nur im Rahmen von § 276 BGB, sondern auch für die folgenden Paragraphen eine Voraussetzung.[330]

In einem weiteren Urteil aus dem Jahr 1910 lehnte das Reichsgericht die Anwendung des § 276 BGB ab.[331] Vorausgesetzt werde in § 276 BGB eine bestehende Verbindlichkeit. „Ein Verschulden desjenigen, der noch nicht Schuldner ist, kann seine Haftung aus § 276 BGB nicht begründen“.[332] Daneben tritt die Haltung des Reichsgerichts zur Frage der Vertragsverhandlungen. 1901 kam das Reichsgericht zu der Überzeugung, dass „Vorverhandlungen (Traktate)“[333] „rechtsunverbindlich“[334] seien. Im Gegensatz dazu entfalteten Vorverträge rechtliche Verbindlichkeit. So stufte das Reichsgericht den Abbruch von Vertragsverhandlungen auch aus diesem Grund nicht als Fall der culpa in contrahendo ein und verwies auf das Deliktsrecht.[335] Dieses wiederum könne nicht eingreifen, da der Abbruch von Vertragsverhandlungen für sich gesehen nicht als sittenwidrig eingestuft werden könne.[336]

Fasst man die frühe Rechtsprechung des Reichsgerichts zusammen, so kristallisieren sich drei Grundpositionen heraus.

Zum einen betonte das Reichsgericht das Erfordernis eines wirksamen Schuldverhältnisses, um § 276 BGB anwenden zu können.

Weiter verwies es Fälle, in denen kein wirksamer Vertragsschluss vorlag, an das Deliktsrecht oder prüfte, ob nicht die §§ 307, 309 BGB eingriffen.

Letztlich verweigerte das Reichsgericht die Anwendung der culpa in contrahendo in einer allgemeineren Form über die Fälle hinaus, die das BGB ausdrücklich geregelt hatte. „Wo das BGB den Schadensersatz (wie bei den Fällen der culpa in contrahendo) auf das negative Vertragsinteresse … beschränkt, finden sich ausdrückliche gesetzliche Bestimmungen“.[337] Mit Hilfe eines Umkehrschlusses schloss das Reichsgericht vom Wortlaut des BGB auf die Intention des Gesetzgebers. Es unterstellte, dass der Gesetzgeber durch die ausdrückliche Schaffung einzelner Vorschriften andere Fälle nicht regeln wollte.

---

328 RG Recht, a. a. O.
329 RG Recht, a. a. O.
330 RG Recht, a. a. O.
331 RG JW 1910, S. 748 ff., Nr. 5.
332 RG JW, a. a. O.
333 RGZ 48, 133, 134 f.
334 RGZ 48, a. a. O.
335 RG LZ 1910, S. 80 ff., Nr. 2.
336 RG LZ, a. a. O.
337 RGZ 63, 110, 112 f.

Gleichsam als Gegenpol zu der beschriebenen Judikatur begann das Reichsgericht, in der Sache vorvertragliche Ansprüche zu bejahen, ohne jedoch auf das Rechtsinstitut der culpa in contrahendo zuzugreifen. Die Aufgabe, die das Reichsgericht zu bewältigen hatte, bestand darin, Haftungslücken auszugleichen. Auf der einen Seite galt es zu beachten, dass das BGB den Grundgedanken verkörpert, dass nur aufgrund eines wirksamen Vertrages Schadensersatz verlangt werden kann.[338] Andererseits führte das Deliktsrecht aufgrund seiner eigenen Schwachpunkte bei der Suche nach einer Möglichkeit, die Haftungslücken zu schließen, nicht weiter. Es waren Hürden wie die Exkulpationsmöglichkeit aus § 831 I 2 BGB, der fehlende primäre Vermögensschutz in § 823 I BGB, die Verjährung gem. § 852 BGB a. F. und die Beweislast, die eine Lösung außerhalb des Deliktsrechts nahe legten. Der Blick des Reichsgerichts schweifte in das Vertragsrecht und konzentrierte sich auf den Vertrag selbst. Dieser sollte den Grund für die Haftung darstellen – wobei das Reichsgericht mit Hilfe unterschiedlicher Konstruktionen zu diesem Ergebnis kam.

Bei der Erteilung falscher Angaben oder falscher Auskünfte behalf sich die Rechtsprechung mit der Vorwirkung des späteren Vertrages oder selbständigen Auskunftsverträgen. In einer Entscheidung aus dem Jahr 1905 qualifizierte das Reichsgericht die Beratung über die Rendite eines Wertpapiers als „integrierenden Teil des als ein zusammenhängendes Ganzes zu betrachtenden Rechtsgeschäfts“.[339] Der Kauf stelle dann das „principale Rechtsverhältnis“ dar, zu dem die Beratung als Nebenleistung gehöre.[340] Im Ergebnis verlagerte das Reichsgericht die vertraglichen Pflichten auf die Zeit vor dem Vertragsschluss. Die Idee einer Haftung aus dem prinzipalen Rechtsverhältnis reicht schon weiter zurück.[341] Das Reichsgericht betonte, dass Ratschläge und Empfehlungen grundsätzlich rechtlich unverbindlich sind. Ein fehlerhafter Rat führe deshalb nur dann zu Schadensersatzansprüchen, wenn besondere Umstände vorliegen. Dies könne eine dauernde Geschäftsverbindung oder ein konkretes Vertragsverhältnis sein. Beim Kauf von Wertpapieren gehöre die Beratung zum „Teil des entgeltlichen Geschäfts“, also des späteren Kaufs.[342] Daraus leitet das Reichsgericht die Haftung für fehlerhafte Auskünfte ab. Sie ist von der Haftung aufgrund eines selbständigen Auskunftsvertrages zu unterscheiden.[343] In einem Urteil aus dem Jahr 1908 bestätigte das Reichsgericht,

338 Pouliadis, Culpa in contrahendo und Schutz Dritter, S. 34 f.
339 RG JW,1905, 502.
340 RG JW, a. a. O.
341 RGZ 19, 100; 42, 130.
342 RGZ 42, 129, 131.
343 RGZ 67, 394 f., 82, 337.

dass sich eine Schadensersatzpflicht wegen einer Empfehlung nur aus einem Vertragsverhältnis oder einer unerlaubten Handlung (§ 826 BGB) ergeben kann.[344] Der Fall unterschied sich aber von der letzteren Entscheidung dadurch, dass hier der Kunde der Bank im Weg einer Gelegenheitsgesellschaft an einer Spekulation der Bank teilnahm. Deshalb erfolgte der Ratschlag bezüglich der Rendite nicht als Nebenleistung zum entgeltlichen Geschäft. Anders als bei der Beratung eines Kunden, der Rat für eine Anlage suche, verbinde sich hier der Rat nicht mit dem prinzipalen Rechtsverhältnis zu einem einheitlichen Ganzen.[345] Da die Bank kein „Auskunftsbureau"[346] sei, müsse die Bank nur für Auskünfte haften, die in einem engen Zusammenhang mit dem prinzipalen Rechtsverhältnis stehen.

In anderen Entscheidungen kreisen die Erwägungen des Reichsgerichts um den Begriff der „Arglist" im Zusammenhang mit § 463 BGB a. F. Die Vorschrift des § 463 BGB a. F. erfasse auch das Verschweigen eines Verdachts bezüglich eines Mangels. Der Verkäufer müsse seinen Verdacht bezüglich eines Mangels, seine „Unsicherheit über Sachmängel" offenbaren.[347] Dasselbe gilt schon bei Zweifeln darüber, ob die Ware fehlerfrei ist.[348] Ebenso urteilte das Reichsgericht, wenn es der Verkäufer fahrlässigerweise unterlassen hat, den Käufer über Mängel der Kaufsache aufzuklären.[349]

Einen anderen Weg beschritt das Reichsgericht, indem es über die Auslegung eines bereits geschlossenen Vertrages in diese Vertragspflicht auch Verkehrssicherungspflichten einbettete.[350] Auf diese Weise gelangte das Reichsgericht zu einem vertraglichen Ersatzanspruch bei Körperschäden. Diese Fallgruppe betraf die Beförderung mit der Bahn. Die Bahn hafte auch für „einen sicheren Ausgang aus dem Bahnhofe".[351] Ihre vertragliche Pflicht sei nicht mit dem Abschluss der Fahrt beendet.[352] Voraussetzung für die Verkehrssicherungspflicht der Bahn war aber, dass sich der Fahrgast eine Fahrkarte gekauft hatte. „Solange der Reisende noch keine Fahrkarte gelöst hat, kann von einer vertraglichen oder auch nur vertragsähnlichen Haftung … keine Rede sein".[353]

---

344 RGZ 67, 395 f.

345 RGZ 67, 395.

346 RG JW 1910, S. 808.

347 RG JW 1905, S. 79 Nr. 16.

348 Leonhard, Verschulden beim Vertragsschlusse, S. 13.

349 Leonhard, a. a. O.

350 Für den Beförderungsvertrag mit der Eisenbahn: RGZ 55, 335 ff,; bei Beschädigung des Eigentums ähnlich RGZ 66, 402.

351 RGZ 55, 336 f.

352 RGZ, a. a. O.

353 RG LZ 1914, 1530,Nr. 10.

Manchmal fingierte die Rechtsprechung auch stillschweigende Vorverträge oder Garantieverträge. Über einen „stillschweigenden Garantievertrag“[354] kam das Reichsgericht zur Annahme von Verkehrssicherungspflichten des Wirtes, sobald ein Gast, der als solcher erkennbar war, die Gasträume betreten hatte.[355] Die Haftung des Wirtes erstreckte sich auf den verkehrssicheren Zustand seiner Räumlichkeiten. Durch das Betreten der Gastwirtschaft komme zwischen dem Gast und dem Wirt ein Vertragsverhältnis „über die Benutzung der Räume“ zustande, „kraft dessen der Wirt dem Gast für die Sicherheit des Verkehrs haftet“.[356] Die Pflicht des Wirtes umfasste auch die Unterbindung von gefährdendem Unfug in den Räumen. Dies qualifizierte das Reichsgericht als vertragliche Pflicht. Bereits in einem früheren Urteil führte das Reichsgericht aus, dass der Wirt die Räumlichkeiten aufgrund eines gemischten Vertragsverhältnisses von Kauf und Miete zwischen ihm und dem Gast in einem verkehrssicheren Zustand „zu gewähren“ hat.[357]

Da seine Haftung bereits mit dem Eintritt des Gastes einsetzte, war die Rechtsprechung in diesem Punkt weiter gefasst als bei den Eisenbahnbeförderungsverträgen. Eine Einengung erfuhr sie aber insoweit, als der Wirt nur für die Räume verantwortlich war, die konkret für die Benutzung durch den Gast vorgesehen waren. Das betraf etwa den Fall, dass ein Mann die Damentoilette aufsuchte.[358]

Für gewerbsmäßige Verkäufer („Kaufhausfälle“) fiel die Einschätzung des Gerichts aber anders aus. Der Grund für diese Differenzierung mag in der Vorstellung liegen, dass die verletzten Rechtsgüter mit der Sachleistung in einem notwendigen Zusammenhang stehen sollten. In einer Gaststätte sind der Aufenthalt in der Räumlichkeit und die Einnahme der Speisen miteinander verbunden. In einem Laden hingegen ist ein allgemeiner Publikumsverkehr möglich, ohne dass es zum Abschluss eines Kaufvertrages kommt. So verneinte das Reichsgericht auch die vertragliche Pflicht des Verkäufers, für die Verkehrssicherheit seiner Räume zu sorgen. Der Verkäufer sei nicht „kraft Vertrages den kaufenden Personen für eine … nicht gefährdende Beschaffenheit der Räumlichkeiten“ verantwortlich.[359] Die aus der Verkehrsöffnung resultierende Verkehrssicherungspflicht des Verkäufers sei eine allgemeine Pflicht, die nur zu deliktsrechtlichen Ansprü-

354 Begriff von: Giaro, Culpa in contrahendo: eine Geschichte der Wiederentdeckungen, in: Falk/Mohnhaupt, Das Bürgerliche Gesetzbuch und seine Richter, S. 133.

355 RG JW 1911, S. 360, Nr. 6.

356 RG a. a. O.

357 RG, in: GruchotsB 1905, S. 617 f., Nr. 28.

358 RGZ 87, 128.

359 RGZ 74, 124 f.

chen führen könne, nicht aber zu Ansprüchen aus Vertrag.[360] Eine vertragliche Haftung komme nur in Betracht, wenn das Vertragsverhältnis auch die Benutzung des Raums umfasse.[361] Das Reichsgericht betonte, dass allein das Betreiben eines Geschäftes zum Zweck, dort Kaufverträge abzuschließen, für eine vertragliche Haftung bezüglich der gefahrlosen Benutzung der Räume nicht ausreicht.

Über die Auslegung eines Frachtvertrages zwischen dem Empfänger und der Eisenbahn gelangte das Reichsgericht zu der Einschätzung, dass die Bahn auch für den sicheren Zugang zu dem beförderten Gut zu sorgen habe.[362] Diese Pflicht werde von der Verpflichtung zur Benachrichtigung über das Eintreffen des Frachtgutes umfasst. Aufgrund dieses Schuldverhältnisses „kraft Gesetzes" könne § 278 BGB zur Anwendung gelangen.[363]

Zu einem ähnlichen Ergebnis kam das Reichsgericht über die Fiktion von Vorverträgen. Eine Haftung wurde auch dann bejaht, wenn „eine zur Erfüllung des getroffenen Abkommens vorgenommene Handlung" vorlag.[364] In einem Urteil aus dem Jahr 1907 entschied das Reichsgericht, dass die Bestellung eines Bahnwagens zur Beförderung von Frachtgut bereits ein Vertragsverhältnis darstellt. Offen gelassen wurde lediglich die Frage, ob die Bestellung ein Teil des Beförderungsvertrags oder eine vorbereitende Vereinbarung war.[365]

Insgesamt lässt sich festhalten, dass das Reichsgericht sich einer Reihe von Hilfskonstruktionen bediente, um dem Geschädigten zu einem Schadensersatzanspruch zu verhelfen. Auffällig ist, dass das Reichsgericht die Haftung vertraglich konstruierte, indem es mit der Konstruktion von Garantieverträgen, der Fiktion von Vorverträgen oder der Auslegung von Verträgen auf einen Vertrag Bezug nahm. Der Vergleich der „Eisenbahn-, Gastwirts- und Kaufhausfälle" zeigt aber, dass eine einheitliche Linie bezüglich der Voraussetzungen, unter denen eine Haftung für möglich gehalten wird, nicht unbedingt festzustellen ist. Einerseits soll der Kauf einer Fahrkarte ausschlaggebend sein, andererseits das Betreten der Gastwirtschaft genügen. Dagegen reichte der Aufenthalt in einem Kaufhaus noch nicht aus. Gerade in den Warenhausfällen wandte sich das Reichsgericht noch 1914 entschieden gegen eine Haftung für die Gefahrlosigkeit des bloßen Aufenthalts in den Verkaufsräumen.[366] Dennoch lassen sich auch Gemeinsamkeiten

360 RGZ 74, 126.
361 RGZ 74, 126.
362 RGZ 73, 148.
363 RGZ 73, 148, 150.
364 RGZ 66, 402, 405 f.
365 RGZ 66, 405.
366 RG Recht 1914, Nr. 2442.

innerhalb der Fälle nachweisen. Trotz der aufgezeigten Unterschiede war der Rahmen der Haftung klar abgegrenzt. Gerade diese unterschiedlichen Voraussetzungen stellen Merkmale dar, die den Bereich der Haftung begrenzten. Bei den Unfällen im Kaufhaus bezog sich die Haftung gerade nicht auf den gefahrlosen Aufenthalt in den Räumen, während in den Gaststättenfällen anders entschieden wurde. Die vertragliche Haftung aus einem Art Vorvertrag wurde hier deshalb bejaht, weil der (spätere) Bewirtungsvertrag auch den Aufenthalt in den Räumen umfasst und so – anders als beim Kaufvertrag – schon mit dem Betreten der Räume ein Zusammenhang mit der Leistung des eigentlich angestrebten Bewirtungsvertrages besteht. Der von der Rechtsprechung angenommenen Haftung auf vertraglicher Grundlage ist gemeinsam, dass sowohl Schädigungen bei der Anbahnung eines Vertrages, also im Vorfeld eines Kontaktes mit der Leistung, erfasst werden, als auch Fallkonstellationen, die aus heutiger Sicht zur positiven Vertragsverletzung zählen.

1.2 Inhalt des Urteils

Vor dem Hintergrund dieser Rechtsprechung erschließt sich auch die inhaltliche Bedeutung des Linoleumrollen-Urteils. Indem das Reichsgericht die Haftung des Inhabers des Kaufhauses aus ein „den Kauf vorbereitendes Rechtsverhältnis" stützte, konnte es gleichzeitig von Hilfskonstruktionen der vorausgehenden Urteile Abstand nehmen.[367] Ein fingierter Vorvertrag oder stillschweigender Garantievertrag war jetzt nicht mehr notwendig. In diesem Urteil sprach das Reichsgericht erstmals Ansprüche aus einer (vor-)vertraglichen Haftung bei einer Verletzung des Integritätsinteresses (Körperschaden) zu. Letztlich stellte das Gericht die Vertragsverhandlungen selbst in den Vordergrund. Auf einen wie auch immer konstruierten Vertrag stellte das Reichsgericht nun nicht mehr ab. Auch die Tatsache, dass ein Kaufvertrag nicht geschlossen wurde, empfand es nicht mehr als hinderlich. Dies muss um so mehr verwundern, als es um die Verletzung der körperlichen Integrität der Kundin geht – einen Bereich, den die ältere Rechtsprechung noch ausschließlich dem Deliktsrecht zugewiesen hätte.

Das Urteil steht in einem Spannungsfeld, das infolge der Verletzung der körperlichen Integrität der Kundin einen Bezugspunkt zu § 823 I BGB aufweist. Diese Vorschrift ist auf die Verletzung absolut geschützter Rechtsgüter zugeschnitten. Dazu kommt, dass ein Angestellter die Kundin verletzt hat. Es geht also auch um die Frage der Haftung des Geschäftsherrn für das Verschulden des Angestellten.

367 RGZ 78, 240.

Für die Kundin war ausschlaggebend, ob nur das Deliktsrecht mit § 831 BGB zur Anwendung gelangen sollte. Infolge der relativ geringen Anforderungen, die das Gesetz an die Exkulpation stellt, wird dieser Anspruch wohl häufig scheitern. Das Reichsgericht hat – wohl wegen der Exkulpationsmöglichkeit – § 831 BGB gar nicht mehr aufgegriffen. Für die Kundin war es deshalb von entscheidender Bedeutung, ob das Gericht einen Anknüpfungspunkt für einen Anspruch außerhalb des Deliktsrechts sah. Eine Vorschrift, die sich anbot, war § 278 BGB. Diese Norm setzt allerdings eine bestehende Verbindlichkeit voraus.[368] § 278 BGB kommt nicht zur Anwendung, wenn ein Verschulden einer Hilfsperson bei der Begründung eines Schuldverhältnisses vorliegt.[369] Der Grundgedanke des § 278 BGB ist allerdings ein anderer als bei § 831 I BGB. § 278 BGB stellt bei einem bestehenden Schuldverhältnis das Verschulden von Erfüllungsgehilfen und gesetzlichen Vertretern dem des Schuldners gleich.[370] Die Motive nennen eine Reihe von Begründungen für die Vorschrift des späteren § 278 BGB. Es handelt sich um eine lose Aneinanderreihung verschiedener Gesichtspunkte, ohne vertiefte Auseinandersetzung oder Abwägung der vorgebrachten Gedanken. Der Schuldner, der sich Dritter bei der Bewirkung der Leistung bediene, tue dies im eigenen Interesse und auf eigene Gefahr.[371] Daneben enthalte das Leistungsversprechen eine Garantieübernahme für das ordnungsgemäße Verhalten des Gehilfen.[372] Ferner hafte der Schuldner für seine Gehilfen, die er bei der ihm dem Gläubiger gegenüber obliegenden Handlung zuzieht.[373] Der Grund für die Vielfalt der vorgetragenen Gedanken lässt sich bis zu den Juristentagen der Jahre 1884 und 1886 zurückverfolgen. Aufgrund der wirtschaftlichen und politischen Verhältnisse der damaligen Zeit beschäftigte sich auch die Rechtswissenschaft mit Fragen der Haftung für Gehilfen. Die Fragestellung beim 17. Deutschen Juristentag im Jahr 1884 lautete: „Wie weit hat der Arbeitgeber für das Verschulden seiner Arbeiter zu haften?“. Das Thema wurde dann nicht nur in dieser engen Fragestellung bearbeitet, sondern umfassend auf die Gehilfenhaftung ausgedehnt. Die Juristentage brachten erstmals eine Zusammenfassung der verschiedenen Ansichten sowohl zur vertraglichen als auch zur deliktischen Gehilfenhaftung, ohne jedoch zu einer Lösung und Klärung der Streitfragen zu kommen. Die Ge-

368 Dernburg, Die Schuldverhältnisse nach dem Rechte des Deutschen Reichs und Preußens, Zweiter Band, Erste Abteilung, § 67 I 2, S. 172.
369 Goldmann/Lilienthal, Das Bürgerliche Gesetzbuch, § 84. 2, S. 324.
370 Achilles/Greiff, § 278, 5, S. 136.
371 Motive II, S. 30; Mugdan Band II, S. 16 f.
372 a.a.O.
373 a.a.O.

sichtspunkte in den Motiven lassen sich auf die Ansatzpunkte in der Wissenschaft zurückführen. So wird die Ansicht vertreten, dass § 278 BGB nicht auf einem allgemeinen Rechtsgedanken beruhe, „sondern hervorgegangen ist aus dem Bestreben, einen Ausgleich zu schaffen zwischen dem Gesetz und den Bedürfnissen des Verkehrs".[374] Als Reaktion auf die ungelösten dogmatischen Fragen zu § 278 BGB findet sich schließlich der Satz: „Freuen wir uns, dass wir ein Gesetz haben, das in dieser Beziehung den Forderungen des Lebens mit beiden Armen entgegenkommt, das uns der Mühe überhebt, Rechtsgedanken auszuforschen, wo wir uns auf Rechtsvorschriften berufen können".[375] Ein Lehrbuch aus dem Jahr 1903 erwähnt, § 278 BGB führe zu einem Interessensausgleich zwischen dem Schuldner, der sich dritter Personen bei der Erfüllung bedient und dem Gläubiger, dem daran gelegen ist, dass die Gefahr der ungehörigen Erfüllung oder der Nichterfüllung nicht vergrößert wird.[376] Das Gesetz ermögliche zwar den Einsatz von Hilfspersonen bei der Erfüllung – Erfüllender sei aber der Schuldner. Die Hilfsperson stelle gleichsam ein Werkzeug dar.[377] Diese Aussage findet sich schon beim 17. Deutschen Juristentag. Mayer bezeichnete in seinem Beitrag den Arbeiter als Werkzeug seines Arbeitgebers.[378] In den Protokollen ist andeutungsweise der Sphärengedanke gestreift, der allerdings nicht weiter verfolgt wird. Es war eine Haftung des Schuldners angedacht, wenn er den Gehilfen nicht zur Bewirkung der Leistung, sondern auch zur Einwirkung auf den Leistungsgegenstand zuzog. Das Schadensrisiko käme aus der Sphäre des Schuldners. Dieser Vorstoß erschien aber als zu weitgehend.[379] Einigkeit trotz verschiedener dogmatischer Ansätze bestand insoweit, als die Haftung des Schuldners gemäß § 278 BGB von seinem eigenen Verschulden unabhängig und ohne Entlastungsmöglichkeit eintreten sollte.

§ 831 I BGB hat eine andere Blickrichtung. Zunächst begründet § 831 I BGB einen eigenen Anspruch des Geschädigten gegen den Geschäftsherrn. Es geht hier nicht um die Zurechnung fremden Verschuldens, sondern um die Vermutung des eigenen Verschuldens des Geschäftsherrn bei der Auswahl, Überwachung und Leitung der Hilfsperson oder bei der Beschaffung der erforderlichen Gerätschaften.[380] Außerdem wird der ursächliche Zusammenhang zwischen dem Ver-

---

374 Von Schwartz, Die Haftung des Schuldners für seine Gehilfen, S. 16.

375 Fischer, Die nicht auf dem Parteiwillen gegründete Zurechnung fremden Verschuldens nach dem BGB, S. 45.

376 Goldmann/Lilienthal, a. a. O., S. 323.

377 Goldmann/Lilienthal, a. a. O., S. 324.

378 Verhandlungen des 17. Deutschen Juristentages, Band 1, S. 125 ff.

379 Protokolle Band I, S. 302 f.

380 Goldmann/Lilienthal, a. a. O. § 234 I, S. 900, Fußnote 1.

schulden des Geschäftsherrn und dem Schaden, der dem Dritten zugefügt wird, vermutet.[381] Auf das Verschulden der Hilfsperson kommt es nicht an.[382] Sowohl bezüglich der Vermutung des Verschuldens bei der Auswahl als auch bezüglich der Kausalitätsvermutung kann sich der Geschäftsherr gemäß § 831 I 1 BGB exkulpieren. Das Merkmal des Verschuldens war Gegenstand heftiger Diskussionen, die bereits bei den Juristentagen 1884 und 1886 vorgetragen wurden. Eine Lösung zeichnete sich nicht ab.[383] Im ersten Entwurf (§§ 704–706) ist in § 705 eine Haftung des Geschäftsherrn für eigenes Verschulden bei Aufsicht und in § 706 bei Auswahl der Hilfsperson vorgesehen. Die Beweislast war dem Geschädigten aufgebürdet. Kritikpunkt an dieser Regelung war das starre Festhalten am Verschuldensprinzip. So überdachte der Gesetzgeber diese Regelungen nochmals. Am Erfordernis des eigenen Verschuldens des Geschäftsherrn änderte die Vorschrift des § 754 im zweiten Entwurf aber nichts mehr. Lediglich die Beweislast wurde zugunsten des Geschädigten umgekehrt und die umfassende Aufsichtspflicht des Geschäftsherrn entfiel.

Ein Vorteil zugunsten des Deliktsrechts war der Anspruch auf Schmerzensgeld gemäß § 847 BGB a. F. Dem „Nachteil" der Exkulpationsmöglichkeit aus § 831 I 1 BGB stand dieser Vorteil gegenüber. § 278 BGB ist insoweit strenger, als eine Exkulpation nicht möglich ist. Dafür fehlte es aber bisher an einem Schmerzensgeldanspruch. Denn nach § 253 BGB a. F. war bei Nichtvermögensschäden ein Anspruch auf eine Entschädigung in Geld ausgeschlossen ist, es sei denn, es griffen Sondervorschriften wie beispielsweise § 847 BGB a. F. ein.

Dennoch waren es die bekannten Defizite des Deliktsrechts, also zum Beispiel die Exkulpationsmöglichkeit gemäß § 831 I 2 BGB, der Umfang der geschützten Rechtsgüter und die Verjährung, die den Anstoß zu einer Lösungsmöglichkeit außerhalb des Deliktsrechts lieferten. Die Verletzung der Kundin im Rahmen der Vertragsverhandlungen machte den Weg frei, über den deliktischen Grundsatz des neminem laedere aus § 823 BGB hinauszugehen und an den Eintritt in die Vertragsverhandlungen Schutz- und Erhaltungspflichten zu knüpfen. Ohne einen geschlossenen Vertrag zu fordern, nimmt das Reichsgericht doch auf die Vertragsnähe Bezug. Zur Einstufung als Quasivertragstheorie führte die Überlegung des Reichsgerichts, dass zwischen den Parteien konkludent ein „vorbereitendes" Rechtsverhältnis zustande gekommen sei, das vertragsähnlichen Charakter aufweise.

---

381 Goldmann/Lilienthal. a. a. O., S. 901.

382 Achilles/Greiff, § 831, 1 b, S. 440.

383 Eine Zusammenstellung der verschiedenen Standpunkte findet sich bei Niethammer, Entwicklung der Haftung für Gehilfenhandeln, S. 115 ff.

Mit dem Verzicht auf einen Vertragsschluss stand das Gericht vor der Herausforderung, ein anderes Element herauszuarbeiten, auf den die Haftung des Kaufhausinhabers aufgebaut werden konnte. Die Anknüpfung der Haftung an das „vorbereitende Rechtsverhältnis" thematisierte die Vertragsverhandlungen. Das hob sie gleichzeitig aus dem juristischen Schattendasein heraus und benannte sie als den entscheidenden Gesichtspunkt bei der Begründung einer Haftung. Den „vertragsähnlichen Charakter" betonte das Reichsgericht mit rechtsgeschäftlichen „Komponenten". Dadurch wird auch auf den angestrebten Vertrag als Bezugspunkt hingewiesen. Dennoch sind die Vertragsverhandlungen getrennt davon zu sehen, da ein späterer Vertragsschluss nicht gefordert wird und die Rechtsfolge des Schadensersatzes aus der Verletzung von Pflichten aus dem Verhandlungsverhältnis abgeleitet wird.

Das Reichsgericht hat den Begriff der culpa in contrahendo nicht erwähnt und doch eine zentrale Entscheidung für dieses Rechtsgebiet gefällt. Erst später erkannte man den Zusammenhang und ordnete diese Entscheidung der culpa in contrahendo zu.[384] Wenn man die historischen Wurzeln des Rechtsinstituts und die Linie der Rechtsprechung des Reichsgerichts in Betracht zieht, konnte der Bogen zur culpa in contrahendo noch gar nicht gespannt werden. Auf Jhering geht das Postulat eines nichtigen Vertragsschlusses zurück. Im Linoleumrollen-Fall fehlte es jedoch gänzlich an einem Vertragsschluss. Dadurch war es nicht möglich, den Schaden der Kundin in Zusammenhang mit einem nichtigen Vertragsschluss zu setzen. Auch ging es Jhering um den Ersatz des negativen Vertragsinteresses. Das BGB hatte zudem einer allgemeinen Haftung aus culpa in contrahendo eine Absage erteilt und gewährte Schadensersatz für das negative Interesse nur für bestimmte Fälle, in denen ein unwirksamer Vertrag vorlag.[385] Dazu kommt, dass bereits Jhering den äußeren Abschluss eines Vertrages forderte und die „bloße Absicht … zu contrahiren" nicht genügen ließ.[386] Die Rechtsprechung selbst hielt sich an die vereinzelten Bestimmungen des BGB und verwies an das Deliktsrecht.[387] Um das Erhaltungsinteresse[388] mit der culpa in contrahendo in Zusammenhang zu bringen, musste herausgearbeitet werden, welche Pflichten bereits vor Vertragsschluss bestehen.

384 Bohrer, Die Haftung des Dispositionsgaranten, S. 244.

385 Bohrer, a. a. O., S. 103; Medicus, Zur Entdeckungsgeschichte der culpa in contrahendo, in: Festgabe Kaser, S. 177; Schanze, Culpa in contrahendo bei Jhering, in: Ius Commune 7 (1978), (326), 345.

386 Jhering, JhJB 4, S. 12, 24.

387 RG LZ 1910, 80 (Nr. 2); RG JW 08, 657, Nr. 5.

388 Larenz, Schuldrecht I , § 9 I 3, S. 107.

Das geschah zunächst bei der Verletzung von Aufklärungspflichten. Das Reichsgericht stellte im Luisinlicht-Urteil[389] von 1913 fest, dass bereits vor Vertragsschluss die rechtliche Pflicht bestand, den Vertragspartner über die Geltendmachung von Ansprüchen durch die Konkurrenz zu unterrichten. „… denn die Beklagte durfte die Offenbarung und Aufdeckung dieser Tatsachen nach Treu und Glauben und nach der Auffassung des redlichen und reellen Geschäftsverkehrs erwarten".[390] Das Reichsgericht stellte fest, dass die Rechtspflicht zur Kundgabe der fraglichen Tatsachen schon bei den Vertragsverhandlungen bestand. Im Jahr 1918 verwies das Reichsgericht im Bisulfat-Urteil auf die Grundsätze der culpa in contrahendo, die es entwickelt habe.[391] Auch in dieser Entscheidung bejahte das Reichsgericht Aufklärungspflichten, die sich „ohne weiteres aus den Grundsätzen, die das Reichsgericht über Verschulden bei Vertragsschlusse (culpa in contrahendo) entwickelt hat", ergäben.[392] Die Besonderheit dieser Urteile liegt darin, dass ein wirksamer Vertrag geschlossen worden war. Das Reichsgericht hob diesen Umstand hervor. Es trennte die culpa in contrahendo bei unwirksamen Verträgen von der bei wirksamen Verträgen. Im Wasserableitungs-Urteil von 1918 bestätigte das Reichsgericht das Bestehen von Aufklärungspflichten auch dann, wenn später noch ein wirksamer Vertrag geschlossen wurde.[393] Das Gericht stellte fest, dass § 823 BGB infolge eines bloßen Vermögensschadens scheiterte. § 826 BGB griff nicht ein, weil das Verhalten des Beklagten lediglich als fahrlässig eingestuft wurde.

Daher „kann … nur geholfen werden durch Anerkennung eines vertraglichen Schadensersatzanspruches wegen des beim Vertragsschlusse dem Beklagten zur Last fallenden Verschuldens".[394] Neu an dieser Entscheidung ist, dass das Reichs-

389 RG JW 1912, S. 743 f.; Es geht in diesem Fall um einen Vertrag, in dem der Kläger der Beklagten den Vertrieb verschiedener Fabrikate, unter anderem des Luisinlichts überlassen hatte. Der gutgläubige Vertragspartner wurde nicht darüber aufgeklärt, dass die Inhaber des Patentes bereits vor dem Vertragsschluss ihr Einschreiten angekündigt hatten und schließlich auch den Verkauf des Luisinlichts verhinderten.

390 RG JW 1912, S. 743.

391 RGZ 93, 163, 165; Hier hatte sich der Kläger zum Transport eines Salzes verpflichtet. Er erlitt einen Schaden, weil die Ware ätzend war und hierüber seitens des Beklagten keine Aufklärung erfolgte.

392 RGZ, a. a. O.

393 RGZ 95, 58; Es geht in diesem Urteil um einen Werkvertrag. Dem Unternehmer entstanden Mehrkosten bei der Durchführung der Arbeiten, die auf eine unrichtige Information des Bestellers bezüglich der Tiefe der zu erbringenden Verlegung von Rohrleitungen zurückzuführen waren.

394 RGZ 95, 60.

gericht den Begriff des Verschuldens bei Vertragsschluss (culpa in contrahendo) und die Aufklärungspflichtverletzung vor Vertragsschluss in Beziehung setzt. Das Reichsgericht verweist auf „die Bedürfnisse des redlichen Verkehrs und den das ganze Vertragsrecht beherrschenden Grundsatz von Treu und Glauben".[395] Es gewährt daher eine „vertragliche Haftung für Verschulden beim Vertragsschluß ..., wenn ein Vertrag gültig geschlossen worden ist und eine Partei beim Vertragsschluß Umstände, von denen sie wusste oder sich sagen musste, daß sie für den Willensentschluß des anderen von wesentlicher Bedeutung seien, fahrlässigerweise verschwiegen oder darüber unrichtige Angaben gemacht hat".[396]

So nahm das Reichsgericht von der Forderung Jherings nach einem unwirksamen Vertragsschluss Abstand und integrierte im Bereich der Verletzung von Aufklärungspflichten auch das Verschulden beim Abschluss eines wirksamen Vertrags in die culpa in contrahendo.

Im Gegensatz zu den Aufklärungspflichten brauchte die Rechtsprechung bei der Verletzung von Erhaltungspflichten länger, bis sie diese in das Fallspektrum der culpa in contrahendo integrieren konnte. Denn es handelte sich um eine Fallgestaltung, die Jhering nicht erfasst hatte. Im Grunde war das Linoleumrollenurteil der Prototyp dieser Fallgruppe, aber das wurde zunächst nicht erkannt, weil der Bezug zu culpa in contrahendo fehlte. Das Metallständer-Urteil ist ein Beispiel für die Schwierigkeiten der Rechtsprechung im Umgang mit dieser Fallgruppe auch nach dem Linoleumrollenurteil.[397] So beginnt das Reichsgericht seine Überlegungen auch mit deliktischen Fragen. Als Ansatzpunkt für eine Haftung werden die §§ 823, 276, 31 BGB genannt. Die Vorinstanz urteilte, dass der Standort des Metallständers ein ordnungswidriger Zustand war, weil der Ständer ungesichert auf einem Regal aufgestellt war, das den Kunden und dem Verkaufspersonal offen zugänglich war. Dort konnte der Ständer umgeworfen werden und ungesichert in das darunter liegende Stockwerk stürzen, so wie in dem zu entscheidenden Fall. Für diesen ordnungswidrigen Zustand ließ die Vorinstanz die satzungsmäßigen Vertreter der das Kaufhaus betreibenden Gesellschaft haften. Diese hätten das Kaufhaus auf gefährliche Zustände hin überprüfen müssen (Aufsichts- beziehungsweise Kontrollpflicht). Das Reichsgericht teilte diese Auffassung nicht. Der ordnungswidrige Zustand des Verkaufsregals wurde bestätigt. Eine Haftung der Gesellschaft ginge aber zu weit. Es habe genügt, dass „Personal ... angestellt

395 RGZ 95, 58 ff.

396 RGZ 95, 60.

397 RG, JW 1913, 24 f; hier wurde der Kläger in einem Kaufhaus von einem herabstürzenden Kerzenleuchter am Kopf getroffen und verletzt. Der Kunde hatte noch nichts gekauft und keine Kaufverhandlungen geführt.

wurde, daß demselben die sachgemäße Besorgung des Geschäftsbetriebs und insbesondere auch die Fürsorge für angemessene Einrichtungen in den Geschäftsräumen zugetraut werden konnte".[398] Letztlich verwies das Reichsgericht auf § 831 BGB. Deutlich verneint es die Anwendung von § 278 BGB. Im Unterschied zum Linoleumrollenurteil fehle es an der Vorlegung von Waren und dem dadurch begründeten „vertragsähnlichen Verhältnis".[399] Diese Entscheidung ist auch ein Beleg für die Problematik des Linoleumrollen-Urteils. Die fehlende dogmatische Begründung für das vorbereitende Rechtsverhältnis von vertragsähnlichem Charakter verhinderte zunächst eine Weiterentwicklung der Rechtsprechung. Diese beschränkte sich auf das Kriterium des vorbereitenden Rechtsverhältnisses und lehnte es mangels Vertragsverhandlungen ab. Das Metallständer-Urteil wiederum blieb auf der Linie der Rechtsprechung, die die „allgemeine Haftung des gewerbsmäßigen Verkäufers für verkehrssichere Verkaufsräume und Zugänge gegenüber dem Käufer" verneint hatte.[400] Erst im Jahr 1926 führte das Reichsgericht aus, dass „schon durch solche Vorverhandlungen zwischen den Beteiligten gewisse rechtsgeschäftliche Verpflichtungen begründet werden, und zwar auch dann, wenn sie zu keinem Vertrag führen".[401] Daraus folgten Offenbarungs- und Mitteilungspflichten, aber auch die Verpflichtung, das „Verhalten so einzurichten, dass eine betrügerische Ausnutzung durch Dritte ... zum Schaden eines der Verhandlungsteilnehmer möglichst hintangehalten wird".[402] Eine Verpflichtung zum Schadensersatz ergebe sich dann aus culpa in contrahendo.[403] Einen entscheidenden Impuls bei der Weiterentwicklung dieser Fallgruppe lieferte Stoll, der 1923 Erhaltungspflichten mit der culpa in contrahendo verband.[404] Seine Leistung bestand darin, dass er die Begründung für vorvertragliche Pflichten nicht in dem eigentlichen (späteren) Vertrag sah[405], sondern feststellte, dass „schon im Stadium der Vertragsverhandlungen ein Rechtsverhältnis unter den Parteien besteht, dem

398 RG JW 1913, S. 24.
399 RG JW 1913, S. 25.
400 RG JW 1913, S. 25, mit Verweis auf RG 74, 124.
401 RG JW 1927, S. 262; in diesem Urteil ging es darum, dass der Beklagte Firmenunterlagen des Klägers möglicherweise nicht sorgfältig verwahrte, so dass sich ein Dritter Einsicht in diese Unterlagen verschaffen und diese zu einem betrügerischen Verhalten gegenüber dem Kläger nützen konnte.
402 RG JW 1927, S. 262.
403 RG JW 1927, S. 262.
404 Stoll, Haftung für das Verhalten während der Vertragsverhandlungen, LZ 1923, Sp. 532–548.
405 Sessler, Die Lehre von den Leistungsstörungen Heinrich Stolls Bedeutung für die Entwicklung des allgemeinen Schuldrechts, S. 34 f., 200.

eigenartige...Pflichten entspringen".[406] Diese Veröffentlichung bildete den Ausgangspunkt seiner Beschäftigung mit dem Schuldrecht, das einen Schwerpunkt in seinem umfangreichen Schaffen darstellt, hier aber nicht weiter verfolgt werden kann.

Aus dem Gesagten wird deutlich, wie wegweisend das Linoleumrollen-Urteil war. Die strikte Bindung an §§ 823 ff BGB, insbesondere an § 831 BGB mit seiner Exkulpationsmöglichkeit, hätte eine Besserstellung und Bevorzugung des Kaufhausinhabers zur Folge gehabt. Die Klägerin wäre hingegen benachteiligt worden, indem sie – trotz eines Schadens – gegen den Beklagten keine Ansprüche hätte geltend machen können. Zwangsläufig hätte sich eine Haftungslücke aufgetan, die dem Rechtsgefühl des Reichsgerichts widersprach. Logische Konsequenz war daher, dass das Reichsgericht versuchte, diese Lücke zu schließen.

2. Aussage des Reichsgerichts

Die Problematik, mit der das Reichsgericht konfrontiert war, kreist um die vorvertraglichen Sorgfaltspflichten und um die Zurechnung des Verschuldens des Kaufhausangestellten. Der Sachverhalt selbst stellte das Gericht vor zwei Probleme. Zunächst geht es um die Frage, ob ein Vertrag gleichzeitig die Pflicht der Parteien, insbesondere des Verkäufers, in dessen Kaufhaus der Vertragsschluss getätigt werden soll, umfasst, auf die Rechtsgüter des anderen Teils wie Leben, Gesundheit, Eigentum Rücksicht zu nehmen. In einem weiteren Schritt ergibt sich das Folgeproblem, ob diese Pflicht bereits vor Vertragsschluss besteht und ob auf einen späteren Vertragsschluss verzichtet werden kann.

Eine deliktsrechtliche Lösung etwa gemäß § 831 I 1 BGB hat das Reichsgericht nicht erwogen, möglicherweise aufgrund der Exkulpationsmöglichkeit, die das Heranziehen des § 831 I 1 BGB nicht mehr sinnvoll erscheinen ließ.

Damit kam es darauf an, ob eine Haftung für das Verschulden des Angestellten über § 278 BGB möglich war. Eingebettet in diese Fragestellung musste dann auch die Frage geklärt werden, ob eine Verbindlichkeit bestand. Um diese Hürde zu überwinden, waren Aussagen zu den Nebenpflichten vor Vertragsschluss notwendig. Am Verschulden des Angestellten gemäß § 276 I 2 BGB a. F. bestand für das Reichsgericht kein Zweifel. Es sah sein Verschulden darin, dass „er die Rollen, die wegen ihres verhältnismäßig geringen Umfangs keine genügende Standfestigkeit hatten, ohne Sicherung beiseite gestellt habe, statt ihnen eine seitliche Stütze zu geben oder sie schräg an die Wand zu lehnen, obwohl er hätte voraussehen

406 Stoll, a. a. O., Sp. 544.

können, dass sich die Klägerin nach der Gepflogenheit des kaufenden Publikums dem Aufbewahrungsplatze der Waren, deren Vorlegung sie erbeten hatte, nähern werde".[407]

Für die Klärung des Verschuldens gemäß § 278 S. 1 2. Alt. BGB a. F. war es nun entscheidend, ob gegenüber der Kundin eine Verbindlichkeit des Kaufhausinhabers bestand. Auf einen wirksam geschlossenen Kaufvertrag konnte das Gericht sich nicht stützen, da sich die Kundin noch nicht für einen Linoleumteppich entschieden hatte und auch später keinen mehr kaufte. Eine vertragliche Nebenpflicht war daher nicht vorhanden. Eine Nebenpflicht zur Rücksichtnahme auf die Rechtsgüter der Kundin konnte das Gericht deshalb nur noch im vorvertraglichen Bereich ansiedeln. Es bejahte diese Frage, indem es der Vertragsanbahnung einen vertragsähnlichen Charakter beimaß, der zu „rechtsgeschäftlichen Verbindlichkeiten" führe.[408] Entscheidender Anknüpfungspunkt waren nun die Vertragsverhandlungen selbst. In der Formulierung des Reichsgerichts ist die Vertragsanbahnung „kein bloß tatsächlicher Vorgang wie ihn etwa eine reine Gefälligkeitshandlung darstellen würde, sondern es entstand ein den Kauf vorbereitendes Rechtsverhältnis zwischen den Parteien, das einen vertragsähnlichen Charakter trägt und insofern rechtsgeschäftliche Verbindlichkeiten erzeugt hat, als dem Verkäufer wie dem Kauflustigen die Pflicht erwuchs, bei der Vorlegung und der Besichtigung der Ware die gebotene Sorgfalt für die Gesundheit und das Eigentum des anderen Teils zu beobachten".[409] Als Beginn der Haftung legte das Reichsgericht die Vertragsverhandlungen fest. Die Überlegung, den „Eintritt eines Kauflustigen oder gar eines Besuchers ohne bestimmte Kaufabsicht in ein Warenhaus" genügen zu lassen, bezeichnet das Reichsgericht als bedenklich.[410]

Die Kernaussage des Reichsgerichts lässt sich darin sehen, dass der Beginn von Vertragsverhandlungen Schutz- und Erhaltungspflichten zwischen den Parteien entstehen lässt, die von dem Inhalt des in Aussicht genommenen Vertrags unabhängig sind. Das Reichsgericht formulierte:"...dass sich aus einem Vertrags- oder Schuldverhältnis Sorgfaltspflichten für Leben und Eigentum des Gegners ergeben können, die mit der rechtlichen Natur des Verhältnisses im engeren Sinne nichts zu tun haben, jedoch aus seiner tatsächlichen Gestaltung notwendig folgen".[411] Damit war gleichzeitig das im Rahmen des § 278 BGB a. F. benötigte

407 RGZ 78, 239.
408 RGZ 78, 240.
409 RGZ 78, 240.
410 RGZ 78, 241.
411 RGZ 78, 240.

„Schuldverhältnis" festgestellt, in dem den Kaufhausinhaber die Pflicht traf, auf die Gesundheit der Kundin Rücksicht zu nehmen.

Das Handeln des Angestellten in Erfüllung dieser Verbindlichkeit bejahte das Reichsgericht ebenfalls. „Die Beklagte hat sich des Angestellten zur Erfüllung der bezeichneten Verbindlichkeit dem Kauflustigen gegenüber bedient, ist daher für sein Verschulden verantwortlich. Der Rechtsgedanke des § 278 BGB trifft hier durchaus zu, dass wer selbst eine Leistung schuldet, die er mit der erforderlichen Sorgfalt zu bewirken hat, dann, wenn er hierzu einen Gehilfen verwendet, für die sorgfältige Leistung des Gehilfen einstehen muss, und dass ebenso der andere, dem gegenüber die Leistung zu bewirken ist, nicht schlechter gestellt werden darf, weil der Gegner sie nicht selbst ausführt, sondern sie einem Gehilfen übertragen hat".[412]

Abschließend kann die Aussage des Reichsgerichts auf einige Kernpunkte zusammengefasst werden. Das Gericht verzichtet auf den Vertragsschluss selbst. Aus diesem den Kauf vorbereitenden Rechtsverhältnis erwachsen beiden Beteiligten Sorgfaltspflichten für Leben und Eigentum des jeweils anderen. Die Haftung des Warenhausinhabers für das Verschulden des Angestellten geschieht über § 278 BGB a. F. So konnte das Gericht der Kundin Schadensersatz in Höhe des Vertrauensschadens zusprechen. Das Reichsgericht problematisierte nicht den Umfang des zu leistenden Schadens. Die Gründe hierfür sind wohl in der historischen Entwicklung und Aufarbeitung der culpa in contrahendo zu sehen. Jhering ging noch davon aus, dass aufgrund der Nichtigkeit des Vertrages ein Anspruch auf das positive Interesse nicht möglich sei. Deshalb stellte er auf das negative Vertragsinteresse ab. Die Verbindung von culpa in contrahendo, nichtigem Vertrag und negativen Interesse brach erst 1914 auf, als Siber die Verknüpfung von culpa in contrahendo und nichtigem Vertragsschluss aufgab.[413] Ein Kernpunkt seiner Aussage ist, dass auch unwirksame Verträge zu gesetzlichen, vorvertraglichen Pflichten führen können. Er verzichtete auf das Erfordernis eines späteren Vertragsschlusses.[414] Die Verbindung von culpa in contrahendo und nichtigem Vertragsschluss bereitete ohnehin Schwierigkeiten, wenn es im Vorfeld eines Vertrages zu einer Schädigung kam. Der Begriff des negativen Vertragsinteresses passte hier nur im weiteren Sinn. Die Erfassung der Verletzung von Erhaltungspflichten stellt den Versuch dar, alle vorvertraglichen Pflichten abzudecken. Ein Ausgleich wegen der Verletzung dieser Pflichten ist nur dadurch möglich, dass der

---

412 RGZ 78, 240.

413 Planck/Siber, 4. Auflage, Vorwort §§ 275 ff., I 4 b, S. 190 ff.

414 Planck/Siber, a. a. O., S. 195.

„status quo" wiederhergestellt wird.[415] Es geht letztlich darum, die Selbständigkeit der Vertragsverhandlungen gegenüber dem Vertragsschluss zu erkennen und diese vom Vertrag zu lösen. Indem das Reichsgericht die Vertragsverhandlungen als „vorbereitendes Rechtsverhältnis" „vertragsähnlichen"[416] Charakters qualifiziert, hebt es immer noch die Nähe zum Vertrag hervor. Die vertragsähnliche Haftung erklärt es aus einem Verhandlungstatbestand, der einem Vertragsschluss ähnlich sei. So gab das Reichsgericht zwar sein Postulat eines (späteren) Vertragsschlusses auf, an den es in früheren Urteilen mit Hilfe diverser Konstruktionen anknüpfen konnte.[417] Bestehen bleibt aber die Vertragsnähe in der Form, dass ähnlich wie bei einem Vertragsabschluss argumentiert wird und rechtsgeschäftliche Termini Verwendung finden.

Geklärt werden muss letztlich noch die Wendung des Reichsgerichts, dass der Anspruch der Kundin aus § 278 BGB folge. Diese Formulierung mag den modernen Juristen befremden, der § 278 BGB nicht als Anspruchsgrundlage, sondern als Zurechnungsnorm für fremdes Verschulden begreift.

Das Reichsgericht wirft die Frage auf, ob der Inhaber eines Warenhauses für das Verschulden seines Angestellten haftet.[418] Der Zusammenhang, in dem das Reichsgericht auf § 278 BGB eingeht, könnte darauf hindeuten, dass es dem Reichsgericht um die Haftung des beklagten Warenhausinhabers für das Verschulden seines Angestellten (W) geht.[419] Eine weitere Erklärung könnte ein Blick auf § 276 BGB liefern, in dessen Kontext § 278 BGB steht. In der Urteilsbegründung blieb § 276 BGB nur deshalb außer Betracht, weil eine Verkaufsperson und nicht der Ladeninhaber selbst die Kundin bediente. Letztlich geht es in der Entscheidung aber vor allem auch um die Bedeutung des § 276 BGB, die bereits kurz nach Inkrafttreten des BGB zu einem Streitthema in der Rechtswissenschaft wurde und eine Vielzahl unterschiedlicher Meinungen hervorbrachte.[420] Diese Streitfrage wird bis heute kontrovers diskutiert, hat sich aber nach der Einführung des § 280 I BGB n. F. „aus der Dogmatik in die Rechtsgeschichte verlegt".[421] § 276 BGB trifft keine Aussage zur Rechtsfolge. Diese Vorschrift steht im BGB im unmittelbaren

415 Bohrer, Die Haftung des Dispositionsgaranten, S. 261.
416 RGZ 78, 239.
417 Dazu oben § 5.1.1.
418 RGZ 78, 239.
419 RGZ 78, 239: „… dass die Beklagte für das Verschulden W's aus § 278 BGB hafte."
420 Überblick bei: Glöckner, Positiver Vertragsverletzung, S. 32 ff.
421 Hermann, Mehr Lotse als Entdecker, Ein zivilistischer Rückblick auf Hermann Staub nach 100 Jahren, in: Henne/Schröder/Thiessen, Anwalt, Kommentator, Entdecker, S. 40.

Anschluss an § 275 BGB a. F., der die nachträgliche Unmöglichkeit regelt. § 276 BGB sagt, was der Schuldner zu vertreten hat. Da in § 276 BGB keine Rechtsfolge ausgesprochen ist, stellte sich die Frage, ob § 276 BGB direkt Ansprüche gewährt oder ob sich die Bedeutung dieser Vorschrift auf die Anwendung im Rahmen anderer Vorschriften wie etwa §§ 280, 286, 325, 326 BGB a. F. erschöpft.

Das Reichsgericht wendete § 276 BGB wie eine Anspruchsgrundlage an. Es nahm an, dass der Schuldner bei der schuldhaften Verletzung von vertraglichen Pflichten schadensersatzpflichtig ist und ließ ihn aus dem Grundsatz des § 276 BGB a. F. haften.[422] Das Reichsgericht begriff § 276 BGB nicht als bloße Zurechnungsnorm, sondern vertrat die Auffassung, dass § 276 BGB die Verpflichtung des Schuldners beinhaltet, Schadensersatz für die vorsätzlich oder fahrlässig begangene Verletzung von Vertragspflichten zu leisten.[423]

Den entscheidenden Impuls für die Diskussion lieferte jedoch die Arbeit von Staub zur positiven Vertragsverletzung aus dem Jahr 1902, die er 1904 nochmals erweiterte.[424] Er stellte in Analogie zu § 286 BGB a. F. fest, dass „ein Rechtsgrundsatz besteht, wonach derjenige, der eine Verbindlichkeit durch positive Handlung schuldhaft verletzt, dem anderen den hierdurch entstandenen Schaden zu ersetzen hat".[425] Staub bemerkte eine Lücke bezüglich der Schlechterfüllung im BGB, die er mit dem Rechtsinstitut der positiven Vertragsverletzung schloss. Er kam zu der Überzeugung, dass § 276 BGB a. F. lediglich den Haftungsmaßstab regelte, nicht aber – entgegen der Auffassung des Reichsgerichts – die Haftung des Schuldners für jede schuldhafte Verletzung einer schuldrechtlichen Pflicht.[426]

Da das BGB gerade einmal 2 Jahre in Kraft war, als Staub seine Arbeit veröffentlichte, stellt sich die Frage, wie sich die Rechtslage vor Einführung des BGB darstellte. Bis heute besteht Unklarheit über die grundlegenden Haftungsstrukturen des gemeinen Rechts des 19. Jahrhunderts. Es galt überwiegend zumindest subsidiär, lediglich verdrängt durch bereits bestehende Kodifikationen.[427] Zwischen vertraglicher und deliktischer Haftung wurde strikt getrennt. Eine allgemeine Haftungsnorm im Sinn eines ausformulierten Grundtatbestandes, der bei Vertragsverletzungen anwendbar war, gab es nicht. Dennoch war anerkannt, dass für Vertragsverletzungen, die beim Vertragspartner zu Gesundheits- oder Eigentums-

422 RGZ 52, 18 f.; 53, 200, 201 f.; 62, 119 f.; 66, 289, 291; 106, 22, 25.
423 RGZ 66, 289, 291; 106, 22, 25.
424 Staub, Die positiven Vertragsverletzungen, Berlin 1904.
425 Staub, a. a. O., S. 14, 18 ff.; Soergel/Wiedemann, Vor § 275 Rn. 350.
426 Chiusi, Zum Kauf nach BGB und römischen Recht, JURA 2003, (217), 220.
427 Würthwein, Zur Schadensersatzpflicht wegen Vertragsverletzungen im Gemeinen Recht des 19. Jahrhunderts, S. 22.

verletzungen geführt hatten, gehaftet werden musste. Ein wirksamer Vertrag war Voraussetzung für einen Anspruch.[428] Die Obligation nahm im Rechtsverständnis der damaligen Zeit eine zentrale Stellung ein. Savigny begriff sie als einen Organismus, bestehend aus Leistungspflichten und Nebenverbindlichkeiten und „Grundlage aller mit ihr in Zusammenhang stehenden Wirkungen und Rechtsfolgen".[429] Mit Nebenverbindlichkeiten meinte er die „Schadensersatzpflicht bei Vertragsverletzungen…, man könnte auch sagen, alle die Rechtswirkungen, die über die eigentlichen gegenseitigen Leistungspflichten und -rechte hinausgingen".[430] Die Verpflichtung zum Schadensersatz wurde direkt aus der obligatio abgeleitet. Die Haftung bei einer schuldhaften Vertragsverletzung war umfassend und richtete sich danach, um welchen Vertragstyp es sich handelte. Allerdings fehlte es an einer Benennung und Ausdifferenzierung der Pflichtverletzung und somit auch den Voraussetzungen, die zu einer Haftung führten.[431] Grund hierfür mag sein, dass der Blickwinkel der Rechtswissenschaft auf das Erfolgsunrecht, die „Verletzung der aus der obligatio entspringenden Verbindlichkeit"[432] gerichtet war. So ist nicht verwunderlich, dass die Herausarbeitung und Ausformulierung der Sorgfalts- und Nebenpflichten erst allmählich erfolgte. Keller zielte in seinem Lehrbuch erstmals auf das Handlungsunrecht, indem er auf die Verletzung von Verhaltenspflichten durch den Schuldner abstellt.[433] Der Inhalt der Obligation umfasste nach seiner Vorstellung die Hauptleistungspflicht, aber auch Treue- und Sorgfaltspflichten. In den Lehrbüchern der damaligen Zeit findet sich die Darstellung dieser vertraglichen Pflichtverletzungen nicht systematisiert nach dem Typ der verletzten Pflicht, sondern bei den einzelnen Vertragstypen. Beschrieben werden hier auch Fälle von Schutzpflichtverletzungen, die in späterer Zeit unter die p.V.V gefasst wurden.[434] Bei dieser umfassenden Haftung aus dem jeweiligen Schuldverhältnis war auch keine weitere gesonderte Haftungsnorm nötig. Vielmehr bildete der Vertrag ein komplexes Gebilde aus Hauptleistungspflicht, Rücksichtnahme- und Schutzpflichten. In den Normen des späteren BGB gedacht, könnte man sagen, dass sich die Haftung für sonstige Verhaltenspflichten aus dem jeweiligen Vertrag in Verbindung mit §§ 276, 242 BGB a. F. ergab.[435]

428 Würthwein, a. a. O., S. 212.
429 Würthwein, a. a. O., S. 185.
430 Würthwein, a. a. O., S. 187.
431 Würthwein, a. a. O., S. 205.
432 Würthwein, a. a. O., S. 205.
433 Würthwein, a. a. O., S. 200; Keller, Pandekten, Vorlesungen.
434 Huber, Leistungsstörungen, Band I, § 3 II 3, S. 83.
435 Würthwein, a. a. O., S. 268.

Aus der mangelnden Präzision der Haftungsvoraussetzungen und der gleichzeitigen umfassenden Haftung aus dem Vertrag für Vertragsverletzungen ergab sich ein Spielraum für die Rechtsprechung, innerhalb dessen sie feststellen konnte, wann eine schadensersatzpflichtige schuldhafte Verletzung eines Vertrages anzunehmen war.[436] Die Rechtsprechung vor Inkrafttreten des BGB ist dadurch gekennzeichnet, dass sie mit den Haftungsgrundsätzen des gemeinen Rechts in Einklang steht. Die Schutz- und Sorgfaltspflichten, die zu beachten waren, folgten direkt aus dem jeweiligen Vertrag, den die Parteien geschlossen hatten und traten neben die Hauptleistungspflicht. Die Rechtsprechung arbeitete – ausgehend von diesem Vertragsverhältnis – eine ganze Reihe von vertraglichen Nebenpflichten heraus, die zu einem umfassenden vertraglichen Schutz gerade auch bei Integritätsverletzungen führten. Der Bogen der möglichen Pflichtverletzungen war weit gespannt und die Rechtsprechung urteilte hier streng. Es wurden bereits damals Fälle entschieden, in denen beispielsweise ein Fahrgast der Bahn im Bahnhofsgebäude von einem umstürzenden Baugerüst verletzt wurde.[437] Die Rechtsprechung scheint hier die Lehre Kellers aufgegriffen zu haben und auf das Handlungsunrecht abzustellen, indem sie eine bestimmte Pflichtverletzung des Schuldners formuliert, bei deren Verletzung im Schadensfall ein Anspruch aus Schadensersatz gewährt wird.[438]

Nach Inkrafttreten des BGB verurteilte das Reichsgericht wegen „schuldhafter Vertragsverletzung" – „aus § 276 BGB".[439]

Eine deutliche Aussage zu § 276 BGB findet sich in einem Urteil aus dem Jahr 1902.[440] In der Literatur wird dieses Urteil häufig als Ausgangspunkt der Rechtsprechung zur positiven Vertragsverletzung gedeutet. Dies ist allerdings nicht richtig, da es vor der Veröffentlichung von Staub erging und aus diesem Grund das Stichwort positive Vertragsverletzung auch nicht fällt. Das Reichsgericht stützt die Schadensersatzpflicht auf § 276 BGB: „Es folgt dieses aus §. 276 des bürgerlichen Gesetzbuchs. Denn hat hiernach der Schuldner, sofern nicht ein Anderes bestimmt ist, Vorsatz und Fahrlässigkeit bei seiner Leistungspflicht zu vertreten, so kann Mangels anderweitiger gesetzlicher Vorschrift diese Vertretungspflicht gegenüber dem anderen Theile nur in der Weise verwirklicht werden, daß der Schuldner den Schaden ersetzt, der durch sein vorsätzliches oder fahrlässigen

436 Würthwein, a. a. O., S. 217 f.

437 RGZ 4, 192; Glöckner, Positive Vertragsverletzung, S. 213 mit weiteren Beispielen.

438 Würthwein, a. a. O., S. 214 f.

439 Glöckner, Positive Vertragsverletzung, S. 362.

440 RGZ 52, 19. Es ging hier um die Lieferung von feuchtem Getreide. Der Käufer begehrte neben Wandlung Schadensersatz für Transportkosten und Deckungskauf.

Handeln der anderen Partei verwachsen (!) ist. Wollte man diesen Schluß nicht zulassen, so würde der, einen allgemeinen Grundsatz aussprechende §. 276 erheblich an Bedeutung verlieren, was nicht als dem Gesetze gewollt angenommen werden kann".[441] Das Reichsgericht argumentiert mit der drohenden Bedeutungsminderung des § 276 BGB, wenn man diese Vorschrift nicht als eine Schadensersatz gewährende Norm auffasst. Als Argument „ex contrario"[442] wird gesagt, dass der Gesetzgeber dieses gerade nicht gewollt hätte.

Crome vertrat bereits in seinem Lehrbuch aus dem Jahr 1902 die Auffassung, dass § 276 BGB eine anspruchsbegründende Vorschrift darstellt, die ergänzend zu den Vorschriften zu Unmöglichkeit und Verzug tritt. Eine nähere Begründung für seine Meinung liefert es allerdings nicht. Nach seiner Vorstellung erschöpft sich die Verpflichtung des Schuldners nicht in der Erbringung der vertraglich geschuldeten Leistung, sondern umfasst auch die sorgfältige Erfüllung, deren Außerachtlassung einen Anspruch auf Schadensersatz begründet: „Endlich kommt die Schadensersatzpflicht vor als accessorischer Inhalt eines anderen Schuldverhältnisses (namentlich aus Verträgen) oder eines dinglichen Anspruchs. Sie entspringt aus der Nichterfüllung jenes anderen Anspruchs. ...Die Nichterfüllung bestehender Rechtspflichten ist unerlaubt regelmäßig nur unter der Voraussetzung einer besonderen Verschuldung des Verpflichteten, also auch nur unter dieser Voraussetzung Schadensersatz zu leisten. Der Inhalt der Verpflichtung beschränkt sich meist darauf, daß ein gewisses Maß von Sorgfalt auf die Erfüllung verwendet werde. Deren Außerachtlassung (Vorsatz, Fahrlässigkeit) macht also schadensersatzpflichtig. § 276 BGB".[443] In Hinblick auf die knappen Ausführungen Cromes wird in der Literatur gefolgert, dass diese „haftungsbegründende Lesbarkeit"[444] des § 276 BGB für ihn eine Selbstverständlichkeit darstellte, die keiner genaueren Begründung bedurfte.

Staub wiederum widersprach Cromes Ansicht, die er als „Gefühlstheorie" bezeichnete: „Indessen ist es ein falsches Gefühl, welches dieser Theorie zugrunde liegt. Der § 276 BGB gibt nichts weiter als eine Definition der zivilrechtlichen Schuld. Zivilrechtlich schuldhaft handelt, „zu vertreten hat", wer vorsätzlich oder fahrlässig handelt. Der Gesetzgeber bringt diese Definition im allgemeinen Teil des Rechts der Schuldverhältnisse, weil er mit diesem Begriff an zahlreichen

441 RGZ 52, 19.

442 Glöckner, Positive Vertragsverletzung, S. 366.

443 Crome, System des Bürgerlichen Rechts, Band 2, § 150 2 c, S. 65.

444 Hermann, Mehr Lotse als Entdecker – Ein zivilistischer Rückblick auf Hermann Staub nach 100 Jahren, in: Henne/Schröder/Thiessen, Anwalt – Kommentator – Entdecker, S. 30.

Stellen operiert".[445] Es ging Staub nicht darum, die Schadensersatzpflicht an sich zu begründen. Sie stand für ihn außer Frage: „…so ist man sich allseitig darüber einig, daß der von mir behauptete allgemeine Rechtsgrundsatz besteht, wonach derjenige, der seine Vertragspflicht schuldhaft verletzt, dem anderen Teil zum Schadensersatz verpflichtet ist. Nur über die Begründung herrscht hier Streit".[446] Staub begriff § 276 BGB als reine Definitionsnorm.

Das Reichsgericht griff lediglich bei der Verweigerung der Erfüllung und Vertragszweckgefährdung auf Staub zurück.[447] Den Ersatz des Verletzungsschadens stützte das Reichsgericht dagegen weiterhin auf § 276 BGB a. F. Die Anknüpfung an § 276 BGB hatte den Vorteil, dass eine Lösung der Fälle möglich war, ohne sich zu weit von den Vorschriften des BGB zu entfernen. Wenn das Reichsgericht auf § 276 BGB a. F. zurückgriff, vermied es eine Anspielung auf die positive Vertragsverletzung. Es gewährte einen Anspruch auf Ersatz des Verletzungsschadens „aus § 276 BGB".[448] Noch in einem Urteil aus dem Jahr 1922 bekräftigte das Reichsgericht ausdrücklich seine Rechtsprechung und erteilte der Auffassung Staubs eine Absage: „Der überwiegende Teil der Rechtslehre folgt der Ansicht des Reichsgerichts, von der abzuweichen für den erkennenden Senat keine Veranlassung besteht".[449] Die Schadensersatzpflicht ergebe sich „unmittelbar aus § 276 BGB … es erblickt hierin nicht die Aufstellung einer Regel bloß darüber, welche Umstände dem Schuldner, sofern ihm durch anderweite gesetzliche Vorschriften eine Haftung irgendwelcher Art auferlegt ist, zuzurechnen sind, sondern den Ausspruch einer Verpflichtung des Schuldners zum Schadensersatze für vorsätzlich oder fahrlässig begangene Verletzung von Vertragspflichten".[450]

Heute wird § 276 BGB a. F. so ausgelegt, dass diese Vorschrift keine Rechtsfolgen anordnet. Die Lücke, die durch diese enge Auslegung entsteht, soll durch das Rechtsinstitut der positiven Vertragsverletzung geschlossen werden, wobei sich dann auch das Problem stellt, eine „schulmäßige Anspruchsgrundlage"[451] zu

445 Staub, Die positiven Vertragsverletzungen, S. 95.

446 Staub, a. a. O., S. 111.

447 Glöckner, Die Positive Vertragsverletzung, S. 167 f., in: Falk/Mohnhaupt, Das Bürgerliche Gesetzbuch und seine Richter.

448 RGZ 52, 18.

449 RGZ 106, 22,26. Es geht in diesem Fall um den Kauf eines Grundstücks, dessen Finanzierung gescheitert war. Der Kläger machte Schadensersatz geltend und behauptete, der Verkäufer habe – entgegen seiner vertraglichen Verpflichtung – die Beleihung des Grundstücks hintertrieben.

450 RGZ 106, 22, 25.

451 Huber, Leistungsstörungen, Band I, § 3 II 3, S. 85.

finden. Eine Anspruchsgrundlage ist durch Tatbestand und Rechtsfolge gekennzeichnet. Problematisch ist, dass § 276 BGB a. F. keine Rechtsfolge nennt und sich allein aus dieser Regelung nicht die Verpflichtung zum Schadensersatz ersehen lässt. Die Entstehungsgeschichte des § 276 BGB a. F. belegt das Ringen des Gesetzgebers um diese Norm. Im ersten Entwurf waren die §§ 276, 278 BGB a. F. noch in einer Vorschrift zusammengefasst (§ 224 des ersten Entwurfs). Die Formulierung in § 224 I 2[452] des ersten Entwurfs, dass der Schuldner nicht nur wegen vorsätzlicher, sondern auch wegen fahrlässiger Nichterfüllung seiner Verbindlichkeit haftet, wird in der Literatur teilweise als Haftung des Schuldners auf Schadensersatz verstanden.[453] Das Wort „haften" bedeute „einstehen", „vertreten", „Ersatz leisten müssen".[454] Somit stelle § 224 des Ersten Entwurfs eine „Generalklausel für alle Vertragsverletzungen" dar.[455] Die Vorschrift wurde umformuliert und durch die Worte „zu vertreten" ersetzt.[456] Der Teil, der den Inhalt des Schuldverhältnisses betraf, wurde abgetrennt, geändert und in eine gesonderte Vorschrift überführt.[457] Der Hinweis auf die vollständige Bewirkung der Leistung erschien selbstverständlich und wurde gestrichen. Durch diese Eingriffe veränderte sich der Sinn der Vorschriften insgesamt dahingehend, dass nicht mehr die Vollständigkeit der Leistung, sondern Treu und Glauben im Vordergrund stand.[458] Die Verbindung zwischen dem Inhalt des Schuldverhältnisses und der Haftung des Schuldners für Vorsatz und Fahrlässigkeit ging verloren.[459] Der Grund für diese Vorgehensweise erschließt sich aus den Materialien zum BGB. Es ging darum, eine Abgrenzung zum Schadensersatz wegen Nichterfüllung herbeizuführen. Durch

---

452 § 224 Erster Entwurf: „Der Schuldner ist verpflichtet, die nach dem Schuldverhältnisse ihm obliegende Leistung vollständig zu bewirken. Er haftet nicht blos wegen vorsätzlicher, sondern auch wegen fahrlässiger Nichterfüllung seiner Verbindlichkeit. Die Vorschriften der §§ 708, 709 finden entsprechende Anwendung."

453 Huber, Leistungsstörungen, Band I, § 3 II 3, S. 78 ff; dagegen. Würthwein, Zur Schadensersatzpflicht wegen Vertragsverletzungen im Gemeinen Recht des 19. Jahrhunderts, S. 261; genauer zu Entstehungsgeschichte: Glöckner, Positive Vertragsverletzung, S. 279 ff.

454 Würthwein, a. a. O., S. 259.

455 Würthwein, a. a. O., S. 260.

456 § 233 Zweiter Entwurf: „Der Schuldner hat, sofern nicht ein Anderes bestimmt ist, Vorsatz und die Außerachtlassung der im Verkehr erforderlichen Sorgfalt (Fahrlässigkeit) zu vertreten …"

457 § 206 Zweiter Entwurf: „Der Schuldner ist verpflichtet, die Leistung so zu bewirken, wie Treu und Glauben mit Rücksicht auf die Verkehrssitte es erfordern."

458 Glöckner, Positive Vertragsverletzung, S. 286.

459 Würthwein, a. a. O., S. 262.

eine Abänderung der Vorschrift sollte das Missverständnis ausgeschaltet werden, dass der Schuldner bereits hieraus ohne weitere Voraussetzungen auf Schadensersatz wegen Nichterfüllung haftet.[460] Durch die sprachliche Angleichung und die Wahl des Standortes des § 276 BGB im unmittelbaren Anschluss an § 275 BGB a. F. kam es dann aber zu der Auffassung, dass § 276 BGB a. F. ausschließlich in Bezug auf § 275 BGB a. F. zu sehen sei und als Haftungsmaßstab regelt, was der Schuldner „zu vertreten" hat – ein Missverständnis, das nicht geplant war.[461] Auf diese „redaktionellen Schwierigkeiten" weist auch Huber hin.[462] Für ihn hat § 276 BGB eine doppelte Funktion. Es geht in dieser Vorschrift nicht nur um den Haftungsmaßstab, sondern auch um die generelle Haftung auf Schadensersatz „für jede Verletzung einer vertraglichen Pflicht".[463] Mit „zu vertreten" müssen sei gemeint, dass gehaftet werden muss, also Schadensersatz zu leisten ist.[464] Huber beruft sich auf die Rechtsprechung des Reichsgerichts, die dies zutreffend erkannt habe.[465] Staub hält er „Wortgläubigkeit" vor.[466] Es gehöre zu den „Rätseln der Dogmengeschichte, daß es gerade ein Autor von dem Rang und dem praktischen Verständnis Staubs war, der die enge, dem bisherigen Rechtszustand … und den Erfordernissen der Praxis widersprechende, dem Buchstaben verhaftete Interpretation des § 276 BGB so zäh verteidigt hat".[467] Anzumerken ist, dass Huber in früheren Veröffentlichungen selbst noch den Standpunkt vertreten hat, dass § 276 BGB gerade keine Anspruchsgrundlage darstellt.[468] Eine Begründung für seinen Meinungswandel nennt er in den „Leistungsstörungen" nicht.

Ob § 276 BGB a. F. als Anspruchsgrundlage konzipiert war, lässt sich wohl nicht abschließend klären. Die Frage hängt auch davon ab, wie man § 224 I des Ersten Entwurfes beurteilt und wie man die danach folgenden Veränderungen einstuft. Begreift man § 224 I des Ersten Entwurfes bereits als Anspruchsgrundlage, könnte man folgern, dass der Gesetzgeber dies auch in den veränderten Vorschriften beibehalten wollte und lediglich sprachliche Veränderungen vornahm ohne in der Sache selbst am Charakter der Haftungsnorm etwas zu ändern. So argumentiert

---

460 Protokolle Band I, S. 303.
461 Chiusi, Zum Kauf nach BGB und römischem Recht, JURA 2003, S. (217), 220.
462 Huber, Leistungsstörungen, Band I, § 3 II 3, S. 89.
463 Huber, a. a. O., S. 79.
464 Huber, a. a. O., S. 79.
465 Huber, a. a. O., S. 79.
466 Huber, a. a. O., S. 80.
467 Huber, a. a. O., S. 80.
468 Stoeckle, Die Arbeitsweise von Ulrich Huber und seine Konzeption des Leistungsstörungsrechts, S. 185.

Huber.[469] Gegen die Ansicht von Huber spricht, dass die Vorarbeiten zum BGB durch von Kübel eher zur gegenteiligen Schlussfolgerung führen. Bereits die Vorschrift § 197 des Entwurfs von Kübels stellt keine Anspruchsgrundlage dar.[470] Es ist in dieser Vorschrift zwar von „haften" die Rede, eine Verpflichtung zum Schadensersatz wird aber nicht explizit angeordnet. Vielmehr geht es darum, dass der Schuldner jede Form von Fahrlässigkeit zu vertreten hat. Damit ist der Haftungsmaßstab angesprochen. Die Verpflichtung zum Schadensersatz ergibt sich aber – wie im gemeinen Recht auch – aus dem jeweiligen Vertragsverhältnis. Eine explizite Regelung in einer allgemeinen Vorschrift war deshalb nicht nötig und erschien von Kübel überdies aufgrund der Vielfältigkeit der möglichen Vertragsverhältnisse auch nicht möglich.[471] Da sich im gemeinen Recht die Haftung direkt aus dem jeweiligen Schuldverhältnis ergab, bestand für die Verfasser des BGB ebenfalls keine Notwendigkeit, in § 224 I S. 2 des Ersten Entwurfs eine umfassende Anspruchsgrundlage für Schadensersatz zu schaffen.[472] Wenn man daher verneint, dass es sich bei § 224 I S. 2 des Ersten Entwurfs um eine Anspruchsgrundlage gehandelt hat, kann man auch nicht annehmen, dass in den umformulierten Folgevorschriften eine Anspruchsgrundlage zu sehen ist, also auch nicht in § 276 BGB. Das Wortlautargument Hubers ist indessen nicht neu. Staub setzte sich damit bereits 1904 in seiner erweiterten Schrift auseinander und lehnte es ab.[473] Huber gesteht auch ein, dass der Wortlaut des § 224 I S. 2 des Ersten Entwurfs „rein sprachlich gesehen vielleicht nicht ganz eindeutig" sei.[474] Letztlich sind auch die Materialien zum BGB nicht eindeutig und beinhalten keine klare Aussage zur Bedeutung des § 224 I des Ersten Entwurfs. Insbesondere findet sich kein Hinweis darauf, dass diesbezüglich von den Grundsätzen des gemeinen Rechts abgewichen werden sollte, wonach sich die Haftung für Vertragsverletzungen direkt aus dem jeweiligen Schuldverhältnis ergibt.[475] Huber

469 Huber, a. a. O., S. 91.

470 Diese Vorschrift lautet: „Die in einem Schuldverhältnisse Stehenden haften sich gegenseitig nicht nur für absichtliche Verschuldung, sondern selbst für geringe Fahrlässigkeit. Letztere verschuldet, wer nicht diejenige Sorgfalt anwendet, welche ein sorgsamer Hausvater anzuwenden pflegt".

471 Würthwein, Zur Schadensersatzpflicht wegen Vertragsverletzungen im Gemeinen Recht des 19. Jahrhunderts, S. 258.

472 Würthwein, Zur Schadensersatzpflicht wegen Vertragsverletzungen im Gemeinen Recht des 19. Jahrhunderts, S. 261.

473 Staub, Die positiven Vertragsverletzungen, S. 31, 40.

474 Huber, Leistungsstörungen, Band I, § 3 II 3, S. 90.

475 Würthwein, a. a. O., S. 261.

beruft sich auf folgende Stelle in den Motiven: „...die Regel des Entwurfs, wonach in den in Betracht kommenden Fällen immer für Fahrlässigkeit schlichtweg gehaftet wird und für das ganze Interesse aufzukommen ist...“[476] Dies weise darauf hin, dass § 224 I des Ersten Entwurfs die „Haftung auf Schadensersatz“ meint.[477] An anderer Stelle finden sich aber auch Aussagen, die eher gegen diese These sprechen: „Aus der Vorschrift des Entwurfes ergiebt sich, daß, wo eine rechtliche Folge daran geknüpft wird, daß ein Umstand von dem Schuldner zu vertreten oder nicht zu vertreten sei, das Vorhandensein dieser Voraussetzung nicht nur davon abhängt, ob der Schuldner aus Vorsatz oder Fahrlässigkeit gehandelt hat, sondern auch davon, ob nicht seine Verantwortlichkeit durch die Vorschriften der §§ 708, 709 ausgeschlossen ist“.[478] Diese Stelle könnte man so verstehen, dass § 224 I des ersten Entwurfs gerade keine Anspruchsgrundlage darstellen soll, da keine „rechtliche Folge“ ausgesprochen wird. Andererseits ist der Verweis auf schadensersatzausschließende Normen nur sinnvoll, wenn § 224 I des Ersten Entwurfs grundsätzlich eine Schadensersatzpflicht anordnet.[479] Eine weitergehende Überlegung wäre die Frage, welche Vorstellung vom Schuldverhältnis dem BGB und der Schrift Staubs zugrunde liegt. Die Lücke, die Staub aufspürte, beruht letztlich auf einer auf die Leistungspflichten verengten Vorstellung vom Schuldverhältnis, während das BGB selbst keine Definition des Schuldverhältnisses vornimmt und diese Frage der Wissenschaft überlässt.[480] Die Aussage in den Motiven ist widersprüchlich: „Gegenstand des Schuldverhältnisses ist die von Schuldner zu bewirkende Leistung und nur diese Leistung“.[481] An anderer Stelle heißt es: „Der Entwurf gebraucht den Ausdruck „Schuldverhältniß“ zur Bezeichnung desjenigen Rechtsverhältnisses, welches im Anschluß an das römische Recht von den Juristen Obligation genannt zu werden pflegt. Hiermit ist unter Vermeidung des Fremdwortes nach dem Vorgange des Entwurfes eines bürgerlichen Gesetzbuches für Bayern und des dresdener Entwurfes eine das gesamte obligatorische Verhältniß, Forderungsrecht und entsprechende Verbindlichkeit, möglichst deckende Bezeichnung gewählt“.[482]

Vor diesem Hintergrund stellt sich die Frage, was in § 224 I des Ersten Entwurfs mit der Verpflichtung des Schuldners zur vollständigen Leistung gemeint ist.

---

476 Motive II, S. 28.
477 Huber, Leistungsstörungen, Band I, § 3II 3, S. 90.
478 Motive II, S. 29.
479 Stoeckle, a.a.O., S. 182.
480 Glöckner, Positive Vertragsverletzung, S. 690.
481 Motive II, S. 5.
482 Motive II, S. 1.

Die Motive begründen die Formulierung so: „Die Vorschrift (Abs. 1 Satz 1), daß der Schuldner verpflichtet sei, die nach dem Schuldverhältnisse ihm obliegende Leistung vollständig zu bewirken, könnte als selbstverständlich erscheinen. Es ist jedoch eine ausdrückliche Hinweisung darauf, daß die Verpflichtung ihrem ganzen Umfange nach, insbesondere auch in Ansehung aller Nebenpunkte, zu erfüllen sei, nicht unnötig ... Der erste Satz des § 224 bildet hiernach die Grundlage mancher weiteren Vorschriften des Entwurfes..."[483] Ob damit lediglich einzelne im Vertrag getroffene Vereinbarungen gemeint sind oder ob es sich vielmehr – in Übereinstimmung mit den Grundsätzen des gemeinen Rechts – (auch) um sonstige Nebenpflichten handelt, ist in der Literatur ungeklärt.[484]

Das Reichsgericht spricht im Linoleumrollen-Urteil davon, dass sich die Haftung für fremdes Verschulden „aus § 278 BGB"[485] ergibt. Diese Formulierung ist mit Blick auf die Problematik um § 276 BGB a. F. nachvollziehbar. § 278 BGB a. F. war noch im ersten Entwurf in der Regelung des § 224 Absatz 2 enthalten, also in einer Vorschrift mit dem späteren § 276 BGB a. F. Der Gesetzgeber sah vor, dass der Schuldner im Rahmen eines bestehenden Schuldverhältnisses für Hilfspersonen haftet.[486] § 278 BGB a. F. wurde nicht als bloße Auslegungsregel konzipiert, sondern als „gesetzliche Norm, die die Haftung des Schuldners auch auf den von gewissen anderen Personen angerichteten Schaden erstrecken" soll.[487] Ebenso wie § 276 BGB a. F. erfuhr § 278 BGB a. F. Umformulierungen. So wurde das Wort „haftet", das noch in § 224 Absatz 2 des ersten Entwurfs vorhanden war, im zweiten Entwurf (§ 234) durch die Formulierung „zu vertreten" ersetzt.[488] Es liegt daher der Schluss nahe, dass § 278 BGB a. F. dem gleichen Missverständnis zum Opfer fiel wie § 276 BGB a. F., falls man der entsprechenden Einschätzung zu § 276 BGB a. F. folgen möchte. Die heutige Suche nach Anspruchsgrundlagen wurde im gemeinen Recht ohnehin nicht gestellt. Die „actio" stellte eine Klage

483 Motive II, S. 26.
484 Glöckner, Positive Vertragsverletzung, S. 171; Würthwein, Zur Schadensersatzpflicht wegen Vertragsverletzungen im Gemeinen Recht des 19. Jahrhunderts, S. 260 f.
485 RGZ 78, 239.
486 Motive II, S. 29; Mugdan Band II, S. 16 ff.
487 Protokolle Band I, S. 8412, Mugdan Band II, S. 523.
488 In § 224 Absatz 2 des ersten Entwurfs hieß es noch: „Der Schuldner haftet in Ansehung der Erfüllung wegen des Verschuldens seines gesetzlichen Vertreters, sowie wegen des Verschuldens derjenigen Personen, deren er sich zur Bewirkung der Leistung bedient." Die Vorschrift des § 234 Des zweiten Entwurfes lautete: „Der Schuldner hat ein Verschulden seines gesetzlichen Vertreters und der Personen, deren er sich zur Bewirkung der Leistung bedient, in gleichem Umfang zu vertreten, wie eigenes Verschulden."

aus einem bestimmten Schuldverhältnis dar, in dem sich die Pflichtverletzung ereignete. Zu bedenken ist, dass das Reichsgericht sein Urteil fällen musste, als das BGB gerade einmal 11 Jahre in Kraft war. Das beinhaltete auch den Umgang mit einem relativ jungen Gesetzeswerk, wobei die Rechtslage vor Inkrafttreten des BGB noch im Bewusstsein vieler Juristen vorhanden gewesen sein dürfte.

3. Auswertung der Argumentation

Bei der Argumentation des Reichsgerichts stechen einige Punkte heraus, die der näheren Analyse bedürfen. Sie bieten zugleich auch Ansätze für kritische Fragen.

Das Urteil wird aus der Motivation des Reichsgerichts heraus verständlich. Die Begründung der Anwendung des § 278 BGB stellt einen zentralen Punkt der Entscheidung dar. Hier bietet sich gleichzeitig eine Angriffsfläche für Kritik. Das Gericht hat keine umfangreiche dogmatische Begründungsarbeit geleistet. Eine Überraschung stellt das insoweit nicht dar, als es sich nicht um eine Entscheidung zur culpa in contrahendo gehandelt hat und das Gericht sich schon aus diesem Grund nicht gezwungen sehen musste, dazu Stellung zu beziehen.

3.1 Motive des Gerichts

Zunächst muss festgehalten werden, dass sich das Reichsgericht im Unterschied zu den vorangegangenen Urteilen[489] den Vertragsverhandlungen zugewandt hat. Die diversen Konstruktionen, die es entwickelt hatte, kamen hier nicht mehr zum Einsatz. Das Gericht stellt seine Motivation in der Urteilsbegründung sehr deutlich heraus. Da ist das soziale Argument zu nennen, wenn das Gericht auf das „Widerstreiten“ mit dem „allgemeinen Rechtsempfinden“ hinweist.[490] Es geht darum, dass die Kundin sich an einen zahlungskräftigen Haftungsgegner halten kann und sie nicht mit dem möglicherweise mittellosen Angestellten Vorlieb nehmen muss. Noch viel mehr fällt aber die bewusste Umgehung des § 831 I 2 BGB auf, dessen Exkulpationsmöglichkeit das Gericht im vorliegenden Fall als unbillig empfand. Ein Blick auf die Vorschrift des § 831 I BGB kann einen weiteren Gesichtspunkt beisteuern. § 831 I BGB ist so konzipiert, dass er eine Haftung des Geschäftsherrn für sein eigenes Verschulden darstellt. Es wird so nicht eine Haftung für fremdes, sondern für eigenes Verschulden begründet. Der Gesetzgeber ging bei der Schaffung dieser Norm von kleinen Betrieben aus. Dieser Gedanke gelangt an seine Grenzen, wenn es sich um große, arbeitsteilig und dezentral

489 Dazu bereits oben § 5.Kapitel 5 .1.1.

490 RGZ 78, 240.

organisierte Unternehmen handelt. Die Wirtschaftsstruktur der damaligen Zeit in Deutschland war von der Landwirtschaft und kleinen Handwerksbetrieben beherrscht. Die Landgüter gehörten meist dem Adel. Große Industriebetriebe entstanden erst ab etwa 1870.

Wenn der Geschädigte an einen finanziell oft nicht leistungsfähigen Angestellten verwiesen wird, bedeutet das nichts anderes, als dass er schutzlos den Gefahren ausgeliefert ist, die eigentlich eine Folge der wirtschaftlichen Tätigkeit des Geschäftsherrn sind. So sah das Reichsgericht auch die Anwendung des § 278 BGB als sachgerechte Lösung an.[491] Die Entscheidung des Gerichts stellt auch die Korrektur der Vorschrift des § 831 I BGB dar, die sich als nicht sachgerecht herausgestellt hat. Zudem hat sich das Gericht seiner sozialen Verantwortung gestellt.

3.2 Kritische Würdigung der Argumentation

Ein Kritikpunkt ist die uneinheitliche Terminologie, der sich das Reichsgericht bedient. Es spricht davon, dass der Angestellte „in Kaufunterhandlungen mit der Klägerin getreten“ sei.[492] Diese Aussage ist an sich noch nicht zu beanstanden. Bedenklich stimmt aber schon folgender Satz: „Antrag auf Vorlegung des Teppichs und Annahme des Antrags bezweckten die Hervorbringung eines Kaufs, also eines rechtsgeschäftlichen Erfolges“.[493] Die Wahl der Begriffe „Antrag“ und „Annahme“ ist insofern außerordentlich missverständlich, als mit diesen Begriffen üblicherweise bei dem Zustandekommen eines Vertrages durch Angebot und Annahme gearbeitet wird.[494] Das Urteil berührt in diesem Punkt zentrale Gebiete der Rechtsgeschäftslehre: den Vertrag (§§145–157 BGB), das Rechtsgeschäft und die Willenserklärung. Ein Vertrag über den Kauf eines Linoleumteppichs kam nicht zustande. Das Reichsgericht ist auch nicht davon ausgegangen, dass ein Kaufvertrag geschlossen wurde. Im Gegenteil – der fehlende Vertragsschluss war gerade der Anlass, einen anderen Gesichtspunkt einzubringen, der die Anwendung des § 278 BGB ermöglichte. Schon vor diesem Hintergrund stimmt die Wahl der Begriffe „Antrag“ und „Annahme“ bedenklich.

491 RGZ 78, 240.
492 RGZ 78, 240.
493 RGZ 78, 240.
494 Crome, System des Bürgerlichen Rechts, Band I, § 89, S. 398 ff.

Daneben stellt der Vertrag ein mehrseitiges Rechtsgeschäft dar, das aus mindestens zwei übereinstimmenden Willenserklärungen (Angebot und Annahme) besteht.[495]

Problematisch ist im Linoleumrollenfall, ob überhaupt Willenserklärungen abgegeben wurden. Bei dem vom Gericht zu beurteilenden Vorgang kann man zwei Phasen unterscheiden. Zum einen werden in einem Kaufhaus Waren ausgestellt, zum anderen fand zwischen der Kundin und dem Angestellten bereits ein Gespräch statt, bei dem sich die Kundin Ware zeigen ließ.

Die Lehre von der Willenserklärung war ein Thema heftiger wissenschaftlicher Auseinandersetzung, die bereits vor der Schaffung des BGB einsetzte und zu einer Vielzahl von Veröffentlichungen führte.[496] Das BGB selbst definiert den Begriff des Rechtsgeschäfts nicht. §§ 104–185 BGB enthalten allgemeine Regeln für Rechtsgeschäfte. Unter Rechtsgeschäft versteht das Lehrbuch von Crome aus dem Jahr 1900 einen Tatbestand, der aus mindestens einer Willenserklärung besteht und wobei eine bestimmte Rechtswirkung herbeigeführt werden soll.[497] Die Willenserklärung bildet den notwendigen Bestandteil eines Rechtsgeschäfts.[498] Als Willenserklärung bezeichnet ein Lehrbuch aus dem Jahr 1903 die auf einen bestimmten rechtlichen Erfolg gerichtete Willensäußerung.[499] Der Vertrag stellt ein Rechtsgeschäft dar, das aus mindestens zwei übereinstimmenden Willenserklärungen besteht, die in Bezug aufeinander abgegeben werden.[500] Die zeitlich erste Erklärung stellt das Angebot oder Antrag gemäß § 145 BGB dar, der die essentialia negotii beinhaltet.[501] Crome betont, dass der Antrag den Willen des Antragenden erkennen lassen muss, dass er sich mit seiner Erklärung rechtlich binden möchte.[502] Die Annahme gemäß § 146 BGB ist die spätere Erklärung. Bei beiden handelt es sich um Willenserklärungen. Die Problematik, ob die Auslage der Waren im Kaufhaus, ebenso wie das Ausstellen im Schaufenster, eine Willenserklärung oder vielmehr eine invitatio ad offerendum ist, muss hier aber nicht entschieden werden. Ebenso dahinstehen kann die Frage, wann in einem Kaufhaus der Kaufvertrag zustande kommt. Die Kundin konnte nicht einfach mit der Ware durch bloßes Zugreifen an die Kasse gehen, sondern musste sich

495 Crome, a. a. O., § 89, S. 395 f., § 90, S. 403 ff.
496 Überblick bei: Manigk, Willenserklärung und Willensgeschäft.
497 Crome, a. a. O., § 73, S. 321.
498 Goldmann/Lilienthal, Das Bürgerliche Gesetzbuch, § 103, S. 134.
499 Goldmann/Lilienthal, a. a. O., § 103, S. 133.
500 Crome, a. a. O., § 89, S. 395.
501 Crome, a. a. O., § 89, S. 396, § 90, S. 404.
502 Crome, a. a. O., § 89, S. 396.

erst die gewünschte Größe des Teppichs von der Linoleumrolle schneiden lassen. Wenn solche Waren ausgestellt werden, muss das Angebot erst vom Kunden konkretisiert und abgegeben werden.

Weiter geht es darum, wie die Vertragsverhandlungen selbst rechtlich zu qualifizieren sind. Ob hier ein Rechtsgeschäft getätigt wird, ist äußerst fraglich. Ein Vertragsschluss kann auch ohne vorherige Verhandlungen direkt durch Angebot und Annahme geschlossen werden. So liegt der Fall hier aber nicht. Indem sich die Kundin die Ware erst zeigen ließ, ging es noch um deren Auswahl. Das Ansehen von Ware stellt mangels Rechtsbindungswillen noch keine Willenserklärung dar. Aus dem Verkaufsgespräch folgt weder eine Verpflichtung zum Abschluss eines Kaufvertrages noch eine rechtliche Bindung an die Äußerungen.[503] Hier kam aber infolge des Unfalls kein Kaufvertrag mehr zustande.

Auch liegt der Fall hier nicht so, dass schon ein konkretes verbindliches Angebot gemäß § 145 BGB gemacht wurde.[504] Das Reichsgericht hat in seiner Entscheidung aus dem Jahr 1908 auch Ausführungen zu den Anforderungen an ein Rechtsgeschäft gemacht.[505] Hier hat das Reichsgericht festgestellt, dass eine auf Rechtswirkung gerichtete Absicht des Erklärenden unverzichtbarer Teil eines Rechtsgeschäfts ist. „Fehlt sie, so liegt ein Rechtsgeschäft überhaupt nicht vor … Eine derartige Willenserklärung entbehrt völlig des rechtsgeschäftlichen Charakters".[506]

Zusammenfassend lässt sich feststellen, dass die Formulierung des Reichsgerichts, dass es sich bei den Vertragsverhandlungen um ein Rechtsverhältnis handle, das rechtsgeschäftliche Verbindlichkeiten erzeuge, nicht zutrifft. Sie steht zudem im Widerspruch zu der eigenen Rechtsprechung des Reichsgerichts. Die Argumentation des Reichsgerichts ist so in diesem Punkt äußerst problematisch. Verständlich und eventuell sogar nachvollziehbar wird diese Vorgehensweise allenfalls mit Blick auf die frühere Rechtsprechung des Reichsgerichts.[507] Die verschiedenen „Konstruktionen", derer sich das Reichsgericht bediente, waren so ausgerichtet, dass auf einen Vertrag (Vorvertrag, Vorwirkung eines Vertrages usw.) Bezug genommen wurde. Zu dieser Linie würde eine vertragliche

503 Crome, a. a. O., § 90, S. 403 ff: es muss eine Einigung über die wesentlichen Vertragsbestandteile erzielt werden. Bindend ist allerdings ein Vorvertrag, aus dem die Verpflichtung folgt, einen anderen Vertrag abzuschließen.

504 Wobei auch die Möglichkeit einer Modifizierung gemäß § 150 II BGB zu bedenken ist.

505 RGZ 68, 322.

506 RGZ 68, 324 f.

507 Vergleiche dazu bereits Kapitel 5.1.

Argumentation passen. Andererseits war es das Reichsgericht selbst, das in den Warenhaus- und Gastwirtsfällen den Zusammenhang mit dem späteren Vertrag eher kritisch und zurückhaltend sah.[508] Aus diesem Grund ist eine Kontinuität einer auf einem Vertrag ausgerichteten Argumentation keinesfalls zwingend. Es fehlt hier aber so offensichtlich an einem Vertragsschluss, dass die Bezeichnung als „Angebot" und „Annahme" gekünstelt wirkt. Andererseits wollte das Gericht gerade den Vertragsverhandlungen und nicht erst dem Vertragsschluss rechtliche Bedeutung beimessen. Das war die entscheidende Neuerung des Urteils. Mit „Antrag" und „Annahme" soll wohl zum Ausdruck gebracht werden, dass bereits aus den Verhandlungen rechtliche Konsequenzen folgen. Aus der Wahl der Begriffe geht hervor, dass gerade auch bei den Vertragsverhandlungen „Verhandlungen" stattfinden, ähnlich wie beim Abschluss eines Vertrages. Wie beim Vertrag zwei korrespondierende Willenserklärungen zum Vertragsschluss führen, so lässt sich aus Angebot und Annahme eine Parallele zu den Vertragsverhandlungen ziehen. Auch hier kommt es erst dadurch zu Verhandlungen, dass der eine Teil mit Verhandlungen beginnt, auf die der andere eingeht. Es ging auch darum, das in § 278 BGB geforderte Schuldverhältnis zu begründen. Auch deshalb fiel wohl die Wahl auf Begriffe, die auf einen schuldrechtlichen Vertrag zutreffen. Das darf wohl dennoch nicht als besonders geglückt bezeichnet werden, weil dem Leser des Urteils suggeriert wird, es handle sich doch in irgendeiner Form um einen Vertragsschluss. Dasselbe gilt, wenn das Reichsgericht von „rechtsgeschäftlichen Verbindlichkeiten" spricht.[509] Ein Rechtsgeschäft, das eine oder mehrere Willenserklärungen enthält, die die gewollte Rechtsfolge auslöst beziehungsweise auslösen, wurde nicht getätigt. Häufig – oft auch im BGB selbst – tauchen die Begriffe Rechtsgeschäft und Willenserklärung synonym auf.[510] Mit der Willenserklärung erstrebt der Erklärende immer eine bestimmte Rechtsfolge und tätigt mit deren Abgabe ein Rechtsgeschäft. Anders betrachtet bedeutet rechtsgeschäftliches Handeln die Abgabe einer Willenserklärung. Was den Kauf des Teppichs betrifft, fehlt es gerade am Rechtsbindungswillen. Die Arbeitsweise des Gerichts ist insofern eher als assoziativ zu qualifizieren, argumentativ kann sie nicht überzeugen. Dies belegt auch die Herausarbeitung des „vorbereitenden Rechtsverhältnisses ..., das einen vertragsähnlichen Charakter trägt und insofern rechtsgeschäftliche Verbindlichkeiten erzeugt hat".[511] Die Widersprüchlichkeit zwischen vertrags-

---

508 Kapitel 5.1.

509 RGZ 78, 239.

510 Gemäß §§ 119, 120, 123 BGB sind Willenserklärungen anfechtbar. § 142 BGB spricht von einem anfechtbaren Rechtsgeschäft.

511 RGZ 78, 240.

ähnlich und rechtsgeschäftlichen Verbindlichkeiten ist hier sogar in einem Satz zusammengefasst. Dölle stellt die Frage, auf welche Rechtswirkungen die vom Reichsgericht als „Angebot" und „Annahme" bezeichneten Erklärungen gerichtet sein sollen: „Etwa auf eine bindende Verpflichtung des Warenhausinhabers, den Teppich vorzulegen? Möglicherweise mit der Konsequenz, dass darauf Klage erhoben werden könnte? Das sind Absurditäten..."[512]

Darüber hinaus kann es gar nicht darum gehen, ob ein Vertrag abgeschlossen wurde oder ob es zu einem späteren Zeitpunkt noch zu einem Vertragsschluss kam. Das Charakteristikum des Falles liegt gerade darin, dass der Schaden während der Vertragsverhandlungen eintrat und in dieser Phase gerade noch kein Vertrag vorlag. Es geht hier um eine Schadensersatzpflicht, die von eventuellen späteren Leistungspflichten getrennt zu beurteilen ist. Im Stadium der Vertragsanbahnung wollen sich die Parteien gerade nicht binden und sie denken auch nicht an den Erwerb oder die Übernahme von Erhaltungspflichten.[513] Der Kaufhausinhaber, der seine Verkaufsräume für den Publikumsverkehr öffnet, will lediglich, dass Kunden in das Geschäft kommen und etwas kaufen. Dasselbe gilt für Vertragsverhandlungen oder Verkaufsgespräche. Hier soll der Kunde sich über den Kaufgegenstand informieren und ihn letztlich erwerben. Ein darüber hinaus gehender Wille, dass Pflichten zur Rücksichtnahme begründet werden sollen, kann daraus nicht geschlossen werden. Letztlich stellt die Annahme einer konkludenten Einigung eine Fiktion dar, die dem wirklichen Willen der Parteien widerspricht und auch nicht den Tatbestand einer Willenserklärung erfüllt, da es zumindest am Rechtsbindungswillen fehlt.[514] Überdies wäre zu fragen, ob die Pflicht zur Rücksichtnahme die Leistungspflicht des Vertrages darstellt, oder ob es sich um einen Vertrag lediglich mit Rücksichtnahmepflichten, aber ohne Leistungspflichten handelt. Ob diese Frage im Problembewusstsein der damaligen Zeit eine Rolle spielte, erscheint indes zweifelhaft. Erst in späteren Jahren beschäftigte sich die Rechtswissenschaft mit der Unterscheidung von Leistungs- und Schutzpflichten.[515] Sämtliche rechtsgeschäftlichen Erklärungsversuche werden heute ohnehin als gescheitert betrachtet und erklären sich aus dem Bedürfnis, eine Haftung des Schädigers zu begründen.[516]

---

512 Dölle, Außergesetzliche Schuldpflichten, ZStW 103 (1942/42), (67), 69.

513 Dölle, a. a. O., S. 70.

514 Ballerstedt, Zur Haftung für culpa in contrahendo bei Geschäftsabschluß durch Stellvertreter, AcP 151 (1951), S. 501, 505.

515 Schur, Leistung und Sorgfalt, S. 17 ff.

516 Keller, Schuldverhältnis und Rechtskreisöffnung, S. 43.

Eine dogmatische Begründung liefert das Gericht in seiner Begründung nicht. Im Gegenteil: die Formulierung „Gesundheit und Eigentum des anderen Teils zu beobachten" erinnert stark an das Deliktsrecht, namentlich an § 823 I BGB.[517] Gerade dieses Rechtsgebiet wollte die Entscheidung aber ausklammern. Wenn das Gericht den Begriff „Verbindlichkeit" gebraucht, stellt es andererseits wieder den Bezug zum Schuldrecht her, das leistungsbezogen ausgestaltet ist. Die verwendeten Begriffe passen zu einer durch Rechtsgeschäft begründeten Verbindlichkeit, um die es hier allerdings gar nicht geht. Durch die Verletzung der Kundin ist der Bereich der Schutz- oder Erhaltungspflichten angesprochen. Reduziert man die Ausführungen des Gerichts auf die rechtsgeschäftlich klingenden Erklärungen, wird nicht klar, wie diese Pflichten hergeleitet werden. Es bleibt, mangels eines Vertragsschlusses, nur der Tatbestand der Vertragsverhandlungen, um zu einer Haftung zu gelangen.

Als problematisch gestaltet sich in der Konsequenz auch die Anwendung des § 278 BGB. Um diese Vorschrift anwenden zu können, muss ein Schuldverhältnis vorliegen.[518] Die Motive heben diese Voraussetzung ausdrücklich hervor.[519] So war auch in der Literatur das Erfordernis einer Verbindlichkeit unstreitig. Unklarheiten herrschten allerdings darüber, was man unter Verbindlichkeit zu verstehen hatte. Es bestand Streit, ob § 278 BGB analog auf das Verschulden bei Vertragsschluss angewendet werden sollte.[520] Ohne das Schuldverhältnis näher herzuleiten, geht das Gericht in umgekehrter Weise vor und begründet gleichsam das Bestehen einer Pflicht damit, dass die Anwendung des § 278 BGB dem „Rechtsgedanken" nach zutreffe und eine andere Einschätzung dem „allgemeinen Rechtsempfinden" widerspreche.[521] Dieses Vorbringen ist deshalb angreifbar, weil der § 278 BGB auf dem Gedanken beruht, dass bei einem bestehenden Schuldverhältnis das Verschulden von Erfüllungsgehilfen dem eigenen Verschulden des

517 RGZ 78, 240.

518 Dernburg, Die Schuldverhältnisse nach dem Rechte des Deutschen Reichs und Preußens, Zweiter Band, Erste Abteilung, § 68 II b, S. 171.

519 Motive II, S. 29; Mugdan Band II, S. 16 f.

520 Dafür: Schütz, Die Haftung für das Verschulden von Gehilfen nach dem Recht des Bürgerlichen Gesetzbuchs, S. 78; dagegen: Schwartz, Die Haftung des Schuldners für seine Gehilfen nach dem Recht des Bürgerlichen Gesetzbuches, S. 17 f.; Zimmermann, Die Haftung des Schuldners für seine Gehilfen nach dem BGB für das Deutsche Reich (§ 278), S. 38 f.; Nussbaum, Haftung für Hilfspersonen nach § 278 BGB in Vergleichung mit dem gemeinen und Landesrecht, S. 54 ff.

521 RGZ 78, 240.

Geschäftsherrn gleichgestellt wird.[522] Der Geschäftsherr muss dessen Verschulden in gleichem Umfang vertreten wie eigenes Verschulden, also wie wenn er das Verschulden selbst begangen hätte.[523]

Aus der Formulierung „Schuldner" und „Verbindlichkeit" geht hervor, dass § 278 BGB ein bestehendes Schuldverhältnis voraussetzt. Das unterstreicht auch die systematische Stellung des § 278 BGB im Kontext der Regelungen der §§ 275 BGB. Hier wird geregelt, wem das Risiko der Nichterbringung der Leistung aufzubürden ist. Bei §§ 275 ff. BGB geht es um die gegenständliche Leistung zur Befriedigung des Gläubigerinteresses oder darauf gerichtete Handlungen.[524]

Auffällig am Urteil des Reichsgerichts ist nicht nur, dass es auf ein bestehendes Schuldverhältnis im Rahmen des § 278 BGB verzichtet hat. Ein Lehrbuch aus dem Jahr 1903 forderte das noch ausdrücklich und formulierte: „Eine Haftung für culpa in contrahendo tritt nur nach Maßgabe der Vorschriften über unerlaubte Handlungen oder aufgrund besonderer Bestimmungen ein".[525] Problematisch ist, dass das Konzept der §§ 275 ff BGB von der Sicht der Erbringung der Leistung ausgeht. Darum geht es hier aber gar nicht. Angesprochen ist im vorliegenden Fall eine Integritätsverletzung der Kundin, also ein an sich deliktischer Vorgang. Auch liegt gerade keine Verletzung einer Leistungspflicht, sondern einer Schutzpflicht vor. Diesen Unterschied hat das Reichsgericht nicht herausgearbeitet. Es spricht vielmehr von einer „Verbindlichkeit", auf die die gesetzgeberische Intention des § 278 BGB mit der Nutzen-Risikoverteilung der Arbeitsteilung passe.[526] So hat das Reichsgericht § 278 BGB für zutreffend erachtet, ohne ein Kriterium zu nennen, das auf der Ebene der Schutzpflichten die Anwendung von § 278 BGB begründen könnte. Die Argumentation des Reichsgerichts ist in diesem Punkt am Ergebnis orientiert. In späterer Zeit findet sich die Aussage, dass die Erfüllungshandlung im Sinn des § 278 BGB nicht nur die Vornahme der geschuldeten Leistung umfasse, sondern auch das gesamte Sorgfaltsverhalten des Schuldners bezüglich der Erfüllung und der sich aus § 242 BGB a. F. ergebenden Nebenverpflichtungen, die auf Obhut und Unterlassen von Schädigungen gerichtet seien.[527] Die Erweiterung des Begriffes der Erfüllungshandlung ermöglicht die Anwendung des § 278 BGB,

522 Goldmann/Lilienthal, a. a. O., § 84 II 2 g, S. 330.
523 Goldmann/Lilienthal, a. a. O., S. 330.
524 Schmidt, Zur Dogmatik des § 278 BGB, AcP 170 (1970), (502), 506.
525 Goldmann/Lilienthal, Das Bürgerliche Gesetzbuch, § 84 1, S. 322.
526 RGZ 78, 240.
527 BGH VersR 1965, 240.

indem das Ergebnis einer Wertung die fehlende Begründung ersetzt – ein mehr oder weniger „begriffsjuristischer Trick".[528]

Es lässt sich nicht von der Hand weisen, dass das Gericht das Rechtsempfinden wahrscheinlich zutreffend beurteilt hat. In den Motiven klingt an, dass es dem „modernen Rechtsbewusstsein" entspreche, den Schuldner für das Verschulden seiner Gehilfen „schlechthin" haften zu lassen.[529] Eine dogmatische Begründung kann dieser Gedanke aber nicht ersetzen. Überspitzt gesagt läuft die Entscheidung auf das „allgemeine Rechtsempfinden" hinaus.[530] Diesem Begriff fehlt aber die nötige Konturenschärfe. Der pauschale Verweis auf den Rechtsgedanken des § 278 BGB ist insoweit problematisch, als bereits die Referenten der Juristentage eine Fülle von Begründungsansätzen zur Gehilfenhaftung hervorbrachten. Daraus wurde ersichtlich, dass ein einheitlicher Rechtsgedanken zu § 278 BGB nicht vorhanden war. Letztlich erfolgt die Anwendung des § 278 BGB weitgehend ohne überzeugende Begründung.

Schließlich bleibt noch der Verweis des Gerichts auf frühere Entscheidungen: „...in der Rechtsprechung des Reichsgerichts ist in zahlreichen Entscheidungen anerkannt, dass sich aus einem Vertrags- oder Schuldverhältnis Sorgfaltspflichten für Leben und Eigentum des Gegners ergeben können, die mit der rechtlichen Natur des Verhältnisses im engeren Sinn nichts zu tun haben, jedoch aus seiner Gestaltung notwendig folgen".[531] Betrachtet man die Rechtsprechung vor dem Linoleumrollen-Urteil, zeigt sich, dass diese in der vom Reichsgericht behaupteten Weise nicht verwertbar ist. Das Reichsgericht wich im Linoleumrollenfall von der vorangegangenen Rechtsprechung ab und vollzog eine Trendwende.[532] Nachvollziehbar ist der Verweis des Gerichts insofern, als es in den „Gastwirtsfällen" dem Wirt auferlegte, die Räume in verkehrssicherem Zustand zu halten.[533] Diese Fälle unterschieden sich aber vom Linoleumrollenfall dadurch, dass die Haftung nicht erst mit der Bestellung einsetzte, sondern schon früher mit dem „Eintritt des Gastes".[534] Sie sind insoweit vom Anwendungsbereich her weiter. Die Konstruktion, mit der das Reichsgericht diese Haftung erreichte, ist die eines stillschweigenden Vertrags. Es handelte sich um eine vertraglich ausgestaltete Haftung. Das Neuartige an der Linoleumrollen-Entscheidung ist gerade der ver-

528 Schmidt, Zur Dogmatik des § 278 BGB, AcP 170 (1970), (502), 507.
529 Motive II, s. 30; Mugdan Band 2, S. 16 f.
530 RGZ 78, 240.
531 RGZ 78, 240.
532 Dazu bereits Kapitel 5.1.1.
533 RGZ 85, 185; RG JW 1911, 360 Nr. 6.
534 RG JW 1911, 360 Nr. 6.

tragsähnliche Charakter. Die frühere Rechtsprechung behalf sich bei Rechtsgutsverletzungen zum Beispiel stillschweigender Verträge und gelangte so zu einer vertraglichen Haftung.[535] Die im Urteil genannten Entscheidungen RGZ 65, 17; 66, 402; 55, 335; 73, 148 kommen zu einer vertraglich ausgestalteten Haftung, indem das Reichsgericht auf einen geschlossenen Vertrag abstellte. Das Reichsgericht entschied, dass die Bahn aus dem Frachtvertrag verpflichtet ist, das Frachtgut auszuhändigen und im Rahmen dieser Pflicht für einen sicheren Zugang zum Abholungsort sorgen muss.[536] Dasselbe gilt für die Urteile im Zusammenhang mit Rechtsgutsverletzungen bei Bahnfahrten (RG JW 1904, 358, Nr. 10; 484, Nr. 6). Auch hier nahm das Reichsgericht eine vertragliche Pflicht der Bahn an, die auch Verkehrssicherungspflichten umfasste. Eine Kontinuität in der Rechtsprechung, wie sie das Reichsgericht in seiner Begründung andeutet, ist aus einem weiteren Grund nicht gegeben. Im Unterschied zu den Gastwirtschaften vertrat das Gericht bei Warenhäusern einen anderen Standpunkt.[537] Hier verneinte es eine Verkehrssicherungspflicht bezüglich der gefahrlosen Benutzung der Räume.[538]

Die Entscheidungen zu den Gastwirtsfällen erinnern an die receptum-Fälle im römischen Recht. Receptum bedeutet, dass für einen bestimmten Erfolg eine Garantie übernommen wird. Stallwirte, Herbergswirte und Schiffsunternehmer können mit besonderen prätorischen Deliktsklagen belangt werden.[539] Diese bestehen unabhängig von der locatio conductio mit den Gästen, aus welcher nicht für custodia gehaftet wird. Grund hierfür ist, dass der Vertragspartner selbst willentlich die Gegenstände der Gefahr der Beschädigung oder des Diebstahls ausgesetzt hat. Ursprünglich dürfte es sich um die ausdrückliche Übernahme einer Garantie gehandelt haben. Später genügte die faktische Übernahme der Gegenstände.[540] Dieser Haftung liegt der Risikogedanke zugrunde, wonach sich zum Beispiel die Schiffsunternehmer das Risiko durch ein höheres Entgelt entlohnen lassen. Daneben ist die verschärfte receptum-Haftung eine Art Ausgleich für die Unzuverlässigkeit der genannten Personengruppen.[541] Die Parallele zu den Entscheidungen des Reichsgerichts ist aber nur im weiteren Sinn gegeben. Die receptum-Fälle sind auf die Beschädigung eingebrachter Sachen bezogen.

535 RG JW 1910, 750 Nr. 6.
536 RGZ 73, 150.
537 Vergleiche oben Kapitel 5.1.1.
538 RG Recht 1914, Nr. 2442.
539 Kaser/Knütel, Römisches Privatrecht, § 46 III 3, S. 281.
540 Kaser, a. a. O.
541 Dieser Grund dürfte entfallen sein. Im BGB findet sich in § 701 BGB eine Vorschrift, die die Haftung des Gastwirts ohne Rücksicht auf Verschulden regelt.

Die Gastwirtshaftung hingegen betrifft Körper- und Eigentumsschäden. Es geht hier um die Gewährung des verkehrssicheren Zustandes der Räume. Zwischen Wirt und Gast nahm die Rechtsprechung ein gemischtes Vertragsverhältnis an (insbesondere Miete und Kauf). So bejahte das Reichsgericht eine vertragliche Haftung zwischen Wirt und Gast. Das Reichsgericht verwendet den Begriff des Garantievertrages nicht, sondern spricht von einer vertraglichen Einstandspflicht[542], einem Vertragsverhältnis[543] oder einer Vertragspflicht.[544] Das Lehrbuch von Windscheid weist auf die receptum-Haftung hin.[545] Danach haften Schiffer, Gast- und Stallwirte für Beschädigungen an eingebrachten Sachen, die durch deren Leute angerichtet werden. Die Besonderheit dieser Haftung liegt darin, dass der Geschäftsherr in Anspruch genommen werden kann. Diese Haftung diente als Vorbild für das Eisenbahn-Haftpflichtgesetz.[546]

Eine Parallelität der receptum-Fälle zum Garantiegedanken Jherings ist allerdings nicht vorhanden. Jhering diskutiert diesen Gesichtspunkt in Bezug auf Äußerungen im Zusammenhang mit einem Vertragsschluss. Die Garantie bezieht sich einmal darauf, dass der künftige Vertragspartner seine Äußerungen auf ihre Wahrheit überprüft hat. Daneben vergleicht er die Garantie für die eigene Leistungsfähigkeit beim wirksamen Vertrag mit der Garantie für Umstände, die zur Nichtigkeit des Vertrags führen.[547] Jhering hat den Garantiegedanken aber nicht näher ausgearbeitet. Er ging ohnehin von der Unverbindlichkeit von Vertragsverhandlungen aus und forderte auch aus diesem Grund einen nichtigen Vertragsschluss. Das Reichsgericht verwarf diese Ansicht im Linoleumrollenfall, indem es auf einen Vertragsschluss verzichtete und die Vertragsverhandlungen selbst genügen ließ.

Der Verweis auf RGZ 65, 17 ff. ist nicht hilfreich. Die Aussage des Reichsgerichts ist eine ganz andere als im Linoleumrollenurteil. Das Reichsgericht sagt in dieser Entscheidung lediglich, dass Vorbesprechungen über den Abschluss eines Kaufvertrages über ein Auto die rechtliche Beurteilung ändern könnten. Dann käme ein dem Kauf vorgelagerter „vorbereitender Vertrag" zustande.[548] Das Gericht verfolgte diesen Gedanken aber mangels Aufklärung über das Vorliegen von

---

542 RG JW 1910, 750 Nr. 6.

543 RG JW 1911, 360 Nr. 6; RG, GruchotsB 1905, S. 617 ff., 618, Nr. 28.

544 RG JW 1904, S. 358 Nr. 10; JW 1904, S. 484 Nr. 6 im Zusammenhang mit der Auslegung des Beförderungsvertrages mit der Bahn.

545 Windscheid, Lehrbuch des Pandektenrechts, S. 650.

546 Windscheid, a. a. O., S. 639.

547 Jhering, JhJB 4, S. 42 f.

548 RGZ 65, 19.

Verhandlungen nicht weiter. Das Gericht deutet hier lediglich den Versuch an, den Gesichtspunkt von Vertragsverhandlungen überhaupt anzusprechen und möglicherweise auch rechtlich zu würdigen. Die Konsequenz, die aus dem Vorliegen von Vertragsverhandlungen gezogen werden könnte, ist in dieser Entscheidung aber noch eine ganz andere, denn auch hier wird noch ein vorbereitender Vertrag angenommen. Von der Konstruktion eines derartigen Vertragsschlusses wich der Linoleumrollenfall gerade ab.

Der Verweis auf die frühere Rechtsprechung kann in dieser pauschalen Art nicht überzeugen. Dazu kommt die widersprüchliche Haltung des Gerichts in den genannten Bereichen. Das Reichsgericht nahm an, dass es vertraglich geschützt sei, wenn zur Eisenbahn Zutritt gewährt werde, um die Inanspruchnahme der vertraglich geschuldeten Beförderungsleistung zu ermöglichen – ebenso wie das sichere Verlassen des Bahnhofs nach beendeter Fahrt.[549] Entscheidend für den Beginn der Haftung war in diesen Fällen der Erwerb einer Fahrkarte.[550] Im Gegensatz dazu kommt bei Warenhäusern eine vertragliche Haftung etwa bezüglich der Verkehrssicherheit der Räume nicht in Betracht.[551] Anders entschieden wurde wiederum in den Gastwirtsfällen, wo mit dem Betreten der Gastwirtschaft ein „Vorvertrag“[552] zwischen Wirt und Gast über die Benutzung der Räume angenommen wurde.

Insgesamt fällt die Untersuchung der Argumentation des Reichsgerichts ambivalent aus.

Das Urteil lässt dogmatische Begründungsarbeit weitgehend vermissen. Die Terminologie, der sich das Reichsgericht bedient, ist eher irreführend und verwirrend. Die Argumente, die das Gericht anführt, reichen über den Hinweis auf das Rechtsempfinden kaum hinaus. Dazu kommt der Verweis auf frühere Urteile, deren Verwertbarkeit für die vorliegende Entscheidung nicht nur aus den vorher genannten Gründen problematisch ist. Wenn das Reichsgericht auf die Sorgfaltspflichten für Eigentum und Leben hinweist, die sich aus einem Vertrag ergeben, spannt es den Bogen zur vorangegangenen Judikatur zur schuldhaften Vertragsverletzung, die sich bis in die Zeit vor der Geltung des BGB zurückverfolgen lässt. Nach Inkrafttreten des BGB stützte sich die Rechtsprechung bei Vertragsverletzungen auf § 276 BGB als Anspruchsgrundlage und gewährte Schadens-

549 RGZ 55, 335: hier war der Kläger nach beendeter Fahrt beim Aussteigen auf dem glatten Bahnsteig gestürzt; RG JW 04, 358 Nr. 10, 484 Nr. 6.

550 Glöckner, Positive Vertragsverletzung, S. 421.

551 RGZ 74, 124 f.; RG Recht, 1914, Nr. 2442.

552 Glöckner, Positive Vertragsverletzung, S. 409.

ersatz auch bei der Verletzung des Integritätsinteresses.[553] In einer sehr frühen Entscheidung nach Inkrafttreten des BGB aus dem Jahr 1902 urteilte das Reichsgericht, dass der Benutzer einer Badeanstalt Schadensersatz für Verbrühungen am Körper verlangen konnte, die er sich durch zu heißen Wasserdampf zugezogen hatte.[554] Andererseits berührt die Entscheidung Themen, die zur damaligen Zeit umstritten und noch im Fluss waren. Das belegen nicht nur zahlreiche Arbeiten zum Thema der Gehilfenhaftung, die um das Jahr 1905 veröffentlicht wurden. Selbst die Motive räumen die Umstrittenheit der Haftung des Schuldners für Hilfspersonen ein.[555] Der Verweis auf den „Rechtsgedanken" des § 278 BGB bleibt eine bloße Behauptung, die aus den Motiven übernommen wird, ohne nach den verschiedenen, § 278 BGB zugrunde liegenden Gesichtspunkten zu differenzieren und sie auf ihre Tragfähigkeit hin zu überprüfen. Das Reichsgericht hat in seiner Entscheidung jede Stellungnahme zum Meinungsstreit vermieden. Das betrifft sowohl die Gehilfenhaftung als auch die Frage des Schuldverhältnisses. Begrüßenswert ist das Urteil jedoch in sozialer und rechtspolitischer Hinsicht.

Aus heutiger Perspektive kann man das Urteil so deuten, dass die culpa in contrahendo das in § 278 BGB erforderliche Schuldverhältnis darstellt. In Hinblick auf die damalige Zeit ist dieser Schluss aber verfehlt, weil der Bezug zur culpa in contrahendo fehlte und so hat das Reichsgericht die culpa in contrahendo auch nicht erwähnt. Die Überschrift der Entscheidung lautet: „Haftet der Inhaber eines Warenhauses für das Verschulden seines Angestellten, der einen Kauflustigen beim Vorlegen von Waren körperlich verletzt? BGB § 278".[556] So sollte man diese Entscheidung im Licht des § 278 BGB und auch des § 276 BGB sehen und aus damaliger Perspektive auch als Entscheidung zu §§ 276, 278 BGB einordnen. Noch im Jahr 1909 herrschte in der Rechtswissenschaft Übereinstimmung darüber, dass die culpa in contrahendo „allgemein aufgegeben" sei.[557] Historisch gesehen fügt sich das Linoleumrollenurteil in die Rechtsprechung des Reichsgerichts zur Schadensersatzpflicht wegen schuldhafter Vertragsverletzung gem. § 276 BGB ein – also genau jener Vorschrift, die die Rechtsprechung als Anspruchsgrund-

553 Hermann, Mehr Lotse als Entdecker – Ein zivilistischer Rückblick aus Hermann Staub nach 100 Jahren, in: Henne/Schröder/Thiessen, Anwalt – Kommentator – Entdecker, S. 30.

554 Schubert, Sammlung sämtlicher Erkenntnisse des Reichsgerichts in Zivilsachen, Jahrgang 1902, S. 509–511.

555 Motive II, S. 29; Mugdan Band II, S. 16 ff.

556 RGZ 78, 239.

557 Meyer, Das Publizitätsprinzip im Deutschen Bürgerlichen Recht, S. 91; Giaro, Culpa in contrahendo: eine Geschichte der Wiederentdeckungen; S. 126.

lage für die Verletzung von Schutzpflichten im Rahmen eines bestehenden Vertrages heranzog. Diese Fallkonstellationen, die heute einen selbstverständlichen Anwendungsbereich der positiven Vertragsverletzung darstellen, wurden von der Rechtsprechung lange Zeit nicht in die positive Vertragsverletzung einbezogen. Vielmehr diente § 276 BGB als Anspruchsgrundlage. Erst der Bundesgerichtshof änderte seine Rechtsprechung: „Unter diesem rechtlichen Gesichtspunkt sind alle schuldhaften Forderungsverletzungen zu prüfen, die weder eine Unmöglichkeit der Leistung noch Verzug zur Folge haben. Zur Erfüllung einer Vertragsverbindlichkeit gehört alles, was aus dem Vertrage vom Vertragsschuldner verlangt werden kann....nicht nur alle Haupt- und Nebenpflichten, wir Vorbereitungs- und Obhutspflichten, Auskunfts- und Anzeigepflichten, Mitwirkungspflichten usw., sondern auch die sog. reinen „Gläubigerobliegenheiten"....Jede schuldhafte Leistungsstörung, die durch eine Verletzung dieser im weitesten Sinne aufzufassenden „Vertragspflichten" den Vertragsgegner schädigt, begründet eine Verpflichtung zum Schadensersatz. Dieser in Rechtslehre und Rspr. allgemein anerkannte Rechtssatz ist auch ohne ausdrücklichen Ausspruch als Gesetzesinhalt anzusehen...er ergibt sich zumindest aus der rechtsähnlichen Anwendung der Bestimmungen über die Folgen der verschuldeten Unmöglichkeit und des Verzuges (vgl. §§ 280, 286, 325, 326 BGB)[558]. Das RG hat zwar in st. Rspr. die Rechtsfolgen des Schadensersatzes unmittelbar aus § 276 BGB hergeleitet, obwohl diese Vorschrift nach richtiger Auffassung nur einen Haftungsmaßstab enthält, aber keine Rechtsfolge ausspricht...".[559]

Der Zusammenhang des Linoleumrollenurteils mit der culpa in contrahendo wurde erst im Lauf der Herausbildung und Weiterentwicklung dieses Rechtsinstituts hergestellt. Erst ab 1926 findet sich in der Rechtsprechung die Berufung auf dieses Urteil in Zusammenhang mit der culpa in contrahendo als „anerkannten Grundsatz, daß schon durch solche Vorverhandlungen ...rechtsgeschäftliche Verpflichtungen entstehen".[560] Das Reichsgericht wählte im Linoleumrollenfall noch eine rechtsgeschäftliche Begründung der Haftung. „Wirkungsgeschichtlich" entdeckte es die Verhandlungen als Haftungsgrund für die culpa in contrahendo.[561] Zunächst hielt die Rechtsprechung aber an der rechtsgeschäftlichen Konstruktion der Haftung fest. Erst in einem weiteren Urteil aus dem Jahr 1926 gab es das rechtsgeschäftliche Begründungsmodell auf und stützte sich direkt auf die Vertragsverhandlungen, die „selbst dann, wenn sie nicht zum Vertragsschluß führen,

558 BGB a. F.
559 BGHZ 11, 80; BGH NJW 1954, 229, 230.
560 RG JW 1927, S. 262.
561 Giaro, Culpa in contrahendo: eine Geschichte der Wiederentdeckungen, S. 135.

ein vertragsähnliches Vertrauensverhältnis unter den Beteiligten erzeugen, das sie zur Beachtung der im Verkehr erforderlichen Sorgfalt verpflichtet."[562]

So verlor sich im Lauf der Zeit der durch die gemeinsame Anspruchsgrundlage des § 276 BGB und die vertragliche bzw. rechtsgeschäftliche Begründung der Haftung vermittelte Bezugspunkt der Rechtsinstitute der positiven Vertragsverletzung und der culpa in contrahendo. Ihre „dogmatische Nachbarschaft" wurde weitgehend nicht mehr erkannt.[563] Nach der Schuldrechtsreform dient nun § 280 I BGB n. F. als einheitlicher Haftungstatbestand, der sowohl culpa in contrahendo als auch positive Vertragsverletzung umfasst.[564]

4. Einordnung des Urteils im System der Trennung von Vertrags- und Deliktsrecht

4.1 Allgemeine Kennzeichen der Trennung von Vertrags- und Deliktsrecht

Das BGB ist durch die Trennung von Vertragsrecht und Deliktsrecht gekennzeichnet.[565] Es handelt sich dabei um einen Kernbegriff. § 305 BGB a. F. geht davon aus, dass der Vertrag den Grundfall eines Schuldverhältnisses darstellt. Grundnorm für das Vertragsrecht ist § 305 BGB a. F. (beziehungsweise § 311 I BGB n. F.). Einseitige, nicht angenommene Versprechen begründen grundsätzlich keine Verbindlichkeit.[566] Die in § 305 BGB a. F. enthaltene Regel besagt, dass zur Begründung oder Änderung eines Schuldverhältnisses durch Rechtsgeschäft ein Vertrag benötigt wird.[567] Den Begriff des Vertrages definiert das BGB nicht. Er war damals auch nicht einheitlich. Übereinstimmend wurde der rechtsgeschäftliche Wille mindestens zweier Personen (Vertragswille), der auch zum Ausdruck gebracht wird, für nötig gehalten.[568] Für das vertragliche Schuldverhältnis normierten §§ 305 ff BGB a. F. allgemeine Regeln, die für alle Schuldverträge galten.

---

562 RGZ 120, S. 249, 251; Keller, Schuldverhältnis und Rechtskreisöffnung, S. 77.

563 Schmidt, Nachwort, S. 164.

564 Palandt/Grüneberg, 74. Auflage, Rn. 5,8.

565 Choi, Heng-Sub, Die vorvertragliche Haftung (culpa in contrahendo) und der deliktsrechtliche Schutz primärer Vermögensinteressen, S. 22. Im EG-Vertrag (Art. 288 EG-Vertrag) und im europäischen Gerichtsstands- und Vollstreckungsabkommen (Art. 5 Nr. 1 EuGVU; Art. 5 Nr. 3 EuGVU) lässt sich diese Unterscheidung nachweisen.

566 Planck, Band II, § 305, 1, S. 116 f.

567 Planck, Band II, a. a. O.

568 Planck, Band II, Dritter Titel, Vertrag, 1, S. 259.

Nach der Schuldrechtsreform ist § 305 BGB a. F. in der Vorschrift des § 311 I BGB n. F. erhalten geblieben. Eine sachliche Änderung hat nicht stattgefunden. Der Vertrag ist damit der Grundfall für ein Schuldverhältnis. Im Buch über die Schuldverhältnisse im BGB n. F. trägt der dritte Abschnitt den Titel „Schuldverhältnisse aus Verträgen". Nach alter Fassung war dies der zweite Abschnitt. Als Umkehrschluss lässt sich aber folgern, dass es neben den rechtsgeschäftlichen, insbesondere auf Vertrag beruhenden Rechtsgeschäften gesetzliche Schuldverhältnisse gibt, wozu zum Beispiel die schuldhafte unerlaubte Handlung zählt. Die § 823 ff BGB waren bisher im siebten Abschnitt des zweiten Buches über einzelne Schuldverhältnisse angesiedelt und finden sich jetzt im zweiten Buch (Recht der Schuldverhältnisse), Abschnitt 8 (Einzelne Schuldverhältnisse), Titel 27 (Unerlaubte Handlungen). Hier fehlt es an einer besonderen Beziehung zwischen Schädiger und Geschädigtem.

4.2 Grundsätzliche Unterscheidung von Vertrag und Delikt

Das Vertragsrecht ist durch Freiwilligkeit gekennzeichnet. Es richtet sich an der Beziehung zwischen bestimmten Personen von Gläubiger und Schuldner aus, in der eine Pflicht freiwillig begründet wird. Dagegen ist das Deliktsrecht durch eine Jedermann-Beziehung geprägt. Es geht um die Wiedergutmachung eines Schadens. Der unerlaubte Eingriff gemäß §§ 823 ff BGB führt zu einer Schadensersatzpflicht. §§ 823 ff BGB begründen ein Schuldverhältnis, wenn eine der entsprechenden Normen erfüllt ist. Ein bestehendes Schuldverhältnis wird nicht vorausgesetzt. Das BGB hat zugunsten von mehr Rechtssicherheit auf eine allgemeine deliktische Generalklausel des Inhalts, dass derjenige schadensersatzpflichtig ist, der einen anderen rechtswidrig und schuldhaft schädigt, verzichtet. Ausschlaggebend war die Überlegung, dass dem Richter bereits im Gesetz ein gewisser Maßstab für seine Entscheidung vorgegeben sein sollte.[569] Das BGB differenziert zwischen Grundtatbeständen und Sonderregeln.

Die grundlegende Bestimmung für Haftung aus unerlaubter Handlung stellt § 823 BGB dar.[570] §§ 824–826 BGB gewähren Schadensersatz in Fällen, die von § 823 BGB nicht erfasst werden.[571] „Schwachpunkt" des Deliktsrechts ist der primäre Vermögensschutz. Das Vermögen zählt im Rahmen des § 823 I BGB nicht zu den geschützten Rechtsgütern. Den Vermögensschaden kann der Geschädigte nur dann ersetzt verlangen, wenn ein entsprechendes Rechtsgut im Sinn

569 Protokolle Band II, S. 2718: Mugdan Band II, S. 1075.

570 Planck, Band II, Fünfundzwanzigster Titel. Unerlaubte Handlungen, S. 961.

571 Planck, a. a. O.

des § 823 I BGB verletzt wurde. § 823 II BGB und § 826 BGB ermöglichen zwar grundsätzlich auch den Ersatz des Vermögensschadens.[572] Sie fordern dafür aber als Hürde die Verletzung eines Schutzgesetzes beziehungsweise eine vorsätzliche sittenwidrige Schädigung. Es war die Angst des Gesetzgebers vor einer Ausuferung der Haftung, die die Verweigerung der Gewährung des Schutzes primärer Vermögensinteressen im Deliktsrecht bewirkte. Das vom Gesetzgeber im BGB aufgestellte System des Deliktsrechts erwies sich in dieser Hinsicht als Hürde, die Rechtsprechung und Literatur zur „Resignation“[573] brachte. Auf der Suche nach angemessenen Lösungen bot sich die Hinwendung zum Vertragsrecht und das Bemühen um die Anwendung vertragsrechtlicher Vorschriften an.[574]

4.3 Inhaltliche Unterschiede anhand ausgewählter Vorschriften unter Berücksichtigung der Schuldrechtsreform

Die Unterschiede von vertraglicher und deliktischer Haftung sind zum Teil gravierend. Sie werden vor allem bei § 278 BGB und § 831 BGB deutlich, aber auch im Bereich der Haftungsmilderung und des Schadensumfanges. Inwieweit der Schadensumfang, die Beweislast und die Verjährung als Unterschiede genannt werden können, bleibt infolge der Schuldrechtsreform beziehungsweise der Änderung von schadensrechtlichen Vorschriften noch zu untersuchen. Im historischen Kontext des Linoleumrollenurteiles ist diese Frage aber nicht von Bedeutung. Relevant werden diese Änderungen aber, wenn es um die Aufarbeitung des Falles aus heutiger Sicht geht. Sie werden deshalb schon hier im entsprechenden Zusammenhang angesprochen.

4.3.1 Gehilfenhaftung

Die relevanten Normen hier sind § 278 BGB a. F. /n. F. und § 831 BGB a. F./n. F.

§ 278 BGB setzt ein bestehendes Schuldverhältnis voraus und stellt das Verschulden von gesetzlichen Vertretern und Erfüllungsgehilfen dem eigenen Verschulden gleich.[575]

572 Planck, Band II, § 823, IV 1, S. 961; § 826, 3, S. 995.

573 Huber, Festschrift v. Caemmerer, S. 377

574 Was § 823 I BGB betrifft, erfolgte eine Ausdehnung in Richtung einer Generalklausel insoweit, als unter die „sonstigen Rechte“ sowohl das „allgemeine Persönlichkeitsrecht“ als auch das „Recht am eingerichteten und ausgeübten Gewerbebetrieb“ gefasst wurde. Auch die Herausbildung von Verkehrssicherungspflichten gehört hierher.

575 Hier kann auf die vorigen Ausführungen unter 3.2. verwiesen werden.

Die Regelung des § 831 BGB geht in eine andere Richtung. § 831 BGB ist nicht eine Zurechnungsnorm für fremdes Verschulden, sondern gewährt dem Geschädigten einen eigenen Anspruch für eigenes, vermutetes Verschulden des Geschäftsherrn. § 831 BGB greift unabhängig vom Bestehen eines Schuldverhältnisses.[576] Der Gedanke, der § 831 BGB zugrunde liegt, ist, dass der Geschäftsherr für sein eigenes Verschulden haften muss. Es geht nicht um eine Einstandspflicht für unerlaubte Handlungen seiner Angestellten.[577] § 831 I 1 BGB enthält eine Vermutung des Verschuldens des Geschäftsherrn. Nach § 831 I 2 BGB tritt keine Ersatzpflicht ein, wenn der Schaden nicht auf einem Verschulden des Geschäftsherrn beruht. Die Zerlegung des § 831 I BGB in zwei Sätze dürfte auf redaktionelle Erwägungen zurückzuführen sein.[578]

Die unterschiedliche Struktur von § 278 BGB und § 831 BGB ist aber nicht voll deckungsgleich mit der Unterscheidung von Vertragsrecht und Deliktsrecht. Die Forderung, dass bei § 278 BGB ein Schuldverhältnis bereits bestehen muss, ist bei einem vertraglichen Schuldverhältnis erfüllt. Im Deliktsrecht fehlt es an einem Schuldverhältnis zwischen Opfer und Deliktstäter. Dieses entsteht erst durch das Delikt.

4.3.2 Beweislastverteilung

Bisher galt § 282 BGB a. F., der für den Schadensersatzanspruch gemäß §§ 280, 325 BGB a. F. eine Beweislastumkehr anordnete. In §§ 280, 325 BGB a. F. war das Vertretenmüssen des Schuldners Anspruchsvoraussetzung und wäre als solche vom Gläubiger nachzuweisen. § 282 BGB a. F. bestimmte, dass in Abweichung dieses Grundsatzes der Schuldner sein Nichtvertretenmüssen beweisen musste.[579] § 285 BGB a. F. traf dieselbe Beweislastverteilung beim Verzug.[580] Die Schuldrechtsreform hat unter anderem das Leistungsstörungsrecht grundlegend umgestaltet. Zentrale Norm ist jetzt § 280 BGB n. F. Die Pflichtverletzung durch den Schuldner ist jetzt Voraussetzung für jeden Schadensersatzanspruch.[581]

Eine Ausnahme dazu stellt § 311 a II n. F. dar. Bei anfänglicher Unmöglichkeit geht es nicht um eine Pflichtverletzung im Sinn des § 280 I BGB n. F. Der Schuldner ist an sein Erfüllungsversprechen gehalten. § 311 a II BGB n. F. stellt

576 Achilles/Greiff, a. a. O., § 831, Nr. 1, S. 440.
577 Planck, Band II, §§ 831, 832, S. 1002.
578 Planck, a. a. O.
579 Planck, Band II, § 282, 1, S. 87.
580 Achilles/Greiff, a. a. O., § 285, S. 139; § 286 IV BGB n. F. hat dies beibehalten.
581 Schwab, Das neue Schuldrecht im Überblick, JuS 2001, (1), 3.

eine eigene Anspruchsgrundlage dar, die nicht mit § 280 I BGB n. F. verknüpft ist. Die Pflichtverletzung bei der Begründung des Schuldverhältnisses, um die es hier geht, liegt in der Übernahme einer Leistungspflicht, von der der Schuldner gemäß § 275 BGB n. F. aufgrund eines anfänglichen Leistungshindernisses befreit ist.[582] Aus § 311 a I BGB ist ersichtlich, dass trotz anfänglicher Unmöglichkeit der Vertrag wirksam ist. § 275 BGB n. F. bestimmt das Schicksal des Primärleistungsanspruchs. Diese Vorschrift ist nun auch auf die anfängliche Unmöglichkeit anwendbar. Das Entfallen des Gegenleistungsanspruchs regelt § 326 I 1 BGB n. F. Die Beweislastverteilung ist nun umgekehrt. Aus der negativen Formulierung des § 311 a II BGB ergibt sich, dass der Schuldner beweisen muss, dass er die Unmöglichkeit nicht kannte und seine Unkenntnis nicht zu vertreten hat.

Zur Pflichtverletzung im Rahmen des § 280 BGB n. F. muss noch das Vertretenmüssen des Schuldners gemäß § 276 BGB n. F. treten. Die Pflichtverletzung darzulegen und zu beweisen, obliegt dem Gläubiger. Das Verschulden des Schuldners bezüglich der Pflichtverletzung wird hier dagegen vermutet. Die Formulierung des § 280 I 2 BGB n. F. zeigt, dass der Schuldner darlegen und beweisen muss, dass ihn an der Pflichtverletzung kein Verschulden trifft. Die Beweislast des Schuldners dafür, dass er die Pflichtverletzung nicht zu vertreten hat, ist das Ergebnis einer Verallgemeinerung der in §§ 282, 285 BGB a. F. getroffenen Beweislast.[583] Es ist Sache des Schuldners, sich zu entlasten. Einen anderen Haftungsmaßstab als den von Vorsatz und Fahrlässigkeit gibt es bei Übernahme einer Garantie oder des Beschaffungsrisikos gemäß § 276 I 1 BGB n. F. Die Übernahme des Beschaffungsrisikos trägt dem Gedanken Rechnung, dass der Schuldner einer Gattungsschuld das Risiko trägt, den geschuldeten Gegenstand beschaffen zu können.[584] Bei der Übernahme einer Garantie ging es dem Gesetzgeber um die Eigenschaftszusicherung beim Kaufvertrag, Mietvertrag, Werkvertrag oder ähnlichen Verträgen, die sich auf eine Sache beziehen.[585]

Im Deliktsrecht existiert keine allgemeine Beweislastumkehr. Den Geschäftsherrn trifft bei § 831 BGB die Beweislast bezüglich des Ausschlusses der Widerrechtlichkeit beziehungsweise für seine Anwendung der erforderlichen Sorgfalt bei Auswahl und Überwachung des Verrichtungsgehilfen.[586]

---

582 Palandt/Grüneberg, 74. Auflage, § 311 a, Rn. 4, 6.
583 Zimmer, Das neue Recht der Leistungsstörungen, NJW 2002, (1), 7.
584 § 279 BGB a. F. wurde aufgehoben.
585 BT-Drucks. 14/ 6040, S. 132; Canaris, Schuldrechtsmodernisierung, S. 665.
586 Achilles/Greiff, a. a. O., § 831, Nr. 3, S. 441.

4.3.3 *Haftungsmilderung*

Im Vertragsrecht existieren – in Abweichung von § 276 BGB – eine Reihe von Haftungsmilderungen wie etwa §§ 300 I, 521, 599, 680, 690, 708 BGB. Dahinter steht teilweise der Gedanke, dass ein unentgeltlich Handelnder wegen der Uneigennützigkeit eine Haftungsmilderung erhalten soll.

Derartige Normen existieren im Deliktsrecht nicht. Schon das Reichsgericht deutete in RGZ 65, 20 den Versuch einer analogen Anwendung auf das Deliktsrecht an.[587]

4.3.4 *Verjährung*

4.3.4.1 *Altes Recht*

Die Verjährung führte zu einem Leistungsverweigerungsrecht des Schuldners gemäß § 222 I BGB a. F. Die Vorschrift des § 195 BGB a. F. stellte die Grundnorm mit einer regelmäßigen Verjährung von 30 Jahren dar. Eine Verkürzung der Verjährung sahen viele Einzelvorschriften wie beispielsweise §§ 196, 197 BGB a. F. beziehungsweise §§ 477, 558, 638 BGB a. F. als Sondervorschriften vor. Im Bereich des Deliktrechts war auf § 852 BGB a. F. zu achten. Hier galt eine Verjährung von drei Jahren.

4.3.4.2 *Neues Recht*

Die grundlegende Reform des Verjährungsrechts im Zuge der Schuldrechtsreform hat zu weit reichenden Änderungen geführt. Sehr oft empfand die Rechtsprechung bestimmte Verjährungsfristen als unpassend. Zahlreiche Figuren wie zum Beispiel der „entfernte Mangelfolgeschaden" oder der „weiterfressende Mangel" dienten dazu, die als zu kurz geratenen Verjährungsfristen zu vermeiden.[588] Andererseits waren die alten Verjährungsregeln sehr uneinheitlich und kompliziert. Die 30-jährige Verjährung des § 195 BGB a. F. war als anderer Extrempol aber zu lang. Die Einordnung des nicht kodifizierten Richterrechts in das System der Verjährung stellte eine zusätzliche Herausforderung dar.

---

587 Das Argument, dass der Auftrag auch unentgeltlich ist und keine Haftungsmilderung vorsieht, könnte darauf hindeuten, dass die Haftungsmilderungen als Ausnahmevorschriften nicht analogiefähig sind. Die näher liegende Begründung wäre aber eigentlich die Systemfremdheit dieser Übertragung. Die Überlegung einer Haftungsmilderung als „Vorteil" im Gegenzug für den „Nachteil" der Unentgeltlichkeit ist eine Argumentation, die für das leistungsbezogene Vertragsrecht passt, nicht zum Deliktsrecht.

588 Schlechtriem, Entwicklung des deutschen Schuldrechts und europäische Rechtsangleichung, in: JbJZivRWiss, 2001 S. 9, 12.

So kompliziert das alte Verjährungsrecht mit seinem Grundsatz des § 195 BGB und den zahlreichen Sondervorschriften auch war, es führte letztlich dazu, dass der Grundsatz (§ 195 BGB a. F.) selten zur Anwendung kam und eigentlich die Ausnahme darstellte. Die Veränderungen im Verjährungsrecht sind zunächst in zweierlei Hinsicht bedeutsam. Gemäß § 195 BGB n. F. beträgt die regelmäßige Verjährung jetzt drei Jahre, nicht mehr 30 Jahre. Viel wichtiger ist aber ein anderer Gesichtspunkt. Im alten Recht markierte gemäß § 198 S. 1 BGB a. F. die Entstehung des Anspruchs den Beginn der Verjährungsfrist. Die Möglichkeit, den Anspruch geltend zu machen, musste nur objektiv bestehen. Eine Kenntnis des Berechtigten vom Entstehen des Anspruchs war nicht vorausgesetzt.[589] Nun kommt gemäß § 199 I Nr. 1, 2 BGB n. F. noch ein subjektives Moment hinzu. Der Gläubiger muss von den anspruchsbegründenden Umständen und der Person des Schuldners Kenntnis erlangen oder hätte diese ohne grobe Fahrlässigkeit erlangen müssen. Dazu kommt, dass jetzt in § 199 I BGB n. F. die so genannte Ultimoverjährung für alle Ansprüche geregelt ist, die der regelmäßigen Verjährung unterliegen. Der Lauf der Verjährungsfrist von drei Jahren beginnt mit dem Schluss des Jahres der Entstehung des Anspruchs. Zudem muss der Gläubiger die oben angesprochene Kenntnis aufweisen. In Hinblick auf § 852 BGB a. F. sticht ein Punkt hervor. Gerade diese Vorschrift sah bereits im alten Recht eine Verjährung von drei Jahren vor. Sie legte als Beginn der Verjährung die Kenntnis des Geschädigten vom Schaden zumindest dem Grunde nach, der eigenen Betroffenheit und vom Schädiger fest.[590] Daran hat sich die Neuregelung der Verjährung orientiert. Das betrifft sowohl die Dauer der Frist von drei Jahren als auch ihren Beginn, der das subjektive Element der Erkennbarkeit aufgreift. Es sind absolute Höchstfristen vorgesehen, deren Sinn darin besteht, die Verjährung nach spätestens 30 Jahren sicherzustellen. Es wird jetzt nach der Art des verletzten Rechtsgutes differenziert. Die 10jährige Frist des § 199 IV BGB ist nicht auf Schadensersatzansprüche bei der Verletzung von Leben, Körper, Gesundheit oder Freiheit anwendbar. Es gilt §199 II BGB mit einer Frist von 30 Jahren seit Begehung der Handlung, Pflichtverletzung oder einem anderen schadensauslösenden Ereignis. Bei anderen Schadensersatzansprüchen (zum Beispiel Eigentum) gilt § 199 III BGB mit einer Frist von 10 Jahren seit ihrer Entstehung beziehungsweise seit Begehung der Handlung, Pflichtverletzung oder einem anderen schadensstiftenden Ereignis. Es gilt die Frist, die früher endet, § 199 III Nr. 2 S. 2 BGB.

589 Palandt/Heinrichs, 58. Auflage, § 198 Rn. 2.

590 BGH NJW 1993, 648; 96, 117 .

Die Überleitungsvorschriften für die Verjährung befinden sich in Art. 229 § 6 EGBGB. Die Grundregel ist Art. 229 § 6 I 1 EGBGB. Danach ist das neue Verjährungsrecht bei allen Ansprüchen anwendbar, die am 1.1.2002 bestehen und auch nach altem Recht noch nicht verjährt sind.[591] Ein bereits nach altem Recht verjährter Anspruch bleibt verjährt. Nach Art. 229 § 6 VI EGBGB umfasst Art. 229 § 6 EGBGB neben Fristen des BGB auch Ansprüche aus anderen Gesetzen, wenn sich ihre Verjährung ganz oder in gewissem Umfang nach dem BGB richtet. Art. 229 § 6 I 2 EGBGB sieht als Ausnahme die Anwendung alten Rechts bezüglich des Beginns, Hemmung, Ablaufhemmung und Neubeginn der Verjährung vor, wenn diese bis zum 31.12.2001 eingetreten sind. Das bedeutet, dass § 199 BGB n. F. nur für Fristanläufe ab dem 1.1.2002 anwendbar ist. Art. 229 § 6 I 3 EGBGB bestimmt ebenfalls, dass altes Recht anzuwenden ist. Das trifft beispielsweise für die Rücknahme eines Güteantrages zu (§ 212 a S. 3 BGB a. F.), aber auch auf § 213 S. 2 BGB a. F., wenn die Wirkung des Mahnbescheides gemäß § 701 ZPO wegfällt, auf die Rücknahme der Anmeldung des Insolvenzverfahrens gemäß § 214 II BGB a. F., auf § 210 S. 2 BGB a. F. (den Antrag auf Vorentscheidung einer Behörde oder die Bestimmung des zuständigen Gerichte) und auf § 215 II 1 BGB a. F. (Dauer der Unterbrechung bei Aufrechnung und Streitverkündung). Art. 229 § 6 II EGBGB hat Fälle im Auge, bei denen nach BGB a. F. eine Verjährungsunterbrechung vorliegen würde, nach neuem Recht aber nur eine Hemmung der Verjährung. Die Überleitung laufender Fristen erfolgt gemäß Art. 229 § 6 I 1 EGBGB. Davon gibt es die Ausnahme des Art. 229 § 6 III EGBGB. Danach gilt die kürzere Frist des alten Rechts, wenn die Verjährungsfrist nach neuem Recht länger ist. Die zweite Ausnahme stellt Art. 229 § 6 IV 1 EGBGB dar. Das betrifft den umgekehrten Fall, dass die Verjährungsfrist des neuen Rechts kürzer ist als nach der alten Rechtslage. Hier gilt die kürzere Frist aus dem BGB n. F. Dann beginnt die kürzere Frist des neuen Verjährungsrechts am 1.1.2002. Dazu wiederum stellt Art. 229 § 6 IV 2 EGBGB eine Gegenausnahme dar.[592]

591 Heß, Das neue Schuldrecht – In-Kraft-Treten von Übergangsregelungen, NJW 2002, (253), 256; die Neuregelung des § 852 BGB n. F. betrifft einen deliktischen Bereicherungsanspruch, wobei der in § 852 II BGB a. F. enthaltene Gedanke der Hemmung der Verjährung in § 203 S. 1 BGB n. F. berücksichtigt wurde.

592 Näher zu dieser Thematik: Gsell, Schuldrechtsreform, Die Übergangsregelungen für die Verjährungsfristen, NJW 2002, 1297 ff.

4.3.5 *Schadensumfang*

4.3.5.1 *Alte Rechtslage*

Ein entscheidender Unterschied war bisher beim Schadensumfang zu verzeichnen. Die relevanten Normen waren § 253 BGB a. F. einerseits und § 847 BGB a. F. andererseits. Für Nichtvermögensschäden schloss § 253 BGB a. F. eine Geldentschädigung aus, soweit keine Sondervorschrift eingriff. Im Deliktsrecht gewährte § 847 BGB Schmerzensgeld. Bei Vertragsverletzungen gab es grundsätzlich kein Schmerzensgeld, § 253 a. F.[593]

4.3.5.2 *Neue Rechtslage*

Durch das Zweite Gesetz zur Änderung schadensersatzrechtlicher Vorschriften ist diese Unterscheidung hinfällig.[594] § 847 BGB entfällt ganz. Neu geschaffen wurde hingegen die Vorschrift des § 253 II BGB, die nun auch einen Schmerzensgeldanspruch im Rahmen der culpa in contrahendo ermöglicht.

4.3.6 *Sonstige unterschiedliche Regelungen*

§ 830 II BGB stellt Anstifter und Gehilfen den Mittätern gleich. Jeder Beteiligte muss im Außenverhältnis den ganzen Schaden ersetzen. Im Innenverhältnis sind §§ 426, 840 II, III, 841 BGB einschlägig. Eine derartige vertragliche Mithaftung existiert nicht.

§ 393 BGB bestimmt, dass gegen eine Forderung aus einer vorsätzlich begangenen unerlaubten Handlung keine Aufrechnung möglich ist. Der Vorteil der Aufrechnung soll dem Schuldner einer vorsätzlichen unerlaubten Handlung nicht zugute kommen.[595]

4.3.7 *Zusammenfassung*

Das BGB unterscheidet in systematischer Hinsicht nach dem Entstehungsgrund zwischen Vertragsrecht und Deliktsrecht. Diese Trennung wird nicht so sehr in der Gliederung des BGB hervorgehoben. Das Deliktsrecht erscheint lediglich als letzter Titel im Buch über die Schuldverhältnisse. Die Unterschiede beider Bereiche manifestieren sich vielmehr in den genannten unterschiedlichen Regelungen wie zum Beispiel §§ 278, 831 BGB, bei der Gehilfenhaftung, der Möglichkeit der Haftungsmilderung und der Beweislastumkehr.

---

593 Eine Ausnahme dazu wurde mit §§ 651 f II, 611 a II BGB a. F. geschaffen.

594 BGBl. I 2002, S. 2674.

595 Planck, Band II, § 393, S. 262.

Die Reform des Schadensersatzrechts mit der Einfügung des § 253 II BGB hat deutlich gemacht, dass die Dichotomie keine starres System ist. Die Streichung des § 847 BGB ist eine augenfällige Maßnahme des Gesetzgebers.

Bedeutende Entwicklungen gibt es auch in der rechtlichen Praxis, die ebenfalls von den grundsätzlichen Unterschieden von Delikts- und Vertragsrecht abweichen. Stichworte in diesem Zusammenhang sind die Beweislastverteilung bei der Produzentenhaftung, beim Verstoß gegen Schutzgesetze und der Anscheinsbeweis. Hierher gehört auch die Verteilung der Beweislast nach Gefahrenbereichen.[596] Zu nennen ist auch die Rechtsprechung zum Organisationsverschulden im Bereich der §§ 31, 823 BGB. Hier wird eine Haftung des Geschäftsherrn selbst ermöglicht und die Frage der Exkulpationsmöglichkeit gemäß § 831 I S. 2 BGB in den Hintergrund gedrängt.

Häufig war es die als unbillig eingestufte Verjährungsproblematik, die die Rechtsprechung zu „Verbiegungen"[597] im materiellen Recht veranlasste. Der so genannte „weiterfressende Mangel" und der „entfernte Mangelfolgeschaden" sind eindrucksvolle und bekannte Beispiele dafür.[598]

Allerdings ordnet § 199 II BGB n. F. eine 30-jährige Verjährung für Schadensersatzansprüche an, die aus der Verletzung des Lebens, des Körpers, der Gesundheit oder der Freiheit resultieren.

Weiterhin relevant ist der fehlende Schutz primärer Vermögensinteressen durch das Deliktsrecht.

4.4 Versuch einer Zuordnung entsprechend den Ausführungen in der Urteilsbegründung

4.4.1 Vor- beziehungsweise Nachteile von vertraglicher oder deliktischer Haftung

Bereits aus den im vorigen Kapitel dargestellten unterschiedlichen Vorschriften lassen sich wesentliche Unterschiede von Vertrags- und Deliktsrecht ablesen.[599] Im Vertragsrecht muss eine entsprechende Einigung zwischen den Parteien getroffen werden. Der Schuldner ist zur Bewirkung der Leistung verpflichtet. § 241 I BGB n. F. (§ 241 BGB a. F.) weist grundsätzlich auf diese Leistungsbezogenheit

596 BGHZ 67, 383, 387.

597 Schlechtriem, Entwicklung des deutschen Schuldrechts und europäische Rechtsangleichung, in: JbJZivRWiss, S. 9, 12.

598 Weiterführend: Piekenbrock, Reform des allgemeinen Verjährungsrechts: Ausweg oder Irrweg ?, in:, JbJZivRWiss, S. 310 ff.

599 Siehe oben Kapitel 5. 4.

hin. Allerdings betrifft der Linoleumrollenfall die Verletzung einer weiteren Verhaltenspflicht, bei der es um den Schutz von Rechtsgütern der Gegenpartei geht.[600]

Das Deliktsrecht weist eine Reihe von Schwächen auf. Zum einen ist die Exkulpationsmöglichkeit im Rahmen des § 831 I 2BGB zu nennen. In vielen Fällen wird dem Geschäftsherrn der Entlastungsbeweis gelingen mit der Folge, dass der Geschädigte unter Umständen den Schaden selbst tragen muss. Auf die Beweislastverteilung im Deliktsrecht, die grundsätzlich dem Geschädigten die volle Beweislast aufbürdet, wurde bereits oben hingewiesen.[601] Meist wird auch die Schädigung des Vermögens im Mittelpunkt stehen. Das Vermögen ist im Rahmen des § 823 I BGB kein geschütztes Rechtsgut. Auch im Rahmen des § 823 II BGB ist der Ersatz von Vermögensschäden nicht selbstverständlich. Geklärt werden muss, ob das verletzte Gesetz ein Schutzgesetz darstellt und wie weit dessen Schutzbereich reicht. Für Vermögensschäden ist eine Entscheidung darüber nötig, ob das Schutzgesetz auch davor bewahren möchte. Hierfür kann eine Auslegung des Gesetzes nötig werden.[602] Für § 826 BGB ist Vorsatz notwendig.

4.4.2 Aussagen im Urteil

4.4.2.1 Schwierigkeiten bezüglich der Einordnung des Urteils

Das Urteil des Reichsgerichts in dieses System der Zweispurigkeit einzuordnen, ist außerordentlich schwierig. Eigentlich ist die Aussage des Reichsgerichts mit dieser Systematik nicht in Einklang zu bringen. Das Reichsgericht hat das Deliktsrecht nicht erörtert. Damit scheidet eine deliktsrechtliche Einordnung aus. Andererseits konnte sich das Reichsgericht mangels Vertragsschlusses auch nicht direkt auf das Vertragsrecht stützen. Die Tatsache, dass die körperliche Integrität der Kundin verletzt wurde, weist gerade durch die Verletzung eines im Sinne des § 823 I BGB geschützten Rechtsgutes den Berührungspunkt zum Deliktsrecht auf. Dennoch ist ein Unterschied zu den „Jedermann-Beziehungen" des Deliktsrechts gegeben. Anders als bei einem zufälligen Zusammentreffen von Schädiger und Geschädigtem (wie zum Beispiel bei einem Autounfall) suchte die Kundin das Kaufhaus zum Zweck des Vertragsschlusses auf. Die Argumentation des Reichsgerichts, die sich einer „vertragsbezogenen" Terminologie bedient, trägt diesem Umstand Rechnung.[603]

---

600 Palandt/Grüneberg, 74. Auflage, Einleitung vor § 241,Rn. 4; § 241 II, Rn. 6.

601 Vergleiche Kapitel 5. 4.

602 Canaris fordert bei reinen Vermögensschäden die Verletzung eines Strafgesetzes: Canaris, Festschrift Larenz II, S. 58 ff.

603 Dazu bereits unter Kapitel 4. 3.

Obwohl es zu keinem Vertragsschluss gekommen war und eine Integritätsverletzung der Kundin vorlag, wendete das Reichsgericht § 278 BGB –eigentlich systemwidrig – an. Zugleich entschied es sich dagegen, sich ausschließlich auf den Standpunkt des Deliktsrechts zurückzuziehen. Damit fiel auch die Entscheidung für eine außerdeliktische Lösung des Falles. Der „Kunstgriff" des Reichsgerichts bestand in der Annahme eines den Kauf vorbereitenden Rechtsverhältnisses.[604]

4.4.2.2 Auswertung der Urteilsbegründung

Das Reichsgericht führt im letzten Teil des Urteils die Gründe für seine Entscheidung vor Augen. Es geht darum, für die geschädigte Kundin im Spannungsverhältnis zwischen § 831 BGB mit der bekannten Exkulpationsmöglichkeit (§ 831 I 2 BGB) und § 278 BGB, der eine strikte Haftung des Geschäftsherrn für das Verschulden seines Erfüllungsgehilfen vorsieht, einen Schadensersatzanspruch zu begründen. Das Gericht entschied sich für die Anwendung des § 278 BGB, da diese Vorschrift ihrem Rechtsgedanken nach auf den vorliegenden Fall durchaus zutreffe.[605] Die grundsätzlich näher liegende Möglichkeit einer Haftung aus unerlaubter Handlung „nach Maßgabe des § 831 BGB" wird nun um den zusätzlichen Weg einer Haftung des Kaufhausinhabers für das Verschulden des Angestellten „aus § 278 BGB" erweitert. Das Reichsgericht erreicht das durch Annahme des als „vertragsähnlich" bezeichneten, „vorbereitenden Rechtsverhältnisses" im Fall von Gesundheitsverletzungen.[606] Das Reichsgericht spricht von „rechtsgeschäftlichen Verbindlichkeiten" und von einem „Vertrags- oder Schuldverhältnis".[607] Der Zweck, eine als unbillig empfundene Härte des Deliktsrechts auszugleichen, tritt so deutlich hervor.[608] Gleichzeitig bedeutet das, dass das Urteil eigentlich im Widerspruch zur Systematik des BGB steht.

Das Deliktsrecht regelt in § 823 I BGB den Ersatz von Schäden bei der Verletzung bestimmter, absolut geschützter Rechtsgüter. § 831 BGB ist vom Gesetzgeber nach kontroversen Debatten ganz bewusst so geregelt worden und stellt kein unbeabsichtigtes "Versehen" dar. Eine allgemeine Haftung für culpa in contrahendo hingegen wurde ebenso bewusst nicht in das BGB aufgenommen. Stattdessen hat der Gesetzgeber mit der Schaffung von einzelfallsbezogenen Regelungen rea-

604 RGZ 78, 239.
605 RGZ 78, 240.
606 RGZ 78, 240.
607 RGZ 78, 240.
608 Medicus, Schuldrecht I, § 14 I,II, S. 58 Rn. 104.

giert.[609] Darüber hinaus lehnte man es ab, einem Vertragsanbahnungsverhältnis eine gesteigerte Pflichtenbeziehung beizumessen.[610]

Die Entscheidung des Reichsgerichts passt nicht in die Konzeption des BGB mit der Trennung von Vertrags- und Deliktsrecht. So sprach das Reichsgericht auch von einem vorbereitenden Rechtsverhältnis, um § 278 BGB überhaupt zur Anwendung bringen zu können.[611] Das Reichsgericht hat bewusst keine deliktische Lösung gewählt. Das mag erklären, warum die culpa in contrahendo heute außerdeliktisch gesehen und angewendet wird.[612] Eine Entsprechung bietet § 618 BGB, der ebenfalls eine außerdeliktische Norm für die Schutzpflicht des Dienstherrn vorsieht (mit Ausnahme von § 618 III BGB, der auf §§ 842 ff BGB analog verweist).

In den Vorarbeiten zum BGB ist die Frage der Einordnung der culpa in contrahendo unbeantwortet geblieben.[613]

Trotz des Verzichts auf einen Vertragsschluss gelangte das Reichsgericht zu der Anwendung des § 278 BGB und ermöglichte so die Haftung des Geschäftsherrn für das Verschulden seines Angestellten. Das geschah, obwohl § 278 BGB den Einsatz einer Person bei Erfüllung eines Schuldverhältnisses voraussetzt.[614] So konnte sich das Gericht der anderen Ausrichtung des § 278 BGB im Vergleich zu § 831 BGB bedienen. § 831 BGB fordert für die Hilfsperson lediglich Rechtswidrigkeit, während das Verschulden beim Geschäftsherrn gemäß § 831 I 2 BGB vermutet wird. § 278 BGB hingegen betrifft das Verschulden des Erfüllungsgehilfen selbst, also hier des Angestellten, für das dann der Geschäftsherr haftet. § 278 BGB ist so zu verstehen, dass das Verhalten des Gehilfen wie eigenes Verhalten des Schuldners betrachtet werden muss.

Mit dem Verzicht auf den geschlossenen Vertrag geht eine Erweiterung der Pflichten auf die Zeit vor dem Vertragsschluss einher: „…dass sich aus einem Vertrags- oder Schuldverhältnis Sorgfaltspflichten für Leben und Eigentum des Gegners ergeben können, die mit der Natur des Verhältnisses im engeren Sinn nichts zu tun haben, jedoch aus seiner tatsächlichen Gestaltung notwendig folgen“.[615] Weiter führt das Reichsgericht aus: „Die Beklagte hat sich des Angestellten

609 Vergleiche Kapitel 4.

610 Siehe Kapitel 5.1.1.

611 RGZ 78, 240.

612 Soergel/Wiedemann, Vor § 275 Rn. 102, 114 ff; MüKo/Emmerich, 6. Auflage, § 311 Rn. 63.

613 Motive II, S. 179.

614 Dernburg, Die Schuldverhältnisse nach dem Rechte des Deutschen Reichs und Preußens, Zweiter Band, Erste Abteilung, § 68 II b, S. 171.

615 RGZ 78, 240.

zur Erfüllung der bezeichneten Verbindlichkeiten dem Kauflustigen gegenüber bedient, ist daher für sein Verschulden verantwortlich. Der Rechtsgedanke des § 278 BGB trifft hier durchaus zu …".[616]

Letztlich wird man sagen können, dass das Urteil des Reichsgerichts nicht in das vom BGB vorgesehene Haftungssystem der Dichotomie von vertraglicher und deliktischer Haftung passt. Es kommt im Gegenteil zu einer Erweiterung. Die gleichzeitige Umgehung des § 831 BGB mit der als unbillig empfundenen Exkulpationsmöglichkeit steht im Widerspruch zum Gesetzestext.

Damit ist das Urteil unter methodischem Blickwinkel erheblichen Einwänden ausgesetzt. Man kann sogar – aus dem Gesagten wird das deutlich – von einer Korrektur der gesetzlichen Wertungen durch das Reichsgericht sprechen.

---

616 RGZ 78, 240.

§ 6: Kapitel 6: Gedanken zum Fall aus heutiger Sicht aus der Perspektive des Deliktsrechts

1. Probleme im Rahmen des § 831 BGB

Da die Ausführungen des Gerichts zum genauen Unfallhergang sehr knapp sind, muss der Aspekt des Deliktsrechts auf grundsätzliche Erwägungen beschränkt bleiben, ohne eine abschließende Entscheidung zu treffen.[617] Hier soll auch allein der Anspruch gegen den Unternehmensträger selbst erörtert werden, nicht Ansprüche gegen Organmitglieder oder den Angestellten. Rechtliche Fragen im Verhältnis Arbeitgeber und Angestellter bleiben ausgeklammert. Unternehmensrechtliche Aspekte sind ohnehin nicht das Ziel dieser Arbeit. Was das Deliktsrecht betrifft, erfolgt eine Konzentration auf einige besonders wichtige Punkte. Bereits dadurch kann gezeigt werden, dass die Aussage von Dauner-Lieb, dass sich auch über das Deliktsrecht eine angemessene Lösung finden lasse, eine Einfachheit in diesem Bereich vermuten lässt, die infolge der Komplexität der zur Diskussion stehenden Probleme nicht zutrifft.[618] Es geht vielmehr um zentrale Problemfelder, wie die Behandlung von Unterlassungsdelikten im Zivilrecht und das Verhältnis von unerlaubter Handlung und Vertragsverletzung. Die Fragestellung soll hier auf den Aspekt der Verkehrssicherungspflichten in Hinblick auf den Angestellten konzentriert werden. Aspekte wie die Abgrenzung von Tun und Unterlassen, Fragen des Verhaltens- oder Erfolgsunrechts, die Stellung der Verkehrssicherungspflichten und Fragen der Beweislast werden nicht oder nur am Rande berücksichtigt.

In den Kaufhausfällen geht es meist um ein Fehlverhalten eines Angestellten, der keine Organstellung innehat. Inzwischen ist die Rechtsprechung in der Lage, die Warenhausfälle auch ohne Zuhilfenahme der culpa in contrahendo zu bewältigen. In diesem Bereich hat sich eine Austauschbarkeit der Anwendung der Lehre der culpa in contrahendo und der Verkehrssicherungspflichten vollzogen.[619] Die noch im Linoleumrollen-Urteil[620] herausgearbeitete Funktion

617 Im Linoleumrollenurteil ist kein Hinweis auf die Rechtsform enthalten, in der das Warenhaus betrieben wurde. Deshalb unterbleiben hier Ausführungen in diese Richtung.

618 Dauner-Lieb, Kodifikation von Richterrecht, in: Ernst, Zivilrechtswissenschaft und Schuldrechtsreform, S. 318.

619 Von Bar, Verkehrspflichten, § 9 I a, S. 249.

620 RGZ 78, 239.

der culpa in contrahendo als Umgehung des § 831 BGB ist „heute eher Rechtsgeschichte denn Rechtswirklichkeit".[621] Trotzdem wirkte und wirkt die culpa in contrahendo als „Katalysator für die deliktsrechtliche Behandlung dieser Fälle", indem beim Schadensersatzbegehren des Klägers bezüglich Vermögensschäden § 278 BGB zur Anwendung gelangt, während ansonsten mit Aufsichts-, Kontroll- oder Organisationspflichten gearbeitet wird.[622] Sowohl in den Warenhausfällen als auch bei mittleren und kleinen Unternehmen muss der Bundesgerichtshof nicht mehr auf die culpa in contrahendo zurückgreifen.[623] Seit über 20 Jahren stützt sich keine Entscheidung in tragender Weise auf § 278 BGB, wobei eine Entscheidung aus dem Jahr 1976[624] eine Ausnahme darstellen dürfte.[625]

§ 278 BGB ist bei Verkehrssicherungspflichten unanwendbar.[626] Verkehrssicherungspflichten sind keine „Verbindlichkeiten" gemäß § 278 BGB, da die verletzte Person erst im Zeitpunkt der Schädigung bekannt ist und da noch kein Schuldverhältnis zwischen Schädiger und Geschädigtem vorliegt. Es käme sonst auch zu einem Wertungswiderspruch zu § 831 BGB.

§ 831 BGB ist ein spezialgesetzlich geregelter Fall der Verkehrssicherungspflichten und regelt die Verantwortlichkeit für Schäden, die Personen anrichten, die zum eigenen Nutzen eingesetzt werden.[627] Der Gedanke, der hinter § 831 BGB steht, ist, dass auch der Geschäftsherr für die Abwendung einer Gefahr zuständig ist, die aus einer Aufgabe resultiert, die dem Verrichtungsgehilfen übertragen wurde.[628]

Eine allgemeine Aufsichtspflicht ist mit § 831 BGB aber nicht verbunden. Es geht um Verkehrssicherungspflichten des Geschäftsherrn bei der Überwachung, Unterrichtung und Auswahl des Gehilfen und die Bereitstellung der erforderlichen Gerätschaften.[629] Daneben führt die Beweislastumkehr zum Nachteil des Geschäftsherrn zu einer Kausalitäts- und Verschuldensvermutung. Der Grund für diese Regelung liegt darin, dass dem Verletzten die Umstände verborgen bleiben,

621 Von Bar, a. a. O., S. 250.
622 Von Bar, a. a. O., S. 249.
623 Von Bar, a. a. O., S. 250.
624 Kreuzer, Anmerkungen zum Urteil des BGH vom 28.1.1976 (Gemüseblattfall), JZ 1976, 776 ff.
625 Von Bar, a. a. O., S. 250.
626 So die überwiegende Ansicht: Larenz, Schuldrecht II/2, S. 419; Medicus, Bürgerliches Recht, S. 400 Rn. 656.
627 Von Bar, a. a. O., S. 242.
628 RGRK/Steffen, § 831 Rn. 2.
629 RGRK/Steffen, § 823 Rn. 2.

die im Innenverhältnis zwischen Geschädigten und Geschäftsherrn liegen.[630] Der Nachweis darüber soll dem Geschädigten erspart bleiben.[631]

Die Problematik des § 831 BGB liegt nicht allein in der Exkulpationsmöglichkeit, sondern in dessen Konstruktion selbst. Die Gefährdungshaftung bestimmt den Schuldner selbst normativ und orientiert sich an der Gefahrenquelle. Eine weitere Möglichkeit, den Tatbestand zu formulieren, besteht darin, an die verletzte Pflicht anzuknüpfen wie etwa in § 1 UWG. § 823 I BGB schließlich ist am personalen Unrecht des Handelnden ausgerichtet und orientiert sich am verletzten Rechtsgut. § 831 BGB vermischt verschiedene Anknüpfungspunkte, indem personales Unrecht des Gehilfen und organisatorisches Unrecht des Unternehmensträgers verbunden werden.[632]

Der sofortige Verweis auf die gelungene Exkulpation gemäß § 831 I 2 BGB verdeckt den Blick auf das eigentliche Problem bei der Anwendung des § 831 BGB. Es geht darum, dass der Verrichtungsgehilfe, also hier der Angestellte im Kaufhaus, eine tatbestandsmäßige, rechtswidrige Handlung gemäß §§ 823 ff BGB begangen haben muss. Verschulden ist nicht erforderlich. Zwei Gesichtspunkte bedürfen einer näheren Untersuchung. Zum einen ist fraglich, ob ein Tun oder Unterlassen vorliegt. Zum anderen muss geprüft werden, ob der Angestellte gegen eine ihn selbst treffende Verkehrssicherungspflicht verstoßen hat. Hier ist der Punkt der Übernahme einer Verkehrssicherungspflicht vom Geschäftsherrn durch den Gehilfen angesprochen.

Es ließe sich darüber streiten, ob beim Angestellten, der der Kundin Ware zeigte, ein Tun oder ein Unterlassen vorliegt. Man könnte auf das Beiseitestellen der Teppichrolle (Tun) abstellen oder an das Unterlassen von Sicherungsmaßnahmen denken, die das Umkippen der Rolle verhindern (Unterlassen). Die Unterscheidung bereitet oft Schwierigkeiten, da Tun und Unterlassen ineinander übergehen können. Eine Abgrenzung kann aufgrund sozialer Betrachtungsweise getroffen werden, aber auch aufgrund von Wertungsgesichtspunkten geschehen. Wenn mit den ungesicherten Rollen im Kaufhaus keine Kunden in Berührung kommen, ist das Aufstellen dieser ungesicherten Ware an sich ein neutraler Vorgang. Die Gefahr wird erst aktuell, wenn sich ein Kunde Ware zeigen lässt.

Das Kriterium der Gefahrerhöhung kann auch bei Unterlassungen vorhanden sein. Ein positives Tun ist wertungsmäßig dann gegeben, wenn eine Gefahr an ein Rechtsgut herangetragen wird. Das könnte zwar im Beiseitestellen der Ware

630 RGRK/Steffen, § 823 Rn. 2.

631 BGHZ 51, 91, 106.

632 Schmidt, Haftung und Unrecht im Unternehmensbereich – Grundlagen im Zivil- und Versicherungsrecht, Karlsruher Forum 1993, 1, 6 f.

liegen. Ursache für das Umkippen der Rolle war letztlich aber ein ungesicherter Verkaufsstand, also ein gefahrbringender Zustand, mit dem die Kundin gar nicht hätte in Berührung kommen dürfen. Es war ganz dem Zufall überlassen, wann die erste Rolle umkippte und einen Kunden verletzen konnte. Trotzdem ist es nicht so, dass der Angestellte gar nichts getan hätte. Immerhin stellte er die Rolle beiseite. Dennoch ist das Vorzeigen der Ware ein unverzichtbarer Teil des Verkaufsgesprächs. Vorwerfbar an diesem Vorgang ist, dass die Sicherheit der Kundin von Anfang an in Gefahr war, weil jegliche Sicherung zum Abstützen der Rollen fehlte.

Demnach handelt es sich um ein Unterlassen[633], das nur dann von Bedeutung ist, wenn eine Rechtspflicht besteht, den schädlichen Erfolg zu verhindern.[634]

Die Verkehrssicherungspflicht des Kaufhausinhabers ergibt sich aus der Verkehrsöffnung. Wer einen Verkehr eröffnet, muss für dessen Gefahrlosigkeit Sorge tragen.[635] Der Kaufhausinhaber hat die Bestimmungsgewalt über den Zugang zum Kaufhaus und beherrscht den räumlichen Bereich, aus dem Gefahren kommen können.[636] Die Verkehrsöffnung ist das gefährliche Tun, das zur Sicherung der Gefahrenstelle verpflichtet, die im räumlichen Bereich liegt. Der Kaufhausinhaber ist auch für Gefahren aus seinem Bereich verkehrssicherungspflichtig, die durch Dritte hervorgerufen werden.[637]

Fraglich ist, wer im vorliegenden Fall überhaupt Träger der Verkehrssicherungspflicht war. Zunächst war das der Kaufhausinhaber. Für eine Anwendung des § 831 I BGB kommt es aber auf eine tatbestandsmäßige und rechtswidrige Verwirklichung der Tatbestände der §§ 823 ff. BGB durch den Angestellten an.[638] Deshalb müsste den Angestellten selbst eine Verkehrssicherungspflicht treffen. Damit ist das Problem der direkten Außenhaftung von Arbeitnehmern gegenüber geschädigten Dritten angesprochen.

Die Einstellung einer Verkaufsperson beseitigt die Verkehrssicherungspflicht des Kaufhausinhabers grundsätzlich nicht. Substitution stellt eine gesetzliche Ausnahme dar, wobei die Vorschriften der §§ 664 I 2, 691 S. 2 BGB auch in

---

633 Teilweise wird darauf abgestellt, ob es sich um eine mittelbare Verletzung handelt: Medicus, Gesetzliche Schuldverhältnisse, § 5, S. 23.; MüKo/Mertens, § 823 Rn. 4 f.; Soergel/Zeuner, § 823 Rn. 155.

634 Zum systematischen Standort von Verkehrssicherungspflichten: Raab, Die Bedeutung der Verkehrssicherungspflichten und ihre systematische Stellung im Deliktsrecht, JuS 2002, 1041 f.; Medicus, Bürgerliches Recht, S. 387 Rn. 642 ff.

635 Medicus, Bürgerliches Recht, S. 390 Rn. 64.

636 RGRK/Steffen, § 823 Rn. 153.

637 BGHZ 65, 221, 224; BHG NJW 1975, 108.

638 HK-BGB/Staudinger, § 831 Rn. 8.

einem völlig anderen Zusammenhang stehen. In diesen Vorschriften ist geregelt, dass eine Gestattung die Ausnahme zum grundsätzlichen Verbot der völligen Übertragung der Ausführung des Auftrags oder der Verwahrung bei Dritten darstellt. Der Geschäftsherr ist dazu grundsätzlich nicht befugt. Dennoch ist die Übertragung der Verkehrssicherungspflicht auf Dritte möglich. Der Verkehrssicherungspflichtige kann sich Dritter bedienen und muss die Maßnahmen zur Gefahrenabwehr nicht selbst treffen. Die Einschaltung Dritter muss lediglich bei genereller Betrachtung ausreichend sein, also objektiv erforderlich sein, um die Gefahr abzuwenden.[639] Die Literatur bejaht die deliktische Haftung dessen, der eine Verkehrspflicht übernimmt.[640] Sie geht davon aus, dass der Übernehmer einer durch Vertrag übernommenen Verkehrssicherungspflicht aus unerlaubter Handlung haftet.[641] Die Bedenken gegen die Übertragung der Verkehrssicherungspflicht betreffen indes nicht die Pflichtendelegation als solche, sondern ihre haftungsbefreiende Wirkung.[642] Problematisch ist, ob auf den Arbeitsvertrag zwischen dem Kaufhausinhaber und dem Angestellten abgestellt werden kann, da diesem unter Umständen keine Außenwirkung zukommt. Eine Ausnahme wäre ein Vertrag zugunsten Dritter. Eine Verletzung vertraglicher Pflichten im Innenverhältnis führt im Außenverhältnis gegenüber Dritten nicht notwendig zu einer deliktischen Haftung. Ein heftig diskutiertes Urteil in diesem Kontext ist die Wachmann-Entscheidung.[643] Hier hatte ein Angestellter einer Bewachungsfirma das Eindringen von Dieben in einen Lagerraum nicht verhindert. Der Bundesgerichtshof stellte fest, dass den Angestellten keine Außenhaftung traf. Das Gericht trennte zwischen der Verletzung des Arbeitsvertrages im Innenverhältnis und der Verletzung von deliktischen Pflichten im Außenverhältnis. Eine außervertragliche Haftung kommt danach nur bei Personen mit einer gewissen Selbständigkeit in Betracht. Fraglich ist, ob sich diese Feststellung des Gerichts auf den Linoleumrollenfall übertragen ließe. Dann wäre eine Außenhaftung der Verkaufsperson zu verneinen, wenn deren Stellung nicht mit gewisser Selbständigkeit ausgestattet war.

Fraglich ist, ob die Wachmann-Entscheidung so zu deuten ist, dass nur der Unternehmer verkehrssicherungspflichtig ist, wenn der Angestellte eine Ver-

639 Vollmer, Haftungsbefreiende Übertragung von Verkehrssicherungspflichten, JZ 1977, 371.

640 Staudinger/Hager, § 823 E 63.

641 Ulmer, Die deliktische Haftung aus der Übernahme von Handlungspflichten, JZ 1969, (163), 164, mit weiteren Nachweisen.

642 Vollmer, a. a. O., (371), 372.

643 BGH NJW 1987, 2510.

kehrspflicht verletzt. Die Urteilsgründe sprechen aber gegen eine solche Verallgemeinerung. Es ging hier lediglich um Sachen, die das Bewachungsunternehmen bewachen sollte, in dessen Betrieb sie aufbewahrt wurden. Eine Aussage über Verkehrssicherungspflichten eines Angestellten bezüglich der Sicherung von Gegenständen, von denen eine Gefahr ausgeht, ist davon nicht umfasst.

Wenn verneint wird, dass durch einen Übernahmevertrag deliktische Verkehrssicherungspflichten übernommen werden können, müsste nach Rechtsgründen für die deliktische Haftung gesucht werden. Das Lehrbuch von Larenz/Canaris bezeichnet es hingegen als verfehlt, auf eine Delegation von Verkehrspflichten abzustellen.[644] Durch die ordnungsgemäße Auswahl eines Dritten habe der Verkehrspflichtige seine Verkehrspflicht erfüllt. Die Einschaltung eines Dritten sei keine Übertragung von Verkehrspflichten, sondern deren Erfüllung. Eine Übertragung von Verkehrspflichten sei rechtlich nicht möglich.[645] Dieses Problem kann aber dahinstehen, wenn der Angestellte hier gar keine Verkehrssicherungspflicht übernommen hat. Voraussetzung hierfür ist ein Mindestmaß an beiderseitigem Übereinkommen zwischen Kaufhausinhaber und Verkaufsperson. Übernahme bedeutet, dass der Angestellte sich bereit erklärt, anstelle des Kaufhausinhabers „bestimmte Tätigkeiten zu übernehmen, die unmittelbar oder mittelbar auch den Interessen einer kleineren oder größeren, bestimmten oder unbestimmten Zahl von Personen dienen".[646] Allein aus der Tätigkeit als Verkaufsperson lässt sich das nicht schließen. Das Reichsgericht geht im Linoleumrollenurteil nicht darauf ein, ob eine solche Absprache getroffen wurde. Auch nach den Kriterien, auf die von Bar hingewiesen hat, ist der Angestellte nicht Träger von Verkehrssicherungspflichten.[647] Er nennt das Interesseprinzip, die Gefahrerhöhung, Gefahrbeherrschung und das Vertrauenselement, wobei beim Verhältnis dieser Momente zueinander noch Klärungsbedarf besteht.

Der Kaufhausinhaber beherrscht die räumliche Sphäre des Kaufhauses. Er kontrolliert Ablauf und Dauer der Arbeiten. Er kann deren Durchführung überwachen und Sicherheitsvorrichtungen schaffen. So beherrscht er auch den Ablauf der Verkaufsgespräche und die von dort ausgehenden Gefahren. Auch hat er das Kaufhaus eingerichtet, das seiner Gewinnerzielung, also seinem Interesse dient. Hierfür wird der Angestellte tätig. Das Aufstellen einer ungesicherten Linoleumrolle wird hier erst zur Gefahr, wenn ein Kunde anwesend ist. Zwar hat

---

644 Larenz/Canaris, Lehrbuch des Schuldrechts Band II/2, S. 420.

645 Larenz/Canaris, a. a. O.

646 Ulmer, Die deliktische Haftung aus der Übernahme von Handlungspflichten, JZ 1969, (163), 166.

647 Von Bar, Verkehrspflichten, S. 112 ff.; ders. in: Festschrift für Kitagawa, S. 279, 292.

der Angestellte den gefährlichen Zustand durch das Beiseitestellen der Rolle erst geschaffen. Es war aber das Resultat eines schon viel länger bestehenden Missstandes, der auf die mangelnde Berücksichtigung von Absicherungen bei der Einrichtung des Verkaufsstandes zurückgeht. Der Kaufhausinhaber hat das Kaufhaus für den Kunden zugänglich gemacht. Ob der Kaufhausinhaber den Stand kontrolliert hat, lässt der Sachverhalt des Urteils des Reichsgerichts offen. Immerhin hat er aber den Stand eingerichtet und so die Gefahrenquelle geschaffen und weiter betrieben. Ob der Angestellte gegenüber dem Kunden einen Vertrauenstatbestand geschaffen hat, ist dagegen zweifelhaft. Wie bereits festgestellt, wirkt ein vertraglicher Vertrauenstatbestand aus dem Arbeitsvertrag im Innenverhältnis zwischen Arbeitgeber und Arbeitnehmer. Es geht auch nicht darum, ob die Kundin von der Einschaltung des Angestellten in die Verkehrssicherungspflichten Kenntnis hatte. Das Vertrauen Dritter ist die Konsequenz daraus, dass der Übernehmer beim Erstgaranten die berechtigte Erwartung auf seine Tätigkeit hervorgerufen hat.[648] Der Angestellte müsste beim Kaufhausinhaber die berechtigte Erwartung geweckt haben, dass er an dessen Stelle die Verkehrssicherungspflicht übernimmt. Dadurch wäre der Kaufhausinhaber berechtigt, weitere Maßnahmen zur Schadensabwendung zu unterlassen. Dies wäre erfüllt, wenn der Verkäufer hier berechtigt gewesen wäre, den Verkauf eigenverantwortlich zu organisieren. Das wäre wohl gegeben, wenn mit dem Arbeitgeber abgesprochen gewesen wäre, dass er für die gesamte Präsentation einschließlich deren Sicherheit zu sorgen hat. Der Sachverhalt schweigt dazu, doch dürfte ein „normaler" Angestellter in der Funktion einer Verkaufsperson nicht über derartig weit reichende Befugnisse verfügen. Er arbeitet lediglich an dem ihm von Arbeitgeber zugewiesenen Arbeitsplatz. Auch die vom Bundesgerichtshof vertretene Ansicht, wonach der Übernehmer einer Verkehrssicherungspflicht die Gefahr des Eintritts eines schädigenden Ereignisses begründe oder vergrößere, kommt hier zu keinem anderem Ergebnis.[649] Es fehlen Anhaltspunkte, dass der Kaufhausinhaber in der berechtigten Erwartung auf die Tätigkeit des Verkäufers eigene Maßnahmen unterlassen hat, um das Umstürzen der Rollen zu verhindern.

Aus dem Gesagten wird deutlich, dass die Verkaufsperson hier nicht Träger von Verkehrssicherungspflichten war. Damit ist § 831 I 1 BGB schon gar nicht erfüllt. Der Hinweis auf die Exkulpationsmöglichkeit gemäß § 831 I 2 BGB ist somit verfehlt.

648 Ulmer, Die deliktische Haftung aus der Übernahme von Handlungspflichten, JZ 1969, (163), 171 ff.

649 BGHVersR 58, 833; Ulmer, a. a. O., (163), 171.;

2. Anspruch gegen den Kaufhausinhaber aus § 823 I BGB

2.1 Verhältnis von § 831 BGB und § 823 I BGB

Bei § 823 I BGB geht es um die Haftung des Geschäftsherrn, während § 831 BGB dessen Verkehrssicherungspflichten konkretisiert, die aus der Einschaltung eines Verrichtungsgehilfen bezüglich der aus den mit der übertragenen Tätigkeiten verbundenen Gefahren resultieren.[650] Aus § 831 BGB ergeben sich neben § 823 BGB keine zusätzlichen Verkehrssicherungspflichten. § 831 BGB stellt einen gesetzlich geregelten Sonderfall der Haftung für bestimmte Verletzungen der Verkehrspflicht dar.[651] § 831 BGB schließt als lex specialis § 823 I BGB aus, soweit es um die unsorgfältige Auswahl und Kontrolle eines Gehilfen geht.[652] Raum für § 823 I BGB bleibt aber, wenn der Geschäftsherr eine Verkehrspflicht verletzt, die über § 831 BGB hinausgeht.[653] § 823 BGB ergänzt bezüglich der Sicherung des übertragenen Wirkungskreises das Pflichtenprogramm des Geschäftsherrn.[654]

Hier geht es darum, ob den Kaufhausinhaber eine eigene Verkehrssicherungspflicht traf und ob er zur Kontrolle des Verkaufsstandes verpflichtet war. Damit ist der Bereich des § 823 I BGB angesprochen und auch anwendbar.

2.2 Verkehrssicherungspflicht des Geschäftsherrn

Selbst wenn es dem Geschäftsherrn gelungen wäre, seine Verkehrssicherungspflicht auf die Verkaufsperson abzuwälzen, würde ihn das nicht ganz von seiner Verkehrssicherungspflicht befreien, die eine Durchführungs- und Überwachungspflicht umfasst. Beim Geschäftsherrn verbleibt eine Aufsichts- und Organisationspflicht, die nicht übertragen werden kann. Eine gänzliche Befreiung von der Verkehrssicherungspflicht kommt nur in Betracht, wenn eine Rechtsnorm das vorsieht oder sich der Sicherungspflichtige seiner Bereichszuständigkeit begeben hat.[655] Eine Haftungsentlastung und Delegation der Pflichten ist damit nur partiell möglich.[656]

---

650 RGRK/Steffen, § 831 Rn. 4.

651 HK-BGB/Staudinger, § 831 Rn. 2.

652 HK-BGB/Staudinger, § 831 Rn. 2.

653 BGHZ 11, 155 f.; HK-BGB/Staudinger, § 831 Rn. 2; kritisch dazu: Staudinger/Belling/Eberl-Borges, § 831 Rn. 11 ff, 19.

654 RGRK /Steffen, § 832 Rn. 5.

655 Beispielsweise bei der Streupflicht; BGH NJW 1972, 1321 ff.; RGRK/Steffen, § 823 Rn. 166.

656 Vollmer, Haftungsbefreiende Übertragung von Verkehrssicherungspflichten, JZ 1977, 371.

Der Sicherungspflichtige haftet selbst aus § 823 I BGB, wenn er die Organisation und Überwachung der Tätigkeiten unterlässt. Bei einer juristischen Person treffen diese Pflichten die verfassungsmäßig berufenen Vertreter gemäß § 31 BGB. Organisationsfehler sind in zwei Varianten möglich. Es geht einerseits darum, dass die allgemeine Aufsicht aus § 823 I BGB vernachlässigt wird.[657] Andererseits sind damit Organisationsmängel gemeint. Bei juristischen Personen ist eine Kombination aus beidem möglich. Eine haftungsbefreiende Delegation ist nicht zulässig. Mangels näherer Angaben im Linoleumrollenfall kann auf diese Punkte nur allgemein, ohne vertiefende Problematisierung, eingegangen werden. Beweisfragen bleiben ganz ausgeklammert.

Im Rahmen des § 823 I BGB muss der Geschäftsherr Dienstanweisungen erlassen, deren Einhaltung kontrollieren, genügend Personal bereitstellen und sein Personalwesen übersichtlich gestalten. So soll durch eine Pyramide von Aufsichtspflichten eine Zurechnung bis an deren Spitze möglich sein.[658]

§ 31 BGB ist eine haftungszuweisende, keine haftungsbegründende Vorschrift, die sowohl bei Vertragsverletzungen, als auch im Rahmen der culpa in contrahendo und §§ 823 ff BGB anwendbar ist.[659] Diese Norm gilt für alle juristischen Personen und ist auf OHG und KG entsprechend anwendbar. In einer neueren Entscheidung beschäftigte sich der Bundesgerichtshof unter anderem mit der Verschuldenszurechnung bei der Gesellschaft bürgerlichen Rechts.[660] Er kam zu dem Ergebnis, dass auch hier § 31 BGB analog anwendbar sei. In der älteren Rechtsprechung wurde § 31 BGB noch für unanwendbar gehalten, da die Gesellschaft bürgerlichen Rechts keine ausreichende körperschaftliche Organisation aufweise.[661] In dem angesprochenen Urteil wurde entschieden, dass sich aus Gründen der Rechtssicherheit und der vergleichbaren Struktur zwischen OHG und der Gesellschaft bürgerlichen Rechts Unterschiede bei der Zurechnung des Organverschuldens verbieten.

Durch eine Erweiterung des § 31 BGB ist eine Anwendung des § 31 BGB auch über das Merkmal des verfassungsmäßig berufenen Vertreters hinaus möglich. Die extensive Auslegung des § 31 BGB stellt Personen mit wichtigem Aufgabenbereichen dem verfassungsmäßig berufenen Vertreter gleich.[662] Der Verein beziehungsweise die juristische Person haftet so über § 31 BGB aus dem verkehrwidrigen Zustand, der auf mangelnde Kontrollen oder Anweisungen zurückzuführen ist. Daneben ar-

657 BGHZ 4, 1, 3; 24, 200, 213 f.
658 Von Bar, Verkehrspflichten, S. 258.
659 Palandt/Ellenberger, 74. Auflage, § 31 Rn. 2.
660 BGH NJW 2003, 1445.
661 BGHZ 45, 311 f.
662 BGHZ 49, 21; BGH NJW 1972, 334; 98, 1854, 1856.

beitet die Rechtsprechung mit der Lehre vom Organisationsmangel. Danach trifft die juristische Person die Pflicht, für alle wesentlichen Aufgaben einen zuständigen, entscheidungsbefugten verfassungsmäßigen Vertreter bereitzustellen. Das betrifft alle wichtigen Aufgaben, die vom Vorstand nicht genügend überwacht und verwaltet werden können. Wenn eine solche Organisation fehlt, wird die juristische Person so behandelt, als sei die Person, die tatsächlich eingesetzt wurde, ein verfassungsmäßig berufener Vertreter.[663] Hier handelt es sich um eine Fiktionshaftung, indem der Verein oder die juristische Person sich nicht für einen Angestellten entlasten kann, der nach der Bedeutung seiner Tätigkeit zum verfassungsmäßig berufenen Vertreter hätte bestellt werden müssen. Oft ist es nicht einfach zu umschreiben, welche Art der Organisation der Geschäftsherr schuldet. Ein weiteres Problem stellt die Feststellung der Kausalität zwischen der mangelnden Organisation und dem Schaden dar. Meist wäre der Schaden auch trotz der Bereitstellung eines verfassungsmäßig berufenen Vertreters eingetreten. Deshalb wird bei der Bewältigung dieser Fragen oft die extensive Auslegung des § 31 BGB der Begründung eines Organisationsverschuldens vorgezogen.[664] Ob diese Möglichkeit hier in Betracht kommt, ist fraglich. Der Begriff des „verfassungsmäßig berufenen Vertreters" ist nicht gesetzestechnisch zu verstehen. Dennoch setzt die Gleichstellung mit einem solchen Vertreter Selbständigkeit und Verantwortlichkeit voraus. Gemeint sind damit leitende Angestellte mit unternehmerischer Funktion. Das trifft auf einen Filialleiter eines Warenhauses zu, nicht aber auf einen „einfachen", als Verkaufsperson tätigen Angestellten.[665] Das Verschulden muss sich im Rahmen des § 823 I BGB neben der Verletzung der Verkehrspflicht auch auf die Rechtsgutsverletzung beziehen.[666] Hierzu hätte der Schädiger die Möglichkeit der Beeinträchtigung erkennen müssen.[667] Die Vorhersehbarkeit ist oft nicht einfach zu begründen. Im Lehrbuch von Larenz/Canaris wird darauf hingewiesen, dass die Gefahr darin besteht, die Anforderungen an das Verschulden zu überspannen, um den Entlastungsbeweis gemäß § 831 I 2 BGB auszuschalten. So käme es zu „Mitleidsentscheidungen" und unzulässigem Contra-Legem-Judizieren.[668]

Als Ergebnis bleibt festzuhalten, dass nicht nur die Anwendung der culpa in contrahendo hinterfragenswert ist, sondern auch die Rechtsprechung bezüglich der Verletzung von Verkehrssicherungspflichten kritisch durchleuchtet werden könnte.

---

663 BGHZ 24, 213; BGH NJW 1980, 2810.

664 Grunewald, Die Haftung von Organmitgliedern nach Deliktsrecht, ZHR 157 (1993), 451, 453.

665 RG JW 1936, 915; BGH BB 1956, 941.

666 Larenz/Canaris, Lehrbuch des Schuldrechts Band II/2, S. 426.

667 BGH VersR 1960, 32, 33; 1974, 88; Larenz/Canaris, a.a.O.

668 Larenz/Canaris, a.a.O.

§ 7: Kapitel 7: Lösung nach der Schuldrechtsreform unter dem Aspekt der culpa in contrahendo[669]

1. Problempunkte

Es waren und sind im Wesentlichen drei Kernpunkte, die zur Debatte stehen. Zunächst geht es um die Voraussetzungen des Schadensersatzanspruches der Kundin aus culpa in contrahendo. Diese Frage ist in sofern von Bedeutung, als bei der Kundin die körperliche Integrität verletzt wurde. Dies würde auch den Weg ins Deliktsrecht eröffnen. Das Augenmerk gilt aber auch dem Inhalt der vorvertraglichen Pflicht. Hier geht es um das Erhaltungsinteresse der Kundin. Ferner bleibt noch die Frage des Vertretenmüssens zu erörtern. Diese Problematik hat das Reichsgericht mit § 278 BGB thematisiert.

2. Inhaltliche Bemerkungen zum Fall

Eine inhaltliche Überraschung im Bereich der culpa in contrahendo nach dem BGB n. F. sollte man nicht erwarten. Es ging dem Gesetzgeber nicht darum, dass eine sachliche Änderung bei der Lösung bekannter Fallkonstellationen eintritt.[670] „Neu" ist, dass das BGB nun überhaupt entsprechende Normen zur culpa in contrahendo bereitstellt. Ihr Zusammenspiel lässt sich hier am konkreten Fall beobachten. Eine interessante und beachtenswerte Wendung hat sich durch die Reform des Schadensersatzrechts mit Blick auf § 253 II BGB n. F. ergeben.[671] Anders als postuliert, hat der Gesetzgeber die Fallgruppe der Warenhausunfälle mit in die Regelung der culpa in contrahendo integriert und sie nicht ausgeklammert und an das Deliktsrecht überwiesen.[672] Im Zusammenhang mit dem Schmerzensgeldanspruch gemäß § 253 II BGB n. F. kann man im Gegenteil von einem Bedeutungszuwachs dieser Fallgruppe sprechen. Der Schmerzensgeldanspruch

---

669 Da im Linoleumrollenurteil keine Aussagen zur Rechtsform des Kaufhauses getroffen sind, kann auf damit zusammenhängende Fragen nicht eingegangen werden.

670 BT-Drs. 14/6040, S. 163; Canaris, Schuldrechtsmodernisierung, S. 721; Lorenz/Riehm, Lehrbuch zum neuen Schuldrecht, S. 186 Rn. 366.

671 Zweites Gesetz zur Änderung schadensersatzrechtlicher Vorschriften, BGBl. I 2002, S. 2674.

672 Medicus, Verschulden bei Vertragsverhandlungen, in: Bundesminister der Justiz (Hrsg.), Gutachten und Vorschläge zur Überarbeitung des Schuldrechts, S. 485 ff.

aus § 253 II BGB n. F., der auch für die Ansprüche aus culpa in contrahendo gilt, weist zahlreiche Vorteile gegenüber der früheren Vorschrift des § 847 BGB auf. Mit der Aufgabe der Anbindung des Schmerzensgeldanspruches aus § 847 BGB an einen deliktischen Anspruch aus § 823 BGB oder § 833 I BGB erfolgt gleichzeitig die Hinwendung zu dem Erfordernis der Verletzung bestimmter Rechtsgüter in § 253 II BGB. Darin manifestiert sich auch die Aufwertung des Opferschutzes. Die Schädigung ist es, die das Opfer spürt und derentwegen es Schmerzensgeld fordert – unabhängig von der Anspruchsgrundlage.

Die Normen, die der Gesetzgeber neu geschaffen hat und um die es hier geht, sind §§ 311 II Nr. 2, 241 II, 280 I BGB n. F.[673] Die Anspruchsgrundlage, aus der sich ein etwaiger Schadensersatzanspruch ergeben kann, ist § 280 I BGB n. F. Das Schuldverhältnis, das § 280 I BGB n. F. voraussetzt, stellt das vorvertragliche Verhältnis gemäß §§ 311 II, 241 II BGB n. F. dar.

2.1 Vorvertragliches Schuldverhältnis

Das Reichsgericht stellte sich in seiner Entscheidung noch auf den Standpunkt, dass zwischen den Beteiligten ein den Kauf vorbereitendes Rechtsverhältnis entstanden sei, indem „Kaufunterhandlungen“[674] stattfanden. Wenn ein Kunde das Kaufhaus betritt und stürzt, ohne bereits Gelegenheit zu einem Verkaufgespräch zu haben, erweist sich diese Auffassung schnell als zu eng.[675] So genügt nun das Betreten eines Kaufhauses als potentieller Kunde, unabhängig davon, ob man sich nur einen allgemeinen Überblick über das Angebot verschaffen will oder ob bereits ein konkreter Kaufwunsch vorliegt.[676]

Dem Erfordernis der bewussten und gewollten Anbahnung geschäftlicher Beziehungen ist mit dem Betreten des Kaufhauses durch die potentiell zum Kauf bereite Kundin Genüge getan.[677] Dafür spricht auch die Überlegung, dass in Kauf-

673 Zur Einordnung des Linoleumrollenfalles unter § 311 II Nr. 2 BGB: BT- Drucks. 14/6040, S. 163; Canaris, Schuldrechtsmodernisierung, S. 722; Canaris, Die Reform des Rechts der Leistungsstörungen, JZ 2001, (499), 520; Huber/Faust, Schuldrechtsmodernisierung, S. 69; Lorenz/Riehm, Lehrbuch zum neuen Schuldrecht, S. 188 Rn. 370; abweichend: Dauner-Lieb (Hrsg.), Das neue Schuldrecht Fälle und Lösungen, S. 172.

674 RGZ 78, 239.

675 BGH NJW 1962, 31 (Bananenschalenfall); BGH NJW 1986, 2757.

676 BGHZ 66, 51 ff (Gemüseblattfall); Michalski, Das Rechtsinstitut der culpa in contrahendo (c.i.c.), Jura 1993, 22 ff.; der Streit um Personen, die ein Geschäft zu vertragsfremden Zwecken aufsuchen kann hier dahinstehen.

677 Palandt/Grüneberg, 74. Auflage, § 311 Rn. 23.

häusern nicht das Gespräch mit der Verkäuferin oder dem Verkäufer im Vordergrund steht. Vielmehr will der Kunde das Angebot selbst in Augenschein nehmen. Es ist die Präsentation der Waren, auf die es dem Kunden ankommt.[678] Mit dem Betreten des Kaufhauses beginnt die Warenaufstellung auf den Kunden zu wirken und er befindet sich in der Einflusssphäre des Ladenbesitzers.[679]

Die Situation hat sich jetzt vereinfacht, indem § 311 II Nr. 1, 2 und 3 BGB n. F. die Entstehung der vorvertraglichen Sonderverbindung regeln.[680] Der Verweis auf Gewohnheitsrecht hat sich damit erledigt. Das vorvertragliche Schuldverhältnis entsteht durch die Aufnahme von Vertragsverhandlungen (Nr. 1), die Anbahnung eines Vertrags, bei welcher der eine Teil in Hinblick auf eine etwaige rechtsgeschäftliche Beziehung dem anderen Teil die Möglichkeit zur Einwirkung auf seine Rechte, Rechtsgüter und Interessen gewährt oder ihm diese anvertraut (Nr. 2) oder ähnliche geschäftliche Kontakte (Nr. 3).

2.2 Abgrenzung von § 311 II Nr. 1 BGB zu § 311 II Nr. 2 BGB n. F.

§ 311 II Nr. 1 BGB n. F. stellt einen Spezialfall des § 311 II Nr. 2 BGB n. F. dar, da auch die Vertragsverhandlung eine Vertragsanbahnung ist, bei der der andere Verhandlungspartner die Möglichkeit erhält, auf die Rechtsgüter und Interessen des Geschädigten einzuwirken.[681] § 311 II Nr. 2 BGB n. F. knüpft an die bloße räumliche Nähe an.[682] § 311 II Nr. 1 BGB n. F. fordert Gespräche zwischen den Verhandlungspartnern, also Vertragsverhandlungen.[683] Die Grenzen zwischen beiden Varianten sind fließend und umstritten.[684]

Die wohl überwiegende Ansicht in der Literatur ordnet den Linoleumrollenfall § 311 II Nr. 2 BGB n. F. zu. Zur Begründung wird angeführt, es hätten noch keine Vertragsverhandlungen stattgefunden.[685] Das ist insoweit bedenklich, als

678 Palandt/Grüneberg, 74. Auflage, a. a. O.

679 Palandt/Grüneberg,, 74. Auflage, § 311 Rn. 23.

680 Krebs, in: Dauner-Lieb/Heidel (Hrsg.), Schuldrecht , § 311 I 1, S. 368 Rn. 17; MüKo/Emmerich, 6. Auflage, § 311 Rn. 43.

681 Krebs, in: Dauner-Lieb/Heidel (Hrsg.), Schuldrecht, § 311, S. 368 Rn. 17; MüKo/Emmerich, 6. Auflage, § 311 Rn. 44.

682 Huber/ Faust , S. 69 Rn. 10.

683 Huber/Faust, Schuldrechtsmodernisierung, a. a. O.

684 MüKo/Emmerich, 6. Auflage, § 311 Rn. 43.

685 Schmidt-Räntsch, Das neue Schuldrecht, S. 178; Huber/Faust, Schuldrechtsmodernisierung, S. 69; Palandt/Heinrichs, Gesetz zur Modernisierung des Schuldrechts, § 311 Rn. 9.

das Reichsgericht sich gerade auf die „Kaufunterhandlungen“[686] berufen hat. Im Vergleich zum Bananenschalenfall[687], auf den im gleichen Atemzug verwiesen wird, ist sehr wohl ein Unterschied auszumachen.[688] Im Bananenschalenfall war gerade nicht festgestellt, dass sich die Kundin bereits Waren hatte zeigen lassen, als sie ausglitt. Diese Konstellation nahm der Bundesgerichtshof[689] zum Anlass, die Haftung aus culpa in contrahendo bereits mit dem Betreten des Kaufhauses „ zum Ziel eines Vertragsschlusses“ einsetzen zu lassen.[690] So stellte er den Anspruch des Kunden auf „vertraglichen Schutz seiner persönlichen Sicherheit“ sicher.[691] Ob der Bundesgerichtshof damit einen Verzicht auf das Merkmal der Vertragsverhandlungen vorgenommen hat, ist damit nicht unbedingt gesagt, denn der Bundesgerichtshof hat das haftungsbegründende Element nicht genannt. Überholt ist aber jedenfalls die Meinung des Reichsgerichts, das noch auf den tatsächlichen Beginn der Vertragsverhandlungen abstellte.[692] Nach der Vorstellung des Gesetzgebers soll der Linoleumrollenfall unter § 311 II Nr. 2 BGB n. F. fallen.[693]

Nahe liegend ist, wenn man auf die Vertragsverhandlungen abstellt, auch die Zuordnung des Linoleumrollenfalles unter § 311 II Nr. 1 BGB n. F, da eine Kommunikation mit einer Verkaufsperson stattgefunden hat.[694]

In der Literatur ist allerdings streitig, was unter „Vertragsverhandlungen“ zu verstehen ist. Bei der Aufnahme von Vertragsverhandlungen handelt es sich – ebenso wie bei dem in § 311 II Nr. 2 BGB n. F. beschriebenen Verhalten – nicht um Willenserklärungen, sondern um Realakte[695], auf die die Vorschriften über Rechtsgeschäfte, wie beispielsweise §§ 130, 164 BGB, nicht anwendbar sind.[696] Es genügt, wenn die Verkaufsperson im Kaufhaus generell verhandlungsbefugt ist. Einigkeit besteht darüber, dass für Vertragsverhandlungen nicht die Abgabe

686 RGZ 78, 239.

687 BGH NJW 1962, 31.

688 BGHZ 66, 51, 54; Hohloch, Vorvertragliche Haftung nach culpa-in-contrahendo-Grundsätzen auch zugunsten Dritter? – BGHZ 66, 51, JuS 1977, (302), 304; Schwab, Grundfälle zur culpa in contrahendo, Sachwalterhaftung und Vertrag mit Schutzwirkung für Dritte nach neuem Schuldrecht, JuS 2002, 773.

689 BGH NJW 1962, 31.

690 BGH a. a. O., 32.

691 BGH, a. a. O.

692 RG JW 1913, 23 ff.

693 BT-Drucks. 16/6040, S. 162; Canaris, Schuldrechtsmodernisierung, S. 722.

694 Dauner-Lieb (Hrsg.), Das neue Schuldrecht, Fälle und Lösungen, S. 172.

695 MüKo/Emmerich, 6. Auflage, § 311 Rn. 46.

696 Palandt/Ellenberger, 74. Auflage, Überblick von § 104 Rn. 9; Einführung vor § 164 Rn. 3.

einer Willenserklärung gem. § 145 BGB verlangt wird.[697] Auch eine invitatio ad offerendum wird nicht gefordert.[698] Allerdings muss es sich um ein beiderseitiges Verhalten handeln, nicht nur um ein einseitiges Verhalten, auf das die Gegenseite nicht reagiert hat.[699] Unverbindliche Informationsgespräche allgemeiner Art sollen ausreichend sein.[700] Streit besteht darüber, ob Gespräche genügen, bei denen es zunächst um die Sondierung eines wirtschaftlichen Interesses geht, wobei keine Kriterien für die Abgrenzung von Auslotungsgesprächen zu unkonkreten Informationsgesprächen genannt werden.[701] Die Grenze zur Aufnahme von Vertragsverhandlungen sei „fließend".[702] Teilweise wird das Merkmal der Einwirkungsmöglichkeit, das in § 311 II Nr. 2 BGB n. F. genannt wird, auch für § 311 II Nr. 1 BGB n. F. gefordert und gesagt, dass diese bei Vertragsverhandlungen typischerweise vorliegt.[703] Nach dem Gesagten wird deutlich, dass im Linoleumrollenfall das Gespräch mit der Verkaufsperson die „Vertragsverhandlung" gemäß § 311 II Nr. 1 BGB n. F. darstellt. Konsequenz dieser weiten Auffassung ist, dass § 311 II Nr. 2 BGB n. F. nur noch dann zur Anwendung kommt, wenn zwischen den Beteiligten keine Kommunikation stattgefunden hat.[704] Die Schwierigkeit der Einordnung verdeutlicht auch folgendes Beispiel im Lehrbuch von Huber/Faust: „Fällt etwa ein Kunde, der durch falsche Information in der Zeitungsanzeige dazu veranlasst wird, das Geschäftslokal aufzusuchen, unter Nr. 1 (weil die Information über die Ware in der Anzeige schon eine Aufnahme von Vertragsverhandlungen darstellt), unter Nr. 2 (weil er dadurch, dass er im Vertrauen auf die Richtigkeit der Anzeige den Laden aufsucht, dem anderen Teil die Möglichkeit gewährt, auf sein Vermögen und seine Entscheidungsfreiheit einzuwirken) oder unter Nr. 3 (weil das Stadium der Vertragsanbahnung noch nicht erreicht ist, sondern der Vertrag erst vorbereitet werden soll) ? Die Frage ist müßig."[705]

---

697 MüKo/Emmerich, 6. Auflage, § 311 Rn. 46; Soergel/Harke, 13. Auflage, § 311 Rn. 40.

698 Soergel/Harke, 13. Auflage, § 311 Rn. 40.

699 MüKo/Emmerich, 6. Auflage, § 311 Rn. 46.Soergel/Harke, 13. Auflage, § 311 Rn. 40; differenzierend Palandt/Grüneberg, § 311 Rn 22, wonach einseitige Maßnahmen ausreichend sind, die zur Aufnahme von Vertragsverhandlungen führen, ist dies nicht der Fall, soll § 311 II Nr. 2 BGB eingreifen.

700 MüKo/Emmerich, 6. Auflage, § 311 Rn. 46; Soergel/Harke, 13. Auflage, § 311 Rn. 40.

701 dafür: Soergel/Harke, 13. Auflage, § 311 Rn. 41; dagegen: MüKo/Emmerich, 6. Auflage, § 311 Rn. 46; Blenske, in: Schimmel/Buhlmann, Frankfurter Handbuch zum neuen Schuldrecht, S. 153 Rn. 20.

702 Blenske, a. a. O.

703 Bamberger/Roth-Gerlein/Grünberg, § 311 Rn. 44, 45.

704 Soergel/Harke, 13. Auflage, § 311 Rn. 42.

705 Huber/Faust, Schuldrechtsmodernisierung, S. 70.

Ein Ansatzpunkt zur Lösung könnte auch die Frage nach der Gemeinsamkeit der Warenhausfälle sein. Hier hat der Kunde oft noch gar keine konkreten Vertragsverhandlungen vorgenommen. Ein Vertragsschluss ist aber auch nicht ausgeschlossen. Die Öffnung des Ladenlokals für die Kunden dient gerade dem Zweck, die Kontaktaufnahme und den Vertragsschluss zu ermöglichen. In dieser Phase besteht die Möglichkeit, auf die Rechte, Rechtsgüter und Interessen des Kunden einzuwirken. Gerade die Warenhausfälle sind beispielhaft für die vorvertraglichen Erhaltungspflichten des Verhandlungspartners bezüglich der Person, des Eigentums und anderer Rechtsgüter des Gegners.[706] Gerade diese Konstellation hat § 311 II Nr. 2 BGB n. F. im Auge.[707] Das spricht für eine Zuordnung des Linoleumrollenfalles unter § 311 II Nr. 2 BGB n. F., sobald das Geschäft betreten wird. Die Einwirkungsmöglichkeit, die § 311 II Nr. 2 BGB n. F. fordert, liegt vor. Es genügt, wenn sich diese im Rahmen der Vertragsanbahnung automatisch ergibt.[708] Mit dem Beginn von Vertragsverhandlungen ist ein nahtloser Übergang zu § 311 II Nr. 1 BGB n. F. möglich.[709]

Die gleichberechtigte Stellung der einzelnen Ziffern von § 311 II BGB n. F. entschärft dieses Abgrenzungsproblem.[710] Daraus wird teilweise gefolgert, dass in der Praxis nicht die Zuordnung zu § 311 II Nr. 1, 2 oder 3 BGB n. F. entscheidend sei, sondern lediglich darauf zu achten sei, dass „der Sachverhalt dieser Beschreibung entspricht".[711]

2.3 Inhalt der vorvertraglichen Pflicht

Die Rechtsfolge, die sich aus § 311 II Nr. 2 BGB n. F. ergibt, ist die Entstehung eines Schuldverhältnisses im Sinn von § 241 II BGB n. F., wobei der Begriff des Schuldverhältnisses weit aufzufassen ist.[712] Grundlage der Nebenpflicht, ihr Umfang und ihre Reichweite sind aus dem jeweiligen Schuldverhältnis zu entnehmen, wobei es sich nicht nur um vertragliche, sondern auch um gesetzliche Schuldverhältnisse handeln kann.[713]

---

706 Soergel/Wiedemann, Vor § 275 Rn. 105 c.
707 Schmidt-Räntsch, Das neue Schuldrecht, S. 278.
708 Krebs, in: Dauner-Lieb/Heidel (Hrsg.), Schuldrecht, § 311, S. 370 Rn. 20.
709 Kakatsakis, Die culpa in contrahendo nach neuem Schuldrecht, S. 36.
710 Blenske, in: Schimmel/Buhlmann, Frankfurter Handbuch zum neuen Schuldrecht, S. 165.
711 Blenske, a. a. O.
712 Krebs, in: Dauner-Lieb/Heidel (Hrsg.), Schuldrecht, § 311, S. 370 Rn. 22.
713 Lorenz/Riehm, Lehrbuch zum neuen Schuldrecht, S. 178 Rn. 356. Die dogmatische Einordnung, ob das Schuldverhältnis, das die Nebenpflichten erzeugt, in jedem

§ 241 II BGB n. F. stellt klar, dass das Bestehen eines Schuldverhältnisses von den primären Leistungs- und Unterlassungspflichten unabhängig ist.[714] Vor der Schuldrechtsreform betraf § 241 BGB a. F. lediglich vertragliche Leistungspflichten. Eine Regelung von Schutzpflichten erfolgte nur an vereinzelten Stellen, so § 618 BGB. Die Normierung von Schutz- und Rücksichtnahmepflichten ist teilweise heftig angegriffen worden.[715]

§ 241 II BGB n. F. stellt nun eine gesetzliche Grundlage für die Nebenpflichten dar, die nicht die Veränderung, sondern die Erhaltung der Güterlage des Gläubigers zum Inhalt haben.[716] Die ausdrückliche Regelung des § 241 II BGB n. F. hebt die aus einem Schuldverhältnis folgende Pflicht zur Rücksicht auf die Rechte, Rechtsgüter und Interessen des anderen Teils hervor. Das Wort „kann“ ist in § 241 II BGB n. F. insoweit möglicherweise etwas missverständlich, da bei der culpa in contrahendo Schutzpflichten generell bestehen.[717] Durch diese Formulierung wird aber der „Hinweischarakter“[718] des § 241 II BGB n. F. sichtbar, der als Grundlage der Nebenpflicht das jeweilige Schuldverhältnis hervorhebt, das Inhalt und Reichweite der Nebenpflicht bestimmt.

Fall auf Gesetz beruht oder auch auf einem Rechtsgeschäft, hat der Gesetzgeber in § 241 II BGB bewusst offen gelassen, BT-Drucks. 14/6040, S. 126; Canaris, Schuldrechtsmodernisierung, S. 654.

714 Regierungsentwurf, BT-Drucks. 14/6040, S. 125.

715 Vor allem auch mit Blick auf § 305 I 2 DiskE, abgedruckt bei Canaris, Schuldrechtsmodernisierung 2002, S. 3, 175; vergleiche zustimmend: Fleischer, Vorvertragliche Pflichten im Schnittfeld von Schuldrechtsreform und Gemeinschaftsprivatrecht – dargestellt am Beispiel der Informationspflichten, in: Schulze/Schulte-Nölke, Die Schuldrechtsreform vor dem Hintergrund des Gemeinschaftsrechts, S. 250 ff, 265 ff; Grigoleit, Reformperspektiven der vorvertraglichen Informationshaftung, in: Schulze/Schulte-Nölke, Die Schuldrechtsreform vor dem Hintergrund des Gemeinschaftsrechts, S. 285 ff, 293 f, 301; Dauner-Lieb, Kodifikation von Richterrecht, in: Ernst/Zimmermann, Zivilrechtswissenschaft und Schuldrechtsreform, S. 303 ff, 316 ff; Huber, Das geplante Recht der Leistungsstörungen, in: Ernst/Zimmermann, Zivilrechtswissenschaft und Schuldrechtsreform, S. 31, 36, 159; Köndgen, Die Positivierung der culpa in contrahendo als Frage der Gesetzgebungsmethodik, in: Schulze/Schulte-Nölke, Schuldrechtsreform und Gemeinschaftsprivatrecht, S. 244 ff.

716 BT-Drucks. 14/6040, S. 125; Canaris, Schuldrechtsmodernisierung, S. 652 ff.

717 Krebs, in: Dauner-Lieb/Heidel (Hrsg.), Schuldrecht, § 311, S. 370 Rn. 23.

718 Lorenz/Riehm, Lehrbuch zum neuen Schuldrecht, S. 177 Rn. 356.

Im Gegensatz zu den leistungsbezogenen Pflichten des § 241 I BGB n. F. betrifft § 241 II BGB n. F. nicht leistungsbezogene Nebenpflichten.[719]

Der Bereich, der hier tangiert ist, als die Kundin verletzt wurde, ist die Verletzung absolut geschützter Rechte. Es geht hier um die Verletzung einer vorvertraglichen Pflicht.[720] Mit der Formulierung in § 241 II BGB n. F.: „ …zur Rücksicht" hat der Gesetzgeber außerdeliktische Schutzpflichten im Visier.[721] Der Gesetzgeber versuchte ursprünglich eine Abgrenzung zu den allgemeinen Verkehrssicherungspflichten mit der Formulierung „besondere Rücksicht".[722] Er musste aber das Wort „besondere" wieder streichen.[723]

Die Reichweite der Rücksichtnahme-, Fürsorge- oder Loyalitätspflichten ist einzelfallbezogen unter Berücksichtigung der bisherigen Rechtsprechung zu ermitteln.[724] Der Kaufhausinhaber war im Rahmen der ihm der Kundin gegenüber obliegenden Schutzpflicht verpflichtet, darauf zu achten, dass keine Kunden verletzt werden, insbesondere ihr Leben, Körper, Eigentum und andere Rechtsgüter. Bei der Vertragsanbahnung ist jeder Vertragspartner verpflichtet, sich im Rahmen des Zumutbaren so zu verhalten, dass die vorhandenen Rechtsgüter des anderen nicht verletzt werden.[725] Hier musste dafür Sorge getragen werden, dass eine gefahrlose Präsentation der Waren im Kaufhaus möglich war. Da keine ausreichende Abstützung für die Linoleumrolle vorhanden war, konnte diese kippen und die Kundin verletzen. Damit liegt ein Verstoß gegen die der Kundin gegenüber obliegenden Schutzpflicht vor.

---

719 Zur Beseitigung von Unklarheiten hat der Gesetzgeber das Wort „Interessen" in die Regelung aufgenommen, BT-Drucks. 14/6040, S. 126; Canaris, Schuldrechtsmodernisierung, S. 654; vergleiche zum Vermögensschutz auch: Canaris, Die Reform des Rechts der Leistungsstörungen, JZ 2001, (499), 519; Teichmann, Strukturveränderungen im Recht der Leistungsstörungen nach dem Regierungsentwurf eines Schuldrechtsmodernisierungsgesetzes, BB 2001, (1485), 1492; zum Schutz des Dispositionsinteresses, das ebenfalls umfasst ist: Begründung zu § 241 II, BT-Drucks. 14/6040, S. 126; Canaris, Schuldrechtsmodernisierung, S. 652 ff.; dagegen die Rechtsprechung: BGH NJW 1998, 302, 304; 1998, 898 f; offen gelassen in BGH NJW 2001, 436 ff; dagegen auch: MüKo/Roth/Bachmann, 6. Auflage, § 241, Rn. 51.

720 Krebs, in: Dauner-Lieb/Heidel (Hrsg.), Schuldrecht, § 311, S. 371 Rn. 25.

721 BT-Drucks. 14/ 6040, S. 125; Canaris, Schuldrechtsmodernisierung, S. 653; aus dogmatischem Blickwinkel: Krebs, in: Dauner-Lieb/Heidel/Lepa/Ring (Hrsg.), Das neue Schuldrecht in der anwaltlichen Praxis, § 3 , S. 116 ff., Rn. 10 ff.

722 Krebs, in: Dauner-Lieb/Heidel (Hrsg.), Schuldrecht, § 241, S. 159 Rn. 5.

723 Beschlussempfehlung des Rechtsausschusses, BT-Drucks. 14/7052, S. 182.

724 BT-Drucks. 14/6040, S. 163; Canaris, Schuldrechtsmodernisierung, S. 721.

725 Palandt/ Grüneberg , 74. Auflage, § 311 Rn. 29.

2.4 Vertretenmüssen

Die Zurechnung des Vertretenmüssens von Hilfspersonen erfolgt über § 278 BGB.

Interessant ist ein Blick auf § 31 BGB. Es geht dabei um eine eigene Pflichtverletzung von Organen. § 31 BGB trägt der Tatsache Rechnung, dass eine juristische Person nicht selbst handeln kann. Diese Vorschrift ermöglicht es, der juristischen Person schadensstiftende Handlungen der Vorstandsmitglieder oder verfassungsmäßig berufener Vertreter zuzurechnen. Die grundsätzliche Anwendbarkeit von § 31 BGB im Rahmen von Sonderverbindungen kann bejaht werden. Das gilt über den Wortlaut des eingetragenen (rechtsfähigen) Vereins hinaus für alle juristischen Personen wie beispielsweise einer GmbH und analog für OHG, KG und Partnerschaften gemäß §§ 1 ff PartG und nach einem neuen Urteil des Bundesgerichtshofes auch für die Gesellschaft bürgerlichen Rechts.[726]

Bedenken könnten sich aus der Frage ergeben, ob für Organpersonen im Rahmen von Sonderverbindungen nur gemäß §§ 278, 26 II („gesetzlicher Vertreter“) gehaftet wird. Der Wortlaut von § 31 BGB könnte auf eine Anwendung des §§ 278, 26 II BGB hindeuten.

Eine „zum Schadensersatz verpflichtende Handlung“ soll bei der Organperson nicht vorliegen, da diese aus der Sonderverbindung auch nicht persönlich haftet.[727] Diese Ansicht widerspricht aber dem Regelungsziel des § 31 BGB, der darauf abzielt, den Verein umfassend für seine Repräsentanten haften zu lassen. Eine Ausnahme gemäß § 278 S. 2 BGB von der allgemeinen Regelung des § 276 III BGB, wonach die Haftung für Vorsatz im Voraus nicht erlassen werden kann, ist damit nicht vereinbar.[728] Dies spricht für eine Anwendung des § 31 BGB bei Sonderverbindungen.

2.5 Beweislast

Aus der negativen Formulierung des § 280 I 2 BGB n. F. („dies gilt nicht…“) wird deutlich, dass der Gläubiger die Beweislast für die objektive Pflichtverletzung und den Schaden trägt. Der Schuldner (hier der Kaufhauinhaber) muss beweisen, dass er die Pflichtverletzung nicht zu vertreten hat. Das bedeutet, dass § 280 I 2 BGB n. F. dieselbe Beweislastverteilung zugrunde liegt wie §§ 282, 285 BGB a. F. Auf die dazu ergangene Rechtsprechung kann aber weiterhin verwiesen

726 BGH NJW 2003, 1445.

727 Medicus, Bürgerliches Recht, S. 474 Rn. 779; Staudinger/Weick, § 31 Rn. 3.

728 Soergel/Hadding, § 31 Rn. 4; Palandt/Grüneberg, 74. Auflage, § 278 Rn. 6; Jauernig/Vollkommer, § 278 Rn. 17.

werden.[729] Ebenso gilt die bisherige Unterscheidung zwischen Schutzpflichten und erfolgsbezogenen Pflichten weiter.

Bei den erfolgsbezogenen Pflichten, also Pflichten, die auf die Herbeiführung eines bestimmten Erfolges gerichtet sind (wie etwa die fristgerechte Lieferung), muss der Gläubiger die Pflichtverletzung darlegen und beweisen. Der Schuldner hingegen muss gemäß § 280 I 2 BGB n. F. vortragen und beweisen, dass er die objektive Pflichtverletzung nicht gemäß § 276 I 1 BGB zu vertreten hat (oder dass sie gerechtfertigt war).

Der Gläubiger muss bei Schutzpflichtverletzungen im Sinn des § 241 II BGB n. F. die objektive Pflichtverletzung und die Kausalität der Pflichtverletzung, die § 280 I 2 BGB n. F. voraussetzt, für den Schaden beweisen. Die Rechtsprechung zur Verteilung der Beweislast nach Gefahrenbereichen gilt weiterhin.[730] Es ist hier Sache des Gläubigers, nachzuweisen, dass im Gefahrenbereich des Schuldners ein verkehrswidriger Zustand bestanden hat. Der Schuldner hingegen muss beweisen, dass er das nicht zu vertreten hat.

Nahezu identisch sind bei Schutzpflichtverletzungen die Pflichtverletzung und der Vorwurf des Verschuldens. Das liegt daran, dass das Maß der erforderlichen Sorgfalt den Umfang der Schutzpflicht festlegt. Daher fallen die Pflichtwidrigkeit und Fahrlässigkeit eines Verhaltens unter Missachtung der erforderlichen Sorgfalt meist zusammen.[731] Lediglich wenn die rechtlichen oder tatsächlichen Voraussetzungen der Schutzpflicht für den Schuldner nicht erkennbar waren (beziehungsweise ein Rechtfertigungsgrund eingriff), kann er das noch vortragen, um den Vorwurf des Vertretenmüssens zu entkräften.[732]

Im konkreten Fall bedeutet das, dass der Kaufhausinhaber die Umstände zu seiner Entlastung vortragen muss.

2.6 Rechtsfolge

Die Rechtsfolge, die sich aus der Verletzung einer Pflicht gemäß §§ 311 II Nr. 2, 241 II BGB n. F. ergibt, ist gemäß § 280 I BGB n. F. die Verpflichtung des Schuldners, den durch die Pflichtverletzung entstandenen Schaden zu ersetzen. § 280 I BGB n. F. umfasst auch Schadensersatzansprüche aus culpa in contrahendo. Die allgemeinen Re-

729 Siehe etwa Palandt/Grüneberg, 74. Auflage, § 280 Rn. 37 ff.

730 Palandt/Grüneberg, 74. Auflage, § 280 Rn. 37; BT-Drucks. 14/6040, S. 136; Canaris, Schuldrechtsmodernisierung, S. 637.

731 Canaris, Die Reform des Rechts der Leisungsstörungen, JZ 2001, (499), 512 .

732 BGH NJW 2001, 70; 95, 2631: Die Rechtsprechung stellt darauf ab, ob im konkreten Fall eine Erhöhung der Sorgfaltspflichten vorlag und das noch nicht erkennbar war.

geln der §§ 249 ff BGB sind anwendbar. Im Fall der Körperverletzung bedeutet das, dass der entstandene Schaden – wie etwa Heilungskosten – ersetzt werden muss. Eine Unterscheidung zwischen dem Ersatz des positiven und des negativen Interesses kann in diesem Fall ohnehin nicht getroffen werden, da die Körperverletzung der Kundin auf die Verletzung einer vorvertraglichen Pflicht zurückzuführen ist, die sich weder auf den Abschluss noch auf den Inhalt des angestrebten Vertrages bezieht.[733]

Von weiteren Voraussetzungen ist der Schadensersatzanspruch hier nicht abhängig, da es nicht um einen Schaden geht, der durch Nichterfüllung der Hauptleistungspflicht oder durch Verzögerung entstanden ist.

Was immaterielle Schäden betrifft, sah § 253 BGB a. F. vor, dass eine Geldentschädigung für Nichtvermögensschäden nur in den gesetzlich bestimmten Fällen möglich ist.

Das Zweite Gesetz zur Änderung schadensersatzrechtlicher Vorschriften[734] hat diese Rechtslage mit der Einfügung des § 253 II BGB n. F. geändert.[735] § 847 BGB fällt komplett weg. Neu eingefügt wurde § 253 II BGB n. F. Man könnte auch, gerade was das Schmerzensgeld betrifft, von einer Kehrtwendung sprechen. Der Standort dieser Norm im Allgemeinen Schuldrecht belegt dies ebenso wie die Verweisungen aus dem Bereich der Gefährdungshaftung. Dies zeigt aber auch, dass eine unerlaubte Handlung, insbesondere ein Verschulden, nicht mehr die Voraussetzung für einen Schmerzensgeldanspruch sind. Vielmehr ist § 253 II BGB n. F. nun auch im Rahmen der culpa in contrahendo anwendbar. Gemäß § 309 Nr. 7 a BGB ist eine Haftungsbeschränkung durch AGB bei Körperverletzung mit Ausnahme der öffentlichen Personenbeförderung nicht zulässig. Die Gewährung von Schmerzensgeld besteht jetzt unabhängig vom Haftungsgrund.[736] Sie stellt nun auf bestimmte Beeinträchtigungen ab (Körper, Gesundheit, Freiheit und sexuelle Selbstbestimmung).[737] Diese Regelung geht auf die Überlegung zurück, dass es

733 Nickel, Die Rechtsfolgen der culpa in contrahendo, S. 70.

734 BGBl. I 2002, S. 2674.

735 Zur Verhandlung im Bundestag siehe BT-Drucks. 14/7752; bereits 1967 lag ein Entwurf für ein erstes Gesetz betreffend die Änderung und Ergänzung schadensersatzrechtlicher Vorschriften vor, der allerdings nicht umgesetzt wurde. Zu einem zweiten Entwurf kam es 1998 (BT-Drucks. 13/10435), der sich in vielen Punkten in der jetzigen Regelung wieder- findet.

736 Huber, in: Dauner-Lieb/Heidel/Lepa/Ring (Hrsg.) Das neue Schuldrecht in der anwaltlichen Praxis, § 16, S. 406 Rn. 44.

737 Auf die Aufnahme des allgemeinen Persönlichkeitsrechts wurde verzichtet. Es wurde argumentiert, dass ein schlüssiges Gesamtkonzept des Gesetzgebers nicht vorliege (Gegenäußerung der Bundesregierung zu einem Vorschlag des Bundesrates), BT-Drucks. 14/ 7752, S. 55.

für den Geschädigten gleichgültig ist, aus welchem Rechtsgrund sich die Haftung ergibt.[738] Stand bei der Schuldrechtsreform als rechtspolitisches Ziel ein einfacher zu handhabendes Recht im Zuge der Umsetzung von europarechtlichen Vorgaben im Vordergrund, so geht es hier um einen Wandel im Wertverständnis.[739] Der niedrigere Stellenwert, der dem Eigentum und Vermögen im Vergleich zum Leben und der körperlichen Unversehrtheit beizumessen ist, kommt nun durch die Aufnahme eines verschuldensunabhängigen Anspruchs auf Schmerzensgeld in das Allgemeine Schuldrecht zum Ausdruck. Das Rechtsgut Leben ist – wie schon in § 847 BGB a. F. – nicht genannt. Bei Unfällen mit Todesfolge kann nur das Leiden zwischen Verletzung und Tod „ausgeglichen" werden.[740] Der Wandel im Wertverständnis manifestiert sich auch in der Reduzierung des Sachschadens, der geltend gemacht werden kann. Nach der Einfügung des § 249 S. 2 BGB kann man die Umsatzsteuer grundsätzlich nur noch bei tatsächlich erfolgter Reparatur ersetzt verlangen. Jedenfalls ist das Verlangen von Schmerzensgeld auch im Rahmen vertraglicher Haftung möglich.

Im Linoleumrollenfall, um den es hier geht, kann die Kundin nach dieser neuen Rechtslage auch im Rahmen ihres Anspruchs aus §§ 311 II Nr. 2, 241 II, 280 I BGB n. F. Schmerzensgeld verlangen. Nach alter Rechtslage wäre das nur gemäß § 847 BGB möglich gewesen. Der entscheidende Vorteil dieser Neuregelung ist, dass der Geschäftsherr im Rahmen der culpa in contrahendo für Erfüllungsgehilfen gemäß § 278 BGB einstehen muss. § 847 BGB scheitert oft entweder daran, dass es an der Weisungsgebundenheit der handelnden Person im Sinn des § 831 I 1 BGB mangelt oder der Exkulpationsbeweis gelingt – ganz abgesehen von dem Sonderproblem, dass es ganz an einer tatbestandsmäßigen Handlung des Schädigers gemäß § 823 I BGB fehlt, weil ihn selbst keine Verkehrssicherungspflichten treffen.[741] Der Weg über das Deliktsrecht ist zwar weiter möglich, da zwischen culpa in contrahendo und §§ 823 ff BGB Anspruchskonkurrenz besteht. Für ein Schmerzensgeldbegehren ist das nun aber nicht mehr notwendig. Nun haftet der Geschäftsherr selbst (hier gemäß §§ 311 II Nr. 2, 241 II, 280 I i.V.m. 253 II BGB n. F.) auf Schmerzensgeld und nicht nur eventuell der wirtschaftlich schwächer gestellte Angestellte.[742] Dadurch erhält der Geschädigte einen zusätzlichen Schuldner. Er kann zudem mit seinem Anspruch auf Schmerzensgeld mit einem etwaigen Zahlungsanspruch des Schädigers aufrechnen.

---

738 BT-Drucks. 14/7752, S. 14.

739 BT-Drucks. 14/6040, S. 98; Canaris, Schuldrechtsmodernisierung, S. 603.

740 MüKo/Mertens, § 823 Rn. 53 mit weiteren Nachweisen.

741 Dazu bereits § 6: Kapitel 6.

742 Vergleiche die Argumentation des Reichsgerichts in RGZ 78, 239 ff.

Die Beweislastverteilung fördert die leichtere Durchsetzbarkeit des Schmerzensgeldanspruchs. Im Deliktsrecht muss der Geschädigte grundsätzlich das Verschulden des Schädigers beweisen, während die Beweislast im Rahmen der culpa in contrahendo umgekehrt ist.[743]

Die Kriterien für die Bemessung des Schmerzensgelds, die bisher galten, sind weiter aktuell.[744]

---

743 § 280 I 2 BGB n. F.; ursprünglich war in § 253 II BGB die Wendung vorgesehen, der Schaden dürfe „nicht unerheblich" sein (BT-Drucks. 14/7752, S. 16). Dies konnte so interpretiert werden, dass „nicht unerheblich" im Vergleich zu einem erheblichen Schaden ein „Weniger" darstellen sollte. Möglich wäre auch gewesen, darin eine Aussage zur Beweislastverteilung zu sehen indem der Geschädigte seine Schädigung durch zurechenbares Verhalten des Schädigers beweisen muss, während der Schädiger die Unerheblichkeit der Verletzung nachweisen muss. Diese „Bagatellgrenze" konnte sich aber nicht durchsetzen (BT-Drucks. 14/8780, S. 31).

744 Palandt/Thomas, 58. Auflage, § 847 Rn. 10 ff.

§ 8: Kapitel 8: Fragen rund um die Regelung der culpa in contrahendo

1. Bedarf einer Normierung

1.1 Fehlen einer Normierung

Im BGB alter Fassung war keine Bestimmung vorhanden, die regelte, dass die Verhandlungspartner bereits durch die Aufnahme von Vertragsverhandlungen Schutzpflichten zu beachten haben. § 11 Nr. 7 AGBG erwähnte als einzige Norm vor der Schuldrechtsreform ausdrücklich die culpa in contrahendo. Beim Inkrafttreten des AGBG im Jahr 1976 war die culpa in contrahendo längst anerkannt. Der Gesetzgeber brachte mit der ausdrücklichen Erwähnung nicht nur die Existenz des Haftungsinstitutes zum Ausdruck. Indem lediglich eine Erwähnung der culpa in contrahendo stattfand, zeigte er gleichzeitig seine Duldung und Billigung richterlicher Rechtsfortbildung auf diesem Gebiet. Der Gesetzgeber hat sich jeder Stellungnahme zu Grundlagen und Voraussetzungen der Haftung aus culpa in contrahendo enthalten. Mit der Vorschrift des § 11 Nr. 7 AGBG ist kein Eingriff in die „Fallgruppen" der culpa in contrahendo verbunden. Diese Vorschrift erwähnte explizit die Pflichten bei Vertragsverhandlungen und erstreckte den Schutz dieser Regelung, die die Zulässigkeit von Freizeichnungsklauseln beschränkt, auch auf die culpa in contrahendo.[745] Das Verbot des Haftungsausschlusses betrifft nicht nur diesen, sondern darüber hinaus auch jede Art der Haftungsbegrenzung, etwa durch den Ausschluss von bestimmten Schäden oder einer Begrenzung der Anspruchshöhe.[746] Der Anspruch aus culpa in contrahendo entsteht im Regelfall schon vor einem späteren Vertragsschluss, in den die Allgemeinen Geschäftsbedingungen, also insbesondere eine Klausel, die an § 11 Nr. 7 AGBG zu messen wäre, einbezogen werden. Aus diesem Grund wird darauf hingewiesen, dass der Haftungsausschluss für Ansprüche aus culpa in contrahendo schon nicht greift.[747] Die Schuldrechtsreform brachte auch eine Integration der Sonder- und Nebengesetze in das BGB mit sich. Die Regelungen der Allgemeinen Geschäftsbedingungen sind jetzt im Buch zwei, Abschnitt zwei: Gestaltung rechtsgeschäftlicher Schuldverhältnisse durch Allgemeine Geschäftsbedingungen in den Vorschriften der §§ 305 ff BGB zu finden. § 309 Nr. 7 BGB n. F. ist nun die mit dem frühe-

745 Palandt/Heinrichs, 58. Auflage, § 11 Nr. 7 AGBG Rn. 34.

746 BGH NJW 1987, 2820.

747 Palandt/Heinrichs, 58. Auflage, § 11 Nr. 7 AGBG Rn. 35.

ren § 11 Nr. 7 AGBG vergleichbare Vorschrift.[748] Die culpa in contrahendo ist hier nicht mehr angeführt. Das ist auch nicht mehr nötig. In § 311 II BGB n. F. wird die culpa in contrahendo nun als gesetzliches Schuldverhältnis ausdrücklich anerkannt.[749] Die wörtliche Hervorhebung der culpa in contrahendo erfolgt nicht. § 311 II BGB spricht nur von einem Schuldverhältnis mit Pflichten gemäß § 241 II BGB.

1.2 Offenheit des BGB bezüglich einer Regelung der culpa in contrahendo

1.2.1 Haltung des Reichsgerichts

Das Reichsgericht vertrat ursprünglich die Ansicht, dass aus der Regelung von Einzelvorschriften im BGB (wie etwa §§ 179, 307, 309 BGB a. F.) der Umkehrschluss zu ziehen sei, dass der Gesetzgeber für andere als die geregelten Fälle gerade keine Schadensersatzpflicht begründen wollte.[750] Das Reichsgericht klammerte sich an den Wortlaut des BGB und betonte, dass die §§ 276 ff BGB a. F. ein „fertiges Schuldverhältnis" voraussetzten.[751] Zu bedenken ist auch, dass das BGB zur Zeit des Linoleumrollenurteils gerade einmal etwas mehr als 10 Jahre in Kraft war. Die Richter des Reichsgerichts standen vor dem Problem, dass sie, verwurzelt mit der historischen Tradition, nun mit den relativ neuen Regelungen des BGB arbeiten mussten.[752] Dazu kommt ein weiterer Gesichtspunkt. Nach dem Selbstverständnis der Richter des Reichsgerichts sahen sie sich nicht als bloße „Subsumtionsautomaten" ohne eigenen Gestaltungsspielraum.[753] Wenn die Richter des Reichsgerichts ihren Entscheidungsspielraum nutzten, wollten sie dem Willen des Gesetzgebers Rechnung tragen, aber gleichzeitig die begehrte Rechtsfolge nach Möglichkeit aus einer Norm im BGB entnehmen.

1.2.2 Motive des Gesetzgebers

Die Verfasser des BGB gingen von einer anderen Überlegung aus. In Kenntnis der Lehre Jherings entschieden sie sich gegen eine generelle Regelung der culpa

748 Palandt/Grüneberg, 74. Auflage, § 309 Rn. 40.
749 Diers, Ersatzansprüche Dritter bei culpa in contrahendo, S. 1.
750 So etwa RGZ 61, 213 f.
751 RG JW 1908, S. 657 Nr. 5.
752 Chiusi, Modern, alt und neu: Zum Kauf nach BGB und römischem Recht, Jura, (217), 224.
753 Glöckner, Die positive Vertragsverletzung, in: Falk/Mohnhaupt, Das Bürgerliche Gesetzbuch und seine Richter, S. 190.

in contrahendo und schufen lediglich Einzelvorschriften. Die Frage, ob die vorvertraglichen Pflichten vertraglich oder deliktisch einzuordnen seien, wurde ausdrücklich offen gelassen. Dies geschah einerseits, weil die culpa in contrahendo ein relativ „junges“ Haftungsinstitut war und sich dessen systematische Entwicklung noch nicht prognostizieren ließ. Andererseits ging es dem Gesetzgeber darum, bekannte Problemfälle weitgehend zu regeln.[754] Insofern ist das BGB grundsätzlich offen für eine Normierung der culpa in contrahendo. Dafür spricht auch die Formulierung in den Motiven, dass zur culpa in contrahendo keine „prinzipielle Bestimmung“ getroffen worden sei.[755]

1.3 Fehlende Aussage der Einzelvorschriften zur culpa in contrahendo bezüglich der Integritätsverletzung im vorvertraglichen Bereich

Keine der in das BGB aufgenommenen Einzelvorschriften ist auf den Bereich der Erhaltungspflichten zugeschnitten. Das BGB schließt im § 676 BGB a. F. ausdrücklich die Haftung für Rat oder Empfehlungen aus. Außerdem finden sich keine Vorschriften bezüglich von Vertragsverhandlungen oder für den Vorvertrag. Die §§ 145 ff BGB betreffen lediglich den Vertragsschluss selbst. Die Regelungslage des BGB ist stark auf den Vertrag zugeschnitten und ansonsten eher rudimentär.

§§ 307, 309 BGB a. F. betreffen die anfängliche objektive Unmöglichkeit, § 179 BGB die Haftung des vollmachtlosen Vertreters und § 122 BGB die Anfechtung.

Anders fällt der Befund im Bereich der falschen Information aus. Hier bedürfte es einer eingehenden Untersuchung über Inhalt und Reichweite von Vorschriften wie etwa §§ 123 I, 676 BGB. Im Gegensatz dazu ist die Verletzung der Integrität des Verhandlungspartners in der Phase der Vertragsanbahnung nicht in den genannten Einzelvorschriften thematisiert.

1.4 Inhomogenität der Einzelvorschriften

Die von den historischen BGB-Verfassern in das Gesetz eingestellten Einzelvorschriften sind durch ihre Inhomogenität gekennzeichnet. Eine einheitliche Grundtendenz liegt diesen Vorschriften nicht zugrunde – abgesehen davon, dass ihre Zugehörigkeit zu gesetzlich geregelten Fällen der culpa in contrahendo nicht einheitlich beurteilt wird.[756] Die Vorschriften sind im Gesetz verstreut. Als

754 Medicus, Festschrift Kaser II, S. 175 ff.

755 Motive II, S. 179.

756 Dazu bereits § 4: Kapitel 4.

Gemeinsamkeit lässt sich feststellen, dass sie eine Ersatzpflicht für ein Verhalten vorsehen, das vor oder bei Abschluss eines Vertrages liegt. Abgesehen davon sind die Voraussetzungen und auch die Rechtsfolgen der Normen verschieden. §§ 122, 179 BGB sehen eine verschuldensunabhängige Schadensersatzpflicht vor, während die Paragraphen §§ 307, 309 BGB a. F. Verschulden voraussetzten. Letztere gingen auf den Ersatz des Vertrauensschadens. Auch § 122 BGB ist auf Ersatz des negativen Interesses gerichtet. Anders als § 179 II, III BGB gewährt § 179 I BGB dem Geschäftsgegner nach seiner Wahl einen Anspruch auf Erfüllung oder auf Schadensersatz in Höhe des Erfüllungsinteresses.

Ein abschließender Regelungsgehalt liegt diesen Einzelvorschriften aufgrund ihrer Unterschiedlichkeit nicht zugrunde. Damit kommt ihnen auch keine ausschließende Wirkung zu, die einer allgemeinen Regelung der culpa in contrahendo entgegenstünde.[757]

1.5 Schutz durch das Deliktsrecht

Einzig das Deliktsrecht bietet in den §§ 823 ff BGB Anknüpfungspunkte für eine Haftung des Schädigers. Die Frage ist zunächst, ob das Deliktsrecht für die Integritätsverletzung im Vorfeld eines Vertrages einen ausreichenden Schutz bietet. Das Enumerationsprinzip, das den § 823 ff BGB zugrunde liegt, beschränkt die Haftung auf die Verletzung von Rechtsgütern, die in § 823 I BGB absolut geschützt sind und auf die Verletzung eines Schutzgesetzes gemäß § 823 II BGB. Leben und Gesundheit sind in § 823 I BGB ausdrücklich als absolut geschützte Rechtsgüter angesprochen. Da es in den Warenhausfällen typischerweise um eine Körperverletzung des Kunden geht, sind §§ 823, 831 BGB einschlägig. Die Problematik des primären Vermögensschutzes im Deliktsrecht ist für die Warenhausfälle deshalb nicht relevant.

Das Versagen der einschlägigen deliktsrechtlichen Vorschriften ist hier auch nicht auf diesem Gebiet zu suchen. Es geht um die Exkulpationsmöglichkeit des § 831 I 2 BGB und um § 823 I BGB, wenn es hier außer der Verletzung des Körpers an weiteren tatbestandlichen Voraussetzungen fehlt. Die Problematik des § 831 BGB liegt oft nicht allein in der Möglichkeit des Geschäftsherrn, sich zu exkulpieren. Zwar ist dann der Geschädigte darauf angewiesen, einen Anspruch gegen den eigentlichen Schädiger zu realisieren. Der Nachteil dabei ist, dass der Angestellte wirtschaftlich meist nicht so leistungsfähig sein wird wie der Geschäftsherr selbst. Als rein tatsächliches Hindernis entpuppt sich aber oft, dass der

757 Medicus, Festschrift Kaser II, S. 169, 177 ff.

Geschädigte weder Name noch ladungsfähige Anschrift des Angestellten kennt. Er muss zunächst selbst nachforschen, um welchen Angestellten es sich handelte.

Die Idee, anstelle von § 831 BGB den § 31 BGB anzuwenden, steht im Widerspruch zum Gesetzestext.[758] Die Lockerung des § 31 BGB durch die Rechtsprechung kann bei Gehilfen nicht greifen, die nicht über die geforderte eigenverantwortliche Stellung nach außen hin verfügen.

Reformvorschläge zur Gehilfenhaftung gemäß § 831 BGB liegen vor.[759] Angedacht ist eine Haftung aus § 831 BGB für fremde Verletzungshandlungen, die widerrechtlich und schuldhaft sind.[760] Umgesetzt wurde dieser Vorschlag im Weg der Schuldrechtsreform aber nicht.

Von einem umfassenden Schutz des Deliktsrechts kann daher im Bereich der Erhaltungspflichten nicht ausgegangen werden.

Zwischen Deliktsrecht und culpa in contrahendo besteht Anspruchskonkurrenz. Bei der Verletzung von fremden deliktisch geschützten Rechtsgütern hat die Rechtsprechung teilweise einen deliktischen Schadensersatzanspruch nicht erörtert (so auch im Linoleumrollenfall). Für den Geschädigten und auch für das Gericht ist der Anspruch aus culpa in contrahendo leichter zu begründen als ein etwaiger Anspruch aus §§ 823 I, II BGB in Verbindung mit einem Schutzgesetz oder § 826 BGB. Zudem kommt es dann auf § 831 BGB nicht mehr an. Es gibt Entscheidungen, die sich ausdrücklich für ein Nebeneinander von Deliktsrecht und culpa in contrahendo aussprechen.[761]

2. Frage nach der Regelbarkeit der culpa in contrahendo

2.1 Überlegungen zur Regelung mittels Generalklausel

Der Bogen der Anwendungsmöglichkeiten der culpa in contrahendo ist weit gespannt. Gerade wenn man die Fallgruppe der Integritätsverletzung derjenigen des nachteiligen Vertragsschlusses gegenüber stellt, zeigt sich, dass erstere eine gewisse Nähe zum Deliktsrecht aufweist. Wenn Pflichten bezüglich des abzuschließenden Vertrages verletzt werden, ist hingegen der Inhalt der Pflichten

758 Kreuzer, Anmerkungen zum Urteil des BGH vom 28.1.1976 (Gemüseblattfall), JZ 1976, (776), 778 f.

759 Staudinger/ Schäfer, § 831 Rn. 252 ff; v. Bar, Deliktsrecht, in: Gutachten und Vorschläge zur Überarbeitung des Schuldrechts II, S. 1716 ff, 1762. 1776.

760 V. Bar, a. a. O.

761 BGH NJW 1962, 31 f; BGHZ 66, 51 f.

auf den Vertragsschluss bezogen.[762] Die Vielzahl und Unterschiedlichkeit der Anwendungsbereiche stellen gleichzeitig das Problem der Regelung der culpa in contrahendo im BGB dar. Mit der Bildung von Fallgruppen hat man zwar versucht, den Überblick zu behalten. Der Ausuferung des Haftungsinstituts konnte man auf diese Weise keinen Einhalt gebieten. Stichworte wie Sachwalterhaftung, Haftung beim Abbruch von Vertragsverhandlungen, Prospekthaftung und Auskunftshaftung belegen dies.[763]

Angesichts dessen liegt die Frage auf der Hand, ob sich die culpa in contrahendo in eine Norm gießen lässt. Mittels einer Generalklausel ließe sich die culpa in contrahendo im Gesetz verankern. Das noch verbleibende Problem kreist dann um die Technik der Normierung. Der mit der Normierung der culpa in contrahendo verbundene Streit im Vorfeld der Schuldrechtsreform betraf im Wesentlichen auch diese Frage. Während der Gesetzgeber in § 305 I 2 DiskE zunächst eine Generalklausel favorisierte, plädierten Stimmen in der Wissenschaft für die Formulierung von Fallgruppen. Denkbar wäre auch eine Kombination aus beidem in Form einer Generalklausel und „Regelbeispielen".[764]

In der Gesamtschau dürfte die Regelung der culpa in contrahendo grundsätzlich möglich sein.

2.2 Formulierungen in Lehrbüchern und ausländischen Gesetzeswerken

Für diese Einschätzung spricht auch ein Blick auf die Versuche einer allgemeinen Formulierung in der Literatur an Kommentaren und Lehrbüchern:

„Nach heutiger Auffassung ist bereits die tatsächliche Aufnahme von Vertragsverhandlungen oder eines, sie vorbereitenden „geschäftlichen Kontakts" geeignet, erhöhte Sorgfalts- und Rücksichtspflichten unter den Beteiligten zu begründen, deren Verletzung sie in derselben Weise verantwortlich macht, wie die Verletzung einer Vertragspflicht."[765]

762 Medicus, Verschulden bei Vertragsverhandlungen, Bundesminister der Justiz (Hrsg.), Gutachten und Vorschläge zur Überarbeitung des Schuldrechts, S. 487.

763 BGHZ 74, 103 ff.

764 So Medicus, Verschulden bei Vertragsverhandlungen, in: Bundesminister der Justiz (Hrsg.), Gutachten und Vorschläge zur Überarbeitung des Schuldrechts, S. 487 ff.

765 Larenz, Schuldrecht I, § 9 I, S. 101.

... man spricht hier von Schutzpflichten (oder „weitere Verhaltenspflichten"). Diese entstehen bereits durch den Eintritt in Vertragsverhandlungen, so dass die schuldhafte Verletzung ein Verschulden bei Vertragsverhandlungen bedeutet".[766]

„Aus diesen Einzelvorschriften haben Rechtsprechung und Lehre ... den Grundsatz abgeleitet, dass bereits durch die Aufnahme von Vertragsverhandlungen oder einen diesem gleichzustellenden geschäftlichen Kontakt ein vertragsähnliches Vertrauensverhältnis entsteht, das die Partner zur Sorgfalt von „Schuldnern" verpflichtet."[767]

Das österreichische Recht kennt ebenfalls die culpa in contrahendo, die aus dem deutschen Recht entlehnt wurde. Allerdings findet sich im Allgemeinen Bürgerlichen Gesetzbuch (ABGB) dazu keine umfassende Regelung. Es sind lediglich Einzelvorschriften vorhanden, so beispielsweise §§ 871, 874, 869, 866 ABGB. § 878 S. 3 ABGB entspricht dem deutschen § 307 BGB a. F., § 1313 a ABGB dem deutschen § 278 BGB.

Das schweizerische Obligationenrecht enthält keine ausdrückliche Regelung der culpa in contrahendo. Verschiedene Regelungen werden als Ausdruck der culpa in contrahendo begriffen, so Art. 26, 36 II, 39 OR, 411 II ZGB.[768] Die culpa in contrahendo wird als Rechtsinstitut aber anerkannt und nach Fallgruppen unterschieden. Es geht dabei insbesondere um Aufklärungs-, Informationspflichten und das Verhindern eines Vertragsschlusses.[769] Art. 41 I OR ist, anders als § 823 ff BGB, eine deliktische Generalklausel.

Der Code Napoléon enthält keine ausdrückliche Vorschrift zur culpa in contrahendo. Es existieren einzelne Vorschriften wie Art. 1599, der eine dem § 307 BGB a. F. vergleichbare Vorschrift darstellt. Art. 1599 bestimmt, dass der Verkauf einer fremden Sache nichtig ist. Den Verkäufer trifft nur eine Schadensersatzpflicht, wenn der Käufer den Umstand, der die Nichtigkeit begründet weder kannte noch kennen musste. Nach Art. 1601 ist ein Kauf nichtig, wenn zum Zeitpunkt des Kaufes eine Kaufsache ganz untergegangen war. Der Linoleumrollenfall wird in Frankreich über das weit gefasste Deliktsrecht abgewickelt. Die culpa in contrahendo wird ohnehin weitgehend deliktisch aufgefasst.[770] Die Erklärung hierfür ist ein sehr weit gefasstes Deliktsrecht, das über Art. 1382 C.C. auch das Vermögen umfasst und dem eine Exkulpationsmöglichkeit bei der Haftung für Gehilfen fremd ist (Art. 1384 V C.C.).

---

766 Medicus, Schuldrecht I, S. 2 Rn. 5.

767 Palandt/Heinrichs, 58. Auflage, § 276 Rn. 65.

768 Wittibschlager, Einführung in das schweizerische Recht, S. 134.

769 Wittibschlager, a. a. O.

770 Hübner/Constantinesco, Einführung in das französische Recht, S. 142.

Einflüsse des schweizerischen, italienischen und deutschen Rechts vereinen sich im griechischen Zivilgesetzbuch (Astikus Kodix).[771]

Hier finden sich folgende Regelungen zur culpa in contrahendo, die die Verpflichtung beider Parteien enthalten, sich nach Treu und Glauben zu verhalten.

Art 197: Bei Verhandlungen zur Schließung eines Vertrages sind die Parteien gegenseitig verpflichtet, das nach Treu und Glauben und nach der Verkehrssitte gebotene Verhalten zu beachten.

Art. 198: Wer bei Verhandlungen zur Schließung eines Vertrages dem anderen schuldhaft einen Schaden zugefügt hat, ist zu dessen Ersatz verpflichtet, auch wenn der Vertrag nicht zustande gekommen ist.

Auf die Verjährung dieses Anspruchs finden die Vorschriften über die Verjährung aus unerlaubter Handlungen entsprechende Anwendung.[772]

Damit ist die culpa in contrahendo ausdrücklich geregelt. Darüber hinaus existieren auch viele Einzelvorschriften, die, ähnlich wie das BGB, verschiedene Einzelgedanken aufgreifen. Dies betrifft nicht nur den Schadensersatz infolge Anfechtung in den Artikeln 145 und 149 ZGB (Parallele: § 122 BGB), sondern auch die Unmöglichkeit beziehungsweise. die Gesetzwidrigkeit der Leistungen in den Artikeln 362, 363, 365 ZGB (im BGB a. F. §§ 307, 309) und die mangelnde Vertretungsmacht im Art. 231 ZGB (Parallele: § 179 BGB).

Das griechische Zivilgesetzbuch ist nicht nur stark vom deutschen BGB geprägt. Art. 914 ZGB ordnet Ersatz von fahrlässig verursachten Vermögensschäden durch das Deliktsrecht an. Diese weitere deliktische Regelung ist vom französischen Zivilrecht inspiriert. Eine Exkulpationsmöglichkeit ist –anderes als im deutschen Zivilrecht – nicht vorgesehen. Integritäts- und Eigentumsverletzungen werden ähnlich wie in Frankreich über das Deliktsrecht gelöst.

Das italienische Recht ist vom Code Napoléon beeinflusst. Im italienischen Codice civile ordnet Artikel 1337 an:

„Die Parteien müssen sich bei den Vertragsverhandlungen nach den Grundsätzen von Treu und Glauben verhalten".[773] Diese Vorschrift betrifft die Einstellung von Vertragsverhandlungen. Die vorvertragliche Haftung löst das italienische Recht meist deliktisch. Sie ist auf Ersatz des negativen Interesses gerichtet. Gemäß Art. 1338 des Codice civile ist die Partei, die der anderen die Gründe für die Ver-

---

771 Vom 15.03.1940, in Kraft gesetzt seit 23.02.1946, Reg.Bl. 1946 I 761; Deutsche Übersetzung Gogos, Das Zivilgesetzbuch von Griechenland; Furkiotis, Die wirtschaftliche Ungleichheit der Kontrahenden.

772 Die Verjährungsfrist ist in Art. 937 griechischen ZGB geregelt und beträgt fünf bis zwanzig Jahre –ähnlich wie § 852 BGB a. F.

773 Codice civile von 1942.

tragsunwirksamkeit nicht mitgeteilt hat zum Schadensersatz in Höhe des Vertrauensschadens verpflichtet. Beide Normen dienten Rechtsprechung und Literatur als Ausgangspunkt für ein komplexes Haftungssystem, das unter anderem den Abbruch von Vertragsverhandlungen, die unterlassene Mitteilung von Ungültigkeitsgründen und die Prospekthaftung erfasst.[774]

Dieser kurze, rechtsvergleichende Streifzug zeigt, dass eine Normierung der culpa in contrahendo möglich ist und vereinzelt auch vollzogen wurde.

Eine andere Frage ist die nach dem Wie der technischen Umsetzung. Der Vorteil einer allgemein gehaltenen Regelung ist ihre Offenheit für neuartige Fallgestaltungen und Probleme. Daneben geht es aber auch darum, Ansätze für künftige Entwicklungsmöglichkeiten des Rechtsinstituts – soweit dies möglich ist – zu berücksichtigen. Auch der dogmatische Hintergrund sollte nicht nur allgemein auf die culpa in contrahendo, sondern soweit möglich im konkreten Bezug zu den „Fallgruppen" aufgearbeitet werden. Der Aspekt der Rechtssicherheit muss ebenso Berücksichtigung finden. Die Aufzählung einzelner „Fallgruppen" könnte dem Rechnung tragen und dem Rechtsanwender einen schnellen Überblick über die erfassten Fallgruppen verschaffen. Gerade darin liegt aber auch die Gefahr, sich neuen Fallgestaltungen zu verschließen. Zwar haben sich bestimmte „Fallgruppen" herauskristallisiert und gehören zum „Kernbestand" der culpa in contrahendo. Das Rechtsinstitut der culpa in contrahendo ist aber nicht in diesen traditionellen Anwendungsfeldern erstarrt. Die Funktion der culpa in contrahendo im Bereich des Anlegerschutzes belegt, dass hier die Rechtsprechung die Möglichkeit hat, aktuelle Fallgestaltungen über die culpa in contrahendo zu lösen. Eine schnelle Reaktion der Rechtsprechung im Weg der Analogie und Rechtsfortbildung von einem Fall zum nächsten ist ebenfalls zu bedenken.

774 Kindler, Einführung in das italienische Recht, § 15, S. 189 f.

§ 9: Kapitel 9: Warenhausfälle als Anwendungsbereich der culpa in contrahendo

1. Charakteristika der Warenhausfälle

Traditionell werden die Fälle der Erhaltungspflichtverletzung als Fallgruppe der culpa in contrahendo beschrieben. Die Einwände, die dagegen sprechen, betreffen nicht nur die Sorge vor einer Ausuferung des Haftungsinstitutes der culpa in contrahendo. Die culpa in contrahendo dürfe nicht zu einem „Sammelbegriff disparater Haftungstatbestände" werden.[775] Daneben handle es sich in den Fällen der Verletzung des Integritätsinteresses um „genuines Deliktsrecht".[776] Die Lösung dieser Fälle über die culpa in contrahendo sei nicht berechtigt.[777]

1.1 Deliktsnähe

Die Verletzung von Erhaltungspflichten ist durch die Verletzung absolut geschützter Rechtsgüter gekennzeichnet, die in § 823 I BGB explizit aufgeführt sind. So geht es in den Warenhausfällen regelmäßig darum, dass ein Kunde eine Körperverletzung erleidet. Der deliktsrechtliche Schutz ist lückenhaft. Es geht dabei nicht nur um den fehlenden primären Vermögensschutz in § 823 I BGB. In den Warenhausfällen wird ein absolut geschütztes Rechtsgut (Körper, Gesundheit) des Kunden verletzt, so dass dann auch im Rahmen des § 823 I BGB i.V.m. §§ 249 ff BGB der Vermögensschaden ersetzt werden muss. Die Problematik liegt nach wie vor darin, dass manche Fallkonstellationen deliktsrechtlich nicht erfasst werden können. Dieser fehlende Schutz entsteht einerseits durch den geglückten Exkulpationsbeweis des § 831 I 2 BGB. Andererseits ist es auch mittels eines direkten Anspruches aus § 823 I BGB (i.V.m. den Grundsätzen über das Organisationsverschulden beziehungsweise Organisationsmangel) oft nicht möglich oder äußerst problematisch, diese Voraussetzungen zu erfüllen.[778] § 826 BGB, der eine vorsätzliche, sittenwidrige Schädigung voraussetzt, wird in

---

775 MüKo/Emmerich, 3. Auflage, § 275 Rn. 32.

776 Picker, Positive Forderungsverletzung und culpa in contrahendo – Zur Problematik der Haftungen „zwischen" Vertrag und Delikt, AcP 183 (1983), (369), 376.

777 Medicus, Verschulden bei Vertragsverhandlungen, in: Bundesminister der Justiz (Hrsg.), Gutachten und Vorschläge zur Überarbeitung des Schuldrechts, S. 493.

778 Zu den Schwierigkeiten siehe § 6: Kapitel 6.

den Warenhausfällen meist nicht gegeben sein. Hier handelt es sich typischerweise um Fälle, die allenfalls unter dem Aspekt der Fahrlässigkeit erfassbar sind.

1.2 Fehlen einer rechtsgeschäftlichen Bindung

Bereits im Linoleumrollenfall zeigte sich, dass es bei den Vertragsverhandlungen nicht zu einer rechtsgeschäftlichen Bindung der Verhandlungspartner kommt.[779] Während im Linoleumrollenfall immerhin ein Gespräch zwischen der interessierten Kundin und dem Angestellten stattfand, fehlt das in anderen Fällen ganz. Der Bundesgerichtshof gewährte einer Klägerin bereits mit dem Betreten der Geschäftsräume einen Anspruch aus culpa in contrahendo.[780] Einer Tochter, die ihre Mutter zum Einkaufen begleitet hatte, sprach der BGH einen unmittelbaren Anspruch aus culpa in contrahendo gegen den Warenhausinhaber zu, indem er die Tochter in den Schutzbereich der culpa in contrahendo einbezog.[781] Das geschah, obwohl die Mutter selbst noch kein Verkaufsgespräch geführt hatte. Indem sie sich lediglich über die Sonderangebote informieren wollte, besaß sie keine feste, sondern nur eine potentielle Kaufabsicht. Nach der Schuldrechtsreform stellt sich die Frage, ob die Tochter gemäß § 311 III 1 BGB n. F. in den Schutzbereich des vorvertraglichen Schuldverhältnisses der Mutter (§§ 311 II Nr. 2, 241 II, 280 I BGB n. F) einbezogen wurde. Der Wortlaut des § 311 III 1 BGB n. F. ist insofern nicht eindeutig, als nicht explizit geregelt ist, ob der Dritte Berechtigter oder Verpflichteter sein soll. Diese Formulierung umfasst sowohl die Aktiv- als auch die Passivlegitimation.[782] Daher wäre der Vertrag mit Schutzwirkung zugunsten Dritter vom Wortlaut der Vorschrift abgedeckt.[783] Fraglich ist allerdings, ob diese Auffassung der Intention des Gesetzgebers entspricht. Die Regierungsbegründung nennt nur die Sachwalterhaftung und die Eigenhaftung des Vertreters, nicht aber den Vertrag mit Schutzwirkung zugunsten Dritter.[784] Das Fehlen einer Normierung entsprechender Voraussetzungen spricht auch gegen eine Anwendung von § 311 III 1 BGB n. F. Damit ist weiter an der praeter legem entwickelten Rechtsfigur des Vertrages mit Schutzwirkung zugunsten Dritter festzuhalten.

---

779 Dazu bereits oben § 5.4.

780 BGH NJW 1962, 31.

781 BGHZ 66, 51, 56.

782 Canaris, Die Reform der Leistungsstörungen, JZ 2001, (499), 520.

783 So der Vorschlag von Canaris a. a. O., 499, 520; Teichmann, Strukturveränderungen im Recht der Leistungsstörungen nach dem Regierungsentwurf eines Schuldrechtsmodernisierungsgesetzes, BB 2001, (1485), 1492.

784 BT-Drucks. 14/6040, S. 161 ff; textgleich mit dem Entwurf der Bundesregierung in BT-Drucks. 6857; Canaris, Schuldrechtsmodernisierung, S. 722.

Ein direkter Anspruch der Tochter gemäß §§ 311 II Nr. 3, 241 II, 280 I BGB n. F. ist hingegen abzulehnen. § 311 II Nr. 3 BGB n. F. betrifft als Auffangtatbestand nur Fälle, die nicht schon von §§ 311 II Nr. 1, 2 BGB n. F. erfasst werden, nicht jedoch die Einbeziehung Dritter.[785]

Die Abgabe eines Antrages hingegen würde zu einer Bindung des Verhandlungspartners gemäß § 145 BGB führen. Diese Intensität ist bei Vertragsverhandlungen aber noch nicht erreicht. Hier geht es noch nicht darum, rechtsgeschäftlich bindende Erklärungen abzugeben. Es werden zunächst erst die Möglichkeit, die Konditionen oder das Interesse ausgelotet, ob es zu einem Vertragsschluss kommen kann. Dennoch treten die Verhandlungspartner auch schon in diesem Stadium aus ihrer Isolation heraus und verlassen auf dem Weg der Vertragsverhandlungen die auf das zufällige Aufeinandertreffen zugeschnittene Ebene des Deliktsrechts.

2. Aussagekraft der Qualifizierung der culpa in contrahendo als Sonderverbindung

2.1 Fehlen einer subsumtionsfähigen Definition der Sonderverbindung

Nicht nur die Anwendung der Rechtsfolgen der Vertragshaftung bedarf einer eingehenden Überlegung, sondern auch die Qualifikation der culpa in contrahendo als Sonderverbindung. Das Kriterium der Sonderverbindung wird zur Abgrenzung der vertraglichen zur deliktischen Haftung herangezogen.[786] Es entspricht der allgemeinen Meinung, dass die culpa in contrahendo eine Sonderverbindung darstellt. Die Merkmale einer Sonderverbindung als solche sind in subsumtionsfähiger Weise nicht vorhanden. Es finden sich lediglich Umschreibungen wie „sozialer Kontakt“[787], „Treuebindung“[788] zwischen zwei bestimmten Personen, ein rechtlich bedeutsames und daher vom Recht bestimmtes Lebensverhältnis, das in einer rechtswirksamen Beziehung von Person zu Person besteht.[789] Dabei wird oft nicht klar zwischen der Legitimation der Sonderverbindung und der Legitimation von konkreten Schutzpflichten in der Sonderverbindung getrennt. Die Frage nach dem Haftungsgrund der culpa in contrahendo ist vielfach gestellt

785 BT-Drucks. 14/6040, S. 163; Canaris, Schuldrechtsmodernisierung, S. 722.
786 Larenz, Schuldrecht I, § 2 I, S. 7; Thiemann, Culpa in contrahendo, S. 9 ff.
787 Dölle, Außergesetzliche Schuldpflichten, ZStW 103 (1942/43), 67 ff.
788 Böhmer, Zum Begriff der Verbindlichkeiten im Sinn des § 278 BGB, MDR 1961, 566.
789 Enneccerus/Nipperdey, BGB AT, 1. Halbband, § 71, S. 427.

worden, ohne die Diskussion zu beenden oder zu einer gemeinsamen Lösung zu gelangen. Dabei sind diese Meinungen auch bei der Problematik der Sonderverbindung von Bedeutung. Die Frage in diesem Zusammenhang ist, ob sie eine Sonderverbindung legitimieren können. Ein Punkt, der in verschiedenen Facetten auftaucht, ist der Vertrauensgedanke, wobei dessen Aussagekraft in Hinblick auf die Fallgruppe der Erhaltungspflichten zu hinterfragen ist.

2.2 Mangelnde Aussagekraft der Qualifizierung der culpa in contrahendo als gesetzliches Schuldverhältnis

Die culpa in contrahendo stellt im Schuldrecht des BGB, das vom Leistungsbegriff her aufgebaut ist, einen Fremdkörper dar.[790] Anders als die frühere Rechtsprechung des Reichsgerichts[791], die noch auf die Verletzung von vertraglich begründeten Schutzpflichten zugeschnitten war, stellte der BGH auf ein besonderes gesetzliches Schuldverhältnis ohne primäre Leistungspflichten ab. „Die Haftung aus Verschulden bei Vertragsschluss ist eine solche aus einem in Ergänzung des geschriebenen Rechtes geschaffenen gesetzlichen Schuldverhältnis, das aus der Aufnahme von Vertragsverhandlungen entspringt und zur verkehrsüblichen Sorgfalt im Verhalten gegenüber dem Geschäftsgegner verpflichtet".[792]

Die Einordnung der culpa in contrahendo als gesetzliches Schuldverhältnis ist allgemein anerkannt.[793]

Die Aussagekraft dieser Einordnung ist allerdings begrenzt. So beinhaltet die Feststellung, dass es sich bei der culpa in contrahendo um ein gesetzliches Schuldverhältnis handelt, gerade keine Erklärung des Entstehungstatbestandes. Auch kann damit nicht konkretisiert werden, wer zum geschützten Personenkreis gehört. Zudem geht auch die verpflichtende Wirkung von Willenserklärungen auf das Gesetz zurück. Die Qualifikation der culpa in contrahendo als gesetzliches Schuldverhältnis „ erklärt nichts und formuliert nur negativ, dass wir die Kontraktsebene verlassen haben".[794] Das BGB selbst schweigt – geht es doch bei der culpa in contrahendo zunächst um die Begründung eines Schuldverhältnisses, nicht um die Ausgestaltung eines Schuldverhältnisses, das schon besteht. Ein

790 Schmidt, Nachwort, S. 143.

791 Dazu bereits § 5 Kapitel 5.1.1.

792 BGHZ 6, 333.

793 RGRK/Alff, vor § 241 Rn. 11; Staudinger/Löwisch, Vor §§ 275–283 Rn. 38; Ermann/Battes, § 276 Rn. 107; MüKo/Roth, 3. Auflage, § 242 Rn. 193; Larenz, Schuldrecht Allgemeiner Teil, § 9 I, S. 94; Flume, Allgemeiner Teil II, § 10/4, S. 128, § 33/8, S. 616 f.

794 Schmidt, Nachwort, S. 144.

numerus clausus gesetzlicher Schuldverhältnisse findet sich im BGB nicht und steht deshalb der Einordnung der culpa in contrahendo als gesetzliches Schuldverhältnis nicht im Weg.

3. Aussagen zum Haftungsgrund der culpa in contrahendo

3.1 Überblick

Der dominierende Ansatzpunkt der vertrauensschutzbezogenen Ansätze ist der Vertrauensschutz in verschiedenen Facetten.[795] Diese Meinungen gehen von der Überlegung aus, dass derjenige, der am Rechtsverkehr teilnimmt, Vertrauen in seinen Vertragspartner setzt, das aufgrund der rechtsgeschäftlichen Nähebeziehung auch gerechtfertigt ist. Es wird der Gedanke in den Vordergrund gestellt, dass Vertrauen gewährt und in Anspruch genommen wird.[796] Canaris gelangt zu einer umfassenden Vertrauenshaftung, die auf dem Prinzip der Selbstverantwortung fußt.[797] Die culpa in contrahendo erörtert er in seiner Abhandlung eher am Rande unter der Kategorie der Erklärungs- und Anvertrauenshaftung. Larenz hat seine Auffassung im Laufe der Jahre weiterentwickelt. Noch 1954[798] vertrat er eine Meinung, die den Gedanken Dölles[799] vom „sozialen Kontakt" nahe stand, aber sich doch davon abhob. Larenz argumentierte dort mit dem geschäftlichen Interesse des potentiellen Vertragspartners (Schädigers). Wann die Schädigung

795 Ballerstedt, Zur Haftung für culpa in contrahendo bei Geschäftsabschluß durch Stellvertreter, AcP 151 (1951), (501), 506; Canaris, Die Vertrauenshaftung im deutschen Privatrecht, S. 539 ff.; von Craushaar, Haftung aus culpa in contrahendo wegen Ablehnung eines Vertragsabschlusses – BGH, LM § 276 (Fa) BGB Nr. 28, JuS 1971, 127 f., Ermann/Battes, § 276 Rn. 110, 137; Fikentscher, Schuldrecht, § 20 II 2, S. 65; Gottwald, Die Haftung für culpa in contrahendo, JuS 1982, 877 f.; Hohloch, Vorvertragliche Haftung nach culpa-in-contrahendo Grundsätzen auch zugunsten Dritter? – BGHZ 66, 51, JuS 1977, (302), 306; Jauernig/Vollkommer, § 276 BGB Anm. VI 1 c; Larenz, Schuldrecht I, 10. Auflage, § 9 I, S. 90; differenzierend in: Schuldrecht I, 11. Auflage, § 9 I, S. 94; Lorenz, Festschrift Larenz, S. 575, 618; MüKo/Kramer, 3. Auflage, Vor §§ 241 ff Rn. 73; Medicus, Die Grenzen der Haftung für culpa in contrahendo, JuS 1965, 209, 213; derselbe, Schuldrecht I, § 14 V, S. 59; Nirk, Festschrift Möhring 1975, S. 71, 73 ff; Palandt/Heinrichs, 58. Auflage, § 276 Rn. 66; Soergel/Wiedemann, Vor § 275 Rn. 56 ff.

796 Ballerstedt, a. a. O., AcP 151 (1951), (501), 506.

797 Canaris, Die Vertrauenshaftung im deutschen Privatrecht, S. 532 ff, 539 ff.

798 Larenz, Culpa in contrahendo, Verkehrssicherungspflicht und sozialer Kontakt, MDR 1954, (513), 515 ff.

799 Dölle, Außergesetzliche Schuldpflichten, ZStW 103 (1942/43), 67–102.

begangen wurde, dürfe keinen Unterschied machen.[800] Mit seiner differenzierenden Meinung nähert er sich nun dem Gedanken des Vertrauensschutzes, wobei er sich gleichzeitig vom Ansatz Ballerstedts entfernt.[801] Medicus schließt sich dem Ausgangspunkt von Ballerstedt an, um dann eine objektiv betontere Meinung zu formulieren.

3.1.1 Ansatz von Ballerstedt

Ballerstedt schuf das Schlagwort der Verpflichtung aus der „Gewährung in Anspruch genommenen Vertrauens".[802] In jedem Stadium der Vertragsverhandlungen entscheide der Grad des Vertrauens, der gefordert und gewährt werde darüber, ob und welche Erhaltungs-, Schutz- und Unterlassungspflichten zur Entstehung gelangten.[803] Für Ballerstedt handelt es sich bei der „Verpflichtung durch die Gewährung in Anspruch genommenen Vertrauens" um einen zweiseitigen Tatbestand: „auf der Seite des einen Partners ein Verhalten, das nach den Grundsätzen der Redlichkeit und nach seiner sozialen Erscheinungsform geeignet ist, Vertrauen zu erwecken und auf der Seite des anderen Partners die Gewährung von Vertrauen in eben dieses Verhalten".[804] Es kommt nach Ballerstedt nicht auf den Inhalt der Erklärung an, die die Verhandlungen einleitet. Der unter rechtlichen Gesichtspunkten entscheidende Tatbestand sei das Vertrauen des anderen Teils in die Ernstlichkeit der Verhandlungsbereitschaft. Die Partei, die die Verhandlungen beginnt, nehme durch die entsprechende Aufforderung oder ein sonstiges Verhalten Vertrauen in Anspruch. Dadurch, dass der Verhandlungspartner in die Verhandlungen eintritt, gewähre er Vertrauen.[805] Der Anknüpfungspunkt für die Haftung müsse zwar ein „bestimmtes Verhalten" sein.[806] Der Hinweis auf ein gesetzliches Schuldverhältnis könne aber keine innere Rechtfertigung für das vorvertragliche Schuldverhältnis darstellen, sondern sei „rein positivistisch".[807] Den entscheidenden Gesichtspunkt stellt nach Ballerstedt das Verhandlungsvertrauen zwischen den Verhandlungspartnern dar. Diese Auffassung von Ballerstedt ist sehr subjektiv ausgerichtet. Sie ist im Kontext des

800 Larenz, a. a. O., MDR 1954, (515), 518.
801 Larenz, Festschrift Ballerstedt, S. 397 ff.
802 Ballerstedt, Zur Haftung für culpa in contrahendo bei Geschäftsabschluß durch Stellvertreter AcP 151 (1951), 501 ff.
803 Ballerstedt, a. a. O., (501), 506.
804 Ballerstedt, a. a. O., (501), 507 Fn. 17.
805 Ballerstedt, a. a. O., (501), 506.
806 Ballerstedt, a. a. O., (501), 505.
807 Ballerstedt, a. a. O., (501), 505.

gesamten Aufsatzes zu sehen. Ballerstedt unternimmt hier den Versuch, den Begriff des Rechtsgeschäfts zu erweitern. Die „Verpflichtung durch die Gewährung in Anspruch genommenen Vertrauens" entfaltet seine verpflichtende Wirkung nicht aufgrund einer Willenserklärung, sondern durch Inanspruchnahme von Vertrauen.[808] Der zweiseitige Vertrauenstatbestand, die „Vertrauensbeziehung" stellt den „Rechtswirkungsgrund" des „besonderen Schuldverhältnisses" dar, das durch die Aufnahme von Vertragsverhandlungen entsteht.[809] Das Vertrauen muss ein subjektives, berechtigtes Vertrauen sein, ohne das eine Vertrauensbindung nicht entstehen kann. Die vorvertraglichen Pflichten entstehen unmittelbar durch die konkrete Beziehung zwischen den Verhandlungspartnern, in der „Verhandlungsvertrauen" vorhanden ist.[810] Der Grad dieses Verhandlungsvertrauens, nicht die Stärke des Vertrauenstatbestandes, bestimme den Umfang der Pflichten.

3.1.2 Meinung von Medicus

Die Ansicht von Medicus knüpft an die Meinung von Ballerstedt an.[811] Sie ist aber objektiver gefasst, indem der Haftungsgrund letztlich darin gesehen wird, dass ein Vertragsschluss in der Zukunft möglich sei.[812] Es kommt nicht mehr nur auf das Entgegenbringen von Vertrauen an. Entscheidend ist nun, ob das „besondere Vertrauen" objektiv schutzwürdig ist.[813] Medicus geht zwar weiterhin vom Ansatzpunkt Ballerstedts aus, indem er das Vertrauen, das der Verhandlungspartner entgegenbringt, als Haftungsgrund qualifiziert. Anders als Ballerstedt unterscheidet er aber nicht mehr zwischen Gewährung und Inanspruchnahme von Vertrauen. Er bricht das Merkmal der Zweiseitigkeit der Vertrauensbeziehung auf. Das entgegengebrachte Vertrauen sei nur dann relevant, wenn „ jenes Entgegenbringen von Vertrauen durch die Verkehrsauffassung gedeckt ist".[814] Der entscheidende Gesichtspunkt ist damit nicht mehr die Frage des Entgegenbringens von Vertrauen, sondern die objektive Überprüfung der Schutzwürdigkeit des Vertrauens am Maßstab der Verkehrsauffassung.[815]

808 Ballerstedt, a.a.O., (501), 507.

809 Ballerstedt. a.a.O., (501), 506, 507 Fn. 17.

810 Ballerstedt, a.a.O., (501), 517.

811 Medicus, Grenzen der Haftung für culpa in contrahendo, JuS 1965, 209.

812 Medicus, a.a.O., JuS 1965, 212.

813 Medicus, a.a.O., JuS 1965, 214.

814 Medicus, a.a.O., JuS 1965, 213.

815 Medicus, a.a.O., JuS 1965, 213; Die Tendenz, das Vertrauen objektiver zu fassen, findet sich bei einer Reihe von Autoren: Frost, Schutzpflichten, S. 99 ff., von Lackum, S. 101 f.,

3.1.3 Ansatz von Larenz (1975)

Larenz wählte 1975 in seinem Beitrag für die Festschrift Ballerstedt als Ausgangspunkt ebenfalls dessen Formel vom gewährten und in Anspruch genommenen Vertrauen.[816] Seine Meinung ist insofern differenzierend, als er das Vertrauen nicht pauschal betrachtet, sondern seine Untersuchung nach der Bedeutung des Vertrauens in den verschiedenen Fallgruppen der culpa in contrahendo aufspaltet. Er geht von der Überlegung aus, dass die Intensität des Vertrauens, je nach Fallgruppe, von bestimmten Vertrauen bis zu einem nur allgemein im Verkehr üblichen Vertrauen, es mit einem redlichen Partner zu tun zu haben, reichen könne.[817] Verhandlungsvertrauen führe nicht notwendigerweise zu einem besonderen Vertrauen. Insbesondere wenn sich die Verhandlungspartner nicht kennen, bestehe für mehr als eine allgemeine Redlichkeitserwartung kein Grund.[818] Bei den Erhaltungspflichten könne man den Vertrauensgedanken ohnehin kaum heranziehen.[819] Es liege beim Kunden nicht mehr vor als ein allgemeines Vertrauen, etwa dass sich das Kaufhaus in einem verkehrssicheren Zustand befindet.[820] Bei den Aufklärungspflichten bestimmt das Vertrauen den Inhalt und Umfang der konkreten Pflicht. Ein nur allgemeines Vertrauen habe allerdings keine Bedeutung.[821] Larenz grenzt sich hier aber insoweit von Ballerstedt ab, als er die Aufnahme von Vertragsverhandlungen[822] beziehungsweise den geschäftlichen Kontakt[823] als Haftungsgrund heranzieht. Er folgt damit einer objektiv ausgerichteten Strömung, die als Haftungsgrund den Eintritt in die Vertragsverhandlungen fordert.[824] Seine Ansicht unterscheidet sich in der Fallgruppe der Erhaltungspflichten von den Meinungen von Ballerstedt und Dölle, indem er hier die Bedeutung des Vertrauensgedankens verneint.

Thiele, Leistungsstörung und Schutzpflichtverletzung, JZ 1967, (649), 652; Fikentscher, Schuldrecht, § 27 I 4, S. 129; Köndgen, Selbstbindung ohne Vertrag, S. 116.

816 Larenz, Festschrift Ballerstedt, S. 397 ff.

817 Larenz,, a. a. O., S. 399.

818 Larenz, a. a. O., S. 399.

819 Larenz, a. a. O., S. 401.

820 Larenz, a. a. O., S. 402.

821 Larenz, a. a. O., S. 414 f.

822 Larenz, a. a. O., S. 405.

823 Larenz, a. a. O., S. 400, Fn. 9.

824 Enneccerus/Lehmann, § 43 III, S. 192; Flume, Allgemeiner Teil, § 10/4, S. 129; Lorenz, Anmerkungen zu BGH, Urteil vom 6.7.1965 (VI ZR 47/64), JZ 1966, 143 f., Soergel/Lange, § 145 Rn. 15.

3.1.4 Standpunkt von Canaris

Einen sehr umfassenden Ansatz verfolgt Canaris. In seiner Monographie „Die Vertrauenshaftung im deutschen Privatrecht" erarbeitete er ein System der Vertrauenshaftung und stellte allgemeine Merkmale heraus, die für alle Tatbestände der Vertrauenshaftung zuträfen.[825] Er fordert einen zurechenbar veranlassten Rechtsschein, guten Glauben der anderen Partei und eine aufgrund des schutzwürdigen Vertrauens getroffene Vertrauensdisposition dieser Partei.[826] Als Rechtsfolge soll entweder „positiver Vertrauensschutz" oder „negativer Vertrauensschutz" in Form des Vertrauensschadens gewährt werden.[827] Diese allgemeinen Kriterien dienen zwar der „Präzisierung des Vertrauensprinzips", ermöglichen aber noch nicht die Ableitung konkreter Rechtsformen.[828] So differenziert Canaris zwischen der Rechtsscheinshaftung, der Vertrauenshaftung kraft rechtsethischer Notwendigkeit, der Erklärungshaftung und der Anvertrauenshaftung. Während es bei ersteren um die Wahrung des Dispositionsschutzes geht, indem der Vertrauensschutz an „bestimmte Dispositionen des Vertrauenden anknüpft", geht es bei der Anvertrauenshaftung um Verletzungen, die dem Geschädigten vom anderen Teil zugefügt werden.[829] Die Rechtsscheinshaftung sei „historisch wie dogmatisch gesehen im Recht der Umlaufpapiere, im Handels- und Gesellschaftsrecht sowie im Vollmachtsrecht" anzusiedeln.[830] Bei der Rechtsscheinshaftung ist das tragende Element ein „Scheintatbestand", der „für einen objektiven Beobachter" den „Anschein einer bestimmten gegenwärtigen Rechtslage" erzeugt.[831] Der gutgläubig Vertrauende muss infolge seiner Gutgläubigkeit und in Kenntnis des Scheintatbestandes eine Disposition vornehmen.[832] Die Rechtscheinshaftung kann die Sonderverbindung nicht legitimieren und wird von Canaris auch nicht in diesen Zusammenhang gestellt.

Für die culpa in contrahendo spielen die von Canaris entwickelte Erklärungs- und Anvertrauenshaftung eine Rolle. Die Erklärungshaftung zeichne sich dadurch aus, „dass jemand für die Folgen einer von ihm abgegebenen fehlerhaften Erklärung aufzukommen hat".[833] Die Anvertrauenshaftung soll Schäden ausglei-

825 Canaris, Die Vertrauenshaftung im deutschen Privatrecht, S. 4 f.
826 Canaris, a. a. O., S. 491 ff.
827 Canaris, a. a. O., S. 518.
828 Canaris, a. a. O., S. 525.
829 Canaris, a. a. O., S. 540.
830 Canaris, a. a. O., S. 526.
831 Canaris, a. a. O., S. 526.
832 Zur Zurechenbarkeit: Canaris, a. a. O. S. 528.
833 Canaris, a. a. O., S. 532.

chen, zu denen es durch den Eingriff in bestimmte Rechtsgüter gekommen ist. Betroffen sind hier Schutzpflichtverletzungen. Im Unterschied zu den sonstigen Fällen der Vertrauenshaftung fehle es am äußeren Tatbestand, auf den sich das Vertrauen stützen könne.[834] Ein Vertrauen des Geschädigten auf „irgendwelche Erklärungen“ sei ebenso wenig gegeben wie eine „Disposition“.[835] Es handelt sich nach Canaris hier nicht um eine echte Vertrauenshaftung. Diese Fälle seien nicht mit den zur Vertrauenshaftung entwickelten Kriterien fassbar, da es schon an einem äußeren Vertrauenstatbestand fehle.[836] Auch könne weder eine Vertrauensdisposition noch ein guter Glaube des Geschädigten festgestellt werden.[837] Als „reine Fiktion“ bezeichnet er die Annahme, der Kaufhausinhaber habe konkludent erklärt, sein Betrieb sei ordnungsgemäß organisiert.[838] Die Zuordnung zur Vertrauenshaftung sei aber insoweit gerechtfertigt, als der Geschädigte „im Rahmen des rechtsgeschäftlichen Verkehrs seine Rechtsgüter dem Einwirkungsmöglichkeit des anderen Teils ausgesetzt und sie ihm in diesem Sinn „anvertraut“ hat.[839] Das Anliegen von Canaris ist es, die Rechtsgüter des Geschädigten umfassend zu schützen. Indem er auf den rechtsgeschäftlichen Verkehr abstellt, betont er, dass es sich um eine freiwillige rechtliche Beziehung handeln muss. Die entscheidenden Gesichtspunkte für die Legitimation der Haftung sind die Möglichkeit der Einwirkung und die Schutzbedürftigkeit, die daraus folgt. Damit ist von der Anvertrauenshaftung die Verletzung von Schutzpflichten erfasst, die nicht schon unter die Kategorie der Erklärungshaftung fallen, also insbesondere die Warenhausfälle. Trotz dieser Modifikation hält Canaris somit für diese Fallgruppe an der Zuordnung zur Vertrauenshaftung fest.

3.2 Die Lehre vom sozialen Kontakt nach Dölle

Einen grundlegend anderen Ansatz verfolgt Dölle.[840] Er sieht das besondere Vertrauen gegenüber dem Schädiger als den tragenden Grund für die vorvertragliche Haftung. „Hier wird also ein Vertrauensverhältnis nicht, wie es meist mit Recht geschieht …, als Folge eines Schuldverhältnisses, sondern als sein Grund angenommen“.[841] Das Merkmal des „sozialen Kontakts“ ermittelt und begrenzt

834 Canaris, a. a. O., S. 540.
835 Canaris, a. a. O., S. 540.
836 Canaris, a. a. O., S. 540.
837 Canaris, a. a. O., S. 540.
838 Canaris, a. a. O., S. 540 Fn. 78.
839 Canaris, a. a. O., S. 540.
840 Dölle, Außergesetzliche Schuldpflichten, ZStW 103 (1942/43), 67–102.
841 Dölle, a. a. O., (67), 82 f., 84.

dieses Vertrauen. „Steht die Schadenszufügung nicht im spezifischen Zusammenhang mit dem Zweck des bewusst herbeigeführten sozialen Kontakts, stellt sie also auch nicht einen Bruch des Vertrauens dar, das der eine dem anderen gerade im Hinblick auf die zweckmäßige Berührung ihrer Rechtssphären entgegengebracht hat, sondern hätte sie ebenso gut durch einen beliebigen Dritten geschehen können, … so tritt die konkrete Schuldhaftung nicht ein, sondern es bewendet beim Deliktsrecht".[842] Dölles eigene Aussage, dass konkrete Schutzpflichten unmittelbar aus einem objektiven sozialen Kontakt erwachsen können ist nur im Kontext aller Ausführungen verständlich.[843] Haftungsgrund ist nicht der soziale Kontakt als solcher, sondern das entgegengebrachte Vertrauen.[844] Der soziale Kontakt spielt bei der juristischen Wertung eine Rolle. Das Vertrauen wird durch den sozialen Kontakt indiziert und dieser dient zur Ermittlung von schutzwürdigem und vergleichbarem Vertrauen.[845] In seinem Aufsatz differenziert Dölle zwischen Aufklärungspflichten, das bedeutet Anzeige-, Aufklärungs- und Mitteilungspflichten und Erhaltungspflichten (Schutz-, Fürsorge- und Erhaltungspflichten). Beide bezögen ihren Rechtsgrund aber von dem entgegengebrachten, besonderen Vertrauen.[846] Der soziale Kontakt, der bei Vertragsverhandlungen liegen kann, liefert lediglich den Grund für das Vertrauen, indiziert also das Vertrauen. Die vorvertraglichen Aufklärungs- und Erhaltungspflichten hätten sich „aufgrund eines besonderen Vertrauensverhältnisses zu konkreten Schuldpflichten zwischen bestimmten Subjekten verdichtet".[847]

In der Fallgruppe der Erhaltungspflichten arbeitet Dölle als tragenden Gesichtspunkt heraus, „dass es in Wahrheit gar nicht der die Berührung der Parteien herbeiführende Zweck des Vertragsschlusses ist, der uns zur Annahme von Erhaltungspflichten drängt, sondern ein anderes Spezifikum des statthabenden sozialen Kontaktes".[848] Dölle versucht, das Spezifikum des sozialen Kontakts „induktiv"[849] herauszuarbeiten, indem er verschiedene Sachverhalte, bei denen das Rechtsempfinden auf das Vorhandensein von Erhaltungspflichten hinweist, auf Gemeinsamkeiten hin untersucht. Er stellt fest, dass wenigstens der eine Beteiligte dem anderen ein besonderes Vertrauen entgegengebracht hat, indem er bewusst

842 Dölle, a. a. O., (67), 77 f.
843 Dölle, a. a. O., (67), 74 ff.
844 Dölle, a. a. O., (67), 74, 82, 86 f.
845 Dölle, a. a. O., (67), 74 ff., 77.
846 Dölle, a. a. O., (67), 86 f.
847 Dölle, a. a. O., (67), 102.
848 Dölle, a. a. O., (67), 73.
849 Dölle, a. a. O., (67), 73.

seine Rechtsgüter dem Einfluss, der Obhut und Sorgfalt des anderen anvertraut. Dieses Vertrauen dürfe nicht enttäuscht werden.[850] Der Grund dafür, warum die Rechtsgüter dem fremdem Einflussbereich ausgesetzt werden, sieht Dölle darin, dass ein Zweck verfolgt wird, der mit dem sozialen Kontakt erreicht werden soll. Bei einem Kontakt, deren Zweck Vertragsverhandlungen darstellten, sei dies „besonders evident".[851] Rechtsgrund für die Erhaltungspflichten im vorvertraglichen Bereich sei damit „die konkrete Verantwortlichkeit wegen des entgegengebrachten Vertrauens".[852] Der Kontakt kann nicht nur bei Vertragsverhandlungen stattfinden, sondern ein Kontakt sein, der von der Rechtsordnung gebilligt wird oder mit dem Willen des Inhabers des berührten Rechtskreises geschieht.[853] Die Berührung mit einer fremden Rechtssphäre weist auf das Vertrauen hin, das sich dadurch zeigt dass „Rechtsgüter des anderen seinem Einfluss ausgesetzt werden".[854] Für die Aufklärungspflichten weist Dölle darauf hin, dass zwischen den Parteien hier ein besonderes Vertrauen vorliege. Dieses stehe unter dem Schutz der Rechtsordnung und dürfe nicht enttäuscht werden.[855] Damit stellt Dölle klar, dass das entgegengebrachte Vertrauen der Rechtsgrund für die Haftung ist. Im Unterschied zu der Fallgruppe der Erhaltungspflichten fordert er hier einen rechtsgeschäftlichen sozialen Kontakt. Bei den Erhaltungspflichten war der soziale Kontakt mit einer fremden Rechtssphäre das Indiz für Vertrauen. Wenn Dölle im Bereich der Aufklärungspflichten einen rechtsgeschäftlichen Kontakt fordert, so nimmt er gleichzeitig eine inhaltliche Präzisierung der Aufklärungspflicht vor. Die Aufklärungspflicht beruhe auf dem Vertrauen, das sich die Parteien entgegenbrächten. Dieses beziehe sich aber auf die Unterrichtung über wesentliche Umstände bezüglich der rechtsgeschäftlichen Beziehung.[856] Damit nimmt Dölle eine inhaltliche Begrenzung der Aufklärungspflicht auf die rechtsgeschäftliche Ebene vor. Von diesem Inhalt wird auf den Umfang des Haftungsgrundes geschlossen. Bei den Erhaltungspflichten bestimmt noch die Stärke des Kontaktes der Rechtssphären die Schutzwürdigkeit des Vertrauens.

Die Ansicht Dölles wird heute kaum mehr vertreten. Die Kritik stützt sich vor allem auf den Aufsatz von Larenz aus dem Jahre 1954.[857]

---

850 Dölle, a. a. O., (67), 74.
851 Dölle, a. a. O., (67), 74.
852 Dölle, a. a. O., (67), 82 f.
853 Dölle, a. a. O., (67), 74.
854 Dölle, a. a. O., (67), 84.
855 Dölle, a. a. O., (67), 86.
856 Dölle, a. a. O., (67), 87.
857 Larenz, Culpa in contrahendo, Verkehrssicherungspflicht und sozialer Kontakt, MDR 1954, 515–518.

Von anderen Autoren wird noch auf die Überlegung hingewiesen, dass die Gesellschaft sozialstaatlich organisiert sei und deshalb die Beziehungen ihrer Mitglieder nicht ausschließlich am Gedanken des Warenaustausches orientiert seien.[858] Im Unterschied zum Deliktsrecht, wo das Zusammentreffen eher zufällig ist, ist der soziale Kontakt durch eine gesteigerte Einwirkungsmöglichkeit gekennzeichnet. Das zeigt sich nicht nur bei Vertragsverhandlungen, sondern ganz generell, wenn man sich in eine fremde Einflusssphäre begibt. Die Gefahren, denen man dort ausgesetzt ist, sind größer als im normalen sozialen Verkehr. Das ist nicht nur durch die leichtere Zugriffsmöglichkeit zu erklären, sondern auch dadurch, dass beim sozialen Kontakt die Interessen der Teilnehmer unmittelbar aufeinanderprallen.

3.3 Die Lehre vom geschäftlichen Interesse nach Larenz (1954)

Larenz publizierte seine Position 1954.[859] Er beschäftigte sich mit der Fallgruppe der Integritätsverletzung und thematisierte die Problematik der „gesteigerten Sorgfaltspflichten" im Rahmen der Vertragsverhandlungen. Dabei grenzt er sich auch von den Gedanken Dölles ab.[860] Anders als Dölle qualifiziert er den sozialen Kontakt nicht mehr als Indiz des Vertrauens. Gegenseitiges Vertrauen stelle ein allgemeines Prinzip dar. Es könne nur in Verbindung mit anderen Komponenten eine Haftung nach Vertragsgrundsätzen über die deliktische Verantwortlichkeit hinaus rechtfertigen.[861] Das entgegengebrachte Vertrauen ist für Larenz – obwohl er dessen Stellenwert anerkennt – nur ein zusätzlicher Gesichtspunkt. Er fordert einen Kontakt auf der Ebene des Geschäftsverkehrs, der die Möglichkeit eines Vertragsschlusses beinhaltet.[862] Die Aufnahme von Vertragsverhandlungen entspräche der Aufnahme eines geschäftlichen Kontakts, wenn diese Tatbestände aufgrund ihrer Beschaffenheit eine gleichartige Haftung rechtfertigten.[863] Als Beispiel führt Larenz den Eintritt eines potentiellen Kunden in fremde Geschäftsräume an. Den geschäftlichen Kontakt sieht Larenz als weiteres Kriterium neben den

---

858 Esser/Schmidt, Schuldrecht Allgemeiner Teil, Band 2, § 29 I, S. 90 f.

859 Larenz, Culpa in contrahendo, Verkehrssicherungspflicht und „sozialer Kontakt", MDR 1954, 515–518.

860 Larenz, a. a. O., (515), 516; Larenz beschäftigt sich mit der Fallgruppe der Erhaltungspflichten, da seine Ausführungen um die Verkehrssicherungspflichten und § 278 BGB kreisen.

861 Larenz, a. a. O., (515), 517.

862 Larenz, a. a. O., (515), 518.

863 Larenz, a. a. O., (515), 518.

Vertragsverhandlungen. Er spricht von einem „gesetzlichen Schuldverhältnis aus Vertragsverhandlung oder sonstigem geschäftlichen Kontakt".[864]

Die Vertragsverhandlungen möchte Larenz als Anknüpfungspunkt nicht ausreichen lassen. Grund hierfür ist, dass er § 278 BGB als die herausragende Vorschrift im Zusammenhang mit der Verletzung von Erhaltungspflichten herausstellt. Er knüpft damit an das Linoleumrollen-Urteil des Reichsgerichts an.[865] Der tragende Rechtsgedanke der Vorschrift des § 278 BGB sei eine „objektive Verantwortlichkeit".[866] Der Einsatz von Hilfspersonen zum wirtschaftlichen Vorteil des Geschäftsherrn bürde diesem auch die Einstandspflicht für die Unachtsamkeit des Gehilfen auf. Die gesteigerte Verantwortlichkeit folgt nach Larenz aus dem geschäftlichen Interesse. Für die Anwendung des § 278 BGB sei ein einfacher sozialer Kontakt nicht ausreichend.[867] Entscheidend ist nach Larenz aber nicht der Beginn von Vertragsverhandlungen, sondern das Betreten der Geschäftsräume als möglicher Kunde.

4. Bedenken gegen den Vertrauensgedanken bei den Warenhausfällen

Der Vertrauensgedanke nimmt in allen genannten Erklärungsmodellen teilweise eine dominante Stellung ein. Auch die Kontaktlehren verschiedener Ausprägung greifen auf das Vertrauensmoment zurück. Die Lehre Dölles benutzt das Kriterium des Vertrauens ebenfalls. Das geschieht zwar nicht im Sinne einer subjektiven Vertrauensbeziehung wie bei Ballerstedt. Bei Dölle wird aber der soziale Kontakt zum Indiz für eine subjektive Vertrauensbeziehung. Selbst Larenz führt in seiner Abhandlung von 1954 das Vertrauen als zusätzlichen Gesichtspunkt an.[868] Dabei erweist sich der Vertrauensgedanke als überaus angreifbar. Das bedeutet nicht, dass das Merkmal des sozialen oder geschäftlichen Kontakts vorzugswürdig wäre – gibt es doch auch dagegen gewichtige Einwände. Das Problem des Vertrauensgedankens ist seine fehlende Konturenschärfe. Daneben stellt sich die Frage, ob er bei den Warenhausfällen überhaupt zum Tragen kommt.

864 Larenz, a.a.O., (515), 517.
865 RGZ 78, 239 ff.
866 Larenz, a.a.O., (515), 518.
867 Larenz, a.a.O:, (515), 518.
868 Larenz, a.a.O., 513, 515 ff, 518. Zu seiner späteren Meinung siehe oben 3.1.3; im Rahmen der Aufklärungspflichten bestimmt das Vertrauen den Umfang der Pflicht.

4.1 Bedenken gegen den Vertrauensbegriff

4.1.1 Umgangssprachliche Herkunft des Vertrauensbegriffes

Eine Legaldefinition für „Vertrauen“ ist nicht vorhanden. Wenn das Gesetz in seltenen Fällen den Begriff „Vertrauen“ verwendet (so etwa in §§ 122 I, 179 II, 307 I BGB a. F.), geschieht das immer in Verbindung mit dem „Schaden“. Eine Problematik des Vertrauensbegriffes liegt darin, dass es sich beim Vertrauen um ein „ubiquitäres psychologisches, soziales und juristisches Phänomen“ handelt.[869] Die Bedeutung des Begriffes in der Umgangssprache ist bereits vage und mehrdeutig. Sie kommt in vielfältiger Weise zur Anwendung. Vertrauen als Ausschaltung künftiger Ungewissheit auf Grundlage einer gegenwärtigen Vertrauensbasis ist in den verschiedensten Lebensbereichen präsent.[870] Vertrauen kann nicht nur auf emotionalen Grundlagen beruhen, sondern kann sich auch auf ein funktionierendes System oder eine berufliche Stellung beziehen. In der Umgangssprache verbindet man „Vertrauen“ hauptsächlich mit dem auf emotionaler Basis, also dem Vertrauen in bestimmte (persönlich bekannte) Personen.

Die umgangssprachliche Mehrdeutigkeit des Vertrauensbegriffs strahlt auf die rechtliche Verwendung des Begriffes aus. So beinhalte die Vertrauenshaftung „etwas Unabgeschlossenes, Zufälliges und daher Unbefriedigendes“.[871] Das private Vertrauen steht in einem Spannungsverhältnis zur juristischen Normativierung des Vertrauensbegriffes, die von der Loslösung und Abgrenzung von emotionalen Einflüssen geprägt ist.

4.1.2 Der Vertrauensbegriff im rechtlichen Bereich

Die rechtliche Bedeutung des Vertrauensprinzips umfasst einen wesentlich geringeren Ausschnitt als dessen ethische Dimension. Dabei ist unumstritten, dass der Vertrauensgedanke eines der „fundamentalsten Prinzipien einer jeden Rechtsordnung“ darstellt.[872] Der Vertrauensgedanke allein ist aufgrund seiner Vielgestaltigkeit sowohl bezüglich des Anwendungsbereiches als auch der Rechtsfolgen wenig aussagekräftig.[873] Zur Begründung von Verbindlichkeiten (zum Beispiel von Schutzpflichten bei culpa in contrahendo) ist er deshalb nicht geeignet. Dem Vertrauensgedanken allein kann nicht entnommen werden, wo schützenswertes

869 Köndgen, Selbstbindung ohne Vertrag, S. 98.

870 Luhmann, Vertrauen, S. 8 f, 11 ff.

871 Luhmann, Vertrauen, S. 37.

872 Canaris, Die Vertrauenshaftung im deutschen Privatrecht, S. 3.

873 Canaris, a. a. O., S. 4.

Vertrauen vorliegt. Es fehlt ein Abgrenzungskriterium für die Schutzwürdigkeit des Vertrauens. Vielmehr muss der Schutz von Vertrauen seinerseits begründet werden.[874] Vertrauen allein kann nicht zu einer Verbindlichkeit führen. Das Vertrauensprinzip ist konkretisierungsbedürftig. Die „immanenten Strukturgesetze des Vertrauens" geben hierfür keine Anhaltspunkte.[875] Es ist vielmehr notwendig, in einer Norm Tatbestandvoraussetzungen zu formulieren, aus denen sich nicht nur die rechtliche Relevanz eines bestimmten Vertrauensbereiches ergibt, sondern die auch die Art des Vertrauens beschreiben und Rechtsfolgen festlegen.

Ein subjektives, individuell verstandenes Vertrauen kann der rechtlichen Bedeutung des Vertrauensbegriffs nicht zugrunde gelegt werden. Der Nachweis der jeweiligen Vorstellungen einer Partei würde einen Prozess mit großen Beweisschwierigkeiten belasten. Außerdem ist die innere Motivation des Betroffenen von Faktoren abhängig, die von Person zu Person sehr unterschiedlich sein können. Die Fähigkeit zum Misstrauen ist nicht bei jeder Person in gleichem Maße ausgeprägt, wobei auf dieselbe Situation eine unterschiedliche Reaktion (Vertrauen oder Misstrauen) der verschiedenen Personen möglich und sogar wahrscheinlich ist. Darüber hinaus ist es nicht nachprüfbar, ob die Bildung von Vertrauen bereist abgeschlossen ist.[876] Außerdem müssten Kriterien erarbeitet werden, die die quantitative Schwelle, also das Ausmaß des Vertrauens bestimmen, das dann rechtlich erheblich sein soll. Für den Einfluss subjektiven Misstrauens ist § 254 BGB geeignet. Dadurch werden flexible Ergebnisse über eine Aufteilung des Schadens ermöglicht. Canaris hat darauf hingewiesen, dass Vertrauen oft nicht mehr bedeutet als die Abwesenheit von Misstrauen.[877] Niemand vertraue stärker als der, dem sein Vertrauen nicht einmal zu Bewusstsein komme.[878] Hier ist der Punkt angesprochen, dass das Vertrauen als psychische Tatsache nicht immer positiv festgestellt werden kann. Vielmehr genüge auch, dass es sich um einen unbewussten seelischen Vorgang handelt.[879] Diese Art des Vertrauens lässt sicht nur normativ begreifen, indem die entsprechende Situation an der Wahrscheinlichkeit ausgerichtet mit der gleichen Situation anderer Schuldner verglichen wird.[880]

---

874 Battes, Erfüllungsansprüche trotz beiderseitigen Formmangels? Zugleich ein Beitrag zur Abgrenzung zwischen vertraglicher und außergeschäftlicher Haftung, JZ 1969, (683), 688 f.

875 Canaris, a. a. O., S. 4 f., 525.

876 Frost, Schutzpflichten, S. 10.

877 Canaris, a. a. O., S. 503 f.

878 Canaris, a. a. O., S. 504.

879 Canaris, a. a. O., S. 503.

880 Fikentscher, Schuldrecht, § 27 I 4, S. 129.

Im rechtlichen Sinne geht es um eine Typisierung von Verhaltensgeboten.[881] Der Schutzwürdigkeit des Vertrauens im Rechtssinn muss eine objektive Grundlage zugrunde gelegt werden. Deshalb muss es aus den äußeren Umständen ersichtlich sein, ob das Vertrauen berechtigt und damit rechtserheblich ist.[882] Die Bestimmung dieses typisierten, normativen Vertrauens ist aber nicht unproblematisch.[883] Bei der Loslösung des rechtlich relevanten Vertrauens von der individuellen Empfindlichkeit des Einzelnen geht es um die Frage, ob der Geschädigte überhaupt vertrauen durfte. An Stelle einer individuellen Beurteilung, ob Vertrauen vorgelegen hat, geht es um einen „abstrakten Durchschnittsmaßstab".[884]

Von Craushaar fordert für rechtlich schutzwürdiges Vertrauen, dass Umstände so beschaffen sein müssen, „dass man auf sie vertrauen kann, ohne sich dem Vorwurf mangelnder Wahrnehmung zumutbaren Selbstschutzes auszusetzen".[885] Geschützt wird auch eine „normale Vertrauenslage" wie etwa das Vertrauen auf ein den Verkehrsregeln entsprechendes Handeln der Verkehrsteilnehmer.[886] Es geht darum, ob „jeder andere in der gleichen Situation ebenfalls vertraut hätte".[887] Es geht v. Craushaar darum, das juristisch relevante Vertrauen zu normativieren.

Für Canaris konkretisieren nicht „irgendwelche apriorischen Überlegungen", sondern „die Wertungen des positiven Rechts" den Vertrauensgedanken.[888] Es handle sich bei der Vertrauenshaftung um eine gesetzliche Haftung „ex lege".[889] Die Haftung ergebe sich aus einer (auch ungeschriebenen) Norm des objektiven Rechts.[890] Die Kasuistik umfasst etwa die culpa in contrahendo, das Verlöbnis, die Produzentenhaftung, das Schutzpflichtverhältnis, den formnichtigen Grundstückskauf, die Gratifikationszusage des Arbeitgebers und die Rechtsscheinshaftung nach Wertpapier- und Handelsrecht. Auch Canaris verweist darauf, dass nur das Vertrauen schutzwürdig sei, das auf einer objektiven Grundlage beruhe. „Blindes" Vertrauen sei nicht schützenswert.[891] Der Vertrauenstatbestand als

881 Eichler, Die Rechtslehre vom Vertrauen, S. 5 f.
882 V. Craushaar, Der Einfluss des Vertrauens auf die Privatrechtsbildung, S. 19 ff.
883 Gerhardt, Der Haftungsmaßstab im gesetzlichen Schutzverhältnis (Positive Vertragsverletzung, Culpa in contrahendo), JuS 1970, 597 f.
884 Eichler, Die Rechtslehre vom Vertrauen, S. 5 f.
885 Von Craushaar, Der Einfluss des Vertrauens auf die Privatrechtsbildung, S. 23.
886 Von Craushaar, a. a. O., S. 23.
887 Von Craushaar, a. a. O., S. 23.
888 Canaris, a. a. O., S. 4.
889 Canaris, a. a. O., S. 329.
890 Canaris, a. a. O., S. 329.
891 Canaris, a. a. O., S. 491.

Sachverhalt, „der geeignet ist, in bestimmter Richtung Vertrauen zu erwecken", bedürfe der Konkretisierung.[892] Dabei stelle der Vertrauenstatbestand lediglich eine „rein tatsächliche Anspruchsvoraussetzung der Vertrauenshaftung" dar.[893] Die allgemeinen Merkmale der Vertrauenshaftung seien zur Ableitung konkreter Rechtsfolgen nicht geeignet.[894] Canaris stellte fest, dass nur die Wertungen des positiven Rechts selbst eine Aussage zur Konkretisierung der Merkmale des Vertrauenstatbestandes liefern können.[895] Canaris differenziert zwischen verschiedenen Tatbeständen der Vertrauenshaftung und gelang so zur Rechtsscheinshaftung, der Haftung kraft rechtsethischer Notwendigkeit, der Erklärungshaftung und der Anvertrauenshaftung.

4.1.3 „Besonderes" Vertrauen

Teilweise erfolgt eine Konkretisierung des Vertrauens als „besonderes" Vertrauen.[896] Daraus ergeben sich allerdings wieder Abgrenzungsprobleme. Vertrauen, besonderes Vertrauen und allgemeine Redlichkeitserwartung müssten voneinander abgegrenzt werden. Es dürfte kaum möglich sein, das Vertrauen eines Kaufhauskunden in den ordnungsgemäßen Zustand des Fußbodens von dem eines Spaziergängers zu unterscheiden.[897] Wenn Larenz[898] zwischen allgemeinem und besonderem Vertrauen differenziert, handelt es sich dabei um einen „Ausdruck verschiedener Pflichtenintensität".[899]

Die Vorstellung, dass sich im rechtsgeschäftlichen Bereich das besondere Vertrauen verorten lasse, deckt sich aber nicht mit den tatsächlichen Gegebenheiten des Geschäftslebens. Gerade hier weiß man oft nicht, mit wem man es zu tun hat. Anstelle eines „besonderen" Vertrauens wird wohl oft eine besondere Aufmerksamkeit in Form von Misstrauen vorliegen. Wenn man aufgrund der Umstände besonders vorsichtig ist, etwa weil man es mit einem besonders findigen Geschäftspartner zu tun hat, muss dieses Kriterium des besonderen Vertrauens versagen. Es sind aber genau diese Situationen, in denen die Schutzbedürftigkeit besonders ausgeprägt ist.

---

892 Canaris, a. a. O., S. 491.
893 Canaris, a. a. O., S. 502.
894 Canaris, a. a. O., S. 525.
895 Canaris, a. a. O., S. 525.
896 Larenz, Festschrift Ballerstedt , S. 397.
897 Medicus, Probleme um das Schuldverhältnis, S. 21.
898 Larenz, Festschrift Ballerstedt, S. 397, 414 f.
899 Breidenbach, Die Voraussetzungen von Informationspflichten bei Vertragsschluß, S. 50.

Es ist nicht einsichtig, warum das Vertrauen auf den rechtsgeschäftlichen Sektor begrenzt wird. Es sind Situationen außerhalb von Rechtsgeschäften vorstellbar, in denen eine starke Vertrauensbeziehung vorliegt. Es kann sich hier um die Familie, den Bekanntenkreis, die Ausübung gefährlicher Hobbies in einer Gruppe oder das Berufsleben handeln. Daraus wird ersichtlich, dass es im menschlichen Zusammenleben in vielen Situationen ein vertrauensvolles Miteinander gibt. Die Frage, ob konkretes oder wenigstens generelles Vertrauen vorliegt, ist mit dem Verweis auf das „entgegengebrachte" Vertrauen gerade nicht beantwortet. Die Einschränkung des Vertrauens auf rechtsgeschäftliche Beziehungen ist deshalb nicht einleuchtend. Andererseits ist zuzugeben, dass oft schon im vorvertraglichen Bereich Vermögensdispositionen getätigt werden. Im Vorfeld eines Vertrages erwartet der Handelnde nicht nur vom Geschäftsgegner, dass dessen Verhalten von der vertragsrechtlichen Einwirkung erfasst wird, sondern unterstellt sich willentliche dieser Einwirkung.[900]

4.1.4 Verzicht auf den Vertrauensbegriff bei Köndgen

Die Arbeit von Köndgen hat die berufliche Erklärungshaftung im Blickfeld.[901] Köndgen bestreitet nicht nur die Brauchbarkeit des Konsenses als verpflichtendes Element und ersetzt es durch die „Selbstbindung".[902] Wichtig in dem hier untersuchten Zusammenhang ist seine Ablehnung des Vertrauensbegriffes. Er will infolge der Unzulänglichkeiten und Schwierigkeiten, die mit der Terminologie der Vertrauenshaftung verbunden sind, diese ganz aufgeben. Stattdessen stellt er auf eine „legitime Erwartung" ab.[903] Es gehe dabei um normative Erwartungen, die „rechtlich stabilisiert" seien.[904] Der Vorzug des Begriffs Erwartung sei nicht nur die Ablösung von umgangssprachlichen Assoziationen. Es gehe auch um die Vermeidung von Festlegungen im Bereich der Rechtsgeschäftslehre und Quasi-Verträge.[905]

Gegen das Modell Köndgens ist aber einzuwenden, dass der Begriff der Erwartung seinerseits konkretisierungsbedürftig ist. Canaris hat darauf hingewiesen, dass entweder die Rechtsordnung ein Selbstbindungsinstrument (Vertrag) vorsehe oder selbst binde. Daraus ergebe sich eine Bindung kraft Gesetzes. „Tertium non datur".[906]

900 Gastroph, Dogmatik und Entwicklung der culpa in contrahendo, JA 2000, (803), 805.
901 Köndgen, Selbstbindung ohne Vertrag, S. 352 ff.
902 Köndgen, a. a. O., S. 163 ff.
903 Köndgen, a. a. O., S. 116.
904 Köndgen, a. a. O., S. 117.
905 Köndgen, a. a. O., S. 118.
906 Canaris, Festschrift Larenz II, S. 93 f.

4.1.5 Die Position von Frotz

Frotz bezweifelt in seiner Arbeit eine „vertrauenstheoretische Pflichtbegründungskonzeption".[907] Für ihn stellen die Schutzpflichten im vorvertraglichen Bereich gleichsam die Kehrseite zur privatautonomen Regelung der eigenen rechtlichen Beziehungen zu anderen Personen dar. Wenn jemand in einen fremden Einflussbereich eintritt, steige dort auch das Risiko, einen Schaden zu erleiden. Hier sei die eintretende Person aufgrund der größeren Gefahren schutzbedürftig. Die Kehrseite der privatautonomen Gestaltungsfreiheit sei eine erhöhte Verantwortlichkeit für den anderen, weil für den privatautonomen rechtsgeschäftlichen Verkehr Misstrauen schädlich sei.[908] Den Vertrauensgedanken ersetzt er durch das Korrelat privatautonomer Gestaltungsmöglichkeit. Er setzt Privatautonomie mit sozialer Verantwortung gleich. Sie umfasse auch „die Verantwortung für den Schutz desjenigen, der sich ... mit Rücksicht auf die gesetzlich eingeräumte Möglichkeit privatautonomer Gestaltung zur Anbahnung rechtsgeschäftlicher Beziehungen in den fremden Einflussbereich .... begibt".[909] Die culpa in contrahendo bilde die „Kehrseite" der privatautonomen Gestaltungsmöglichkeit.[910]

Dieses Stichwort ist aber ebenfalls unbestimmt und schon deshalb dem Vertrauensgedanken nicht überlegen. Die Ansicht von Frotz enthält dennoch einen interessanten Aspekt. Rechtlich ist der Vertrag als soziales Gestaltungsmittel vorgesehen. Das zeitliche Moment der Schädigung einer Partei ist meist völlig dem Zufall überlassen. Deshalb kann der Zeitpunkt der Verletzung nicht darüber bestimmen, wann die mit dem Vertrag gemäß § 242 BGB a. F.[911] verbundenen Pflichten einsetzen.

Frotz behauptet, dass eine Begründung für die aus dem Vertrauensgedanken gesteigerte Verantwortung nicht geliefert worden sei.[912] Dagegen steht der Versuch von Ballerstedt, den Begriff des Rechtsgeschäfts zu erweitern.[913] Dölle schied auf

907 Frotz, GS, S. 168.

908 Frotz, GS, S. 174.

909 Frotz, GS, S. 173 f.

910 Frotz, GS, S. 174.

911 Die Arbeit von Frotz erschien vor der Schuldrechtsreform. Mit der Einfügung des § 241 II BGB n. F. haben sich eine Reihe von Fragen ergeben, die in der Literatur nicht einheitlich behandelt werden. So wird vorgeschlagen, nur die außerdeliktischen Schutzpflichten unter § 241 II BGB n. F. zu fassen: Lüsing, Die Pflichten aus culpa in contrahendo und positiver Vertragsverletzung, S. 76; Palandt/Grüneberg, § 241 Rn. 7: erfasst werden neben den Schutzpflichten auch Aufklärungspflichten.

912 Frotz, GS, S. 163, 170 f.

913 Ballerstedt, a. a. O., AcP 151 (1951), (501), 507.

seiner Suche nach einer Rechtsquelle für die Haftung wegen der Verantwortlichkeit für entgegengebrachtes Vertrauen Gewohnheitsrecht, Treu und Glauben und „Natur der Sache“ aus und stützte sich auf Rechtsfindung, um die immanenten Bestandteile der Rechtsordnung zu ermitteln.[914]

Frotz seinerseits leistet keinen Beitrag zu einer konkreteren Formulierung des Haftungsgrundes, sondern stellt letztlich auf einen rechtsgeschäftlichen Kontakt ab. Ein Kernpunkt seiner Kritik ist die Überlegung, ob das Vertrauen „in contrahendo ... stärker zu schützen ist, als im normalen außervertraglichen Leben, das ebenfalls recht enge Kontakte und ausgeprägtes Vertrauen kennt“.[915] Aus dieser Abgrenzungsproblematik heraus den Vertrauengedanken gänzlich abzulehnen, erscheint nicht gerechtfertigt. Die Gewährung von Vertrauen bezeichnet nach seiner Vorstellung die Haftungsvoraussetzung, die die Kausalität des Verhaltens für den Schaden umschreibt.[916] Die Kausalität erlaube aber keinen Rückschluss auf eine Pflicht.[917]

4.2 Rolle des Vertrauensgedankens in den Meinungen zum Haftungsgrund der culpa in contrahendo

Die oben dargestellten Ansätze kommen bei der Frage, welche Bedeutung das Vertrauenselement in den Warenhausfällen einnimmt, zu unterschiedlichen Ergebnissen.[918]

Dölle unterscheidet bei der Frage nach dem Rechtsgrund der culpa in contrahendo nicht zwischen Aufklärungs- und Erhaltungspflichten. Er geht davon aus, dass für beides einheitlich der Rechtsgrund des entgegengebrachten besonderen Vertrauens eingreift. Es geht gerade um die Verantwortlichkeit wegen entgegengebrachten Vertrauens, das durch den sozialen Kontakt ermittelt werden kann. Vertragsverhandlungen stellen einen sozialen Kontakt dar und dieser wiederum ist ein Beispiel für Vertrauenslagen.

Ballerstedt differenziert nicht zwischen allgemeinem und besonderem Vertrauen. Das besondere Schuldverhältnis bezieht seinen „Rechtswirkungsgrund“ aus einer „Vertrauensbeziehung“.[919] Das Verhandlungsvertrauen ist der Entstehungsgrund sowohl für Erhaltungs- als auch für Aufklärungspflichten.[920]

914 Dölle, a.a.O., (67), 81 Fn. 3, 82 f.
915 Frotz, GS, S. 171.
916 Frotz, GS, S. 163, 169.
917 Frotz, GS, S. 169.
918 Siehe oben § 9. Kapitel 9.3.
919 Ballerstedt, a.a.O., (501), 503, 506.
920 Ballerstedt, a.a.O., (501), 506.

Die Meinung von Medicus beruft sich zwar auf Ballerstedt. Er beurteilt aber die Schutzwürdigkeit des besonderen Vertrauens nach der Verkehrsauffassung und formuliert so einen objektiver geprägten Ansatz.

Die Ansichten von Ballerstedt und Dölle sind subjektiv geprägt, indem sie den Haftungsgrund in der Vertrauensbeziehung selbst sehen. Die Frage, wann das Verhalten rechtlich bedeutsam, also schutzwürdig ist, muss deshalb schon beim Haftungsgrund selbst erörtert werden. Nicht geklärt ist aber nach wie vor, welche Anforderungen an das rechtlich bedeutsame subjektive Vertrauen zu stellen sind.

In seinem Aufsatz von 1954 erwähnt Larenz die große Bedeutung des Vertrauensmomentes. Er sagt allerdings nicht, worin diese zu sehen ist. Auch lässt er im Unklaren, wie sich das Vertrauensmoment zu den objektiven Merkmalen (Vertragsverhandlungen, geschäftlicher Kontakt) verhält.

In seinem Beitrag von 1975 beruft sich Larenz ausdrücklich auf Ballerstedt. Es wird nicht ganz klar, ob er die Verneinung der Bedeutung des Vertrauensmomentes auf die Legitimation der Sonderverbindung selbst bezieht oder ob er die entsprechende Schutzpflicht meint. Der Aufbau seines Aufsatzes mit der Unterscheidung nach Erhaltungs- und Aufklärungspflichten spricht für die letzte Möglichkeit. Gleiches gilt für die Berufung auf Ballerstedt am Anfang des Aufsatzes. Dann wäre bezüglich der Legitimation der Sonderverbindung selbst auf diesen zu verweisen. Diese Auffassung stellt eine Abkehr von seiner Meinung von 1954 dar, indem er nicht nur das Vertrauenselement stärker herausarbeitet, sondern auch in der Ausdifferenzierung nach verschiedenen Fallgruppen der culpa in contrahendo. 1954 arbeitete er noch mit dem Merkmal des geschäftlichen Kontakts. Dabei sprechen schon gegen diese Auffassung eine Reihe von Argumenten, so dass bereits die damalige Ansicht erheblichen Einwänden ausgesetzt war. Larenz lehnt seine Argumentation an die des Reichsgerichts im Linoleumrollen-Urteil an und betont die zentrale Rolle des § 278 BGB. Bei der Auswertung der Argumentation des Reichsgerichts konnte gezeigt werden, dass der Rechtsgedanke des § 278 BGB nicht über seine eigene Anwendbarkeit entscheiden kann.[921] An diesen Gedankengang des Reichsgerichts lehnt sich aber Larenz an. Da § 278 BGB aber auch bei unentgeltlichen Verträgen anwendbar ist, kann das geschäftliche Interesse nicht allein den Rechtsgedanken des § 278 BGB darstellen.[922] Für die Geschäftsführung ohne Auftrag, die eine Sonderverbindung darstellt, ist eine rein tatsächliche Tätigkeit ausreichend. Rechtsgeschäftliche oder geschäftliche

921 Oben § 5: Kapitel 5.3.2.

922 Esser/Schmidt, Schuldrecht AT, Teilband 2, § 29 I 1, S. 92.

Zwecke sind damit nicht unbedingt verbunden. Während der Vertragsschluss dem Leistungsaustausch und damit dem geschäftlichen Zweck dient, bezweckt der Geschäftsführer mit seinem Tätigwerden nicht, einen Aufwendungsersatz zu erhalten.[923] Er wird primär aus anderen Gründen für den Geschäftsherrn tätig. § 677 BGB mit der Formulierung „für einen anderen“ weist darauf hin, dass der Geschäftsherr mit dem Bewusstsein, dem Willen und der Erkenntnis handelt, im Interesse eines anderen tätig zu werden.[924] Das wird besonders deutlich, wenn der Geschäftsführer eine Gefahr abwenden will. In Fällen, in denen bisher die Verjährung gemäß § 195 BGB a. F. oder die Beweislastumkehr gemäß § 282 BGB a. F. im Vordergrund standen, kann die Argumentation aus dem Rechtsgedanken des § 278 BGB nicht überzeugen.

Mit der Anvertrauenshaftung will Canaris eine Sonderverbindung begründen und strebt einen umfassenden Schutz der „anvertrauten“ Rechtsgüter an. Er bekräftigt die Bedeutung des Vertrauensgedankens für die Fallgruppe der Verletzung von Schutzpflichten, die nicht der Kategorie der Erklärungshaftung angehören, also insbesondere die Warenhausfälle. Canaris sieht den inneren Grund für die Haftung in der Möglichkeit zur Einwirkung auf die Rechtsgüter des anderen Teils, die dieser Einwirkung ausgesetzt werden. Das „Anvertrauen“ ist die Entsprechung zu dieser Aussetzung.[925] Der Hinweis auf die Gastwirtshaftung enthält neben dem Gesichtspunkt der Einwirkungsmöglichkeit noch den Gedanken der Schutzbedürftigkeit. Er stellt damit eine Parallele zur Lehre vom sozialen Kontakt her und setzt sich so den gleichen Kritikpunkten aus wie diese Meinung. Mit dem Gedanken der Einwirkungsmöglichkeit weist er auf ein funktionales Verständnis des Vertrauensgedankens hin. Allerdings ist es nicht möglich, tatsächliche Erwartungen vor der Schädigung nachzuweisen. Trotz des Begriffes des „Anvertrauens“ liegt eine tatsächliche Erwartung gerade nicht vor. Das hat Canaris auch herausgestellt. Deshalb kann Anvertrauen nur bedeuten, dass die Möglichkeit gegeben wird, auf die eigenen Rechtsgüter einzuwirken. Eine konkrete Erwartung kann aber nicht nachgewiesen werden.

Frost greift in ihrem Ansatz die Gedanken von Canaris zur Anvertrauenshaftung auf und formuliert im Hinblick auf das Vertrauenselement eine abweichende Ansicht.[926] Ihre Arbeit versucht zunächst Kriterien für eine Sonderverbindung herauszuarbeiten. Aus einem Vergleich mit dem nachbarrechtlichen Gemeinschaftsverhältnis und der Gegenüberstellung mit dem

---

923 Frost, Schutzpflichten, S. 60.

924 Palandt/Sprau, 74.. Auflage, § 677 Rn. 3.

925 Canaris, a. a. O., S. 540.

926 Frost, Schutzpflichten, S. 87.

Vertragsschluss als „intensivster Form einer selbstbestimmten Regelung von Rechtsbeziehungen“ formuliert sie Merkmale einer Sonderverbindung.[927]

Sie versucht zunächst, Merkmale zu ermitteln, die den „Mindesttatbestand“ einer Sonderverbindung ausmachen.[928] Die Zuordnung bildet die „wesentliche Entstehungsvoraussetzung“ einer Sonderverbindung.[929] Kennzeichnend hierfür sei ein „Miteinander“ im Sinn einer Verschmelzung beziehungsweise Überschneidung der Rechtskreise. Anders als bei der Neutralität und dem Nebeneinander des Deliktsrechts liege hier eine Zuwendung vor.[930] Ohne eine Einwilligung sei eine deliktische Berührung nicht erwünscht.[931] Frost unterscheidet zwischen Sonderverbindungen mit positiver Zielsetzung und Sonderverbindungen mit negativer Zielsetzung. Diese Unterteilung erfolgt nach der Art des Zieles. Bei den Sonderverbindungen mit positiver Zielsetzung geht es darum, dass mindestens ein Beteiligter Vorteile erlangen soll. Hierzu gehören die Geschäftsführung ohne Auftrag, der Fund, der Vertragsschluss und letztlich auch das Verhandlungsverhältnis. Die Rechtskreisüberschneidung ist durch ein gemeinsames oder fremdnütziges positives Ziel gekennzeichnet. Darin liege die Zuwendung und Überschneidung der Rechtskreise.[932] Daneben stellt sie auf einen gemeinsamen Willen der Beteiligten ab. Die Sonderverbindungen mit negativer Zielsetzung kommen in Bezug auf dingliche Rechte in Betracht. Hier ist einer der Beteiligten Besitzer einer Sache und erhält so eine Nutzungsmöglichkeit, also nicht nur eine Einwirkungsmöglichkeit. Mit dem Stichwort der doppelten Zuordnung will Frost zum Ausdruck bringen, dass sich die Verbindung zwischen den Beteiligten aus der Trennung von Besitz und Eigentum ergibt, indem ein Interessenskonflikt zwischen Eigentümer und Besitzer des Gegenstandes auszugleichen ist.[933] Die Rechtskreisöffnung geschieht dadurch, dass der Eigentümer die Ausübung des Besitzes durch einen anderen ermöglicht.

Den Gedanken, den Frost zur Begründung der Sonderverbindung heranzieht, ist die erhöhte Einwirkungsmöglichkeit durch die Öffnung der Rechtskreise. Damit verarbeitet sie einen Gesichtspunkt, der sowohl in der Anvertrauenshaftung von Canaris als auch in der Meinung vom sozialen Kontakt auftaucht. Den Begriff des Vertrauens verwendet Frost bei der Erarbeitung des Mindesttatbestandes einer Sonderverbindung nicht. Sie führt den Vertrauensgedanken erst auf der

927 Frost, a. a. O., S. 53.
928 Frost, a. a. O., S. 56.
929 Frost, a. a. O., S. 57.
930 Frost, a. a. O., S. 57.
931 Frost, a. a. O., S. 57.
932 Frost, a. a. O., S. 62.
933 Frost, a. a. O., S. 63.

„zweiten Stufe“ ein, nämlich bei der Frage, ob die Schutzpflichten notwendige Folge einer Sonderverbindung darstellen.[934]

Ihre Aussagen dort lassen aber den Schluss zu, dass der Vertrauensgedanke auch in den Gesichtspunkten von Frost zur Begründung einer Sonderverbindung enthalten ist. Bei den Sonderverbindungen mit positiver Zielsetzung, zu denen die Vertragsverhandlungen gehören, verbindet der positive Zweck die Beteiligten und stellt die Ursache für ein Miteinander dar. Die verbindende Zuordnung geht mit einer Einwirkungsmöglichkeit auf fremde Rechtsgüter einher. Aus dieser Interessenslage folgert Frost einen Aussagewert der Vertragsverhandlungen. Der Zweck geht mit einer gegenseitigen Rücksichtnahme einher.[935] Damit könnte der Zweck den Grund für das Vertrauen darstellen und das Miteinander eine Situation kennzeichnen, in der gegenseitiges Vertrauen vorliegt.

In ihren Ausführungen zur Schutzpflicht gelangt sie zu der Erkenntnis, dass der Wunsch, eine Sonderverbindung einzugehen, einen Vertrauenstatbestand schafft.[936] Sie gesteht Canaris zu, dass eine ausdrückliche Erklärung, die Schutzinteressen des anderen achten zu wollen, nicht vorliegt. Ausgehend von der Aussage von Canaris, dass auch eine konkludente Erklärung dieses Inhalts eine Fiktion darstellt, begründet sie eine davon abweichende Vorstellung.[937] Sie geht auf die Verknüpfung von Sonderverbindung und Schutzpflicht ein. Die Beteiligten verfolgten das Ziel, die Angebote des anderen zu überprüfen und eigene Vorstellungen zu äußern. Die Öffnung der Rechtskreise erfolgt aus diesem Grund. Dadurch ergibt sich zwangsläufig eine Einflussmöglichkeit auf fremde Rechtsgüter. Anders formuliert liegt es im eigenen Interesse der Beteiligten, dem Schutzbedürfnis des anderen Rechnung zu tragen. Die Bereitschaft zu Vertragsverhandlungen beinhalte gleichzeitig die Bereitschaft zur gegenseitigen Rücksichtnahme.[938] Darin liegt der Erklärungswert, der den Willen zur Achtung fremder Schutzinteressen beinhaltet.

Ein Vertrauenstatbestand werde durch den Wunsch nach Eingehung einer Sonderverbindung, insbesondere durch die Einladung zu Vertragsverhandlungen geschaffen.[939] Die Gewährung von Vertrauen liege im Unterlassen eigener Selbstschutzmaßnahmen.[940]

934 Frost, a. a. O., S. 91.
935 Frost, a. a. O., S. 79.
936 Frost, a. a. O., S. 87.
937 Canaris, a. a. O., S. 540, Fn. 78.
938 Frost, a. a. O., S. 79.
939 Frost, a. a. O., S. 87.
940 Frost, a. a. O., S. 87.

Mit dem Verweis auf die Einwirkungsmöglichkeit durch die Öffnung der Rechtskreise bleibt Frost in der Tradition der bisherigen Begründungsmuster. Mit dem Gedanken der Rechtskreisöffnung gelingt ihr bereits bei der Frage nach der Sonderverbindung eine Abgrenzung zum Deliktsrecht. Dennoch ist ihr Stichwort der verbindenden Zuordnung wenig konturiert. Die Sonderverbindungen mit negativer Zielsetzung klammern schuldrechtliche Beziehungen zur Sache aus, indem Frost fordert, dass auf ein dingliches Recht Bezug zu nehmen ist. Für die Sonderverbindungen mit positiver Zielsetzung fordert sie einen gemeinsamen Willen der Beteiligten. So kann Frost nicht sämtliche Schuldverhältnisse erfassen, in denen Leistungspflichten bestehen.

5. Ablehnung einer Sonderverbindung als Konsequenz ungelöster dogmatischer Fragen

5.1 Interessenslage

5.1.1 Sondierung eines Vertragsschlusses

Frost hat die Interessenslage der Beteiligten in Hinblick auf den Zweck des Zusammentreffens untersucht. Sie geht zunächst vom Vertragsschluss aus, der die „intensivste Form der Sonderverbindung“ darstelle.[941] Beim Abschluss eines Vertrages gehe es darum, eben dieses Ziel, den Vertragsschluss, zu erreichen. Das Interesse der Beteiligten sei auf den freiwilligen Entschluss zurückzuführen, sich aufeinander einzustellen, um die jeweiligen Vorstellungen in Einklang bringen zu können.[942] Die Einigung über den Vertragsschluss und dessen Durchführung bilde den gemeinsamen Nenner des Handelns der Beteiligten.[943] Damit führten korrespondierende Willenserklärungen nicht nur zu einer rechtsgeschäftlichen Bindung. Sie übten auf die Beteiligten einen Zwang zur Zusammenarbeit aus, indem sie zur Durchführung des Leistungsaustausches ihre Rechtskreise öffnen müssten.[944]

Frost stellt klar, dass die Intensität der rechtsgeschäftlichen Bindung als typische Ausprägung des Vertrages auf normale Sonderverbindungen nicht übertragbar ist. Sie sucht nach einem verbindenden Element zwischen den Beteiligten, das nicht die Stärke der Bindung durch ein Rechtsgeschäft erreicht. Sie stellt hier auf das Interesse an einem Gegenstand, Geschäft oder Leistungsbeitrag ab, das eine

941 Frost, a. a. O., S. 53.
942 Frost, a. a. O., S. 53.
943 Frost, a. a. O., S. 54.
944 Frost, a. a. O., S. 54.

Zuordnung zwischen den Beteiligten herbeiführt.[945] Die Zuordnung, die zu einem Miteinander der Beteiligten führt, ist durch eine Zuwendung und den Abbau der Isolation gekennzeichnet. Hier kann der eine Beteiligte sich entscheiden, ob er sich dem anderen öffnen will. Die gleiche Entscheidung trifft der andere Beteiligte über die willentliche Aufgabe der Isolation. Dies geschieht aufgrund eines natürlichen Willens. Bei den Sonderverbindungen mit positiver Zielsetzung, zu denen sie letztlich auch die culpa in contrahendo rechnet, richtet sich das Interesse der Beteiligten darauf, Vorteile und Nutzen aus der Zuwendung zu ziehen. Für die culpa in contrahendo bedeutet das, dass die Beteiligten den Kontakt wollen, um einen Gedanken- und Interessensaustausch zu erreichen.[946] Die Beteiligten öffnen ihre Rechtskreise, um ihr Interesse – die Überprüfung der Angebote und der Verhandlungssituation – zu verfolgen. Dabei handelt es sich um ein Zusammenwirken aufgrund eines gemeinsamen Willens, der vom gemeinsam verfolgten geschäftlichen Zweck der Aufnahme von Vertragsverhandlungen getragen ist. So kann Frost aufgrund des gemeinsam verfolgten Zieles der Beteiligten den Zusammenhang von Sonderverbindung und Zweck herausarbeiten.

Mit dem Gedanken des geschäftlichen Zwecks erinnert Frost an das Stichwort von Larenz vom geschäftlichen Kontakt.[947] Sie versucht sich hierzu abzugrenzen, indem sie darauf hinweist, dass der geschäftliche Zweck der Überprüfung des jeweiligen Verhandlungsstandpunktes diene und nicht der einzige Zweck im Rahmen von Sonderverbindungen mit positiver Zielsetzung sei.[948] Bei Larenz hingegen ist der geschäftliche Kontakt ein Merkmal, das zur Annahme eines vorvertraglichen Schuldverhältnisses mit entsprechenden Rücksichtnahme- und Sorgfaltspflichten führt. Der geschäftliche Zweck von Frost ist dagegen gleichsam der Auslöser für die Öffnung der Rechtskreise und die daraus resultierende Einwirkungsmöglichkeit auf die Rechtsgüter des jeweils anderen.

An dieser Stelle wird nochmals die Bedeutung des Vertrauensmomentes in der Arbeit von Frost deutlich. Es geht nicht nur um die Interessenslage, die sich mit dem Schlagwort des positiven Zwecks umschreiben lässt. Der geschäftliche Zweck ist auch der Grund für das Miteinander der Verhandlungspartner, also einer Vertrauenssituation. Darin zeigt sich auch ein funktioneller Zusammenhang. Indem die Verhandlungspartner um der Erreichung des gemeinsamen Zwecks willen ihr Misstrauen aufgeben, wird die Situation des Miteinander geschaffen und eine

945 Frost, a. a. O., S. 56.

946 Frost, a. a. O., S. 66.

947 Larenz, Culpa in contrahendo, Verkehrssicherungspflicht und sozialer Kontakt, MDR 1954, (515), 518.

948 Frost, a. a. O., S. 67.

Sonderverbindung begründet. Daran sind Schadensersatzansprüche geknüpft, die aus der Verletzung von Schutzpflichten in der Sonderverbindung folgen. Insofern sind die Verhandlungspartner bei der Aufgabe ihrer abwehrbereiten Isolation, also beim Miteinander, nicht schutzlos gestellt. Der positive Zweck führt die Beteiligten zu einem Miteinander, bei dem der andere schutzbedürftig ist. Daher bejaht Frost auch die besonderen Schutzpflichten im Rahmen einer Sonderverbindung. Das Ziel des Zusammentreffens hat deshalb nicht nur Bedeutung als Entstehungsvoraussetzung für die Sonderverbindung, sondern ist „untrennbar"[949] mit dem Entstehen von Schutzpflichten verknüpft.

Medicus hat darauf hingewiesen, dass zwischen Personen, die nicht miteinander verbunden seien, Misstrauen herrsche.[950] Die eigenen Rechtsgüter würden dem anderen nicht ohne weiteres ausgesetzt. Beim Eintritt in Vertragsverhandlungen könne dieses Misstrauen aber nicht mehr durchgehalten werden und dem Verhandlungspartner müsste eine Einwirkungsmöglichkeit auf die eigenen Rechtsgüter gewährt werden. Die durch das Vertrauen geschaffene Verletzlichkeit werde durch besondere Schutzpflichten aufgefangen.[951]

Hinter den Gedanken von Frost steht die einfache praktische Überlegung, dass jemand, der Einkäufe tätigen will oder sich allgemein über das Angebot informieren möchte, das meist nicht allein in seiner häuslichen Umgebung (Isolation) tun kann. Vielmehr ist es notwendig, dem Verhandlungspartner entweder Zutritt in die eigene Rechtssphäre zu gewähren oder dessen Sphäre aufzusuchen.[952] Die Möglichkeiten des Internets schaffen völlig neue Einkaufsformen. Die Schädigung der Rechtsgüter des potentiellen Käufers kann sich aber nicht in der Sphäre des Verkäufers ereignen, da ein Kontakt lediglich mittels Computer vorliegt und der potentielle Kunde seine absolut geschützten Rechtsgüter nicht dem Einflussbereich des Verkäufers aussetzt.

Frost stellt eine Verbindung von Interesse und der Legitimation der Sonderverbindung her. So lässt sich aus der von ihr dargestellten Interessenslage eine Einwirkungsmöglichkeit des Gegners auf die eigenen Rechtsgüter ableiten. Eben diese Einwirkungsmöglichkeit benennt Frost als Legitimationsgesichtspunkt für die Sonderverbindung. Insoweit ist die Meinung von Frost konsequent und nachvollziehbar aufgebaut. Es verbleiben aber Zweifel, ob ein Miteinander, das bereits als Vertrauenssituation gekennzeichnet wurde, auch dann noch vorliegen kann, wenn ein Kunde von vornherein voller Misstrauen Vertragsverhandlungen

949 Frost, a. a. O., S. 86.
950 Medicus, Ansprüche auf Schadensersatz, JuS 1986, (665), 668.
951 Medicus, a. a. O., 668.
952 Medicus, a. a. O., 668.

führt. Medicus demonstriert dies am Beispiel der Werbetiraden eines Gebrauchtwagenhändlers, denen der Kunde voller Misstrauen zuhört.[953]

5.1.2 Interesse am Schutz absolut geschützter Rechtsgüter

Bereits im Linoleumrollen-Urteil[954] hat das Gericht das Interesse des Kunden am umfassenden Schutz von Rechtsgütern herausgearbeitet, die zu den absolut geschützten Rechtsgütern des § 823 I BGB zählen. Das Reichsgericht argumentierte hier aus der Sicht des Geschädigten und stellte dessen Interesse an einem zahlungskräftigen Haftungsgegner unter Anwendung des § 278 BGB heraus. Dieser auf das Interesse des Geschädigten am Schutz seiner körperlichen Integrität bezogene Gesichtspunkt ist eng mit der Funktion der culpa in contrahendo verknüpft, die Schwächen des Deliktsrechts auszugleichen. Aus dieser Interessenslage heraus auf eine Sonderverbindung zu schließen, erscheint jedoch ähnlich problematisch wie der Schluss vom Rechtsgedanken des § 278 BGB auf dessen Anwendung. Wenn sich über das Deliktsrecht, namentlich §§ 823 I, 831 I BGB, nicht die gewünschten Rechtsfolgen erzielen lassen und aus diesem Grund die Heranziehung der culpa in contrahendo erfolgen soll, bedeutet das, dass die culpa in contrahendo eine „zeitlich begrenzte Vehikel-Funktion" wahrnimmt.[955] Nach einer Reform des Deliktsrechts würde diese wieder entfallen – ebenso wie das Interesse des Geschädigten an der Anspruchsgrundlage der culpa in contrahendo. Daraus wird deutlich, dass der Aspekt des effektiven Schutzes absolut geschützter Rechtsgüter im Sinn des § 823 I BGB nicht über die Begründung einer Sonderverbindung entscheiden kann.

Kreuzer verneint ganz den Schutzzweck der Sonderverbindung bezüglich der Integrität von Rechtsgütern wie des Eigentums und der Unversehrtheit der Person.[956] Es sei Aufgabe des Deliktsrechts, das Erhaltungsinteresse zu gewährleisten. Nach seiner Auffassung führe die Vertragsordnung zu Rechtsfolgen, die nicht nur unangemessen, sondern auch ungenügend seien.[957] Er führt dazu das Schmerzensgeld und den Versorgerschaden an. Sowohl beim Vertrag als auch beim Verhandlungsverhältnis seien Personen- und Sachschäden nicht normrelevant, so dass die Erhaltungspflichtverletzungen aus der culpa in contrahendo auszuscheiden seien.

953 Medicus, a. a. O., 668.
954 RGZ 78, 239 ff.
955 Thiemann, Culpa in contrahendo, S. 28.
956 Kreuzer, Anmerkungen zum Urteil des BGH vom 28.1.1976 (Gemüseblattfall), JZ 1976, (776), 780.
957 Kreuzer, a. a. O., (776), 778, 780.

Andere Autoren verneinen zwar die Zugehörigkeit der Erhaltungspflichtverletzungen zur culpa in contrahendo und bevorzugen die Gewährleistung des Erhaltungsinteresses durch das Deliktsrecht.[958] Die Warenhausfälle gäben, da sie in das Gebiet des Deliktsrechts fielen, für den inneren Grund der Haftung für culpa in contrahendo nichts her.[959] Dennoch wird an der culpa in contrahendo auch für diese Fallgruppe bis zu einer Neuregelung des Deliktsrechts festgehalten.[960]

Nach der Einfügung des § 253 II BGB dürfte sich das Argument des Schmerzensgeldes, das Kreuzer anführt, erübrigt haben. Warum die Rechtsfolgen der Vertragshaftung unangemessen sein sollen, sagt Kreuzer nicht. Vor der Reform des Schadensersatzrechtes stand dem Geschädigten über die culpa in contrahendo kein Schmerzensgeldanspruch zu. Allerdings reduziert der Anspruch aus culpa in contrahendo auch nicht die Rechte des Geschädigten, da er sich immer noch auf deliktische Anspruchsgrundlagen stützen kann. Zwischen culpa in contrahendo und §§ 823 ff BGB wird allgemein eine Anspruchskonkurrenz anerkannt.[961] Zudem führt die Ausweitung des Anspruchs auf Schmerzensgeld zu einem Bedeutungsverlust des Deliktsrechts, das in Bezug auf das Schmerzensgeld keine über die Vertragshaftung hinausgehende Rechtsfolge gewährt. Die Rechtsentwicklung ist auch durch eine Annäherung von Vertrags- und Deliktsrecht gekennzeichnet. Auch stellt § 253 II BGB n. F. gerade nicht auf die Anspruchsgrundlage ab, sondern auf die Verletzung bestimmter Rechtsgüter. Es handelt sich zwar bei deren Verletzung auch um eine unerlaubte Handlung, aber der Bezugspunkt zu den verletzten Rechtsgütern zeigt, dass eine Schädigung gerade auch im Rahmen vorvertraglicher Beziehungen geschehen kann und dann auch Schmerzensgeld zu leisten ist.

5.2 Fehlende Trennbarkeit der Fallgruppen

Die Herausnahme der Verletzung von Erhaltungspflichten aus der culpa in contrahendo setzt voraus, dass sich diese Fallgruppe von den übrigen trennen lässt. Es wird vorgetragen, dass die Erhaltungspflichten mit dem konkreten Inhalt des

958 Battes, Erfüllungsansprüche trotz beiderseits bewussten Formmangels? Zugleich ein Beitrag zur Abgrenzung zwischen vertraglicher und außergeschäftlicher Haftung, JZ 1969, 683, von Caemmerer, Gesammelte Schriften I, S. 452, 461 ff.; Larenz, Festschrift Ballerstedt, S. 397, 402 f.; Medicus, Festschrift Kern, S. 313, 327 ff. Nirk, Rechtsvergleichendes zur Haftung für culpa in contrahendo, RabelsZ 18 (1953), 310 f., 350 f.; Stoll, Festschrift von Caemmerer, S. 434, 437, 452 f.

959 Larenz, Festschrift Ballerstedt, S. 397, 403.

960 Caemmerer, Gesammelte Schriften I, S. 452, 463: Larenz, Festschrift Ballerstedt, S. 379, 403

961 BGHZ 66, 315 ff.; 55, 392, 395.

angestrebten Vertrages nichts zu tun hätten und zu diesem lediglich ein äußerer Zusammenhang bestünde.[962]

Dagegen zeigte sich gerade im Linoleumrollenfall[963], dass die Schädigung der Kundin den Abschluss eines Kaufvertrages verhinderte. Die Verletzung von Erhaltungspflichten kann daher Einfluss auf die Vertragsverhandlungen und letztlich auch Einfluss auf den eventuell abzuschließenden Vertrag haben.

Eine Differenzierung nach dem verletzten Rechtsgut führt allerdings nicht weiter. Die Abgrenzung, ob ein absolut geschütztes Rechtsgut im Sinn des § 823 I BGB verletzt wird und deshalb das Deliktsrecht und nicht die culpa in contrahendo einschlägig sein soll, erscheint einfach. Dabei kann die Verletzung eines solchen Rechtsgutes aber nicht darüber entscheiden, ob eine Sonderverbindung entsteht. Keine der genannten Theorien zum Haftungsgrund der culpa in contrahendo trifft eine solche Unterscheidung. Diese erfolgt allenfalls in Hinblick auf das Element des Vertrauens.

Allgemein wird die Sonderverbindung als das trennende Merkmal von Vertrags- und Deliktsrecht bezeichnet.[964] Wenn die Verletzung eines absolut geschützten Rechtsgutes nicht mehr von der culpa in contrahendo erfasst sein soll, müsste begründet werden, warum bei dieser Art der Pflichtverletzung keine Sonderverbindung besteht und bei anderen schon. Das würde eine Unterscheidung nach der Art der Pflichtverletzung beinhalten. Bei der Verletzung von Erhaltungspflichten geht es schließlich auch um die Verletzung der körperlichen Integrität des Verhandlungspartners. Eine derartige Betrachtungsweise würde zu einem Rückschluss von der Art der Pflichtverletzung auf das Entstehen der Sonderverbindung führen. Das erscheint bedenklich, wenn sozusagen von der „zweiten Stufe“, der Pflichtverletzung auf die „erste Stufe“, die Sonderverbindung geschlossen wird. Die Problematik dieser Vorgehensweise liegt darin, dass die Fragestellung lautet, ob in einer Sonderverbindung besondere schuldrechtliche Pflichten wirken. Es können nicht umgekehrt isolierte Pflichten festgestellt werden, von deren Vorhandensein dann auf das Vorliegen einer Sonderverbindung gefolgert wird, ohne Kriterien zu erarbeiten, die eine Unterscheidung ermöglichen, wann eine Sonderverbindung bei einer Fallgruppe entstehen soll und bei der anderen nicht.[965] Wenn Vertragsverhandlungen stattfinden, zeigt

962 Nirk, Rechtsvergleichendes zur Haftung für culpa in contrahendo, RabelsZ 18, S. 310, 350.

963 RGZ 78, 239.

964 Choi, Die vorvertragliche Haftung (culpa in contrahendo) und der deliktsrechtliche Schutz primärer Vermögensinteressen, S. 13.

965 Frost, a. a. O., S. 79 ff.

sich meist erst in deren Verlauf, dass „etwas schief geht". Meist kommt es erst in diesem Stadium zu einer Pflichtverletzung. Das würde bedeuten, dass die Verhandlungspartner zu Beginn der Kontaktaufnahme nicht wissen, ob sie im Fall einer späteren Schädigung unter dem Schutz der culpa in contrahendo stehen. Es würde sich erst im Zeitpunkt der Pflichtverletzung entscheiden, ob – je nach deren Art – eine culpa in contrahendo begründet wurde. Das führt nicht nur zu einem Zustand der Ungewissheit und Rechtsunsicherheit, sondern macht auch das Entstehen der Sonderverbindung von der Zufälligkeit abhängig, welche Pflichtverletzung sich ereignet. Die oben[966] untersuchten Theorien zum Haftungsgrund der culpa in contrahendo unterscheiden teilweise nach Fallgruppen der culpa in contrahendo. Das geschieht aber in der Weise, dass gefragt wird, ob die angebotenen Kriterien zum Haftungsgrund der culpa in contrahendo wie etwa das Vertrauensmoment auch bei den Erhaltungspflichtverletzungen Aussagekraft entfalten können.

Bereits diese Gesichtspunkte sprechen gegen eine Trennbarkeit der Fallgruppen. Es ist außerdem nicht überzeugend, dass lediglich dem Deliktsrecht der Schutz absolut geschützter Rechtsgüter zugewiesen sein soll, während sich das Vertragsrecht auf den Vermögensschutz bezieht. Die Motive zum BGB belegen, dass die Überlegung bestand, auch weitere Pflichten zu formulieren, um absolute Rechte im Vertragsrecht zu schützen.[967] Dieses Vorhaben wurde nicht weiter verfolgt, weil sich teilweise eine Überschneidung mit der Regelung über Treu und Glauben ergab.

Daneben belegen Verträge wie die Leihe oder die Verwahrung, dass der Schutz absolut geschützter Rechtsgüter durchaus die Hauptpflicht eines schuldrechtlichen Vertrages darstellen kann. Noch deutlicher wird das bezüglich des Schutzes der körperlichen Integrität, wenn im Bereich des Personenschutzes ein Vertrag mit einem „Leibwächter" abgeschlossen wird. Neben der allgemeinen deliktischen Pflicht des „neminem laedere" können daher schuldrechtliche Pflichten gegenüber einer bestimmten Person bestehen.

Gegen eine Beschränkung des Vertragsrechts auf den Vermögensschutz spricht die Systematik des BGB. Die Vorschriften der §§ 524, 538 (§ 548 BGB a. F.), 600, 602, 618, 694, 701 BGB haben den Schutz von absolut geschützten Rechtsgütern im Blick. Es handelt sich durchweg um schuldrechtliche Vorschriften aus dem zweiten Buch des BGB. Dagegen bezwecken die Vorschriften der §§ 823 II, 825, 826 BGB auch den Schutz des Vermögens.

---

966 Oben § 9.3.

967 Motive II, S. 197 f., 450, 472, 485 f., 576.

Daraus wird ersichtlich, dass eine strenge Trennung von Vertrags- und Deliktsrecht nach Art des geschützten Rechtsgutes nicht schon im BGB vorgenommen wird.

5.3 Angreifbarkeit des Vertrauensgedankens in den Warenhausfällen

Es fällt auf, dass letztlich allen genannten Ansichten zum Haftungsgrund der culpa in contrahendo der Vertrauensgedanke immanent ist, aber eine genaue Konturierung fehlt. Diesbezügliche Versuche sind ihrerseits wieder konkretisierungsbedürftig.

Daneben sind Fälle problematisch, in denen das Gegenüber das Vertrauen des anderen vernichtet hat. Indem die Zerstörung von Vertrauen von einer Entscheidung der Parteien abhängt, hätten sie es letztlich auch in der Hand, ob eine Sonderverbindung eintritt oder nicht. Obwohl der Geschädigte in gleicher Weise schutzbedürftig ist, hingen die Rechtsfolgen und auch die Anwendbarkeit der für die Sonderverbindung typischen Rechtsnormen der §§ 278, 242 BGB von der freien Disposition der Beteiligten ab.[968] Das Gesetz geht, wie § 11 Nr. 7 AGBG zeigte, von dieser Möglichkeit nicht aus. Ob eine Sonderverbindung eintritt oder nicht, kann nicht in das Belieben der beteiligten Parteien gestellt werden und wäre auch nicht interessensgerecht.

Außerdem sind Situationen denkbar, in denen sich der Schädiger keine Gedanken gemacht hat, ob der Geschädigte ihm überhaupt vertraut hat. Der Geschädigte darf deshalb nicht schlechter gestellt werden.[969]

Die Fragwürdigkeit des Vertrauensgedankens zeigt sich auch in den Fällen des Straßenverkehrs. Dies ist unter anderem die Domäne des Deliktsrechts.

Problematisch ist, dass es im Straßenverkehr Situationen gibt, in denen sehr wohl Vertrauen darauf vorliegen kann, dass der andere Verkehrsteilnehmer sich an die Verkehrsregeln hält. Der Vertrauensgrundsatz, der auch im Straßenverkehr gilt, besagt, dass ein auf einer bevorrechtigten Straße fahrender Kraftfahrer darauf vertrauen darf, dass ein Verkehrsteilnehmer, der nicht zu sehen und wartepflichtig ist, sein Vorfahrtsrecht achten wird.[970] Das Vorfahrtsrecht soll die Flüssigkeit des Verkehrs gewährleisten. Der wartepflichtige Verkehrsteilnehmer muss sich der Vorfahrtsstraße mit Misstrauen nähern. Der Vertrauensgrundsatz beherrsche das Vorfahrtsrecht und dürfe nicht ins Gegenteil verkehrt werden.[971]

---

968 Krebs, Sonderverbindung und außerdeliktische Schutzpflichten, S. 187.

969 Frotz, GS, S. 175.

970 BGHZ 14, 232.

971 BGHZ 14, 237.

Das Merkmal des besonderen Vertrauens lässt in den Warenhausfällen keine Abgrenzung zu anderen Vertrauenslagen zu. So kann man nicht feststellen, warum das Vertrauen eines Kunden „besonders" sein soll und das eines Spaziergängers nicht.[972] Gleiches gilt für einen im Haus beschäftigten Handwerker. Die Gefährlichkeit eines Kaufhauses ist diesbezüglich nicht aussagekräftig, da es andere, wesentlich gefährlichere Situationen – wie etwa Glatteis – gibt.[973]

Frost zeichnet zwar eine deutlichere Konturierung der Sonderverbindung unter einer sehr vorsichtigen Verwendung des Vertrauensbegriffes aus, das Merkmal des „Miteinander" muss aber seinerseits wieder ausgefüllt werden.

Dasselbe gilt für die Stichworte des sozialen oder geschäftlichen Kontakts. Gegen diese gibt es außerdem gewichtige Einwände, die die Überzeugungskraft dieser Meinungen in Frage stellen. Das grundlegende Problem des Ansatzes vom sozialen Kontakt ist dessen Weite. Der Kernpunkt der Aussage, dass das gesteigerte Schadensrisiko aus der größeren Einwirkungsmöglichkeit resultiere, ist im Grunde genommen nur eine tatsächliche Feststellung.[974] Ein Bezugspunkt zu einem rechtsgeschäftlichen Tätigwerden ist daraus noch nicht ersichtlich. Die Rechtsfolgen einer vertraglichen Haftung hieraus zu folgern, geht zu weit. Dem Merkmal des sozialen Kontakts fehlt es auch an Schärfe. Die erhöhte Einwirkungsmöglichkeit eignet sich nicht als konturierendes Merkmal für eine Grenzziehung. Einladungen und generell jeder zwischenmenschliche Kontakt können als soziale Kontakte eingestuft werden. Dasselbe gilt für zwei Autos, die sich an einer Kreuzung Lichtzeichen geben.[975] Die Zufälligkeit dieses Zusammentreffens zeigt die Notwendigkeit einer Aussage darüber, wann ein sozialer Kontakt eintritt. Eine Präzisierung auch des Vertrauensmerkmales ist deshalb unabdingbar. Die „Intensität" des sozialen Kontakts erscheint willkürlich und kann die Rechtsunsicherheit nicht beheben.[976]

Das obige Beispiel von Larenz beinhaltet noch einen weiteren Gesichtspunkt. Allein darauf abzustellen, dass jemand seine Rechtsgüter einem anderen anvertraut und deshalb einer höheren Gefährdungslage ausgesetzt ist, kann den gesteigerten sozialen Kontakt nicht erklären. Im Straßenverkehr liegt eine erhebliche Gefahr darin, dass sich der andere nicht an die Verkehrsregeln hält. Das Anvertrauen der Rechtsgüter im Moment des Zusammentreffens geschieht in

972 Medicus, Probleme um das Schuldverhältnis, S. 21.

973 Medicus, a. a. O., S. 21.

974 Picker, Positive Forderungsverletzung und culpa in contrahendo – Zur Problematik der Haftungen „zwischen" Vertrag und Delikt, AcP 183 (1983), 369, 417.

975 Larenz, Verkehrssicherungspflicht und sozialer Kontakt, MDR 1954, (515), 515 f.

976 Picker, Vertragliche und deliktische Schadenshaftung, JZ 1987, (1041), 1045.

der Erwartung auf die Richtigkeit des Verhaltens des anderen.[977] Die gesteigerte Anfälligkeit gegenüber Gefahren ist ebenso wenig das alleinige Kennzeichen für einen gesteigerten Kontakt wie das Anvertrauen der Rechtsgüter. Die Gefahranfälligkeit ist im Deliktsrecht ebenso gegeben. Der erwähnte Aufsatz von Larenz fand seinerseits oben kritische Beachtung.[978] Zutreffend an der Überlegung von Larenz ist es, dass § 278 BGB eine Präzisierung des Verbotes des venire contra factum proprium darstellt.[979] Der Schuldner muss ein höheres Maß an Verantwortung tragen, wenn er den Vorteil der Arbeitsteilung für sich in Anspruch nimmt.[980] Bereist im Linoleumrollen-Urteil argumentierte das Reichsgericht mit dieser Risikoverteilung.[981] Daneben klingt bereits hier der Gesichtspunkt an, dass der Eintritt in Vertragsverhandlungen auch ein geschäftliches Interesse beinhaltet.

Schwierigkeiten bereitet die Ansicht von Larenz, wenn ein Kunde lediglich zur Information ein Kaufhaus betritt. Larenz bejaht den geschäftlichen Zweck auch bei möglichen Kunden und ordnet dieses Problem als Beweisfrage ein, da die Vermutung dafür spreche, dass es sich beim Besucher eines Kaufhauses um einen möglichen Kunden handelt.[982] So umgeht er die Frage, warum bereits geschäftliche Zwecke zu einer Sonderverbindung führen, die nur möglich sind. Diese Feststellung von Larenz beinhaltet gleichzeitig, dass für das Entstehen einer Sonderverbindung auch ein Zweck ausreicht, der nicht die Stärke eines geschäftlichen Zwecks erreicht.[983]

Dölle selbst schwächt die Überzeugungskraft seiner Theorie, indem er zwar jeden sozialen Kontakt genügen lässt, aber rein gesellschaftliche Kontakte nicht anerkennt.[984] Diese Differenzierung ist inkonsequent.

Eine ganz grundsätzliche Frage im Zusammenhang mit diesen Lehren ist, ob sie zu einer Grenzziehung zwischen Vertrags- und Deliktsrecht in der Lage sind. Gegen die Lehre vom sozialen Kontakt wird vorgebracht, dass sie die Grenze von Vertrags- und Deliktsrecht aufhebt, obwohl dem BGB diese Dichotomie zugrunde liegt.[985] Sie löse auch einen Großteil der Fälle über das Vertragsrecht und gestalte

977 Larenz, Verkehrssicherungspflicht und sozialer Kontakt, MDR 1954, (515), 517.
978 Vergleiche § 9.4.2.
979 V. Caemmerer, Wandlungen, S. 49, 118 Anm. 300.
980 Motive II, S. 30; Soergel/Siebert, § 278 Rn. 1; Westermann, Haftung für fremdes Verschulden, JuS 1961,(332), 332 f.,338 f.
981 RGZ 78, 239.
982 Larenz, Verkehrssicherungspflicht und sozialer Kontakt, MDR 1954, (515), 518.
983 Frost, a. a. O., S. 61.
984 Dölle, a. a. O., ZStW 103,(67), 74.
985 BGH BB 74, S. 998 f.

so das Verhältnis von Vertragsrecht und Deliktsrecht in einer vom Gesetzgeber nicht gewollten Weise um.[986]

Der soziale Kontakt hebe sich von dem auf einen zufälligen Kontakt deliktischer Art dadurch ab, dass hier erhöhte Gefahren lauerten.[987] Diese Aussage führt insofern nicht weiter, als die Gefährdung auf neutralem Boden genauso groß sein kann wie beim räumlichen Eintritt in eine fremde Rechtssphäre. Mit dem bereits erwähnten Beispiel[988] konnte Larenz zeigen, dass das Gefahrenpotential im deliktischen Bereich ebenso auf der rechtsgeschäftlichen Ebene vorhanden ist. Im Straßenverkehr könne die Nichteinhaltung der Verkehrsvorschriften eine erhebliche Gefahrenquelle für jeden Verkehrsteilnehmer sein. Im Vertrauen auf das richtige Verhalten des anderen vertrauten die Autofahrer sich und ihre Rechtsgüter der Sorgfalt des anderen Verkehrsteilnehmers an.[989] Das Anvertrauen von Rechtsgütern und die größere Gefährdungslage können den vom Deliktsrecht zu unterscheidenden sozialen Kontakt gerade nicht erklären, da beide Merkmale keine Aussage darüber ermöglichen, wann der Punkt von einer sich aus der Teilnahme am allgemeinen Verkehr ergebenden allgemeinen Gefahr zu einer besonderen Gefahr überschritten wird. Auch die Forderung eines gewollten und gezielten Kontaktes führt nicht weiter, da dann die Art des Kontaktes darüber entscheiden würde, ob Vertragsrecht beziehungsweise vertragsrechtliche Grundsätze zur Anwendung kommen oder Deliktsrecht.[990] Außerdem müsste geklärt werden, warum diese Art des Kontaktes anderen Möglichkeiten des Kontakts vorzuziehen ist.

Daraus wird deutlich, dass das Merkmal des sozialen Kontakts einer Präzisierung bedarf. Die weiter gehende Forderung nach der Aufnahme des Kontakts zum Zweck eines Rechtsgeschäfts ist eine solche Möglichkeit. Die Teilnahme am rechtsgeschäftlichen Verkehr und der Zusammenhang mit einem Rechtsgeschäft ermöglichen eine Abgrenzung zum Deliktsrecht. Damit ist noch nicht gesagt, warum gerade im rechtsgeschäftlichen Verkehr besondere Pflichten mit einer gesteigerten Haftung gerechtfertigt sein sollen. Die gesteigerte Einwirkungsmöglichkeit ist auch in diesem Zusammenhang Bedenken ausgesetzt, da, wie gezeigt, auch außerhalb des rechtsgeschäftlichen Verkehrs erhebliche Gefahren auftreten können.

---

986 Kreuzer, Anmerkungen zum Urteil des BGH vom 28.1.1976 (Gemüseblattfall), JZ 1976, (776), 778.

987 Esser/Schmidt, Schuldrecht Allgemeiner Teil, Teilband 2, § 29 I, S. 90 f.

988 Larenz, Verkehrssicherungspflicht und sozialer Kontakt, MDR 1954, (515), 516 f.

989 Larenz, Verkehrssicherungspflicht und sozialer Kontakt, MDR 1954, (515) 515 ff.

990 Thiele, Leistungsstörung und Schutzpflichtverletzung, JZ 1967, (649), 651.

5.4 Zusammenfassung

Das Vertrauen ist ein Element, das nicht nur in Sonderverbindungen auftaucht. Sein Vorhandensein in Bereichen des Deliktrechts zeigt die Schwierigkeit, allein mit dem Vertrauensgedanken eine Sonderverbindung zu legitimieren.

So bestehen erhebliche Zweifel, ob die oben genannten Ansätze[991] den Haftungsgrund der culpa in contrahendo erklären können. Die Angreifbarkeit des Vertrauensgedankens ist bereits deutlich geworden. Es fällt auf, dass keine der genannten Ansichten für sich gesehen die Problematik der Sonderverbindung insgesamt aufarbeiten kann. Auch lässt sich beobachten, dass bestimmte Gedanken wie der Vertrauensgedanke oder die Einwirkungsmöglichkeit von verschiedenen Meinungen herangezogen werden. Es ist deshalb nicht auszuschließen, dass eine Kombination von verschiedenen Gesichtspunkten zur Klärung beitragen kann.

Was zunächst bleibt, ist „das Eingeständnis dogmatischer Verlegenheit".[992] Eine Ergänzung oder Ersetzung des Vertrauensgedankens ist bis heute nicht gelungen.[993] Medicus zieht daraus den Schluss, dass eine einheitliche Formulierung für die Voraussetzungen der Sonderverbindung für alle Fallgruppen nicht vorhanden ist.[994] Damit scheitere auch die Suche nach einem einheitlichen Prinzip für die Entstehung aller Sonderverbindungen.[995] Dennoch fällt auf, dass alle genannten Ansichten für die Fallgruppe der Erhaltungspflichten nicht – etwa aus Zweifeln an der Bedeutung des Vertrauensgedankens – das Entstehen einer Sonderverbindung verneinen. Canaris und Frost suchen im Gegenteil nach einem Bezugspunkt für Vertrauen und können so den Vertrauensgedanken in ihre Arbeiten einbringen.

Die Arbeit von Frost ist auch deshalb so beachtenswert, weil sie ganz klar die Sonderverbindung als entscheidenden Gesichtspunkt bei der Abgrenzung von Vertrags- und Deliktsrecht benennt. Aus diesem Grund ermittelt sie vor der Frage nach der Rechtfertigung von Schutzpflichten erst Merkmale für eine Sonderverbindung. Sie zeigt in ihrer Arbeit, dass Schutzpflichten die notwendige Folge einer Sonderverbindung sind und dass mit der Einordnung des Verhandlungsverhältnisses als Sonderverbindung gleichzeitig die Entscheidung gegen eine deliktische Konstruktion der Haftung gefallen ist.[996]

991 Oben § 9.3.
992 Medicus, Probleme um das Schuldverhältnis, S. 23.
993 Medicus, a. a. O., S. 23.
994 Medicus, a. a. O., S. 23.
995 Medicus, a. a. O., S. 23.
996 Frost, a. a. O., S. 99.

Nahe liegend erscheint die Vermutung, dass sich die Diskussion um den Haftungsgrund von Anfang an in einer Sackgasse befunden hat.[997] Die Intensität des Meinungsaustausches mit der Wiederholung gleicher oder ähnlicher Gesichtspunkte könnte aber auch darauf hindeuten, dass Wesentliches bereits vorgetragen wurde.

Der Bezugspunkt des Vertrauens dürfte historisch motiviert sein. Seit 1928 spricht das Reichsgericht von einem „vertragsähnlichen Vertrauensverhältnis".[998] Das Reichsgericht stellte fest, „dass schon bloße Vertragsverhandlungen selbst dann, wenn sie nicht zum Vertragsschluss führen, ein vertragsähnliches Vertrauensverhältnis unter den Beteiligten erzeugen, das sie zur Beobachtung der im Verkehr erforderlichen Sorgfalt verpflichtet".[999] Eine Erklärung, warum ein „vertragsähnliches Vertrauensverhältnis" zu rechtlich bedeutsamen Pflichten führt, liefert das Reichsgericht nicht. Wenn das Reichsgericht eine Begründung zur Frage des Haftungsgrundes vermieden hat, liegt der Schluss nahe, dass das „vertragsähnliche Vertrauensverhältnis" diesbezüglich in der Entscheidung auch nicht herangezogen werden sollte.

---

997 Thiemann, Culpa in contrahendo, S. 91.

998 RGZ 120, 249 f.

999 RGZ 120, 249, 251.

§ 10: Kapitel 10: Gesetzliche Regelung der culpa in contrahendo durch die Schuldrechtsreform

1. Stellung der culpa in contrahendo in der Systematik des neuen Schuldrechts

Es geht hier nicht darum, die Systematik des neuen Schuldrechts umfassend zu untersuchen und zu hinterfragen. Das ist eine Frage, die das gesamte Schuldrecht betrifft und nicht allein die culpa in contrahendo im speziellen. An dieser Stelle soll nur gezeigt werden, wie sich die Normierung der culpa in contrahendo in dieses System einfügt.

Im Gesetz befassen sich im Wesentlichen zwei Regelungskomplexe mit den Leistungsstörungen. Im zweiten Buch (Recht der Schuldverhältnisse) geht es im dritten Abschnitt unter Titel zwei um Leistungsstörungen bei gegenseitigen Verträgen gemäß §§ 320 ff BGB n. F. Bei Verträgen generell und allen anderen Schuldverhältnissen regeln die §§ 275 ff BGB n. F. im zweiten Buch, erster Abschnitt, Titel eins und zwei (Verpflichtung zur Leistung, Verzug des Gläubigers) die Leistungsstörungen. Im zweiten Buch, dritter Abschnitt, erster Titel, Untertitel drei ist § 313 BGB n. F. angesiedelt, der sich mit der Störung der Geschäftsgrundlage beschäftigt. In § 314 BGB n. F. ist die Kündigung von Dauerschuldverhältnissen aus wichtigem Grund geregelt.

Zentrale Norm für Schadensersatzansprüche stellt § 280 I BGB n. F. dar, der gleichzeitig die culpa in contrahendo und die positive Forderungsverletzung umfasst. Den Ausschluss der Leistungspflicht (im BGB a. F. Unmöglichkeit) betrifft § 275 BGB n. F., während Verzug in § 286 BGB n. F. geregelt ist. §276 BGB a. F. ist zum Teil überarbeitet worden und umfasst außer Vorsatz und Fahrlässigkeit auch die Übernahme einer Garantie oder eines Beschaffungsrisikos. Unverändert erhalten geblieben sind die Vorschriften über den Gläubigerverzug gemäß §§ 293 ff BGB a. F. und die §§ 277, 278 BGB a. F. Bei den Vorschriften, die gegenseitige Verträge betreffen, beginnt § 320 BGB a. F. unverändert. § 321 BGB n. F. regelt die neu gefasste Unsicherheitseinrede. Die Vorschriften der §§ 323 ff BGB n. F. umfassen den Rücktritt und in § 326 BGB n. F. das Schicksal der Pflicht zur Gegenleistung.

Die frühere Unterscheidung nach der Art der Leistungsstörungen und die daran geknüpften Rechtsfolgen führten bereits zu Beginn der Fallbetrachtung zu einer entsprechenden Weichenstellung. Maßgeblich war nach dem BGB a. F. die

Art der Störung. Das neue Leistungsstörungsrecht ist von der zentralen Stellung der „Pflichtverletzung" in §§ 280 ff BGB n. F. geprägt. Die Schadensersatzansprüche werden

grundsätzlich hier gebündelt während es in den §§ 323 ff BGB n. F. um das Rücktrittsrecht bei gegenseitigen Verträgen geht. Insoweit erfolgt eine Harmonisierung und Abstimmung dieser Sekundärrechte. Damit soll auch der Wechsel des ursprünglichen Blickwinkels nach dem Tatbestand der Leistungsstörung zugunsten einer rechtsfolgeorientierten Betrachtung verbunden sein.[1000] Da die Pflichtverletzung prinzipiell alle Leistungsstörungen abdeckt und lückenlos erfasst, entfällt eine Differenzierung nach der Art der Leistungsstörung (abgesehen von der anfänglichen Unmöglichkeit). Im Zentrum steht jetzt die gewünschte Rechtsfolge. Die gewohnten Kategorien leben aber dennoch weiter. Nach einer heftigen Debatte ist die anfängliche Unmöglichkeit wieder in eine eigene Vorschrift gegossen worden (§ 311 a BGB n. F.). Darüber hinaus gibt es auch im neuen Schuldrecht verschiedene Typen der Pflichtverletzung.[1001] Hier erfolgt eine Differenzierung danach, wie welches Rechtsgut des Vertragspartners beeinträchtigt wurde. Es geht dabei um die pflichtwidrige Schlechtleistung, Verzögerung, Unmöglichkeit und Verletzung von Rechtsgütern, die unabhängig von einem Schuldverhältnis bestehen. Die Zweispurigkeit des Leistungsstörungsrechts zeigte sich bisher beispielsweise dadurch, dass die einzelnen Vertragstypen im Besonderen Schuldrecht angesiedelt waren, während gleichzeitig ein unverbundenes Nebeneinander mit dem allgemeinen Leistungsstörungsrecht bestand. Durch das Schuldrechtsmodernisierunggesetz wurde ein Systemwechsel dergestalt vollzogen, der eine Abstimmung der Mängelgewährleistung mit dem allgemeinen Schuldrecht beinhaltet. Das geschah durch dessen Einbeziehung in das allgemeine Leistungsstörungsrecht im Weg der Festschreibung der Erfüllungstheorie in § 433 I 2 BGB.

§ 280 I BGB n. F. stellt jetzt einen einheitlichen Haftungstatbestand dar, auf dem die neuen Schadensersatzregeln aufbauen. Eine Ausnahme bildet die Vorschrift des § 311 a II BGB n. F., in der Schadensersatzansprüche für anfängliche Unmöglichkeit als eigene Anspruchsgrundlage normiert werden. Anders als im BGB alter Fassung, das verschiedene Vorschriften wie zum Beispiel §§ 280 I, 286 I, II, 325 I 1, 326 I 2 BGB a. F. bereitstellte, wenn der Schuldner seine Verpflichtungen nicht erfüllte, schuf der Gesetzgeber mit § 280 I BGB n. F. eine zentrale Anspruchsgrund-

---

1000 Mattheus, Schuldrechtsmodernisierung 2001/2002 – Die Neuordnung des allgemeinen Leistungsstörungsrechts, JuS 2002, 209.

1001 Wilmowsky, Pflichtverletzungen im Schuldverhältnis – Die Anspruchs- und Rechtsgrundlagen des neuen Schuldrechts –, Beilage zu JuS 2002/Heft 1, 1 ff.

lage. Diese Vorschrift ist die zentrale Grundnorm für Schadensersatzansprüche aus einseitigen wie gegenseitigen Verträgen. Betroffen sind grundsätzlich alle Pflichtverletzungen, die in der Verzögerung oder der schlechten Erbringung der Leistung liegen, sofern den Schuldner ein Verschulden trifft.[1002] Die Tatbestandsmerkmale des § 280 I BGB n. F. entsprechen der positiven Vertragsverletzung, die auf diese Weise in das BGB integriert wurde. Die umfassende Stellung des § 280 I BGB n. F. ist aus § 325 BGB n. F. ersichtlich. Danach wird das Recht, Schadensersatz bei einem gegenseitigen Vertrag zu fordern, durch den Rücktritt nicht ausgeschlossen. Da in den Vorschriften zu den gegenseitigen Verträgen keine besonderen Normen für Schadensersatz vorhanden sind, bezieht sich § 325 BGB n. F. auf die Grundnorm des § 280 I BGB n. F. Bei § 280 I BGB n. F. muss nun auch nicht mehr nach Haupt- oder Nebenpflicht, Leistungs- oder Schutzpflicht unterschieden werden. Für den Schadensersatzanspruch aus culpa in contrahendo stellt § 280 I BGB n. F. die alleinige Anspruchsgrundlage dar. Das gesetzliche Schuldverhältnis gemäß § 311 II BGB stellt ein Schuldverhältnis gemäß § 280 I BGB n. F. mit den Pflichten gemäß § 241 II BGB dar.[1003]

2. Regelungen in der neuen Fassung des BGB

Vor dem Schuldrechtsmodernisierungsgesetz fand sich im BGB weder eine Norm für das Entstehen des vorvertraglichen Schuldverhältnisses noch für den Haftungstatbestand. Dem Gesetzgeber ging es nicht darum, eine oder mehrere Vorschriften zu schaffen, die sämtliche „Fallgruppen" der culpa in contrahendo wiedergeben könnte. Es sollte nach der gesetzgeberischen Intention vor allem die Existenz der Rechtsfigur der culpa in contrahendo auch im Gesetz dokumentiert werden.[1004] Wichtig erschien, dass ein Haftungsinstitut, dem eine derartige praktische Bedeutung zukommt wie der culpa in contrahendo, auch in der zentralen Zivilrechtskodifikation des BGB normiert ist. So glaubte man, über den wirklichen Bestand des deutschen Zivilrechts Auskunft geben zu können.[1005] In diesem Zusammenhang wird auch auf das Europäische Übereinkommen über Auskünfte über ausländisches Recht vom 7. Juni 1968 (BGBl. 1974 II. S. 937) hingewiesen, wonach ausländischen Gerichten auf Anfrage mitgeteilt werden musste, dass die

1002 Canaris, Die Reform der Leistungsstörungen, JZ 2001, (499), 501.
1003 Zum Zusammenspiel dieser Vorschriften siehe bereits Kapitel 7.
1004 BT-Drucks. 14/6040, S. 161 ff.; Canaris, Schuldrechtsmodernisierung, S. 720; Schmidt-Räntsch, Das neue Schuldrecht, § 311, S. 276.
1005 BT-Drucks. 14/6041, S. 161 ff.; Canaris, Schuldrechtsmodernisierung, S. 720; Schmidt- Räntsch, Das neue Schuldrecht, S. 276.

culpa in contrahendo im BGB nicht geregelt ist, sondern von der Rechtsprechung entwickelt wurde. Dies wurde als Nachteil für eine richtungsweisende Tätigkeit im Rahmen der europäischen Rechtsentwicklung empfunden.[1006]

Die culpa in contrahendo hat seit den ersten Urteilen des Reichsgerichts eine nahezu 100-jährige Entwicklung zu verzeichnen, die einerseits durch eine enorme Ausweitung der Haftung und andererseits durch große Flexibilität gekennzeichnet ist. Die Schwierigkeit bei der Normierung der culpa in contrahendo bestand darin, sich zunächst über eine mögliche Verankerung im Gesetz klar zu werden. Andererseits zeigt auch die Vehemenz, mit der die Diskussion um die culpa in contrahendo im Rahmen der Auseinandersetzung um die Schuldrechtsmodernisierung geführt wurde, welche Schwierigkeiten die inhaltliche Formulierung eines derart breit gefächerten Haftungsinstituts bereitet.[1007]

Den Begriff culpa in contrahendo hat allerdings der Gesetzgeber auch im BGB n. F. nicht verwendet. Die culpa in contrahendo ist nicht in einer Vorschrift komplett geregelt. Es findet sich weder eine sehr allgemein gehaltene Generalklausel noch wurde der Versuch unternommen, nach Art der Pflichtverletzung differenzierend an die Neuregelung heranzugehen. Die jetzige Regelung im BGB n. F. lässt sich wohl als „dreigeteilt" begreifen. Sie ist letztlich Ausdruck und Konsequenz der neuen Begrifflichkeit und Systematik für das allgemeine Schuldrecht.

So sind im Hinblick auf die culpa in contrahendo jetzt mehrere Paragraphen zu beachten. § 311 II BGB n. F. regelt zunächst das Entstehen des Schuldverhältnisses der culpa in contrahendo, während der Verweis auf § 241 II BGB n. F. die erforderliche Pflichtverletzung betrifft. Aus § 311 II BGB n. F. i.V.m. § 241 II BGB n. F. wird ersichtlich, dass ein Schuldverhältnis mit Pflichten nach § 241 II BGB n. F. bereits vor Vertragsschluss entstehen kann. Die Anspruchsgrundlage für Schadensersatz stellt dann § 280 I BGB n. F. dar. § 311 III BGB n. F. hingegen betrifft die Eigenhaftung Dritter und die Sachwalterhaftung.[1008] Die Entscheidung des Gesetzgebers, von einer Fallgruppenbildung abzusehen, korrespondiert andererseits mit der Aufspaltung in die beiden Vorschriften des § 311 II BGB n. F. und § 241 II BGB n. F. Die Vorschrift des § 241 II BGB n. F. ist zugleich Ausdruck und Ergebnis der Diskussion um die Schutzpflichten. Im Grundsatz ist anerkannt, dass solche Pflichten existieren. Darauf kann im Rahmen dieser Arbeit nicht näher eingegangen werden. In Hinblick auf die culpa in contrahendo hat

---

1006 a. a. O.

1007 Kapitel 7.2.3.

1008 Palandt/Grüneberg, 74. Auflage, § 311 Rn. 60 ff.

§ 241 II BGB n. F. die Funktion, auf den „Pflichtenkatalog" hinzuweisen, freilich nicht in der Form, dass die einzelnen Fallgruppen, deren Differenzierung nach Art der Pflichtverletzung getroffen wird, explizit genannt werden. Die Bedeutung der Schutzpflichten liegt einerseits darin, wirksame Schuldverträge zu begleiten. Andererseits können sie auch unabhängig von Leistungspflichten bestehen, so im Stadium der Vertragsanbahnung. Im Fall ihrer Verletzung ist dieses Stadium die Domäne der culpa in contrahendo. Zwischen den Verhandlungspartnern existiert bereits während der Vertragsanbahnung eine besondere Rechtsbeziehung, nicht erst wenn der Vertrag geschlossen wurde. Der Grundsatz der Vertragsfreiheit gebietet es, dass die Vertragspartner nicht zum Vertragsschluss verpflichtet sind. Es besteht aber eine Pflicht zur gegenseitigen Rücksichtnahme, die Ausdruck der Schutz- und Obhutspflichten ist. Während die Leistungspflichten die Veränderung der Güterlage bezwecken, sind es die Schutzpflichten, die die Rechtsgüter der am Schuldverhältnis Beteiligten vor Beeinträchtigungen schützen wollen. Diese kurz skizzierten Grundsätze sind allgemein anerkannt.[1009] Die Pflichten, die über die Leistungspflicht des Schuldners hinausgehen, erscheinen unter dem Stichwort „weitere Verhaltenspflichten". Sie können Schutzpflichten sein, also vor allem dem Schutz des Gläubigers vor eventuellen Schäden seiner Rechtsgüter bei der Durchführung des Schuldverhältnisses dienen, aber auch Loyalitätspflichten darstellen. Die gebrauchte Terminologie variiert von „Sorgfaltspflichten", „Nebenpflichten" und „weiteren Verhaltenspflichten".[1010] Wichtig ist die Unterscheidung dieser Pflichten von den Nebenleistungspflichten. Während die Primärleistungspflichten (Hauptleistungspflichten) inhaltlich bestimmt sind und den Typ des Schuldverhältnisses ausmachen, können die Sorgfaltspflichten ohne Rücksicht auf einen bestimmten Schuldtyp bei jedem Schuldverhältnis auftreten.[1011]

Ausgehend von diesem Kernbereich konnte sich die Erkenntnis durchsetzen, dass es auch Schuldverhältnisse ohne (primäre) Leistungspflicht gibt. Diese begründen lediglich Verhaltenspflichten zwischen bestimmten Personen, namentlich bestimmte Schutzpflichten (wie Obhuts-, Fürsorge-, Aufklärungs- und Mitteilungspflichten). Obgleich es an Primärleistungspflichten fehlt, wird auch diese Beziehung zwischen bestimmten Personen als Schuldverhältnis qualifiziert. Dies trägt der Erkenntnis Rechnung, dass es sich um eine spezielle Pflichtenbindung handelt, die über das Deliktsrecht hinausgeht, indem ein gesteigerter Schutz der Rechtsgüter des anderen Teils erwartet wird. Die culpa in contrahendo wird als Sonderverbindung

1009 Schmidt-Räntsch, Das neue Schuldrecht, S. 137.
1010 Larenz, Schuldrecht I, S. 10.
1011 Larenz, Schuldrecht I, S. 11.

eingeordnet. Wenn die Schutzpflichten verletzt werden, kommt es zu Schadensersatzansprüchen nach dem Recht der Sonderverbindung. Für die culpa in contrahendo ist die Anwendung des § 278 BGB besonders bedeutsam.

Das allgemeine Schuldrecht des BGB a. F. regelte die Schutzpflichten nicht.[1012] § 241 I BGB a. F. bezog sich nur auf die Leistungspflichten. Dies wurde durch Einfügung des § 241 II BGB n. F. jetzt geändert. Dieser betrifft die Schutzpflichten, während die Loyalitätspflichten weiter bei § 242 BGB anzusiedeln sind.

Daraus wird deutlich, dass die culpa in contrahendo ihr Anwendungsgebiet nicht bei der Begründung von Leistungspflichten hat. Sie dient nicht der Veränderung der Güterlage des Gläubigers und der Befriedigung seines Äquivalenzinteresses, sondern will die Schutzpflichtverletzungen als Korrelat des Integritätsinteresses des Gläubigers bewältigen. Eine isolierte Einklagbarkeit der Schutzpflicht ist nicht möglich, wohl aber Schadensersatzansprüche bei deren Verletzung. Die culpa in contrahendo als gesetzliches Schuldverhältnis beschränkt sich auf diese Schutzpflichten. Ihr Entstehen wird in § 311 II, III BGB n. F. niedergeschrieben.

§ 280 I BGB n. F. betrifft jetzt als Haftungstatbestand sowohl die Schadensersatzpflicht im vertraglichen Schuldverhältnis wie auch in jedem anderen Schuldverhältnis, das nicht besonderen Regeln untersteht.[1013] Es sind sowohl die Verletzung vorvertraglicher Pflichten als auch Nebenpflichten aus dem Schuldverhältnis erfasst. Die Anspruchskette bei culpa in contrahendo lautet §§ 280 I, 311 II, 241 II BGB n. F.

3. Gang der gesetzgeberischen Arbeit: von § 305 I 2 BGB-DiskE bis § 311 II BGB n. F.

3.1 Der Diskussionsentwurf eines Schuldrechtsmodernisierungsgesetzes vom 4.8.2000 durch das Bundesjustizministerium

Der 630 Seiten umfassende Entwurf gibt einen umfassenden Einblick in die Umgestaltung des deutschen Schuldrechts. In dem Gliederungspunkt „A. Zielsetzung“ lässt das Bundesjustizministerium keinen Zweifel an der Richtigkeit und Notwendigkeit seines Vorhabens entstehen. Zur Begründung führt es unter anderem die Verbrauchsgüterkaufrichtlinie und die Zahlungsverzugsrichtlinie an. Diese zwängen zu einer tief greifenden Modernisierung des deutschen

1012 Abgesehen von vereinzelten Regelungen wie etwa § 618 BGB.
1013 Schmidt-Räntsch, Das neue Schuldrecht, S. 21.

Schuldrechts.[1014] Angesichts der Mängel des geltenden Schuldrechts sei dies auch dringend geboten.[1015] Im Gliederungspunkt C hebt das Bundesjustizministerium hervor, dass keine Alternativen ersichtlich seien.[1016] Dieser Diskussionsentwurf hat das ungeschriebene Rechtsinstitut der culpa in contrahendo in den §§ 305 I 2, 241 II, 280 I BGB-DiskE verankert, ohne den Begriff der culpa in contrahendo als solchen zu verwenden.

§ 305 I 2 BGB-DiskE führt an, dass ein pflichtenbegründendes Schuldverhältnis bereits mit Vertragsanbahnung entstehen kann.[1017] Die Formulierung „kann" soll deutlich machen, dass aufgedrängte Kontakte nicht erfasst sein sollen. Für den Inhalt der Pflichten vor Vertragsschluss gilt § 241 II BGB-DiskE. Aus dieser allgemeinen Fassung wird klar, dass eine inhaltliche Änderung dieser Rechtsfigur nicht durchgeführt wurde, sondern lediglich dessen Normierung erfolgte. § 305 BGB-DiskE trägt die Überschrift „Rechtsgeschäftliche Schuldverhältnisse". Mit der Anbindung der culpa in contrahendo an das Vertragsprinzip, das in § 305 I 1 BGB-DiskE verankert ist, sollte deutlich werden, dass die culpa in contrahendo zwar keinen Abschluss eines Vertrages zwischen den Parteien erfordert, aber das gesetzliche Schuldverhältnis im Vorfeld eines Vertrages entsteht.[1018]

§ 305 I 2 BGB-DiskE verweist auf den § 241 II BGB-DiskE, der um diesen zweiten Absatz erweitert wurde. Hier hat sich der Gesetzgeber die Normierung von Schutzpflichten zum Ziel gesetzt. Eine sachliche Änderung der bestehenden Rechtslage war damit nicht verbunden. § 241 II BGB-DiskE dient lediglich der Klarstellung.[1019] Im Kontext mit der culpa in contrahendo geht es in § 241 II BGB-DiskE um den Inhalt der Pflichten.[1020]

1014 Diskussionsentwurf eines Schuldrechtsmodernisierungsgesetzes, S. 1, 166 ff.; Canaris, Schuldrechtsmodernisierung , S. 66.

1015 Diskussionsentwurf eines Schuldrechtsmodernisierungsgesetzes, S. 175; Canaris, a. a. O., S. 3.

1016 Diskussionsentwurf eines Schuldrechtsmodernisierungsgesetzes, S. 2; Canaris, a. a. O., S. 3.

1017 § 305 I 2 BGB-DiskE lautet: „Ein Schuldverhältnis mit Pflichten nach § 241 Abs. 2 kann bereits durch Anbahnung eines Vertrags entstehen."

1018 Diskussionsentwurf eines Schuldrechtsmodernisierungsgesetzes, S. 344; Canaris, a. a. O., S. 177.

1019 § 241 II BGB-DiskE lautet: „(2) Das Schuldverhältnis kann unter Berücksichtigung seines Inhalts und seiner Natur jeden Teil zu besonderer Rücksicht auf die Rechte und Rechtsgüter des anderen Teils verpflichten. Hierauf kann sich das Schuldverhältnis beschränken."

1020 Diskussionsentwurf eines Schuldrechtsmodernisierungsgesetzes, S. 302 ff.; Canaris, Schuldrechtsmodernisierung, S. 177.

Der Diskussionsentwurf hat die bisherigen §§ 305 bis 314 BGB a. F. neu strukturiert. Der Titel 1 im Diskussionsentwurf: „Inhaltliche Gestaltung von Verträgen“ ist in drei Untertitel gegliedert. Durch die völlige Abschaffung der Regelungen über die anfängliche Unmöglichkeit sollten die §§ 306 bis 309 BGB a. F. ersatzlos entfallen. Der Diskussionsentwurf bildete allerdings nur die Grundlage für die Diskussion um die Schuldrechtsreform und wurde selbst nicht Gesetz. Beibehalten wurden im Diskussionsentwurf einseitige Leistungsbestimmungsrechte der §§ 315 bis 319 BGB a. F., die jetzt im Untertitel 3: „Einseitige Leistungsbestimmungsrechte“ erscheinen. Der Untertitel 2 betrifft im Diskussionsentwurf die Einbeziehung und Kontrolle Allgemeiner Geschäftsbedingungen. Diese wurden teils inhaltsgleich aus dem AGB-Gesetz in das BGB überführt und sind in §§ 309 bis 314 a BGB-DiskE geregelt. Der Untertitel 1 mit § 305 BGB-DiskE an dessen Spitze beinhaltet die Vorschriften der §§ 305, 310 bis 314 BGB a. F. und wird um Normen zum Wegfall der Geschäftsgrundlage und der Kündigung von Dauerschuldverhältnissen erweitert. An dieser Stelle erfolgte auch die Einstellung des § 305 b BGB-DiskE (Elektronische Bestellungen) in Umsetzung der E-Commerce Richtlinie. Das Vertragsprinzip des § 305 BGB a. F. wurde inhaltsgleich übernommen. Die früheren §§ 310, 312 I BGB a. F. sind in § 305 II und § 305 III BGB-DiskE zu finden, während die culpa in contrahendo als Satz zwei an § 305 I 1 BGB-DiskE angefügt wird.

In § 305 I 2 BGB-DiskE ist nicht näher ausgeführt, in welcher Form ein Schuldverhältnis mit Pflichten aus § 241 II BGB-DiskE entstehen kann. Das Bundesjustizministerium hat damit auf eine nähere Ausführung verzichtet und keine Einzelfälle geregelt. Grund hierfür waren nicht nur die „Vielfalt der im vorvertraglichen Stadium entstehenden Pflichten“, sondern auch die „Unterschiede in den durch diese Pflichten geschützten Interessen“.[1021] Auch hebt der Diskussionsentwurf hervor, dass ein gesicherter „Kanon von Einzelregeln“ nicht vorhanden sei.[1022] Aus diesem Grund kämen nur „generalklauselartige Umschreibungen … oder Lösungen bestimmter Einzelfälle“ in Frage.[1023] Dazu komme, dass die „Bandbreite und Vielfalt“ der Pflichten und geschützten Interessen einer ins Detail ge-

1021 Diskussionsentwurf eines Schuldrechtsmodernisierungsgesetzes, S. 341; Canaris, Schulrechtsmodernisierung, S. 175.

1022 Diskussionsentwurf eines Schuldrechtsmodernisierungsgesetzes, S. 341; Canaris, a. a. O., S. 175.

1023 Diskussionsentwurf eines Schuldrechtsmodernisierungsgesetzes, S. 341; Canaris, a. a. O., S. 175.

henden Regelung im Weg stehe.[1024] Außerdem solle eine Regelung so flexibel sein, dass mit ihr auch künftige Entwicklungen der culpa in contrahendo bewältigt werden könnten. Andererseits dürfe eine Norm auch nicht – in umgekehrter Weise – zu einer Aufwertung der culpa in contrahendo in dem Sinne führen, dass sich daraus eine „Flut neuer Haftungsfälle“ ergebe.[1025] Die bisherige Rechtslage sollte beibehalten werden.[1026]

§ 280 I BGB-DiskE gewährt dem Gläubiger einen Schadensersatzanspruch.[1027] Diese allgemeine Vorschrift erfasst auch die culpa in contrahendo.

Die Normierung der culpa in contrahendo war damit in §§ 305 I 2, II, 280 I BGB-DiskE erfolgt. Es ging letztlich darum, eine „grundsätzliche Aussage“ zu treffen.[1028]

3.2 Die Konsolidierte Fassung des Diskussionsentwurfs eines Schuldrechtsmodernisierungsgesetzes vom 6.3.2001 durch das Bundesjustizministerium

Der Vorspann der konsolidierten Fassung stellt unter dem Gliederungspunkt „Grundlage“[1029] klar, dass sich das Bundesjustizministerium die Vorschläge der Kommission Leistungsstörungsrecht zu eigen mache. Die culpa in contrahendo findet sich jetzt in §§ 311 II, III BGB-Konsolidierte Fassung.[1030] Die andere Nummerierung der Paragraphen resultiert einerseits daraus, dass die allgemeinen Ge-

---

1024 Diskussionsentwurf eines Schuldrechtsmodernisierungsgesetzes, S. 341; Canaris, a. a. O., S. 176.

1025 Diskussionsentwurf eines Schuldrechtsmodernisierungsgesetzes, S. 341; Canaris, a. a. O., S. 177.

1026 Diskussionsentwurf eines Schuldrechtsmodernisierungsgesetzes, S. 343; Canaris, a. a. O., S. 177.

1027 § 280 I BGB-DiskE lautet: „(2) Verletzt der Schuldner eine Pflicht aus dem Schuldverhältnis, so kann der Gläubiger Ersatz des hierdurch entstandenen Schadens verlangen. Dies gilt nicht, wenn der Schuldner die Pflichtverletzung nicht zu vertreten hat.“

1028 Diskussionsentwurf eines Schuldrechtsmodernisierungsgesetzes, S. 343; Canaris, Schuldrechtsmodernisierung, S. 176.

1029 Konsolidierte Fassung des Diskussionsentwurfs eines Schuldrechtsmodernisierungsgesetzes, S. 1; Canaris, a. a. O., S. 349.

1030 § 311 II BGB-Konsolidierte Fassung lautet: „(2) Ein Schuldverhältnis mit Pflichten nach § 241 Abs. 2 entsteht auch durch

1. die Aufnahme von Vertragsverhandlungen,
2. die Anbahnung eines Vertrages, bei welcher der eine Teil im Hinblick auf eine etwaige rechtsgeschäftliche Beziehung dem anderen Teil die Möglichkeit zur Ein-

schäftsbedingungen unter §§ 305 ff BGB-Konsolidierte Fassung geregelt werden. Im Diskussionsentwurf erschienen sie noch unter den Paragraphen §§ 309 ff BGB-DiskE. Unter Abschnitt 3. „Schuldverhältnisse aus Verträgen" erscheinen als Titel 1. „Begründung, Inhalt, Pflichten, Beendigung" unter der Überschrift Untertitel 1. „Begründung" die §§ 311 ff BGB-Konsolidierte Fassung. Außerdem wurde der frühere § 305 I 2 BGB-DiskE erheblich erweitert. Es wurden nun zwei Absätze (§ 311 II, III BGB-Konsolidierte Fassung) gebildet und so vom Vertragsprinzip, das weiterhin seinen Platz in § 311 I BGB-Konsolidierte Fassung hat, abgesetzt. Die Anbindung an das Vertragsprinzip, die schon im Diskussionsentwurf konzipiert worden war, wurde aber beibehalten. § 305 I 1 BGB-DiskE und § 311 I BGB-Konsolidierte Fassung sind unverändert geblieben. Geändert hat sich aber der Wortlaut des § 305 I 2 BGB-DiskE. In der Konsolidierten Fassung erfolgte mit der Einfügung von drei Nummern eine detailliertere Fassung. Hier wird nun das Entstehen eines vorvertraglichen Schuldverhältnisses geregelt. § 311 II Nr. 1 BGB-Konsolidierte Fassung hält fest, dass ein Schuldverhältnis mit Pflichten gemäß § 241 II BGB-Konsolidierte Fassung auch bei Aufnahme von Vertragsverhandlungen entsteht. § 311 II Nr. 2 BGB-Konsolidierte Fassung stellt klar, dass ein solches Schuldverhältnis auch bei Anbahnung eines Vertrages entsteht, wenn der eine Teil entsprechende Einwirkungsmöglichkeiten auf seine Rechte, Rechtsgüter und Interessen gewährt oder dem anderen anvertraut hat. Ähnliche geschäftliche Kontakte werden in § 311 II Nr. 3 BGB-Konsolidierte Fassung genannt. Es geht bei § 311 II BGB-Konsolidierte Fassung um typische Formen der culpa in contrahendo im Verhältnis zum möglichen Vertragspartner. In § 311 III BGB-Konsolidierte Fassung ist das Verhältnis eines möglichen Vertragspartners zu einem Dritten betroffen, der in besonderem Maß Vertrauen in Anspruch nimmt. § 311 II BGB-Konsolidierte Fassung verweist wiederum auf § 241 II BGB-Konsolidierte Fassung. Der Wortlaut in § 241 II BGB-DiskE wurde im Grundsatz beibehalten. Gestrichen wurde aber die Wendung „unter Berücksichtigung seines Inhalts und seiner Natur" und durch „nach seinem Inhalt" ersetzt. Die Formulierung des § 241 II BGB-DiskE entfiel an dieser Stelle. Der Hinweis auf die Natur des Schuldverhältnisses erschien inhaltsleer und deshalb

---

wirkung auf seine Rechte, Rechtsgüter und Interessen gewährt oder ihm diese anvertraut, oder

3. ähnliche geschäftliche Kontakte."

überflüssig.[1031] Eingefügt wurde nach „Rechte und Rechtsgüter“ die Wendung „und Interessen“.[1032]

Der Anspruch auf Schadensersatz ergibt sich ebenfalls aus § 280 I BGB-Konsolidierte Fassung, der unverändert aus dem Diskussionsentwurf übernommen wurde.

3.3 Der Entwurf eines Gesetzes zur Modernisierung des Schuldrechts durch die Bundesregierung

Die Begründung der Bundesregierung[1033] zum Entwurf eines Gesetzes zur Modernisierung des Schuldrechts enthält denselben Text wie die der Fraktionen von SPD und Bündnis 90/Die Grünen.[1034] Die Formulierung des § 311 II, III BGB-Konsolidierte Fassung blieb unverändert. Dasselbe gilt für § 280 I BGB-Konsolidierte Fassung. In § 241 II BGB-Regierungsentwurf wurde die Verpflichtung zur Rücksicht auf Interessen des anderen Teils beibehalten und begründet. Es ging darum, deutlich zu machen, dass auch Interessen wie etwa die Entscheidungsfreiheit oder das Vermögen erfasst sein können.[1035] Die Begründung des Regierungsentwurfes hebt ausdrücklich die Notwendigkeit der stärkeren Ausdifferenzierung der culpa in contrahendo hervor, die in § 311 II, III BGB-Regierungsentwurf bestätigt wird.

3.4 Die Stellungnahme des Bundesrates

Der Bundesrat hat in seiner Stellungnahme zu § 311 II, III BGB-Konsolidierte Fassung keine Vorschläge gemacht und diese Vorschriften auch nicht erwähnt.[1036] Angeregt wurde nur, die Beweislastverteilung des § 280 I BGB des Entwurfes zu ändern.[1037]

1031 Konsolidierte Fassung des Diskussionsentwurfs eines Schuldrechtsmodernisierungsgesetzes, S. 10; Canaris, Schuldrechtsmodernisierung, S. 356.

1032 § 214 II BGB-Konsolidierte Fassung lautet: „(2) Das Schuldverhältnis kann nach seinem Inhalt /../ jeden Teil zu besonderer Rücksicht auf die Rechte, Rechtsgüter und Interessen des anderen Teils verpflichten. /../“

1033 BT-Drucks. 14/6857=BR-Drucks. 338/01; Canaris, Schuldrechtsmodernisierung, S. 569 ff.

1034 BT-Drucks. 14/6040; Canaris, Schuldrechtsmodernisierung, S. 569 ff.

1035 BT-Drucks. 14/6040, S. 125; Canaris, a. a. O., S. 654.

1036 BT-Drucks. 14/6857, Anlage 2; Canaris, a. a. O., S. 935.

1037 BT-Drucks. 14/6857, Anlage 2, S. 12; Canaris, a. a. O., S. 945.

3.5 Die Gegenäußerung der Bundesregierung

Die Gegenäußerung der Bundesregierung knüpft an die Anregungen des Bundesrates an. Sie besteht aber auf der Verteilung der Beweislast in der in § 280 I 2 BGB des Entwurfes der Bundesregierung vorgesehenen Form.[1038]

3.6 Die Beschlussempfehlung und der Bericht des Rechtsausschusses

Der Rechtsausschuss führte am 2. und 4. Juli eine öffentliche Anhörung durch.[1039] Eine abschließende Beratung fand am 25. September 2001 statt. Der Rechtsausschuss sprach sich für eine Streichung des Wortes „besondere" in § 241 II BGB-Regierungsentwurf zur Vermeidung von Missverständnissen aus.[1040] Die Beweislastverteilung des § 280 I 2 BGB-Regierungsentwurf wurde mit Hinweis auf § 619 a BGB-Regierungsentwurf bestätigt.[1041] Zu § 311 BGB-Regierungsentwurf kam der Vorschlag, in der Überschrift hervorzuheben, dass auch Ansprüche erfasst sind, die nicht auf Rechtsgeschäft beruhen wie etwa die culpa in contrahendo („Rechtsgeschäftliche und Rechtsgeschäftsähnliche Schuldverhältnisse").[1042]

1038 BT-Drucks. 14/6857, Anlage 3; Canaris, Schuldrechtsmodernisierung, S. 995.
1039 BT-Drucks. 14/7052; Canaris, Schuldrechtsmodernisierung, S. 429 ff.
1040 BT-Drucks. 14/7052, S. 182; Canaris, a. a. O., S. 1073.
1041 BT-Drucks. 14/7052, S. 184; Canaris, a. a. O., S. 1078.
1042 BT-Drucks. 14/7052, S. 116; Canaris, a. a. O., S. 1088.

§ 11: Kapitel 11: Die Regelung des § 305 I 2 BGB-DiskE

1. Begründung des Diskussionsentwurfes

Der Diskussionsentwurf sah in § 305 I 2 BGB-DiskE eine sehr allgemein gehaltene Regelung vor. Die Regelung war identisch mit der Fassung des § 305 II BGB-KE der Kommission zur Überarbeitung des Schuldrechts aus dem Jahr 1992.[1043] Im Diskussionsentwurf ist bereits die Dreiteilung der Regelung vorgezeichnet, die auch in der aktuellen Fassung des BGB vorhanden ist. Es wird auf § 241 II BGB-DiskE Bezug genommen, wobei sich der Anspruch auf Schadensersatz aus § 280 I BGB-DiskE ergibt. Es handelt sich bei § 305 I 2 BGB-DiskE lediglich um eine grundsätzliche Aussage des Gesetzgebers zur culpa in contrahendo ohne eine Regelung im Einzelnen zu treffen. Die Regelung findet sich unmittelbar im Anschluss an das Vertragsprinzip des § 305 I 1 BGB-DiskE, wobei dieses bereits in § 305 BGB a. F. verankert war. Einen eigenen Paragraphen mit entsprechender Überschrift sah der Diskussionsentwurf nicht vor.

Die Begründung des Diskussionsentwurfes ist nicht besonders umfangreich und wurde im Wesentlichen bereits dargestellt.[1044] Die Begründung betont die große Zurückhaltung bei der Regelung der culpa in contrahendo betreffend die einzelnen Fallgruppen. Hier gestaltend einzugreifen war nicht das Ziel des Gesetzgebers. Es ging nicht darum, einzelne Fallgruppen auf ihren Verbleib im Rechtsinstitut der culpa in contrahendo zu untersuchen.[1045] Auch sollte die culpa in contrahendo an sich nicht auf den Prüfstand gestellt werden. Das zentrale Anliegen bestand darin, überhaupt im Gesetz durch eine Vorschrift eine ausdrückliche Regelung zu schaffen.

1043 Bundesminister der Justiz (Hrsg.), Abschlußbericht der Kommission zur Überarbeitung des Schuldrechts 1992, S. 142 ff.

1044 Siehe oben § 10.3.

1045 So noch Medicus, Verschulden bei Vertragsverhandlungen, in: Bundesminister der Justiz (Hrsg.), Gutachten und Vorschläge zur Überarbeitung des Schuldrechts, S. 479 ff.

2. Für und Wider eine „generelle" Regelung

2.1 Kritik an einer „generellen" Regelung

Die in § 305 I 2 BGB-DiskE gewählte Regelung ist in ihrer Allgemeinheit nicht zwingend. Gerade wenn man auf die Begründung des Diskussionsentwurfes abstellt, erscheint diese Lösung plausibel. Allerdings gibt es auch viele kritische Anmerkungen. Neben Stimmen, die diese Lösung im Gesetz ganz generell angreifen, existieren auch konkrete, davon abweichende Vorstellungen, die der Gesetzgeber aber nicht berücksichtigt hat.

2.1.1 Der Vorschlag von Medicus

Im Rahmen der Gutachten zur Schuldrechtsmodernisierung erarbeitete Medicus einen Vorschlag zur Regelung der culpa in contrahendo.[1046] Die Themenstellung lautete: „Welche Rechte und Pflichten der Beteiligten vor Vertragsschluss können im BGB neu geregelt werden? Empfiehlt es sich insbesondere, die Lehre vom Verschulden bei Vertragsschluss oder einzelne ihrer Anwendungsfälle zu normieren? Können die Widerrufsrechte und ähnliche sondergesetzliche Regelungen zum Schutz vor nachteiligen Vertragsbindungen im BGB geregelt werden?".[1047] Die Arbeit von Medicus leistet nicht nur konkrete Vorschläge, wie die culpa in contrahendo im BGB geregelt werden könnte. Er stellt seinem Beitrag auch grundsätzliche Überlegungen voran, die die Grundlage für seine Vorschläge bilden. Es ging Medicus, anders als bei der Schuldrechtsreform, nicht darum, der culpa in contrahendo ganz generell im Gesetz Geltung zu verschaffen. Sein Augenmerk richtet sich ganz konkret auf die verschiedenen Fallgruppen der culpa in contrahendo, die er auf ihre Regelungswürdigkeit hin untersucht. Anders als der Gesetzgeber bei der Schuldrechtsmodernisierung stellt er nicht auf nur eine zentrale Norm – etwa eine Generalklauseln – oder das Zusammenspiel verschiedener Normen ab. Seine Sichtweise ist vom Tatbestand der Pflichtverletzung her geprägt und orientiert sich an den einzelnen Fallgruppen der culpa in contrahendo. Entsprechend ist auch seine Arbeit aufgebaut. Er unterscheidet Pflichten hinsichtlich vertragsfremder Rechtsgüter und Pflichten bezüglich des abzuschließenden Vertrages selbst.[1048] Der Erörterung der jeweiligen Fallgruppe stellt Medicus meist zunächst einen Lebenssachverhalt voran, untersucht dann die hierzu ergangene

---

1046 Medicus, Verschulden bei Vertragsverhandlungen, in: Bundesminister der Justiz (Hrsg.), Gutachten und Vorschläge zur Überarbeitung des Schuldrechts, S. 479 ff.

1047 Medicus, a. a. O., S. 485.

1048 Medicus, a. a. O., S. 487.

Rechtsprechung und die Meinung der Literatur und schließt mit einem rechtsvergleichenden Hinweis ab. Dann folgt seine eigene Stellungnahme, in der er die Fallgruppe erörtert und dann einen Regelungsvorschlag formuliert. Eine große Generalklausel lehnt Medicus mit dem Argument ab, sie biete keine Antwort auf konkrete Fragen und verstärke lediglich die Gefahr einer vagen Billigkeitsrechtsprechung.[1049] Die Problematik der Regelung der culpa in contrahendo offenbare sich genau dort, wo umstrittene Fragen bestünden. An diesen Punkten müsse sich die Regelung orientieren, wobei über die grundsätzliche Anerkennung der culpa in contrahendo ohnehin kein Zweifel bestehe.[1050] Der Vorteil einer generellen Regelung liege nur darin, dass „ein weiteres Stück der Rechtswirklichkeit auch aus dem Text des BGB ersichtlich wird".[1051]

Für die Fallgruppe der „Verletzung vertragsfremder Rechtsgüter" rät Medicus von einer Normierung gänzlich ab.[1052] Er will diese Fallgruppe aus der culpa in contrahendo ganz herausnehmen und an das Deliktsrecht verweisen.

2.1.2 Die Stimme Ulrich Hubers

Huber hat sich ebenfalls im Rahmen der Gutachten zur Überarbeitung des Schuldrechts geäußert.[1053] Sein Beitrag erscheint unter dem Kapitel Leistungsstörungen. Die culpa in contrahendo bezeichnet er als eine dogmatische Figur, die mehr verspreche, als sie halte.[1054] Eine Generalklausel zur Regelung der culpa in contrahendo hält er nicht für zweckmäßig. Sie enthalte für die Rechtsprechung keine Aussage, die sie nicht ohnehin schon wüsste und praktizierte. Überdies wäre sie eine mögliche Quelle neuer Schwierigkeiten und Missverständnisse.[1055] Wie Medicus sieht er die Problempunkte der culpa in contrahendo beim Entstehungsgrund und dem Inhalt der vorvertraglichen Pflichten.[1056] Bei der Differenzierung nach Fallgruppen verweist er auf das Gutachten von Medicus. Wie er ist Huber der Ansicht, dass Fälle wie der Linoleumrollenfall[1057] im Deliktsrecht zu lösen seien und auch hier der richtige Ansatzpunkt für eine Neuregelung durch

1049 Medicus, a. a. O., S. 486.
1050 Medicus, a. a. O., S. 486.
1051 Medicus, a. a. O., S. 486.
1052 Medicus, a. a. O., S. 487.
1053 Huber, Leistungsstörungen, in: Bundesminister der Justiz (Hrsg.), Gutachten und Vorschläge zur Überarbeitung des Schuldrechts, S. 663 ff.
1054 Huber, a. a. O., S. 746.
1055 Huber, a. a. O., S. 746.
1056 Huber, a. a. O., S. 746.
1057 RGZ 78, 239.

den Gesetzgeber liege. Die Korrekturen in diesem Bereich müssten genau dort ansetzen, wo es derzeit darum gehe, die „Defekte des Deliktsrechts" auf andere Weise auszugleichen.[1058] So müsse § 831 BGB und die Haftung für fahrlässig verursachte primäre Vermögensschäden überdacht werden. „Dagegen wäre es durchaus verfehlt, würde der Gesetzgeber versuchen, die Hilfskonstruktionen, mit denen die Rechtsprechung bisher der hier auftretenden rechtspolitischen Schwierigkeiten recht und schlecht Herr zu werden versucht, im allgemeinen Schuldrecht gesetzlich zu fixieren."[1059] An anderer Stelle hat Huber seine Ansicht mit dem prägnanten Satz auf den Punkt gebracht: „Wovon man nicht sprechen kann, darüber muss man schweigen".[1060]

2.1.3 Die Ansicht von Dauner-Lieb

Während Medicus und Huber für die Fälle der Integritätsverletzung jede Form der Regelung im Rahmen der culpa in contrahendo ablehnen, zielt der Einwand von Dauner-Lieb auf die konkrete Formulierung des § 305 I 2 BGB-DiskE.[1061] Sie bezeichnet die Vorschrift als einen „inhaltsleeren und rechtsfolgeblinden Formalverweis auf Rechtsprechung und Lehre" und eine „Blankettermächtigung zu weiterer Rechtsfortbildung".[1062] Sie kritisiert, dass diese Norm in punkto „Verständlichkeit, Transparenz und Rechtssicherheit"[1063] keine Verbesserung gegenüber der bisherigen Situation bringe. Dazu trage auch die fehlende Überschrift und die mangelnde Kenntlichmachung der Vorschrift als Regelung der culpa in contrahendo bei. Schließlich sei § 305 I 2 BGB-DiskE nicht einmal eine Anspruchsgrundlage.[1064]

2.1.4 Der Vorschlag von Fleischer

Der Vorschlag von Fleischer setzt an zwei Punkten an. Einerseits bemüht er sich um eine Konturierung bei der Formulierung von § 305 I 2 BGB-DiskE. Andererseits bildet er einen eigenen Paragraphen für vorvertragliche Informations-

---

1058 Huber, a. a. O., S. 737.

1059 Huber, a. a. O., S. 737.

1060 Huber, Das geplante Recht der Leistungsstörungen, in: Ernst/Zimmermann, Zivilrechtswissenschaft und Schuldrechtsreform, S. 31, 37.

1061 Dauner-Lieb, Kodifikation von Richterrecht, in: Ernst/Zimmermann, Zivilrechtswissenschaft und Schuldrechtsreform, S. 305 ff.

1062 Dauner-Lieb, a. a. O., S. 316.

1063 Dauner-Lieb, a. a. O., S. 316.

1064 Dauner-Lieb, a. a. O. ,S. 316.

pflichten. Seine Fassung des § 305 BGB mit der Überschrift „Rechtsgeschäftliche Schuldverhältnisse, Schuldverhältnisse aus Vertragsanbahnung" beinhaltet im ersten Absatz das Vertragsprinzip in der bekannten Fassung. Der Absatz zwei des § 305 BGB lautet bei Fleischer:

„(2) Ein Schuldverhältnis entsteht regelmäßig bereits durch die Anbahnung eines Vertrages. Dabei hat jeder Beteiligte die Grundsätze von Treu und Glauben und des redlichen Geschäftsverkehrs einzuhalten sowie besondere Rücksicht auf die Rechte und Rechtsgüter des anderen Teils zu nehmen".[1065]

Fleischer geht in seinem Beitrag vor allem auf vorvertragliche Informationspflichten ein. Er stellt sich aber auch Fragen grundsätzlicher Art wie etwa der Problematik des Vertrauensmomentes. Bei ihm steht das Bemühen im Vordergrund, der „blassen Testaussage des § 305 I Satz 2 BGB-DiskE mehr Farbe zu verleihen".[1066]

2.2 Argumente für die Regelung des § 305 I 2 BGB-DiskE

Die Gesichtspunkte, die für die Regelung des § 305 I 2 BGB-DiskE sprechen, decken sich überwiegend mit den Argumenten, die allgemein für die Schuldrechtsreform ins Feld geführt werden. So ist zunächst der Aspekt zu nennen, dass die Grundsätze des Schuldrechts auch im Text des BGB enthalten sein sollten. Die culpa in contrahendo war bisher nicht mit einer zentralen Regelung im BGB vertreten. Das Streben nach Vollständigkeit und Anschaulichkeit des Gesetzes und der Integration von Richterrecht in das Gesetz sprechen für eine allgemeine Regelung. Ein weiterer Motivationsgrund, der auch im Rahmen der Schuldrechtsreform eine Rolle spielt, liegt darin, für das deutsche reformierte Schuldrecht einen Wettbewerbsvorteil bei den Bestrebungen einer europäischen Rechtsvereinheitlichung zu erreichen. Eine explizite Regelung im BGB könnte das Bewusstsein für die Existenz der culpa in contrahendo schärfen. Bezüglich der konkreten Argumente des Gesetzgebers für die Schaffung des § 305 I 2 BGB-DiskE kann auf die Begründung zum Diskussionsentwurf verwiesen werden, die an anderer Stelle bereits Erwähnung fand.[1067]

1065 Fleischer, Vorvertragliche Pflichten im Schnittfeld von Schuldrechtsreform und Gemeinschaftsprivatrecht – dargestellt am Beispiel der Informationspflichten, in: Schulze/Schulte-Nölke, Die Schuldrechtsreform vor dem Hintergrund des Gemeinschaftsrechts, S. 252.

1066 Fleischer, a. a. O.

1067 Siehe bereits oben § 10.3.

3. Würdigung der Standpunkte

Medicus und Huber wählen einen anderen Ansatzpunkt als der Gesetzgeber. Es geht ihnen um eine Analyse der einzelnen Fallgruppen. Diesen Aspekt hat die Vorschrift des § 305 I 2 BGB-DiskE aber gar nicht als Ausgangspunkt gewählt, da es nach der Begründung zu dieser Norm nicht um die Festschreibung einzelner Fallgruppen ging. Andererseits wird daraus auch deutlich, dass sich der Gesetzgeber der Aufgabe einer eventuellen Begrenzung der culpa in contrahendo nicht ernstlich stellt. Die Fallgruppe der Integritätsverletzung hätte einen Diskussionspunkt darstellen können, da bereits Stellungnahmen über ihre Ausgliederung aus der culpa in contrahendo vorliegen.[1068] Vielmehr wird aus der gewählten Regelung deutlich, dass die Streitpunkte im Rahmen der culpa in contrahendo – wie etwa die Konkurrenzproblematik und der Schadensumfang – in der Vorschrift keinen Niederschlag finden. Das gilt auch für die Frage nach neueren Entwicklungen der culpa in contrahendo. Wenn es dem Gesetzgeber aber hauptsächlich um Klarstellung geht, so spricht das noch nicht gegen die Vorschrift des § 305 I 2 BGB-DiskE. Die praktische Bedeutung und die Existenz der culpa in contrahendo sind ohnehin unbestritten. Wer mit dem Postulat, die Kluft zwischen Richterrecht und Gesetzestext schließen zu wollen, Ernst machen will, muss auch für die culpa in contrahendo eine Norm in BGB schaffen. Das Bestreben einer vollständigen Normierung der culpa in contrahendo wird man ohnehin als nicht realisierbar einstufen müssen.[1069] Es erscheine nahezu aussichtslos, die culpa in contrahendo umfassend zu regeln, sie weiteren Entwicklungen nicht zu verschließen und dennoch eine klare und möglichst knappe Regelung zu schaffen.[1070] Lorenz geht in einem Diskussionsbeitrag sogar davon aus, dass eine Regelung 60 Paragraphen umfasse.[1071] Der Blick auf das eingangs erwähnte Gutachten von Medicus belegt diese Zahl nicht.[1072] Trotzdem bleiben Zweifel, ob eine Regelung der culpa in contrahendo möglich ist, wenn man die Fallgruppen als Zentrum und Ausgangspunkt der Überlegungen wählt. Dennoch kann ein gänzlicher Verzicht auf eine Regelung, wie Huber das fordert, zur Lösung des Problems nichts beitragen. Der

---

1068 Dazu bereits § 9.2.5.1.2.

1069 Schlechtriem, Peter, Schuldrechtsreform, S. 56 ff.; Lieb, Manfred, Grundfragen einer Schuldrechtsreform, AcP 183 (1983), 327 ff., Westermann, Verabschiedung oder Überarbeitung des BGB?, ZRP 1982, (249), 254 ff.; Wolf, Kein Abschied von BGB, ZRP 1982, 1 ff.

1070 Ernst/Zimmermann, Diskussionsbericht, S. 330.

1071 Ernst/Zimmermann, Diskussionsbericht, S. 330.

1072 Medicus, Verschulden bei Vertragsverhandlungen, in: Bundesminister der Justiz (Hrsg.), Gutachten und Vorschläge zur Überarbeitung des Schuldrechts, S. 485 ff.

Gesetzgeber wollte erkennbar für die culpa in contrahendo eine Neuerung in der Form herbeiführen, dass sie im Gesetz steht. Die Vorschläge von Fleischer sind insofern nicht hilfreich, als Treu und Glauben und der „redliche Geschäftsverkehr“ ausfüllungsbedürftig sind. Der Grundsatz von Treu und Glauben ist über die Vorschrift des § 242 BGB in Sonderverbindungen anwendbar, so dass Fleischer hier lediglich auf Bekanntes verweist. Der „redliche Geschäftsverkehr“ könnte irreführend wirken, da Unredlichkeit nur in bestimmten Fällen Konsequenzen hat, wie etwa bei § 123 BGB oder § 263 StGB.

Eine andere Frage ist freilich, ob eine „Merkzettel-Gesetzgebung“[1073] sinnvoll ist. Eine Normierung der culpa in contrahendo dürfe sich nicht auf einen „inhalts- und rechtsfolgeblinden Formalverweis auf Rechtsprechung und Lehre“[1074] beschränken. Die Vorschrift des § 305 I 2 BGB-DiskE wird als „Blankettermächtigung zu weiterer Rechtsfortbildung“[1075] gebrandmarkt. Indem die Gesetzgebung auf rechtsgestaltendes Tätigwerden verzichtet, könne sie ihrem eigenen Bestreben nach Modernisierung in diesem Punkt nicht gerecht werden.[1076] Dauner-Lieb weist darauf hin, dass „inhaltsleere Normhülsen“ an die Stelle gesetzgeberischer Regelungskompetenz getreten seien.[1077] Ihre Forderung nach einer „schärferen und rechtssichereren Fassung der Pflichtenkataloge“[1078] geht aber insofern am Kern vorbei, als dies – an die Perspektive von Medicus und Huber anknüpfend – nicht der Ansatzpunkt des Gesetzgebers ist. Wenn man die im Diskussionsentwurf vorgesehene Normierung der culpa in contrahendo als „Symbolpolitik“[1079] bezeichnet, ist das ein sehr pointierter, aber nachvollziehbarer Standpunkt. Die Norm des § 305 I 2 BGB-DiskE zu verstehen und anzuwenden, erfordert umfangreiches Wissen über die culpa in contrahendo, das sich allein aus dem Gesetz nicht ersehen lässt.

Der Vorschlag von Fleischer erreicht in der Frage der Transparenz und Rechtssicherheit keine Verbesserung. Wenn er andererseits die Fallgruppe der Informationspflichten separat regelt, hebt er so lediglich diese Fallgruppe heraus. Er trifft damit eine Aussage in einem Teilbereich, ohne andere zu berücksichtigen. Damit ist aber gerade die Frage nach der Normierung der culpa in contrahendo im Ganzen und deren Problematik nicht beantwortet.

1073 Dauner-Lieb, Kodifikation von Richterrecht, in: Ernst/Zimmermann, Zivilrechtswissenschaft und Schuldrechtsreform, S. 316.

1074 Dauner-Lieb, a.a.O., S. 316.

1075 Dauner-Lieb, a.a.O., S. 316.

1076 Dauner-Lieb, a.a.O., S. 327.

1077 Dauner-Lieb, a.a.O., S. 327.

1078 Dauner-Lieb, a.a.O., S. 327.

1079 Dauner-Lieb, a.a.O., S. 327.

Angesichts des Umfangs der zu regelnden Materie ist die Zurückhaltung des Gesetzgebers verständlich. Das deutsche Recht begreift die culpa in contrahendo als einheitliches Haftungsinstitut.[1080] Die oben[1081] erwähnten Umschreibungen für die culpa in contrahendo beschreiben „kein klar abgegrenztes Rechtsinstitut oder Haftungsprinzip".[1082] Indem er die bisher übliche Perspektive der Katalogisierung der culpa in contrahendo verlassen hat, konnte er den Blick auf einen anderen Ansatzpunkt bei einer Regelung dieser Rechtsfigur richten. So war es auch möglich, die Streitpunkte im Rahmen der culpa in contrahendo auszuklammern. Allein schon das Verlassen der üblichen Betrachtungsweise verdient Beachtung. Die obige Untersuchung hat gezeigt, dass das verbindende Element der verschiedenen Fallgruppen in dem Merkmal der Sonderverbindung gesehen werden kann.[1083] Frost hat in ihrer Arbeit diesen Zusammenhang ganz klar herausgearbeitet.[1084] Wenn die Forderung nach einer präziseren Formulierung des § 305 I 2 BGB-DiskE erhoben wird, kann deshalb nicht bei den Fallgruppen angesetzt werden. Zu berücksichtigen ist, dass der Gesetzgeber gerade in dieser Frage einen anderen Weg gegangen ist. Trotzdem ist auch bei dieser Herangehensweise des Gesetzgebers noch ein Ansatzpunkt für eine konkretere Ausgestaltung der Norm des § 305 I 2 BGB-DiskE vorhanden, wobei das Zusammenspiel der §§ 305 I 2, 241 II, 280 I BGB-DiskE beibehalten werden kann. Es erscheint deshalb vorschnell, die Regelung des § 305 I 2 BGB-DiskE ganz abzulehnen.

4. Kritische Überprüfung des Inhalts des § 305 I 2 BGB-DiskE

§ 305 I 2 BGB-DiskE legt fest, dass durch Vertragsanbahnung ein Schuldverhältnis entsteht. Der Begriff der Vertragsanbahnung ist weiter als der der Vertragsverhandlungen und berücksichtigt die modernen Gegebenheiten des Geschäftslebens. Außerhalb des kaufmännischen Rechtsverkehrs finden meist keine Vertragsverhandlungen im Sinn des Aushandelns von Regelungen statt. Kennzeichen der meisten abgeschlossenen Verträge einer Konsumgesellschaft sind ihr gleicher Inhalt in einer großen Zahl von Fällen.

Problematisch ist die Formulierung, dass ein Schuldverhältnis entstehen „kann". Erst aus den Arbeiten der Schuldrechtskommission lässt sich ersehen,

---

1080 Stoll, Tatbestände und Funktionen der Haftung für culpa in contrahendo, Festschrift v. Caemmerer, S. 435.

1081 Vergleiche § 8.3.3.

1082 Stoll, a. a. O., S. 435.

1083 Oben § 9.3.6.4.

1084 Dazu § 9.4.2.

dass aufgedrängte Kontakte aus der Regelung ausgenommen werden sollten.[1085] In § 305 I 1 BGB-DiskE ist der Grundsatz enthalten, dass zur Begründung von Schuldverhältnissen durch Rechtsgeschäft ein Vertrag nötig ist. Die Ausnahme „soweit nicht" ist erst im Anschluss daran zu lesen. Es hätte sich angeboten, diese Regelungstechnik beizubehalten und festzuschreiben, dass ein Schuldverhältnis mit der Vertragsanbahnung entsteht. Das würde den Regelfall bezeichnen. Der einschränkende Zusatz „regelmäßig" hätte den Bedenken vor aufgedrängten Kontakten Rechnung tragen können. Letzteres könnte den Ausnahmecharakter dieser Konstellation wiedergeben. So wäre eine Regelung vorhanden, die vom Grundsatz zur Ausnahme schreitet, nicht umgekehrt.

Ein weiterer Problempunkt dieser Vorschrift ist der Verweis auf § 241 II BGB-DiskE. Die Bedeutung des § 241 II BGB-DiskE reicht über die culpa in contrahendo hinaus. Sie gilt für alle anerkannten Sonderverbindungen und stellt keine eigene Anspruchsgrundlage dar.[1086] Die Problematik um § 241 II BGB-DiskE soll in dieser Arbeit lediglich angedeutet, aber nicht weiter verfolgt werden. Es sind hier zwei Punkte, die eine Angriffsfläche für Kritik bieten. Einerseits ist die Formulierung „Pflicht zur Rücksichtnahme" zu nennen, zum anderen geht es wieder um eine „kann"-Formulierung in § 241 II BGB-DiskE. Der Sinn des § 241 II BGB-DiskE ist es, das Bestehen von Rücksichtnahmepflichten in Schuldverhältnissen ausdrücklich anzuerkennen. Der Begriff der Rücksichtnahmepflichten bezeichnet die Schutzpflichten nach der üblichen Terminologie. Die Treuepflichten sind weiter § 242 BGB zuzuordnen. Der Passus „das Schuldverhältnis kann …" bedeutet, dass Schutzpflichten nicht bei allen Schuldverhältnissen existieren.[1087] Der Gedanke, der hinter dieser Passage steht, ist die Überlegung, dass das Bestehen einer Schutzpflicht gerechtfertigt werden muss. Die Formulierung „kann" ist insoweit missverständlich, als sie nahe legen könnte, dass nicht in den meisten Sonderverbindungen Schutzpflichten bestehen.[1088]

Weitere Einwände richten sich gegen die Hervorhebung der „Rücksichtnahmepflichten". Der Abbruch von Vertragsverhandlungen und vorvertragliche Infor-

1085 Bundesministerium der Justiz (Hrsg.), Abschlußbericht der Kommission zur Überarbeitung des Schuldrechts, S. 144 Fn. 35.

1086 Krebs, in: Dauner-Lieb/Heidel (Hrsg.), Schuldrecht, § 241, S. 160 Rn. 10.

1087 Krebs, in: Dauner-Lieb/Heidel/Lepa/Ring (Hrsg.), Das neue Schuldrecht in der anwaltlichenPraxis, § 3.3, S. 124 Rn. 6.

1088 Krebs, in: Dauner-Lieb/Heidel/Lepa/Ring (Hrsg.), Das neue Schuldrecht in der anwaltlichen Praxis, § 3.3, S. 124 Rn. 6.

mations- und Beratungspflichten sind davon nicht mit umfasst.[1089] Das Abweichen von der „Typologie der weiteren Verhaltenspflichten" des Schuldners biete daher keinen Vorteil. Das Gebot der „vorvertraglichen Fairness und Loyalität" komme so zu wenig zum Ausdruck.[1090] Ein zusätzlicher Gesichtspunkt knüpft an die Diskussion von pseudodeliktischen Aufgaben bei vorvertraglichen Rücksichtnahmepflichten an.

Schließlich ist § 305 I 2 BGB-DiskE als Ganzes zu sehen. In § 305 II BGB-DiskE wird die Nichtigkeit von Verträgen über das künftige Vermögen einer Partei geregelt. § 305 III BGB-DiskE betrifft die Nichtigkeit von Verträgen über den Nachlass von lebenden Dritten. Diese Themen stehen mit der culpa in contrahendo in keinerlei Zusammenhang. Sie führen zu einer Überfrachtung des § 305 BGB-DiskE und tragen zur Unübersichtlichkeit dieser Vorschrift bei. Der Intention des Gesetzgebers, eine klare und übersichtliche Regelung zu schaffen, dient dieses Vorgehen nicht. Das Vertragsprinzip ist, wie § 305 BGB a. F. zeigt, ein fundamentales Prinzip des Schuldrechts. Wenn sich der Gesetzgeber zu einer Anbindung der culpa in contrahendo an das Vertragsprinzip entscheidet, würde eine Abtrennung von § 305 II, III BGB-DiskE zu einer Betonung dieser Regelung und einer klareren Regelung beitragen.

1089 Köndgen, Die Positivierung der culpa in contrahendo als Frage der Gesetzgebungsmethodik, in: Schulze/Schulte-Nölke, Die Schuldrechtsreform vor dem Hintergrund des Gemeinschaftsrechts, S. 242.

1090 Köndgen, a. a. O.

§ 12: Kapitel 12: Die Regelung des § 311 II BGB n. F.

1. Dogmatische Überlegungen

In § 311 II BGB n. F. wird die Entstehung der culpa in contrahendo normiert. Der Hinweis auf Gewohnheitsrecht[1091] ist damit überflüssig. Das war auch ein Anliegen des Gesetzgebers im Rahmen der Schuldrechtsreform.[1092] § 311 II BGB n. F. nennt in drei Ziffern mögliche Entstehungsgründe der culpa in contrahendo. § 311 II Nr. 1 BGB n. F. stellt auf die Aufnahme von Vertragsverhandlungen ab. § 311 II Nr. 2 BGB n. F. nennt die Vertragsanbahnung mit der Möglichkeit der Einwirkung auf die Rechtsgüter des anderen Teils. § 311 II Nr. 3 BGB n. F. führt ähnliche geschäftliche Kontakte an.

Im Rahmen dogmatischer Anmerkungen zu § 311 II BGB n. F. wird vorgetragen, dass die Aufspaltung in die unterschiedlichen Ziffern Ausdruck verschiedener dogmatischer Modelle zur Begründung des Haftungsgrundes der culpa in contrahendo seien.[1093] § 311 II Nr. 1 BGB n. F. deute mit der Formulierung der Aufnahme von Vertragsverhandlungen auf die vertrauensschutzbezogenen Konzepte hin.[1094] Die Meinungen, die an einen geschäftlichen oder sonstigen qualifizierten Kontakt anknüpfen, klingen in § 311 II Nr. 2 BGB n. F. in der Formulierung der Vertragsanbahnung mit den Einwirkungsmöglichkeiten an.[1095] Als sprachliche „Verbeugung" gegenüber Canaris wird die Erwähnung des „Anvertrauens" gewertet.[1096] Canaris war Mitglied in der Kommission Leistungsstörungsrecht. Mit „Verbeugung" ist wohl der sprachliche Verweis auf seine Untersuchung „Die Vertrauenshaftung im deutschen Privatrecht" gemeint, in der er die Kategorie der Anvertrauenshaftung geprägt hat.[1097] Canaris relativiert hier die Bedeutung des Vertrauensmomentes in der Fallgruppe der Verletzung von Erhaltungspflichten, ohne dieses gänzlich aufzugeben. Dies gilt es zu bedenken, wenn § 311 II Nr. 1 BGB n. F. der Anknüpfungspunkt für die vertrauensschutzbezogenen Ansichten

---

1091 Larenz, Schuldrecht I, § 9 I; Staudinger/Löwisch, Vorbemerkung zu §§ 275–283 Rn. 38.

1092 § 2: Kapitel 2. 2.2.2.

1093 Krebs, in: Dauner-Lieb/Heidel (Hrsg.), Schuldrecht, § 311, S. 368 Rn. 17.

1094 Krebs, a. a. O.

1095 Krebs, a. a. O.

1096 Krebs, in: Dauner-Lieb/Heidel (Hrsg.), Schuldrecht, § 311, S. 269 Rn. 20.

1097 Canaris, Die Vertrauenshaftung im deutschen Privatrecht, S. 539.

darstellen soll und Canaris dem § 311 II Nr. 2 BGB n. F. zugewiesen wird.[1098] Eine mögliche Erklärung könnte sein, dass die Einwirkungsmöglichkeit ein Argument ist, das von dem Meinungsspektrum um den sozialen beziehungsweise geschäftlichen Kontakt genannt wird. Indem auch Canaris dieses Argument in seine Überlegungen einfließen lässt, stellt er zu diesen Ansichten eine Parallele her. Die Anvertrauenshaftung nimmt in seinem Werk ohnehin eine Sonderstellung ein.

Die Frage, ob die dogmatischen Erklärungsversuche des Haftungsgrundes der culpa in contrahendo auch für die Fallgruppe der Integritätsverletzung greifen, wurde bereits gestellt.[1099] Die Probleme in diesem Zusammenhang – wie etwa die Rolle des Vertrauensgedankens – konnten bereits aufgezeigt werden. Daraus wird deutlich, dass der Gesetzgeber mit dem pauschalen Verweis auf die verschiedenen dogmatischen Konzepte diesen Differenzierungen nicht weiter nachgegangen ist und die aufgeworfenen Fragen auch nicht beantwortet hat.

2. Bedeutung der dogmatischen Herleitung des Haftungsgrundes

Fraglich ist, ob die dogmatische Suche nach dem Haftungsgrund im Zuge der Schaffung des § 311 II BGB n. F. noch Bedeutung hat. Nun hat der Gesetzgeber ausdrücklich angeordnet, dass vorvertragliche geschäftliche Kontakte bestimmte Pflichten auslösen und die Haftung aus der Verletzung dieser Pflichten resultiert.[1100] Durch die gesetzliche Anordnung wird nun der Anspruch begründet.[1101] Die Frage nach dem Haftungsgrund ist damit in die gesetzliche Ausgestaltung eingeflossen. Es ist dem Gesetzgeber möglich, dogmatische Einsichten durch die konkrete Ausgestaltung des positiven Rechts mittelbar zu beeinflussen, nicht sie als solche festzulegen.[1102] Mit der gesetzlichen Normierung ist die dogmatische Begründungsarbeit ein bleibendes theoretisches Anliegen. Sie muss aber für die Begründung des Anspruchs aufgrund der gesetzlichen Vorschrift des § 311 II BGB n. F. nicht mehr herangezogen werden. Die drei Nummern des § 311 II BGB n. F. liefern eigenständige Tatbestände für die Entstehung eines Schuldver-

1098 BT-Drucks. 14/6040, S. 163 verweist auf BGH NJW 1981, 1035, wo die culpa in contrahendo als vertragsähnliches Vertrauensverhältnis bezeichnet wird; Canaris, Schuldrechtsmodernisierung, S. 721.

1099 Siehe § 9: Kapitel 9

1100 Blenske, in: Schimmel/Buhlmann, Frankfurter Handbuch zum neuen Schuldrecht, S. 150 Rn. 15.

1101 Blenske, a. a. O.

1102 Canaris, Festschrift Larenz II, S. 86.

hältnisses.[1103] Es handelt sich hierbei um ein gesetzliches Schuldverhältnis, da sein Entstehen nicht einen Vertrag voraussetzt, sondern vom „Vorliegen bestimmter gesetzlicher Merkmale“ abhängt.[1104] Eine Disposition der Parteien darüber, ob ein solches Schuldverhältnis entsteht, ist nicht möglich.

3. Neue Perspektive des Gesetzgebers

Der Gesetzgeber hat die ursprünglich schon in § 305 I 2 BGB-DiskE vorgesehene Koppelung an das Vertragsprinzip auch in § 311 II BGB n. F. beibehalten. Der Grund für die Verbindung beider Vorschriften liegt im zeitlichen Zusammenhang. Das gesetzliche Schuldverhältnis der culpa in contrahendo entsteht im zeitlichen Vorfeld vor einem Vertrag.[1105] Wie bereits bei § 305 I 2 BGB-DiskE haben alle Forderungen, die Fallgruppe der Integritätsverletzung aus der Haftung aus culpa in contrahendo herauszulösen und dem Deliktsrecht zuzuweisen, eine Absage erhalten. Es besteht ohnehin Einigkeit, dass eine ausschließliche Lösung über das Deliktsrecht erst in Betracht kommt, wenn dieses vom Gesetzgeber reformiert wird. Die Enge des deutschen Deliktsrechts führe zu einer Ergänzung und Teilkorrektur durch andere Rechtsinstitute.[1106] In doktrinärer Starre nur eine einzige Einordnung als „wahr“ gelten zu lassen, wäre „kein Ruhmesblatt“ der Rechtsvergleichung, zumal diese doch eher die Äquivalenz konstruktiver Einkleidungen und die Relativität dogmatischer Kategorien als deren Absolutheit lehre.[1107] Nach der Linoleumrollen-Entscheidung des Reichsgerichts, das auf § 278 BGB abstellt, folgt aus der Deliktsähnlichkeit des Falles nicht notwendig seine deliktsrechtliche Behandlung.[1108] Auch zeichnete das Gericht in dieser Entscheidung einen Lösungsweg außerhalb des Deliktsrechts vor.[1109] Die Verletzung absolut geschützter Rechtsgüter führt nicht automatisch dazu, dass die betreffende Schutzpflicht deliktsrechtlich einzuordnen wäre.[1110] Von einer a priori richtigen Lösung kann man hier ohnehin nicht ausgehen.[1111] Der Begriff des Erfüllungsgehilfen gemäß § 278 BGB ist mit der Einbeziehung Selbständiger weiter als § 831

1103 Blenske, a. a. O.

1104 Blenske, a. a. O.

1105 Schmidt-Räntsch, Das neue Schuldrecht, S. 277.

1106 Canaris, a. a. O., S. 86.

1107 Canaris, a. a. O., S. 86.

1108 Medicus, Die culpa in contrahendo zwischen Vertrag und Delikt, Festschrift Keller, S. 207.

1109 Medicus, a. a. O., S. 207.

1110 Canaris, Festschrift Larenz II, S. 86.

1111 Canaris, a. a. O., S. 86.

BGB. Das zeigt die Bedeutung der Anwendung von § 278 BGB – ganz abgesehen von der Entlastungsmöglichkeit des § 831 I 2 BGB.[1112] Die culpa in contrahendo stelle daher nicht eine kryptodeliktische Fehlentwicklung und Ausgeburt einer hypertrophen Dogmatik dar, sondern biete eine „legitime" Antwort auf echte Sachprobleme.[1113] Pflichten aus einer Sonderverbindung können neben deliktischen Pflichten bestehen. Die Vorschriften der §§ 823 II BGB in Verbindung mit §§ 266, 142 StGB belegen, dass deliktsrechtliche Pflichten gegenüber bestimmten Personen ergänzend oder verstärkend in Hinblick auf eine Sonderverbindung wirken können. § 618 I BGB stellt eine gesetzliche Konkretisierung von Fürsorgepflichten dar und gewährt Rechte, die sich aus dem Zusammenhang mit dem Dienstverhältnis ergeben.[1114] Die Stellung dieser Vorschrift im Gesetz und die in § 618 III BGB getroffene entsprechende Anwendung von §§ 842 bis 846 BGB zeigen, dass es sich bei den Ansprüchen aus § 618 BGB nicht um deliktische Ansprüche handelt.

Das Merkmal der Sonderverbindung trägt durch die Eröffnung von Einwirkungsmöglichkeiten auf die Rechtsgüter des anderen ein haftungsbegründendes Element in sich.[1115] Picker kritisiert nicht nur die vertrauensschutzbezogenen Ansätze, sondern bezieht auch in Hinblick auf die Sonderverbindung einen eigenen Standpunkt.[1116] Wenn er sich auf das Gebot des „neminem laedere" als allgemeinen Gedanken der Schadenshaftung bezieht, so übersieht er, dass dieser Gedanke, anders als der Vertrauensschutz, nicht im positiven Recht nachweisbar ist. Dieser Grundsatz steht zudem in Widerspruch zu § 823 BGB, der auf die Verletzung absolut geschützter Rechtsgüter zugeschnitten ist. Zudem muss auch Picker auf das Merkmal der Sonderverbindung zurückgreifen, um den Grundgedanken des allgemeinen Schädigungsverbotes einzuschränken.[1117]

Der gänzlich andere Blickwinkel des Gesetzgebers wäre mit derartigen Überlegungen nach der Herausarbeitung bestimmter Fallgruppen nicht zu vereinbaren. In § 311 II BGB n. F. geht es nicht darum, sondern um die Entstehung eines gesetzlichen Schuldverhältnisses.

1112 Canaris, a. a. O., S. 87.

1113 Canaris, a. a. O., S. 88 f.

1114 Palandt/Heinrichs, 58. Auflage, § 618 Rn. 1; Medicus, a. a. O., S. 207.

1115 Küpper, Das Scheitern von Vertragsverhandlungen als Fallgruppe der culpa in contrahendo, S. 41.

1116 Picker, Positive Forderungsverletzung und culpa in contrahendo – Zur Problematik der Haftungen „zwischen" Vertrag und Delikt, AcP 183 (1983), (369), 418 ff.

1117 Picker, a. a. O., AcP 183 (1983), (369), 476.

Die Entstehung des vorvertraglichen Schuldverhältnisses beantwortet das BGB völlig unabhängig von der Frage nach den verschiedenen Fallgruppen der culpa in contrahendo. Der Gesetzgeber hat sich von dieser Systematisierung gelöst und stattdessen die Entstehung des vorvertraglichen Schuldverhältnisses geregelt. Canaris demonstriert an einem Beispiel, dass der Aspekt der Sonderverbindung mit der Möglichkeit der Einwirkung auf fremde Rechtsgüter zur Schutzbedürftigkeit des anderen führt.[1118] „Wenn beispielsweise die Tribüne im Bereich der Kasse zusammenbricht, kann man die Anwendung von § 278 BGB unmöglich auf diejenigen Zuschauer beschränken, die schon eine Karte gekauft haben, und sie denjenigen vorenthalten, die noch wartend anstehen.[1119]

4. Regelungsgehalt des § 311 II BGB n. F.

4.1 Ineinandergreifen von §§ 311 II, 241 II, 280 I BGB n. F.

§ 311 II Nr. 1 BGB n. F. bestimmt, dass ein Schuldverhältnis mit Aufnahme von Vertragsverhandlungen entsteht. Das ist die Grundregel, mit der die culpa in contrahendo im Gesetz verankert wird.[1120] § 311 II BGB n. F. bestimmt, dass durch die Aufnahme von Vertragsverhandlungen Pflichten entstehen.[1121] Deren Inhalt und Umfang regelt § 241 II BGB n. F. Die Verletzung solcher Pflichten führt zu der zentralen Norm des § 280 I BGB n. F. Die Ausdifferenzierung des § 311 II BGB n. F. in einzelne Nummern verfolgt das Ziel, eine klarere Konturierung der Regelung zu erreichen und der diesbezüglich vorgetragenen Kritik entgegenzutreten.[1122]

Die Anbindung an das in § 311 I BGB n. F. niedergelegte Vertragsprinzip soll deutlich machen, dass das gesetzliche Schuldverhältnis der culpa in contrahendo im Vorfeld eines Vertrages zustande kommt.[1123]

1118 Canaris, Festschrift Larenz II, S. 88.

1119 Canaris, a. a. O., S. 88.

1120 Blenske, in: Schimmel/Buhlmann, Frankfurter Handbuch zum neuen Schuldrecht, S. 152.

1121 Blenske, a. a. O.

1122 Schmidt-Räntsch, Das neue Schuldrecht, § 311, S. 277; Dauner-Lieb, Kodifikation von Richterrecht, in: Ernst/Zimmermann, Zivilrechtswissenschaft und Schuldrechtsreform, S. 305 ff, 313; Köndgen, Die Positivierung der culpa in contrahendo als Frage der Gesetzgebungsmethodik, in: Schulze/Schulte-Nölke, Die Schuldrechtsreform vor dem Hintergrund des Gemeinschaftsrechts, S. 244 f, 255 f; Krebs, Die große Schuldrechtsreform, DB 2000, Beilage 14, S. 9.

1123 Schmidt-Räntsch, a. a. O., S. 277.

4.2 Verhältnis von §§ 311 II Nr. 1, Nr. 2, und Nr. 3 BGB n. F.

Schwierigkeiten können sich bei der Abgrenzung der verschiedenen Ziffern ergeben.[1124] Diese ist bislang ungeklärt.[1125] Nicht nur bei der Vertragsanbahnung, sondern auch im Rahmen von Vertragsverhandlungen ist eine Gelegenheit zur Einwirkung auf die Rechtsgüter des Geschädigten eröffnet. Die Überlegung des Regierungsentwurfes hat bei § 311 II Nr. 2 BGB n. F. Konstellationen im Auge, denen keine Vertragsverhandlungen zugrunde liegen.[1126] Dennoch wäre es auch möglich, die Fälle der „Vertragsverhandlung" unter § 311 II Nr. 2 BGB n. F. zu subsumieren. Nach der Begründung des Regierungsentwurfes soll § 311 II Nr. 2 BGB n. F. dann eingreifen, wenn keine Verhandlungen geführt wurden.[1127] Vertragsverhandlungen sind aber auch eine Art der Vertragsanbahnung. Auch hier eröffnen sich Möglichkeiten, auf Rechtsgüter und Interessen des Gegenübers einzuwirken. Deshalb stellt § 311 II Nr. 1 BGB n. F. einen Spezialfall von § 311 II Nr. 2 BGB n. F. dar.[1128]

Die Problematik der praktischen Handhabung dieser Abgrenzung wurde bereits herausgearbeitet.[1129] Bereits an dieser Stelle erfolgte der Hinweis, dass die Ziffern des § 311 II Nr. 1–3 BGB n. F. gleichrangig sind. In der Sache ist die Zuordnung zu einer der Ziffern nicht entscheidend, da ein gesetzliches Schuldverhältnis in jedem Fall entsteht.[1130] Die Abgrenzung entfaltet beim Umfang des durch § 311 II BGB n. F. begründeten Schuldverhältnisses Bedeutung. Von der Intensität des geschäftlichen Kontakts hängt der Umfang der Pflichten ab.[1131] Die Pflichten im Zusammenhang mit der Aufnahme von Vertragsverhandlungen sind meist besonders weitreichend, da es sich hier um die „intensivste Form eines (vorvertraglichen) geschäftlichen Kontakts" handelt und dadurch eine „wertende Stufenfolge" sichtbar wird.[1132] Auch § 311 II Nr. 3 BGB n. F. steht grundsätzlich gleichberechtigt neben § 311 II Nr. 1, 2 BGB n. F. Obwohl kein „Wertigkeitsverhältnis" zwischen den Ziffern besteht, ist doch § 311 II Nr. 3 BGB n. F. in

---

1124 Dazu bereits § 7:Kapitel 7.

1125 MüKo/Emmerich, 6. Auflage, § 311 Rn. 43.

1126 BT-Drucks. 14/6040, S. 163; Canaris, Schuldrechtsmodernisierung, S. 722 ff.

1127 BT-Drucks. 14/6040, S. 163; Canaris, Schuldrechtsmodernisierung, S. 722 ff.

1128 Krebs, in: Dauner-Lieb/Heidel (Hrsg.), Schuldrecht, § 311, S. 369 Rn. 17.

1129 Dazu oben § 7.2.2.

1130 Blenske, in: Schimmel/Buhlmann (Hrsg.), Frankfurter Handbuch zum neuen Schuldrecht, in: Schimmel/ Buhlmann, Frankfurter Handbuch zum neuen Schuldrecht, S. 152 Rn. 17.

1131 Blenske, a. a. O., S. 153 Rn. 19.

1132 Blenske, a. a. O.

gewisser Weise ein Auffangtatbestand.[1133] § 311 II Nr. 1 BGB n. F. ist der speziellere Tatbestand, wenn schon Vertragsverhandlungen geführt wurden. § 311 II Nr. 2 BGB n. F. ist auf das Vorstadium von Vertragsverhandlungen zugeschnitten.[1134]

§ 311 III BGB n. F. ist als Kann-Vorschrift ausgestaltet. Der Gesetzgeber wollte mit dieser Formulierung die Weiterentwicklung entsprechender Fallgruppen ermöglichen. Dagegen entsteht das gesetzliche Schuldverhältnis gemäß § 311 II BGB n. F. durch die in Nr. 1–3 genannten Verhaltensweisen. Dies steht nicht zur Disposition der Parteien. Soziale Kontakte scheiden aus dem Anwendungsbereich des § 311 II BGB n. F. aus.

5. Formulierung des § 311 II BGB n. F.

Der gesetzliche Begriff des „Anvertrauens" birgt die Gefahr von Missverständnissen. Die Formulierung prägte Canaris.[1135] Die Bedeutung seines Werkes ist unbestritten. Dem „normalen" Rechtsanwender ist es dennoch nicht unbedingt vertraut, da es sich um eine „rechtsdogmatische"[1136] Abhandlung handelt, deren Titel wohl bekannt sein dürfte – anders als die Einzelheiten der dogmatischen Analyse.

Wenn das Gesetz in § 311 II BGB n. F. von dem „Anvertrauen" von Rechtsgütern spricht, ist damit nicht gemeint, dass sich der Geschädigte dem anderen im wörtlichen Sinn „anvertraut". Diese Interpretation wäre zu eng und zugleich zu weit.[1137] Die „tatsächliche, gewillkürte Eröffnung" der Möglichkeit der Einwirkung ist ausreichend.[1138] Deshalb ist auch vor einer zu engen Auslegung des Begriffes „gewährt" in § 311 II Nr. 2 BGB n. F. zu warnen. Eine bewusste oder rechtsgeschäftliche Handlung ist in § 311 II Nr. 2 BGB n. F. mit „Anvertrauen" nicht gemeint.[1139]

Die unterschiedliche Formulierung von § 311 II Nr. 1 und 2 BGB n. F. bedeutet nicht, dass die in § 311 II Nr. 2 BGB n. F. genannten Einwirkungsmöglichkeiten lediglich dort vorausgesetzt werden.[1140] Die Möglichkeit der Einwirkung ist auch

1133 Blenske, a. a. O., S. 165 Rn. 47; MüKo/Emmerich, 6. Auflage, § 311 Rn. 44.
1134 Blenske, a.a.O; MüKo/Emmerich, 6. Auflage, § 311 Rn. 48.
1135 Canaris, Die Vertrauenshaftung im deutschen Privatrecht, S. 539.
1136 Canaris, a. a. O., S. 1.
1137 Lieb, in: Dauner-Lieb/Heidel/Lepa/Ring (Hrsg.), Das neue Schuldrecht in der anwaltlichen Praxis, § 3 S. 127 Rn. 38.
1138 Lieb, in: Dauner-Lieb/Heidel/Lepa/Ring (Hrsg.), Das neue Schuldrecht in der anwaltlichen Praxis, § 3, S. 127 Rn. 38.
1139 Krebs, in: /Heidel (Hrsg.), Schuldrecht, § 311, S. 370 Rn. 20.
1140 Lieb, in: Dauner-Lieb/Heidel/Lepa/Ring (Hrsg.), Das neue Schuldrecht in der anwaltlichen Praxis, § 3, S. 127 Rn. 37.

im Rahmen von § 311 II Nr. 1 BGB n. F. „konstitutiv".[1141] Auch hier muss die Einwirkungsmöglichkeit auf Interessen, Recht und Rechtsgüter gegeben sein. Der Wortlaut des § 311 II Nr. 3 BGB n. F. weist nicht nur auf den Auffangcharakter dieser Nummer hin. In der Gesamtschau fällt die Weite der Formulierung der einzelnen Nummern von § 311 II BGB n. F. auf. Damit werden bestimmte Sachverhalte nicht abschließend beschrieben.[1142] Es handelt sich vielmehr um „typisierende Umschreibungen, um den grundsätzlichen Anwendungsbereich der Norm zu bestimmen."[1143] Aus dem Gesagten wird deutlich, warum angemahnt wird, an der „begrifflichen Präzisierung"[1144] zu feilen. Auch seien § 311 II Nr. 1, 2 BGB n. F. „nur bedingt subsumtionsgeeignet".[1145] In Frage gestellt wird auch, ob aufgrund der „generalklauselartigen Beschreibung der in Betracht kommenden Konstellationen … eine subsumtionsgeeignete Norm" herausgekommen sei.[1146] Anders beurteilt diese Frage Canaris. Er gesteht in Hinblick auf § 311 II Nr. 3 BGB n. F. aber ein, dass die Bedeutung dieser Nummer „etwas dunkel" sei.[1147]

Ein weiterer problematischer Punkt ist die „doppelte Unbestimmtheit".[1148] § 241 II BGB betrifft den Umfang der Pflichten zur Rücksichtnahme, wobei der Gesetzgeber darauf hinweist, dass über den Inhalt und die Reichweite der begründeten Pflichten im Gesetz selbst keine Aussage getroffen wird.[1149] § 311 II BGB n. F. verweist auf § 241 II BGB n. F., der keine konkrete inhaltliche Ausformung aufweist. Obwohl die Literatur versucht, mit Hilfe der Fallgruppen eine gewisse Systematisierung zu erreichen, hat auch hier der Gesetzgeber diesen Ansatz nicht aufgegriffen. Eine Konkretisierung der Pflichten erfolgt in § 241 II BGB n. F. nicht. Ob Schutzpflichten existieren und wie weit sie reichen, ergibt sich aus der Natur des Schuldverhältnisses. Der Begriff „Inhalt" meint in erster Linie die konkrete Regelung „ohne dass eine klare Abgrenzung möglich wäre".[1150]

1141 Lieb, a. a. O.

1142 Blenske, in: Schimmel/Buhlmann (Hrsg.): Frankfurter Handbuch zum neuen Schuldrecht, S. 153.

1143 Blenske, a. a. O.

1144 Lieb, a. a. O., S. 127.

1145 Lieb, a. a. O., S. 127.

1146 Lieb, a. a. O., S. 127.

1147 Canaris, Die Reform des Rechts der Leistungsstörungen, JZ 2001, (499), 511, 520.

1148 Blenske, in: Schimmel/Buhlmann (Hrsg.), Frankfurter Handbuch zum neuen Schuldrecht, a. a. O., S. 127.

1149 BT-Drucks. 14/6040, S. 162; Canaris, Schuldrechtsmodernisierung, S. 721 ff.

1150 Schmidt-Räntsch, Das neue Schuldrecht, § 241, S. 138.

§ 311 II BGB n. F. legt fest, wodurch ein Schuldverhältnis mit Pflichten nach § 241 II BGB n. F. entsteht. Es wird bezüglich der Pflichten auf § 241 II BGB n. F. verwiesen. § 241 II BGB n. F. seinerseits nimmt wieder Bezug auf den Inhalt des Schuldverhältnisses. Damit ergibt sich der Inhalt des Schuldverhältnisses gemäß § 311 II BGB n. F. gleichsam aus sich selbst, da § 241 II BGB n. F. über die Formulierung „nach seinem Inhalt" wieder auf das Schuldverhältnis selbst zurückverweist.

6. Inhaltliche Fragen bezüglich der besonderen Problematik der Warenhausfälle

Zu prüfen ist, ob dem Gesetzgeber mit § 311 II BGB n. F. eine Regelung gelungen ist, die der besonderen Problematik der Warenhausfälle gerecht wird und ob sie diesbezügliche Zweifelsfragen löst. Der Gesetzgeber wollte die Warenhausfälle in § 311 II Nr. 2 BGB n. F. erfassen.[1151] Charakteristisch für diese Fälle ist, dass die Kunden das Kaufhaus betreten und zunächst eigenständig das Warenangebot begutachten. Ein Gespräch mit einem Verkäufer findet oft gar nicht statt. Entweder verlässt der Kunde das Geschäft wieder ohne etwas gekauft zu haben oder er legt seine Ware an der Kasse vor und bezahlt. Ein Verkäufer wird nur benötigt, wenn eine Beratung erforderlich ist. Außerdem muss der Kunde oft erst warten, bis ein Verkäufer zur Verfügung steht.

Immer noch steht die Frage im Raum, wie die eingangs erwähnte Zweifelsfrage zu lösen ist, wenn es sich um einen Ladendieb oder Passanten handelt, der sich nur unterstellen wollte.[1152] Bei diesen Personen geht es nicht um den Abschluss eines Kaufvertrages oder die Information über das Warenangebot. Ihr Aufenthalt im Kaufhaus verfolgt primär ganz andere Ziele. Teilweise ließ man es bisher genügen, wenn sich der Geschädigte bei objektiver Betrachtung als Besucher des Kaufhauses unabhängig von seinen Absichten darstellt.[1153] Die Gegenmeinung verneint grundsätzlich eine Haftung gegenüber diesem Personenkreis.[1154] Sie vermutet aber zu Gunsten jedes Besuchers eines Kaufhauses, dass er es als

1151 BT-Drucks. 14/6040, S. 163; Canaris, Schuldrechtsmodernisierung, S. 722 ff.

1152 § 1: Kapitel 1.3.1.

1153 Soergel /Wiedemann, Vor § 275 Rn. 245; Frost, Schutzpflichten, S. 127 ff.; Medicus, Festschrift Keller, S. 205, 211.

1154 Emmerich, Zum gegenwärtigen Stand der Lehre von der culpa in contrahendo, Jura 1987, 561 f.

potentieller Kunde aufsucht und gelangt so letztlich zum selben Ergebnis.[1155] Meist wird nicht zu widerlegen sein, dass die betreffende Person im Geschäft nichts kaufen wollte.[1156]

Eine befriedigende Lösung konnte bisher nicht gefunden werden, weil der Ansatzpunkt zu ihrer Lösung nicht klar genug beschrieben und herausgearbeitet wurde. Darauf hat Frost in ihrer Arbeit eindringlich hingewiesen, ohne jedoch auf größere Resonanz zu stoßen. Sie betonte, dass das Merkmal der Sonderverbindung den Ansatzpunkt aller Überlegungen darstellen muss.[1157]

Auch Krebs versucht in einer neueren Untersuchung, Merkmale einer Sonderverbindung zu erarbeiten. Er geht nach einer umfangreichen Prüfung bereits vorhandener dogmatischer Konzepte von einem funktionalen Verständnis der culpa in contrahendo aus.[1158] Er definiert als Sonderverbindung „jede Beziehung, in der besondere Einwirkungsmöglichkeiten auf die Rechtsgüter der Gegenseite bestehen und die zudem auf die Erbringung einer legalen Leistung oder Unterlassung einschließlich der Klärung der Existenz einer Leistungs- oder Unterlassungspflicht gerichtet ist."[1159] Dazu zählt er auch vorvertragliche Verhältnisse gemäß § 311 II BGB n. F. Diese Aussage gewinnt er aus einer Analyse der Funktionen der Sonderverbindung, bei der es sich um eine Kompensation für fehlende Verteidigungsmöglichkeiten bei der erhöhte Einwirkungsmöglichkeiten auf die Rechtsgüter der Gegenseite handelt. Außerdem geht es um einen Leistungs- oder Unterlassungszweck. Zudem differenziert die Sonderverbindung die Pflichten nach Art der Beziehung, die vor der Schädigung bestand.

Wie vorher erwähnt, geht mit der Vorschrift des § 311 II BGB n. F. eine Veränderung des Blickwinkels einher. Dieser geht nicht von Fallgruppen aus, sondern normiert das Entstehen eines gesetzlichen Schuldverhältnisses als solches.

Der Gesetzgeber nennt eine Reihe von Merkmalen, die zum Entstehen eines Schuldverhältnisses führen. In § 311 II Nr. 1 BGB n. F. fordert er Vertragsverhandlungen, in Nr. 3 einen ähnlichen geschäftlichen Kontakt. Daraus wird ersichtlich, dass bloße soziale Kontakte nicht ausreichend sind. Mit § 311 II Nr. 1 BGB n. F. will der Gesetzgeber Fälle regeln, in denen es zu Verhandlungen, also das Ver-

---

1155 BGHZ 66, 51,55; MüKo/Emmerich, Vor § 275 Rn. 40; Staudinger/Löwisch, Vorbemerkung zu §§ 275–283 Rn. 43.

1156 Hohloch, Vorvertragliche Haftung nach culpa-incontrahendo-Grundsätzen auch zugunsten Dritter? BGHZ 66, 51, JuS 1977, 302 ff.

1157 Frost, Schutzpflichten, S. 40 ff., 68 ff.

1158 Krebs, Sonderverbindung und außerdeliktische Schutzpflichten, S. 211 ff., 607 ff.

1159 Krebs, in: Dauner-Lieb/Heidel/Lepa/Ring (Hrsg.), Das neue Schuldrecht in der anwaltlichen Praxis, § 3, S. 121 Rn. 20.

handeln über den Inhalt eines Vertrages, Sondierung eines Vertrages oder der Auswahl eines Vertragspartners kam.[1160] Damit kann diese Regelung die typischen Warenhausfälle nicht erfassen. In § 311 II Nr. 2 BGB n. F. kommt es auf Verhandlungen gerade nicht an. Diese Vorschrift verlangt die Anbahnung eines Vertrages, die Einwirkungsmöglichkeit auf die genannten Rechtsgüter, Rechte und Interessen oder deren Anvertrauen. Hervorzuheben ist die Formulierung im Gesetz „... im Hinblick auf eine etwaige rechtsgeschäftliche Beziehung." Übertragen auf die Warenhausfälle heißt das, dass die Anbahnung eines Vertrages stattfinden muss. Diese Anbahnung ist dadurch gekennzeichnet, dass der Zweck des Kaufhausbesuches ein möglicher Vertragsschluss ist. Zudem muss eine Situation mit Einwirkungsmöglichkeit auf Rechte, Rechtsgüter und Interessen des Kunden oder ein entsprechendes Anvertrauen vorliegen.

Daher wird vertreten, dass Diebe als Partner einer Sonderverbindung ausscheiden. Der Dieb betritt das Kaufhaus nicht zum Zweck eines Vertragsschlusses.[1161]

Problematischer sind die Fälle, in denen jemand das Kaufhaus nur als Unterstellmöglichkeit, Treffpunkt oder Wegabkürzung durch Passieren des Kaufhauses benutzt. Zunächst ist festzuhalten, dass die Frage, ob die betreffende Person kaufwillig oder überhaupt am Warenangebot interessiert ist, eine innere Einstellung ist, die ein Außenstehender nicht nachvollziehen kann. Gemeinsam ist diesen Personen, dass sie sich in der räumlichen Sphäre des Kaufhauses aufhalten und deshalb die entsprechende Einwirkungsmöglichkeit beziehungsweise das Anvertrauen gegeben ist. Auch jemand, der das Kaufhaus nur durchqueren möchte, kann über die „Bananenschale" stolpern. Bezüglich dieser Gefahr ist kein Unterschied zu „echten" Kunden vorhanden. Fraglich ist allein das Merkmal des möglichen Vertragsschlusses.

Zu einem Vertragsschluss gehören immer zwei Parteien. Der Kaufhausinhaber möchte möglichst mit jedem, der sein Kaufhaus betritt, ein Geschäft abschließen. Es ist ihm egal, ob der Kunde von vornherein etwas kaufen wollte oder ob es sich um einen Zufallsbesucher handelt, der spontan etwas erwirbt. Das Kaufhaus ist so eingerichtet, dass das Warensortiment alle Besucher ansprechen und zum Kauf verlocken soll. Sonderangebote und Aktionsartikel sind werbewirksam und gut sichtbar aufgebaut. Es sollen Kaufwünsche und Bedürfnisse geweckt werden, die beim Betreten des Kaufhauses noch gar nicht vorhanden waren.

1160 BT-Drucks. 14/6040, S. 161 ff.; Canaris, Schuldrechtsmodernisierung, S. 721.

1161 MüKo/Emmerich, 6. Auflage, § 311 Rn. 47, 64; Soergel/Harke, 13. Auflage, § 311 Rn. 42; bejahend dagegen Palandt/Grüneberg, 74. Auflage, § 311 Rn 23.

Aus Sicht des Kunden könnte „möglicher Vertragsschluss" bedeuten, dass er auch kaufwillig ist.

So lässt die nach der Schuldrechtsreform erschienene Literatur es teilweise schon genügen, dass ein Vertragsschluss jedenfalls nicht ausgeschlossen ist.[1162] Eine feste Kaufabsicht sei nicht erforderlich. Es reiche, wenn der Kunde unter Umständen etwas kaufen will. Unter § 311 II Nr. 3 BGB n. F. falle es, wenn jemand nur im Kaufhaus herumschlendert.[1163] Von § 311 II BGB n. F. nicht erfasst werden Personen, die sich nur unterstellen oder das Kaufhaus als Abkürzung benutzen, weil es sich dann nur um einen „sozialen" und nicht um einen geschäftlichen Kontakt handelt.[1164] Eine weitere Stimme stellt auf die unverbindliche Information durch einen Kaufhausbummel ab.[1165] Hier soll es genügen, dass auch bei Personen, die sich unterstellen oder das Kaufhaus passieren, ein Vertragsschluss grundsätzlich in Betracht kommt.[1166] Dagegen wird von einer anderen Meinung gefordert, dass es sich um einen möglichen Kunden, wenn auch ohne festen Kaufwunsch handeln muss und nicht um sonstige Besucher wie Passanten.[1167] Eine weitere Stimme verlangt als Zweck die Anbahnung eines Vertrages, weswegen man sich dem Einflussbereich des anderen aussetzt.[1168] Ohne diesen Zusammenhang, also bei Dieben oder Passanten, wird das Entstehen eines Schuldverhältnisses verneint. Entscheidend sei, ob ein Einkauf grundsätzlich in Betracht komme. Es genüge nicht, wenn noch offen sei, ob überhaupt ein Einkauf erfolgt. Allerdings weist diese Meinung darauf hin, dass sich der Zweck des Kaufhausbesuches ändern („umschlagen") kann.[1169]

Daraus wird ersichtlich, dass der alte Meinungsstreit andauert. Wenn die zuletzt angeführte Meinung von einem Umschlagen des Kundenwunsches spricht, verdeutlicht das, dass die modernen Geschäftspraktiken der Kaufhäuser gerade auch auf diesen Kundenkreis setzen. Problematisch dürfte aber der Nachweis darüber sein, ob und wann der Kunde sich doch zum Kauf entschieden hat. Hier kommt eine subjektive Komponente ins Spiel, während ansonsten die Meinungen

---

1162 Lorenz/Riehm, Lehrbuch zum neuen Schuldrecht, S. 188 Rn. 369 f; Staudinger/Feldmann, Neubearbeitung 2013, § 311 Rn. 108.

1163 Lorenz, a. a. O.

1164 Lorenz, a. a. O.

1165 Krebs, in: Dauner-Lieb/Heidel (Hrsg.), Schuldrecht, § 311, S. 369 Rn. 19.

1166 MüKo/Emmerich, 6. Auflage, § 311 Rn. 64; Soergel/Harke, 13. Auflage, § 311 Rn. 42.

1167 Jauernig/Vollkommer, § 311 Rn 45.

1168 Blenske, in: Schimmel/Buhlmann, Frankfurter Handbuch zum neuen Schuldrecht, S. 163.

1169 Blenske, a. a. O.

versuchen, den Begriff des Kunden durch objektive Komponenten fassbar zu machen und von Nachweisschwierigkeiten zu befreien.

Der Wille des Gesetzgebers war es nicht, streitentscheidend tätig zu werden. Deshalb kann man davon ausgehen, dass der bestehende Meinungsstreit auch mit der Vorschrift des § 311 II Nr. 2 BGB n. F. nicht gelöst werden sollte. Der Gesetzgeber spricht von einer „potentiell rechtsgeschäftlichen Beziehung".[1170] Der Wortlaut dieser Vorschrift scheint indessen eine subjektive, auf den Kunden bezogene Komponente zu beinhalten, indem auf den Zweck, eine etwaige rechtsgeschäftliche Bindung einzugehen, bzw. eines Vertragsschlusses abgestellt wird. Fraglich ist jedoch, ob auch der Wortlaut darüber genauen Aufschluss geben kann, nachdem dessen Eignung zur Subsumtion angezweifelt wird.[1171] Der Kunde kann im Laufe des Aufenthaltes im Kaufhaus sehr wohl seine Meinung ändern und sich doch für die Waren interessieren. Dann befindet er sich schon in der räumlichen Sphäre des Kaufhauses mit den entsprechenden Einflussmöglichkeiten auf seine Rechtsgüter. Die Interessenlage ist aber dieselbe, egal zu welchem Zeitpunkt der Kaufwunsch erwacht. Selbst wenn es sich wirklich nur um jemanden handelt, der sich unterstellt, kann auch er seine Meinung ändern. Den Gefahren im Kaufhaus ist er genauso ausgesetzt wie jeder „echte" Kunde. Hier den Wortlaut so eng auszulegen, dass der Kaufwunsch schon bei Betreten des Kaufhauses vorgelegen haben muss, wäre nicht interessensgerecht und überdies schwer nachzuweisen. Möglicherweise könnte ein Blick auf §§ 133, 157 BGB hilfreich sein, wobei zu bedenken ist, dass das gesetzliche Schuldverhältnis der culpa in contrahendo nicht durch die Abgabe von Willenserklärungen, sondern durch das tatsächliche Verhalten der Parteien im Sinn von § 311 II BGB n. F. entsteht. Obwohl es sich um einen Realakt handelt, der nicht ausgelegt werden kann, „bestehen doch...gewisse Parallelen zur Auslegung."[1172] Wenn für die Auslegung von Willenserklärungen ein objektiver Maßstab[1173] gilt, müsste dieser Gedanke auch gelten, wenn es um eine – wenn auch im weitesten Sinne – Vorstufe zu einem Vertrag geht. Es wäre dann wohl zu fragen, ob die Person als Kunde nach objektiver Betrachtung in Frage kommt. Auch dann wäre sowohl der „mögliche Kunde" als auch „Jeder"[1174] umfasst, der das Kaufhaus betritt.

Aus dem Gesagten geht hervor, dass der Wortlaut des § 311 II Nr. 2 BGB n. F. verschieden gedeutet werden kann und Fragen aufwirft.

1170 BT-Drucks. 14/6040, S. 162 f.; Canaris, Schuldrechtsmodernisierung, S. 722.

1171 Canaris, Die Reform der Leistungsstörungen, JZ 2001, 499 ff.

1172 Forschner, Wechselwirkungen von Aufsichtsrecht und Zivilrecht, S. 113.

1173 Palandt/Ellenberger, 74. Auflage, § 133 Rn. 9; Staudinger/Roth, § 157 Rn. 2.

1174 Frost, Schutzpflichten, S. 127 ff.

7. Möglichkeiten künftiger Entwicklung

Im Zusammenhang mit der Neuregelung des Schadensersatzrechts und der Einfügung des § 253 II BGB kommt es zu einem Bedeutungszuwachs der hier untersuchten Fallgruppe. Nun kann auch über die culpa in contrahendo Schmerzensgeld verlangt werden. In der Literatur wird sogar darauf hingewiesen, dass der Vorschlag, die hier untersuchte Fallgruppe aus der culpa in contrahendo auszugliedern und ins Deliktsrecht zu überführen, „überholt" sei.[1175] Es handle sich hier vielmehr um einen „genuinen Anwendungsbereich der culpa in contrahendo", da die „Pflichten zum Schutz der Rechte, Rechtsgüter und Interessen des anderen Teils" gerade den Kernbereich der gesetzliche Regelung in den §§ 311 II, 241 I BGB n. F. ausmachten.[1176]

Der Gesetzgeber wollte eine künftige Weiterentwicklung des Rechtsinstitutes mit der abstrakten Regelung des § 311 II BGB n. F. offen halten.[1177] Die Gefahr dabei könnte sein, dass Billigkeitsentscheidungen entstehen könnten, wobei andererseits durch die Offenheit des Tatbestandes des § 311 II BGB n. F. auch die Möglichkeit besteht, auf konkrete Einzelfälle einzugehen.

Die Regelung des § 311 II Nr. 3 BGB n. F. ist ein Auffangtatbestand. Wegen der Weite der Formulierung könnte hier ein Ansatzpunkt für eine Weiterentwicklung liegen. Der Kontakt, den diese Vorschrift voraussetzt, muss auf das Austauschen von Willenserklärungen bezogen sein, so dass es auf einen Zusammenhang mit einem rechtsgeschäftlichen Handeln ankommt.[1178] Aber auch vor diesem Stadium kommen Kontakte in Betracht, die einen rechtsgeschäftlichen Kontakt im weiteren Sinn eröffnen. Nur soziale Kontakte reichen nicht aus.

Weitere Entwicklungen könnten aus dem sachlichen Schutzbereich des § 311 II BGB n. F. resultieren. Das Anvertrauen geschützter Positionen kann auch die Überlassung von Gegenständen oder vertraulicher Unterlagen und Daten umfassen. Hier könnte das Gebiet von Unternehmensverkäufen Bedeutung erlangen, wenn sich jemand angeblich unter dem Vorwand der Vertragsanbahnung Betriebsgeheimnisse verschafft. Nun sind von § 311 II BGB n. F. auch Vermögensinteressen geschützt. Darin liegt ein Vorteil gegenüber dem Deliktsrecht, das in § 823 I BGB das Vermögen nicht als Schutzgut nennt. Ob unter Vermögensinteressen auch die Entscheidungsfreiheit fällt, muss die Wissenschaft noch klären.

1175 MüKo/Emmerich, 6. Auflage, § 311 Rn. 31.

1176 MüKo/Emmerich, a. a. O.

1177 BT-Drucks. 14/6040, S. 162; Canaris, Schuldrechtsmodernisierung, S. 720.

1178 Kakatsakis, Die culpa in contrahendo nach neuem Schuldrecht, S. 43.

Eine weitere Frage hat sich aus der Abschaffung der §§ 306 ff BGB a. F. ergeben. Das betrifft zwar nicht die hier erörterte Fallgruppe. Trotzdem soll sie hier kurz erwähnt werden, da die Neukonzeption der anfänglichen Unmöglichkeit mit der Schaffung der Vorschrift des § 311 a II BGB n. F. aus der culpa in contrahendo eine Fallgruppe herauslöst, die eigentlich seit Jhering zum Kernbereich der culpa in contrahendo gehört. § 311 a II BGB n. F. erfasst Leistungshindernisse, die schon bei Vertragsschluss vorhanden sind, also die anfängliche objektive und subjektive Unmöglichkeit. § 311 a II BGB n. F. ersetzt die gestrichenen Vorschriften der §§ 306 ff BGB a. F. Seine Bedeutung besteht darin, die anfängliche Unmöglichkeit in das einheitliche Konzept des § 275 BGB n. F. einzubeziehen.[1179] § 311 a II BGB n. F. stellt die anfängliche Unmöglichkeit der nachträglichen Unmöglichkeit gleich, indem ein Schadensersatzanspruch statt der Leistung oder Aufwendungsersatz gemäß § 284 BGB vorgesehen wird. Insoweit lässt sich eine Synchronisierung zu §§ 280 III, 283 BGB n. F. feststellen. Eine Eigenständigkeit des § 311 a II BGB n. F. zeigt sich darin, dass diese Vorschrift nicht auf § 280 I BGB n. F. Bezug nimmt, denn § 311 II BGB n. F. bestimmt die Sorgfaltspflichten des Schuldners bei der Begründung eines Vertrages anders als § 280 I BGB n. F, der ein bereits bestehendes Schuldverhältnis voraussetzt.[1180] Es geht bei § 311 a II BGB n. F. nicht um den Umgang des Schuldners mit dem Leistungsgegenstand, weil es vor dem Vertragsschluss noch keine Leistungspflicht und keinen Leistungsgegenstand gibt. Darin liegt ein Unterschied des § 311 a BGB n. F. zu §§ 281–283 BGB n. F.

Auch bei § 311 a II BGB n. F. handelt es sich sachlich um ein Verschulden bei Vertragsanbahnung, da der eine Teil ein Leistungsversprechen gegeben hat und dadurch den anderen Teil veranlasst hat, einen Vertrag zu schließen, obwohl er das Leistungshindernis kannte oder hätte kennen müssen.[1181] Die Gewährung des positiven Interesses in § 311 a II BGB n. F. ist aus dem Aspekt heraus sachgerecht, dass der Vertrag gemäß § 311 a I BGB n. F. wirksam ist und der Schuldner für sein Leistungsversprechen einstehen muss.[1182] Auch wird eine weitgehende Gleichbehandlung von anfänglicher und nachträglicher Unmöglichkeit erreicht. Dahinter steht das Bestreben, unterschiedliche Rechtsfolgen zu vermeiden, die im BGB a. F. von dem Zufall abhingen, wann das Leistungshindernis eintrat. Überwiegend geht man davon aus, dass die culpa in contrahendo nun von § 311 a II BGB n. F. verdrängt wird, wenn es um die Verletzung vorvertraglicher Informationspflichten

1179 Dauner-Lieb, in: Dauner-Lieb/Heidel/Lepa/Ring, Das neue Schuldrecht in der anwaltlichen Praxis, S. 109 Rn. 85.

1180 Palandt/Grüneberg, § 311 a Rn. 6.

1181 Zimmer, das neue Recht der Leistungsstörungen, NJW 2002, (1), 8.

1182 Zimmer, a. a. O.

über die eigene Leistungsfähigkeit geht.[1183] Wenn im Fall des § 311 a II BGB n. F. der Verkäufer seine Unkenntnis nicht zu vertreten hat, plädiert Canaris für eine analoge Anwendung des § 122 BGB.[1184] Bei der Anfechtung müsse der Schuldner den Schaden des Gläubigers ersetzen, der durch dessen Vertrauen auf die Möglichkeit der Leistung eingetreten sei. Die Grenze der positiven Interessen dürfe aber nicht überschritten werden.[1185] Die wohl überwiegenden Ansichten lehnen das ab.[1186] Der Gesetzgeber hat diese Frage offen gelassen. Er hat sich für eine Verschuldenshaftung ausgesprochen, indem er betonte, dass der Anspruch auf Schadensersatz, ebenso wie der Anspruch auf Aufwendungsersatz verschuldensabhängig ist.[1187] Gegen eine Garantiehaftung ist einzuwenden, dass § 280 I 2 BGB n. F. Verschulden voraussetzt, ebenso wie §§ 311 II, 241 II BGB n. F. Eine verschuldensunabhängige Haftung würde eine Systemwidrigkeit darstellen. Auch widerspräche sie dem Ziel des Gesetzgebers, anfängliche und nachträgliche Unmöglichkeit weitgehend gleich zu behandeln.

1183 Huber/Faust, Schuldrechtsmodernisierung, S. 212; Palandt/Grüneberg, 74. Auflage, § 311 a Rn. 13.

1184 Canaris, Die Reform der Leistungsstörungen, JZ 2001, (499), 508.

1185 Canaris, a. a. O., 507 f.

1186 Palandt/Grüneberg, 74. Auflage, § 311 a Rn. 14; Jauernig/Vollkommer, § 311 a Rn. 12; Wilmowsky, Pflichtverletzungen im Schuldverhältnis, Beilage zu JuS 2002, Heft 1, (1), 13.

1187 BT-Drucks. 14/6040, S. 165; Canaris, Schuldrechtsmodernisierung, S. 725 ff.

Ausblick

Die Aufgabe des Richters besteht darin, das Recht auf den konkreten Lebenssachverhalt anzuwenden, der ihm vorgelegt wird. Allerdings ist der Richter kein Gesetzgeber. Er setzt kein Recht und erfindet kein Recht. Seine Aufgabe besteht in der Rechtsfindung. „In dem modernen Gesetzesstaat ist die Bindung des Richters an das Recht vornehmlich eine solche an das Gesetz, d. h. an die Fülle der positiv gesetzten Einzelnormen. Jede Einzelnorm ist jedoch verbindlich nur im Rahmen der Gesamtrechtsordnung. Aus dieser erfährt sie gegebenenfalls ihre Ergänzung oder Abänderung. Dies zu erkennen und festzustellen, ist die Aufgabe des Richters".[1188] Die präjudizielle Wirkung von Entscheidungen kann einen Anhaltspunkt für künftige Entscheidungen darstellen. Sie beschränkt sich aber auf die konkret beantwortete Frage und kommt nicht Gesetzen gleich, da die Bindungswirkung fehlt, die den Gesetzen zukommt. Ohne das Richterrecht rechtsquellentheoretisch einordnen zu wollen, kann doch gesagt werden, dass der richterlichen Rechtsfortbildung und dem Richterrecht eine große Bedeutung zukommt. Der Gesetzgeber ist darauf angewiesen, dass Rechtsinstitute wie die culpa in contrahendo von Rechtswissenschaft und Rechtsprechung geklärt werden. Nur so kann der Gesetzgeber sich einen Überblick darüber verschaffen, welchen Inhalt eine Regelung erhalten soll. Die Entwicklung der culpa in contrahendo dauert nun schon über 100 Jahre. Die Schaffung und Existenz dieses Rechtsinstitutes beweisen, dass die Regelungen im BGB a. F. selbst als unzureichend empfunden wurden. Die Bedenken vor der Gefahr einer Billigkeitsrechtsprechung konnten aber nie ganz ausgeräumt werden. Auch aus diesem Grund ergibt sich die Notwendigkeit der Überprüfung des Rechtsinstitutes der culpa in contrahendo. Ihre Normierung im BGB ermöglicht es auch, das Gesetz den Entwicklungen des Rechts anzupassen. Wäre die Forderung Jherings nach einem unwirksamen Vertragsschluss beibehalten worden, hätte dieses Merkmal den Anwendungsbereich der culpa in contrahendo begrenzt. Ihre Ausweitung im heutigen Umfang wäre so wohl nicht möglich gewesen.

1188 Flume, Richter und Recht, in: Verhandlungen des 46. Deutschen Juristentages, Band II, S. K 1 ff.

Literaturverzeichnis

Achilles, A./Greiff, Max: Bürgerliches Gesetzbuch, 8. Auflage, Berlin 1916

Assmann, Heinz-Dieter (Hrsg.): Handbuch des Kapitalanlagerechts, München 1990

Assmann, Heinz-Dieter: Entwicklungstendenzen der Prospekthaftung, WM 1983, 138 ff.

Assmann, Heinz-Dieter: Prospekthaftung, Köln 1985

Ballerstedt, Kurt: Zur Haftung für culpa in contrahendo bei Geschäftsabschluß durch Stellvertreter, AcP 151 (1951), 501 ff.

Bamberger, Heinz-Georg/Roth, Herbert (Hrsg.): Kommentar zum Bürgerlichen Gesetzbuch: Band 1, §§ 1–610, 1. Auflage 2003, Aktualisierung August 2004

Bar, Christian von: Gemeineuropäisches Deliktsrecht, Band I, München 1996

Bar, Christian von: Deliktsrecht, in: Bundesminister der Justiz (Hrsg.), Gutachten und Vorschläge zur Überarbeitung des Schuldrechts, Köln 1981, S. 1681 ff.

Bar, Christian von: Verkehrspflichten. Richterliche Gefahrsteuerungsgebote im deutschen Deliktsrecht, Köln 1980

Bar, Christian von: Vertragliche Schadensersatzpflichten, JuS 1982, 637 ff.

Bar, Christian von: Zur Struktur der Deliktshaftung von juristischen Personen, ihren Organen und ihren Verrichtungsgehilfen, in: Festschrift für Kitagawa, Berlin 1992, S. 280 ff.

Basedow, Jürgen: Grundlagen des europäischen Privatrechts, JuS 2004, 89 ff.

Battes, Robert: Erfüllungsansprüche trotz beiderseits bewussten Formmangels? Zugleich ein Beitrag zur Abgrenzung zwischen vertraglicher und außergeschäftlicher Haftung, JZ 1969, 683 ff.

Bauer, Richard (Hrsg.): Wiguläus Xaver Aloys Freiherr von Kreittmayr 1705–1790, Ein Leben für Recht, Staat und Politik, Festschrift zum 200. Todestag, München 1991

Baumgärtel, Gottfried/von Altrock, Volker/Laumen, Hans Willi/Streider, Joachim: Handbuch der Beweislast im Privatrecht, Band 1, Allgemeiner Teil und Schuldrecht BGB, 2. Auflage, Köln 1991

Behrends, Okko: Das Rechtsgefühl in der historisch-kritischen Rechtstheorie des späten Jhering. Ein Versuch zur Interpretation und Einordnung von Jherings zweitem Wiener Vortrag, in: Rudolf von Jhering, Über die Entstehung des Rechtsgefühls, Napoli 1986, S. 55 ff.

Böhmer, Emil: Zum Begriff der Verbindlichkeiten im Sinn des § 278 BGB, MDR 1961, 566 ff.

Bohrer, Michael: Die Haftung des Dispositionsgaranten, Ebelsbach 1980

Breidenbach, Stefan: Die Voraussetzungen der Informationspflichten beim Vertragsschluss, Dissertation München 1989

Brox, Hans: Allgemeiner Teil des Bürgerlichen Gesetzbuchs: 11. Auflage, München 1987

Bundesminister der Justiz (Hrsg.): Abschlußbericht der Kommission zur Überarbeitung des Schuldrechts, Köln 1992

Bundesminister der Justiz (Hrsg.): Gutachten und Vorschläge zur Überarbeitung des Schuldrechts, Köln 1981

Bundesministerium der Justiz (Hrsg.): Auszug aus dem Abschlußbericht zur Überarbeitung des Schuldrechts: als Diskussionsgrundlage der Abteilung Zivilrecht des 60. Deutschen Juristentages, München 1994

Bürge, Alfons: Römisches Privatrecht, Darmstadt 1999

Bydlinski, Franz: Juristische Methodenlehre und Rechtsbegriff, 2. Auflage, Wien, New York 1991

Bydlinsky, Franz: Hauptpositionen zum Richterrecht, in: JZ 1985, 149 ff.

Bydlinsky, Franz: Möglichkeiten und Grenzen der Präzisierung aktueller Generalklauseln, in: Behrends, Okko (Hrsg.), Rechtsdogmatik und praktische Vernunft, Symposion zum 80. Geburtstag von Franz Wieacker, Göttingen 1990, S. 189 ff.

Bydlinsky, Franz: Privatautonomie und objektive Grundlagen des verpflichtenden Rechtsgeschäfts, Wien 1967

Caemmerer, Ernst von: Gesammelte Schriften I, Rechtsvergleichung und Schuldrecht, Tübingen 1968, S. 452 ff.

Caemmerer, Ernst von: Wandlungen des Deliktsrechts, in: 100 Jahre Deutsches Rechtsleben, Festschrift zum 100-jährigen Bestehen des Deutschen Juristentages, Band 2, Karlsruhe 1960, S. 49 ff. (zitiert: von Caemmerer, Wandlungen)

Canaris, Claus-Wilhelm: Ansprüche wegen „positiver Vertragsverletzung“ und „Schutzwirkung für Dritte“ bei nichtigen Verträgen, JZ 1965, 475 ff.

Canaris, Claus-Wilhelm: Die Feststellung von Lücken im Gesetz, 2. Auflage, Berlin 1983

Canaris, Claus-Wilhelm: Die Reform der Leistungsstörungen (Vortrag auf der Zivilrechtslehrertagung am 31.3.2001 in Berlin), JZ 2001, 499 ff.

Canaris, Claus-Wilhelm: Die Schadensersatzpflicht der Kreditinstitute für eine unrichtige Finanzierungsbestätigung als Fall der Vertrauenshaftung, in: Festschrift für Herbert Schimansky, Köln 1999, S. 43 ff.

Canaris, Claus-Wilhelm: Die Vertrauenshaftung im deutschen Privatrecht, München 1971

Canaris, Claus-Wilhelm: Schuldrechtsmodernisierung 2002, München 2002 (zitiert: Canaris, Schuldrechtsmodernisierung)

Canaris, Claus-Wilhelm: Schutzgesetze – Verkehrspflichten – Schutzpflichten, in: Festschrift für Karl Larenz, München 1983, S. 27 ff. (zitiert: Canaris, Festschrift Larenz II)

Canaris, Claus-Wilhelm: Systemdenken und Systembegriff in der Jurisprudenz, 2. Auflage, Berlin 1983

Canaris, Claus-Wilhelm: Wandlungen des Schuldvertragsrechts – Tendenzen zu einer „Materialisierung", AcP 200 (2000), 274 ff.

Chiusi, Tiziana: Modern, alt und neu: Zum Kauf nach BGB und römischem Recht, JURA 2003, 217 ff.

Choe, Byoung Jo: Culpa in contrahendo bei Rudolph von Jhering, Dissertation Göttingen 1988

Choi, Heng-Sub: Die vorvertragliche Haftung (culpa in contrahendo) und der deliktsrechtliche Schutz primärer Vermögensinteressen, Dissertation Frankfurt 1990

Coing, Helmut: Grundzüge der Rechtsphilosophie, 5. Auflage, Berlin 1993

Craushaar, Götz von: Der Einfluß des Vertrauens auf die Privatrechtsbildung, München 1969

Craushaar, Götz von: Haftung aus culpa in contrahendo wegen Ablehnung eines Vertragsabschlusses – BGH, LM § 276 (Fa) BGB Nr. 28, JuS 1971, 127 ff.

Crezelius, Georg: Culpa in contrahendo des Vertreters ohne Vertretungsmacht, JuS 1977, 796 ff.

Crome, Carl: System des Deutschen Bürgerlichen Rechts, Band I, Tübingen, Leipzig 1900; Band II, Tübingen 1902

Däubler, Wolfgang: Die Reform des Schadensersatzrechts, JuS 2002, 625 ff.

Däubler-Gmelin, Herta: Die Entscheidung für die so genannte Große Lösung bei der Schuldrechtsreform, NJW 2001, 2281 ff.

Daum, Werner: Der Bundesgerichtshof zum finanzierten Abzahlungskauf – zugleich ein Beitrag zur culpa in contrahendo, NJW 1968, 372 ff.

Dauner-Lieb, Barbara (Hrsg.): Das neue Schuldrecht Fälle und Lösungen, Bonn 2002

Dauner-Lieb, Barbara: Die geplante Schuldrechtsmodernisierung – Durchbruch oder Schnellschuss?, JZ 2001, 8 ff.

Dauner-Lieb, Barbara: Kodifikation von Richterrecht, in: Ernst, Wolfgang/Zimmermann, Reinhard (Hrsg.) Zivilrechtswissenschaft und Schuldrechtsreform, Tübingen 2001, S. 305 ff.

Dauner-Lieb, Barbara/Heidel, Thomas (Hrsg.): Schuldrecht, Bonn 2002

Dauner-Lieb, Barbara/Heidel, Thomas/Lepa, Manfred/Ring, Gerhard (Hrsg.): Das neue Schuldrecht in der anwaltlichen Praxis, Bonn 2002

Denck, Johannes: Verdrängung des Haftungsrechts durch Teilungsabkommen?, NJW 1982, 2048 ff.

Dernburg, Heinrich: Die Schuldverhältnisse nach dem Rechte des Deutschen Reichs und Preußens, 1. Band, 4. Auflage, Halle 1901

Die zweite Lesung des Entwurfs eines Bürgerlichen Gesetzbuchs für das Deutsche Reich unter Gegenüberstellung der ersten Lesung, erläutert von Reatz, Erster Band Buch I–III, Berlin 1894

Diers, Ludwig: Ersatzansprüche Dritter bei culpa in contrahendo, Dissertation Münster 1962

Dölle, Hans: Außergesetzliche Schuldpflichten, ZStW 103 (1942/43), 67 ff.

Dörner, Heinrich/Ebert, Ina/Eckert, Jörn/Hoeren, Thomas/Kemper, Rainer/Schulze, Reiner/Staudinger, Ansgar: Bürgerliches Gesetzbuch Handkommentar, 1. Auflage, Baden-Baden 2001 (zitiert: HK-BGB/Bearbeiter)

Eckert, Michael/ Wallstein, Caroline: Das neue Arbeitsvertragsrecht: Vertragsgestaltung nach der Schuldrechtsreform und AGB-Recht (zitiert: Eckert/Wallstein, Das neue Arbeitsvertragsrecht), München 2002

Eichler, Hermann: Die Rechtslehre vom Vertrauen, Privatrechtliche Untersuchungen über den Schutz des Vertrauens, Tübingen 1950

Emmerich, Volker: Das Recht der Leistungsstörungen, 3. Auflage, München 1991

Emmerich, Volker: Zum gegenwärtigen Stand der Lehre von der culpa in contrahendo, JURA 1987, 561 ff.

Engelhard, Hans: Zu den Aufgaben einer Kommission für die Überarbeitung des Schuldrechts, NJW 1984, 1201 ff.

Enneccerus, Ludwig/ Nipperdey Hans Carl: Allgemeiner Teil des Bürgerlichen Rechts, Halbband 1, 15. Auflage, Tübingen 1959, Halbband 2, 15. Auflage, Tübingen 1960

Enneccerus, Ludwig/Lehmann, Heinrich: Schuldrecht, 15. Auflage, Tübingen 1958

Entwurf eines Bürgerlichen Gesetzbuches für das Deutsche Reich: erste Lesung, Amtliche Ausgabe, Berlin 1888

Entwurf eines Bürgerlichen Gesetzbuches für das Deutsche Reich, zweite Lesung, Amtliche Ausgabe, Berlin 1893

Erman, Walter: Handkommentar zum Bürgerlichen Gesetzbuch, 9. Auflage, Münster 1993

Ernst Wolfgang/Zimmermann, Reinhard (Hrsg.): Zivilrechtswissenschaft und Schuldrechtsreform, Tübingen 2001

Ernst, Wolfgang: Kernfragen der Schuldrechtsreform, JZ 1994, 801 ff.

Ernst, Wolfgang/Gsell, Beate: Kaufrechtsrichtlinie und BGB, ZIP 2000, 1410 ff.

Ernst, Wolfgang/Gsell, Beate: Nochmals für eine „kleine Lösung", ZIP 2000, 1812 ff.

Ernst, Wolfgang: Zum Kommissionsentwurf für eine Schuldrechtsreform, NJW 1994, 2177 ff.

Esser, Josef/ Schmidt, Eike: Schuldrecht, Band I, Allgemeiner Teil Teilband 2, 7. Auflage, Heidelberg 1993 (zitiert: Esser/Schmidt, Schuldrecht AT, Teilband 2)

Esser, Josef: Grundsatz und Norm in der richterlichen Fortbildung des Privatrechts, 4. Auflage, Tübingen 1990

Esser, Josef: Richterrecht, Gerichtsgebrauch und Gewohnheitsrecht, in: Festschrift für Fritz von Hippel, Tübingen 1967, S. 95 ff.

Falk, Ulrich/Mohnhaupt, Heinz: Das Bürgerliche Gesetzbuch und seine Richter, Frankfurt 2000

Fikentscher, Wolfgang: Methoden des Rechts in vergleichender Darstellung, Band III. Mitteleuropäischer Rechtskreis, Tübingen 1976

Fikentscher, Wolfgang: Schuldrecht, 8. Auflage, Berlin, New York 1992

Fischer, Karl: Die nicht auf den Parteiwillen gegründete Zurechnung fremden Verschuldens nach dem BGB, München 1904

Fleischer, Holger: Vorvertragliche Pflichten im Schnittfeld von Schuldrechtsreform und Gemeinschaftsprivatrecht, in: Schulze, Reiner/Schulte-Nölke, Hans, Die Schuldrechtsreform vor dem Hintergrund des Gemeinschaftsrechts, Münster 2001, S. 242 ff.

Flume, Werner: Rechtsakt und Rechtsverhältnis, München 1990

Flume, Werner: Allgemeiner Teil des Bürgerlichen Rechts, Band II, Das Rechtsgeschäft, 3. Auflage, Berlin, Heidelberg, New York, 1979

Flume, Werner: Richter und Recht, in: Verhandlungen des 46. Deutschen Juristentages, Band II, S. K 1 ff., Herausgegeben von der Ständigen Deputation des Deutschen Juristentages, Berlin und München 1966

Forschner, Julius: Wechselwirkungen von Aufsichtsrecht und Zivilrecht, Tübingen 2013

Frick, Joachim: Culpa in contrahendo – Eine rechtsvergleichende und kollisionsrechtliche Studie, Dissertation Zürich 1992

Frielé, Reinhold: Tagungsbericht Der 60. Deutsche Juristentag in Münster, JZ 1995, 189 ff.

Frost, Marina: „Vorvertragliche" und „vertragliche" Schutzpflichten, Dissertation Berlin 1981 (zitiert: Frost, Schutzpflichten)

Frotscher, Werner: Gewerberecht, in: Schmidt, Reiner (Hrsg.), Öffentliches Wirtschaftsrecht, Besonderer Teil, Band 1, Berlin 1995

Frotz, Gerhard: Die rechtsdogmatische Einordnung der Haftung für culpa in contrahendo, Gedenkschrift für Franz Gschnitzer, Aalen 1969, S. 163 ff. (zitiert: Frotz, GS)

Furkiotis, Constantin: Die wirtschaftliche Ungleichheit des Kontrahenden, Athen 1953

Gandolfi, Giuseppe: Code européen des contrats, Milano 2002

Gastroph, Bettina: Dogmatik und Entwicklung der culpa in contrahendo, JA 2000, 803 ff.

Geiger, Hansjörg: Sondertagung Schuldrechtsmodernisierung, JZ 2001, 473 ff.

Gerhard, Walter: Der Haftungsmaßstab im gesetzlichen Schuldverhältnis (Positive Vertragsverletzung, Culpa in contrahendo), JuS 1970, 597 ff.

Gernhuber, Joachim: Bürgerliches Recht, 3. Auflage, München 1991

Gernhuber, Joachim, Das Schuldverhältnis, Begründung und Änderung, Pflichten und Strukturen, Drittwirkung, Tübingen 1989

Giaro, Tomasz: Culpa in contrahendo: eine Geschichte der Wiederentdeckungen, in: Falk, Ulrich/Mohnhaupt, Heinz, (Hrsg.), Das Bürgerliche Gesetzbuch und seine Richter, Frankfurt 2000

Glöckner, Hans Peter: Die positive Vertragsverletzung, in: Falk, Ulrich/Mohnhaupt, Heinz, Das Bürgerliche Gesetzbuch und seine Richter, Frankfurt 2000

Glöckner, Hans Peter: Positive Vertragsverletzung Die Geburt eines Rechtsinstituts, Frankfurt 2006

Gogos, Demetrios: Das Zivilgesetzbuch von Griechenland (1940): mit dem Einführungsgesetz/übersetzt und eingeleitet von Demetrios Gogos, Berlin 1951

Goldmann, Eduard/Lilienthal, Leo: Das Bürgerliche Gesetzbuch, Erster Band, Berlin 1903

Gordeley, James: The enforceability of promises in European contract law, Cambridge 2001

Gottwald, Peter: Die Haftung für culpa in contrahendo, JuS 1982, 877 ff.

Grigoleit, Hans Christoph: Reformperspektiven der vorvertraglichen Informationshaftung, in: Schulze Reiner/Schulte-Nölke, Hans, Die Schuldrechtsreform vor dem Hintergrund des Gemeinschaftsrechts, Dissertation Münster 2001, S. 269 ff.

Grigoleit, Hans Christoph: Vorvertragliche Informationshaftung, München 1996

Grundmann, Stefan: Harmonisierung, Europäischer Kodex, Europäisches System der Vertragsrechte, NJW 2002, 393 ff.

Grunewald, Barbara: Die Haftung von Organmitgliedern nach Deliktsrecht, ZHR 157 (1993), 451 ff.

Gsell, Beate: Die Übergangsregelungen für die Verjährungsfristen, NJW 2002, 1297 ff.

Haas, Lothar/Medicus, Dieter/Rolland, Walter/Schäfer, Carsten/Wendland, Holger: Das neue Schuldrecht, München 2002

Hanau, Peter: Arbeitnehmer und Unternehmen im Haftungsbereich, Karlsruher Forum 1993, 24 ff.

Harder, Manfred: Buchbesprechung zu: Palandt: Bürgerliches Gesetzbuch, NJW 1982, 1140

Hattenhauer, Hans (Hrsg.): Allgemeines Landrecht für die Preußischen Staaten, 2. Auflage, Neuwied 1994

Heinrichs, Helmut: Reform des Verjährungsrechts?, NJW 1982, 2021 ff.

Helms, Tobias/Neumann, Daniela/Caspers, Georg/Sailer, Rita/Schmidt-Kessel, Martin: Jahrbuch Junger Zivilrechtswissenschaftler 2001, Das neue Schuldrecht, Freiburg 2001 (zitiert: JbJZivRWiss)

Henne, Thomas/Schröder, Rainer/Thiessen, Jan (Hrsg.): Anwalt – Kommentator – Entdecker Festschrift für Hermann Staub zum 150. Geburtstag am 21. März 2006, Berlin 2006

Hermann, Hans-Georg: Mehr Lotse als Entdecker, Ein zivilistischer Rückblick auf Hermann Staub nach 100 Jahren, in: Henne, Thomas/Schröder, Rainer/Thiessen, Jan (Hrsg.), Anwalt – Kommentator – Entdecker Festschrift für Hermann Staub zum 150. Geburtstag am 21. März 2006, Berlin 2006

Herrmann, Harald: Die Sachwalterhaftung vermögenssorgender Berufe, JZ 1983, 422 ff.

Heß, Burkhard: Das neue Schuldrecht – In-Kraft-Treten und Übergangsregelungen, NJW 2002, 253 ff.

Hohloch, Gerhard: Vorvertragliche Haftung nach culpa-in-contrahendo-Grundsätzen auch zugunsten Dritter? – BGHZ 66, 51, JuS 1977, 302 ff.

Hommes, H. J.: Rudolf von Jherings naturhistorische Methode, in: Wieacker, Franz/Wollschläger, Christian (Hrsg.), Jherings Erbe, Göttinger Symposion zur 150. Wiederkehr des Geburtstags von Rudolph von Jhering, Göttingen 1970, S. 101 ff.

Hondius, Ewoud (Hrsg.): Precontractual Liability, Reports to the XIIIth Congress International Academy of Comparative Law, Deventer 1991

Hondius, Ewoud: Das neue Niederländlische Zivilgesetzbuch, AcP 191 (1991), 378 ff.

Honsell, Heinrich: Römisches Recht, 5. Auflage, Berlin 2002

Hopt, Klaus J., Nichtvertragliche Haftung außerhalb von Schadens- und Bereicherungsausgleich (mit Diskussionsbericht Gottfried Schiemann), AcP 183 (1983), 608 ff.

Hopt, Klaus: Der Kapitalanlegerschutz im Recht der Banken, München 1975

Horn, Norbert: Culpa in Contrahendo, JuS 1995, 377 ff.

Huber, Konrad: Verkehrspflichten zum Schutz fremden Vermögens, in: Festschrift für Ernst von Caemmerer, Tübingen 1978 (zitiert: Huber, Festschrift von Caemmerer)

Huber, Peter/Faust, Florian: Schuldrechtsmodernisierung, München 2002

Huber, Ulrich: Das geplante Recht der Leistungsstörungen, in: Ernst, Wolfgang/ Zimmermann, Reinhard (Hrsg.), Zivilrechtswissenschaft und Schuldrechtsreform, S. 31 ff., Tübingen 2001

Huber, Ulrich: Leistungsstörungen, Band I, Band II, Tübingen 1999

Huber, Ulrich: Leistungsstörungen, in: Gutachten und Vorschläge zur Überarbeitung des Schuldrechts, S. 647 ff., Köln 1981

Hübner, Ulrich: Zur Reform von Deliktsrecht und Gefährdungshaftung, NJW 1982, 2041 ff.

Hübner, Ulrich/Constantinesco, Vlad: Einführung in das französische Recht, 3. Auflage, München 1994

Jauernig, Othmar (Hrsg.): Bürgerliches Gesetzbuch, 10. Auflage, München 2003 (zitiert: Jauernig/Bearbeiter)

Jhering, Rudolf von: Culpa in contrahendo oder Schadensersatz bei nichtigen oder nicht zur Perfection gelangten Verträgen, in: JhJb 4 (1861), S. 1 ff.; Neudruck in: Rudolf von Jhering Gesammelte Aufsätze aus den Jahrbüchern für die Dogmatik des heutigen römischen und deutschen Privatrechts, Aalen 1981, S. 327 ff.

Jhering, Rudolf von: Geist des römischen Rechts auf den verschiedenen Stufen seiner Entwicklung, Band I, 1. Auflage, Leipzig 1852; Band II 2, 1. Auflage, Leipzig 1858; Band III 1, 1. Auflage, Leipzig 1865 (zitiert: Jhering, Geist)

Jhering, Rudolf von: Gesammelte Aufsätze aus den Jahrbüchern des heutigen römischen und deutschen Privatrechts, Bände 1–3, Aalen 1981 (zitiert: Jhering, Gesammelte Aufsätze, Band)

Kaser, Max: Das Römische Privatrecht, Erster Abschnitt, 2. Auflage, München 1971

Kaser, Max/Knütel, Rolf: Römisches Privatrecht, 20. Auflage, München 2014

Kakatsakis, Spyridon: Die culpa in contrahendo nach neuem Schuldrecht, Tübingen 2007

Keller, F.L.: Pandekten, Vorlesungen, Hrsg. Emil Friedberg, Leipzig 1861

Keller, Moritz: Schuldverhältnis und Rechtskreisöffnung, Berlin 2007

Kindler, Peter: Einführung in das italienische Recht, München 1993

Koch, Christian Friedrich: Allgemeines Landrecht für die Preußischen Staaten, Kommentar mit Anmerkungen, Band 1, 4. Auflage, Berlin 1862

Köndgen, Johannes: Die Positivierung der culpa in contrahendo als Frage der Gesetzgebungsmethodik, in: Schulze, Reiner/Schulte-Nölke, Hans, Die Schuldrechtsreform vor dem Hintergrund des Gemeinschaftsrechts, Münster 2001, S. 232 ff.

Köndgen, Johannes: Selbstbindung ohne Vertrag, Tübingen 1981

Krebs Peter: Sonderverbindung und außerdeliktische Schutzpflichten, München 2000

Krebs, Peter: Die große Schuldrechtsreform, DB 2000, Beilage 14

Kreuzer, Karl: Anmerkungen zum Urteil des BGH vom 28.1.1976 (Gemüseblattfall), JZ 1976, 776 ff.

Lackum, Eugen von: Verschmelzung und Neuordnung von „culpa in contrahendo“ und „positiver Vertragsverletzung“ (Zugleich ein Beitrag zur Lehre vom „einheitlichen Schutzpflichtverhältnis“), Dissertation Bonn 1970

Lando, Ole: The Principles of European Contract Law, Dordrecht, Nijhof 1995

Larenz, Karl: Allgemeiner Teil des deutschen Bürgerlichen Rechts, 7. Auflage, München 1989

Larenz, Karl: Bemerkungen zur Haftung für „culpa in contrahendo“, in: Festschrift für Kurt Ballerstedt, Berlin 1975, S. 397 ff. (zitiert: Larenz, Festschrift Ballerstedt)

Larenz, Karl: Culpa in contrahendo, Verkehrssicherungspflicht und sozialer Kontakt, MDR 1954, 515 ff.

Larenz, Karl: Kennzeichen geglückter richterlicher Rechtsfortbildung, Karlsruhe 1965

Larenz, Karl: Lehrbuch des Schuldrechts Band 1, Allgemeiner Teil, 14. Auflage, München 1987 (zitiert: Larenz, Schuldrecht I)

Larenz, Karl: Lehrbuch des Schuldrechts Band II, Halbband 1, Besonderer Teil, 13. Auflage, München 1986

Larenz, Carl/Canaris, Claus-Wilhelm: Lehrbuch des Schuldrechts, Band II, Zweiter Halbband Besonderer Teil, 13. Auflage, München 1994 (zitiert: Larenz, Schuldrecht II/2)

Larenz, Karl: Methodenlehre der Rechtswissenschaft, 5. Auflage, Berlin 1983

Leipold, Dieter: Beweismaß und Beweislast im Zivilprozeß, Berlin 1985

Leonhard, Franz: Verschulden bei Vertragsschlusse, Berlin 1910

Leser, Hans G.: Zu den Instrumenten des Rechtsgüterschutzes im Delikts- und Gefährdungshaftungsrecht (mit Diskussionsbericht Diethelm Klippel), AcP 183 (1983), 568 ff.

Leßmann, Herbert: Haftung für schädigendes Drittverhalten, JA 1980, 193 ff.

Lieb, Detlev: Römischen Recht, 4. Auflage, Göttingen 1993

Lieb, Manfred: Das Bereicherungsrecht de lege ferenda, NJW 1982, 2034 ff.

Lieb, Manfred: Grundfragen einer Schuldrechtsreform (mit Diskussionsbericht Günther Hönn), AcP 183 (1983), 327 ff.

Lorenz, Egon (Hrsg.): Karlsruher Forum 2005: Schuldrechtsmodernisierung – Erfahrungen seit dem 1. Januar 2002

Lorenz, Stephan/Riehm, Thomas: Lehrbuch zum neuen Schuldrecht, München 2002

Lorenz, Stephan: Der Schutz vor dem unerwünschten Vertrag, München 1997

Lorenz, Stephan: Die culpa in contrahendo im französischen Recht, in: ZEuP 1994, 218 ff.

Lorenz, Werner: Anmerkungen zu BGH, Urteil vom 6.7.1965 (VI ZR 47/64), JZ 1966, 143 ff.

Lorenz, Werner: Das Problem der Haftung für primäre Vermögensschäden bei der Erteilung einer unrichtigen Auskunft, in: Festschrift für Karl Larenz, München 1973, S. 575 ff. (zitiert: Lorenz, Festschrift Larenz I)

Losano, Mario: Studien zu Jhering und Gerber, Teil 2, Ebelsbach 1984

Lüsing, Jan: Die Pflichten aus culpa in contrahendo und positiver Vertragsverletzung Baden-Baden 2010

Luhmann, Niklas: Vertrauen, 3. Auflage, Stuttgart 1989

Manigk, Alfred: Willenserklärung und Willensgeschäft, Neudruck der Ausgabe Berlin 1907, Aalen 1970

Matteus, Daniela: Schuldrechtsmodernisierung 2001/2002 – Die Neuordnung des allgemeinen Leistungsstörungsrechts: JuS 2002, 209 ff.

Medicus, Dieter: Abschied von der Privatautonomie im Schuldrecht, Köln 1994

Medicus, Dieter: Allgemeiner Teil des BGB, 6. Auflage, Heidelberg 1994

Medicus, Dieter: Ansprüche auf Schadensersatz, JuS 1986, 665 ff.

Medicus, Dieter: Bürgerliches Recht, 16. Auflage, Köln Berlin, Bonn, München, 1993

Medicus, Dieter: Die culpa in contrahendo zwischen Vertrag und Delikt, in: Festschrift für Max Keller, Zürich 1989 (zitiert: Medicus, Festschrift Keller)

Medicus, Dieter: Gesetzliche Schuldverhältnisse, 2. Auflage, München 2003

Medicus, Dieter: Grenzen der Haftung für culpa in contrahendo, JuS 1965, 209 ff.

Medicus, Dieter: Probleme um das Schuldverhältnis, Berlin, New York 1987

Medicus, Dieter: Schuldrecht I Allgemeiner Teil, 11. Auflage, München 1999 (zitiert: Medicus, Schuldrecht I)

Medicus, Dieter/Lorenz, Stephan: Schuldrecht I Allgemeiner Teil, 21. Auflage, München 2015 (zitiert: Medicus/Lorenz, Schuldrecht AT, 21. Auflage 2015)

Medicus, Dieter: Verschulden bei Vertragsverhandlungen, in: Bundesminister der Justiz (Hrsg.), Gutachten und Vorschläge zur Überarbeitung des Schuldrechts, Köln 1981, S. 479 ff.

Medicus, Dieter: Vertragliche und deliktische Ersatzansprüche für Schäden aus Sachmängeln, in: Festschrift für Eduard Kern, Tübingen 1968, S. 313 ff. (zitiert: Medicus, Festschrift Kern)

Medicus, Dieter: Vorschläge zur Überarbeitung des Schuldrechts: Das allgemeine Recht der Leistungsstörungen, NJW 1992, 2384 ff.

Medicus, Dieter: Zur Entdeckungsgeschichte der culpa in contrahendo, in: Festgabe für Max Kaser zum 80. Geburtstag, Wien 1986, S. 169 ff. (zitiert: Medicus, Festgabe Kaser)

Medicus, Dieter: Zur Funktion der Leistungsunmöglichkeiten im römischen Recht, in: SZ 86, 1969, 67 ff.

Meier, Sonja: Neues Leistungsstörungsrecht: Anfängliche Leistungshindernisse, JURA 2002, 187 ff.

Merten, Detlev (Hrsg.): Kodifikation gestern und heute: Zum 200. Geburtstag des Allgemeinen Landrechts für die Preußischen Staaten, Berlin 1995

Meyer, Herbert: Das Publizitätsprinzip im Deutschen Bürgerlichen Recht, München 1909

Michalski, Lutz: Das Rechtsinstitut der „culpa in contrahendo“ (c.i.c.), JURA 1993, 22 ff.

Mommsen, Friedrich: Die Unmöglichkeit der Leistung in ihrem Einfluß auf obligatorische Verhältnisse (Beiträge zum Obligationenrecht, Abt. 1), Braunschweig 1853

Motive: Motive zu dem Entwurf eines Bürgerlichen Gesetzbuches für das deutsche Reich. Band I, Allgemeiner Teil, Berlin und Leipzig 1888 (zitiert: Motive I); Band II, Recht der Schuldverhältnisse, 2. Auflage, Berlin 1896 (zitiert: Motive II)

Mugdan, Benno: Die gesamten Materialien zum Bürgerlichen Gesetzbuch, Band I, Einführungsgesetz und Allgemeiner Teil, Berlin 1899; Band II, Recht der Schuldverhältnisse, Berlin 1899 (zitiert: Mugdan, Band, Seite)

Münchener Kommentar zum Bürgerlichen Gesetzbuch: Band 1, Allgemeiner Teil, §§ 1–240, 3. Auflage, München 1993 (zitiert: MüKo/Bearbeiter, 3. Auflage); Band 1, Allgemeiner Teil, §§ 1–240, 4. Auflage, München 2003; Band 2, Schuldrecht Allgemeiner Teil, §§ 241–432, 3. Auflage, München 1994; Band 2 a, Schuldrecht Allgemeiner Teil, §§ 241–432, 4. Auflage, München 2003 (zitiert: MüKo/Bearbeiter, 4. Auflage); Band 2, Schuldrecht Allgemeiner Teil, §§ 241–432, 6. Auflage, München 2012 (zitiert: MüKo/Bearbeiter, 6. Auflage); Band 3, §§ 433–406, Schuldrecht Besonderer Teil I, 2. Auflage, München 1995; Band 4, Schuldrecht Besonderer Teil 2, §§ 607–704, 3. Auflage, München 1999; Band 5, Schuldrecht Besonderer Teil III, §§ 705–853, 4. Auflage, München 2004; Band 5, Schuldrecht besonderer Teil III, §§ 705–853, 6. Auflage, München 2013 (zitiert: MüKo/Bearbeiter, 6. Auflage); Band 11, Internationales Handels- und Gesellschaftsrecht, Art. 50–237 EGBGB, 3. Auflage, München 1999

Nickel, Carsten: Die Rechtsfolgen der culpa in contrahendo, Dissertation Berlin 2004

Nirk, Rudolf: Culpa in contrahendo – Eine geglückte richterliche Rechtsfortbildung – Quo vadis?, in: Festschrift für Phillip Möhring, München 1975, S. 71 ff. (zitiert: Nirk, Festschrift Möhring II)

Nirk, Rudolf: Culpa in contrahendo – eine richterliche Rechtsfortbildung in der Rechtsprechung des Bundesgerichtshofes, Festschrift für Philipp Möhring, München, Berlin 1965, S. 385 ff.

Nirk, Rudolf: Die Lehre von der culpa in contrahendo in rechtsvergleichender Darstellung als kritischer Beitrag zur Lehre vom „sozialen Kontakt“, Dissertation Tübingen 1951

Nirk, Rudolf: Rechtsvergleichendes zur Haftung für culpa in contrahendo, in: RabelsZ 18 (1953), S. 310 ff.

Nußbaum, Arthur: Haftung für Hilfspersonen nach § 278 BGB in Vergleichung mit dem gemeinen und Landesrecht, Berlin 1898

Ott, Sieghart: Das neue Schuldrecht – Überleitungsvorschriften und Verjährung, MDR 2002, 1 ff.

Palandt: Bürgerliches Gesetzbuch, 58. Auflage, München 1998 (zitiert: Palandt/ Bearbeiter, 58. Auflage); 62.Auflage, München 2003 (zitiert: Palandt/Bearbeiter, 62. Auflage); 74. Auflage, München 2015 (zitiert: Palandt/Bearbeiter, 74. Auflage)

Palandt: Gesetz zur Modernisierung des Schuldrechts, Ergänzungsband zu Palandt, Bürgerliches Gesetzbuch, 61. Auflage, München 2002 (zitiert: Palandt, Gesetz zur Modernisierung des Schuldrechts)

Peters, Frank: Zur dogmatischen Einordnung der anfänglichen objektiven Unmöglichkeit beim Kauf, in: Festschrift für Max Kaser, München 1976, S. 285 ff.

Pickenbrock, Andreas: Reform des allgemeinen Verjährungsrechts – Ausweg oder Irrweg? in: Helms, Tobias/Neumann, Daniela/Caspers, Georg/Sailer, Rita/Schmidt-Kessel, Martin, Jahrbuch Junger Zivilrechtswissenschaftler 2001, Das neue Schuldrecht, Freiburg 2001, S. 309 ff.

Picker, Eduard: Positive Forderungsverletzung und culpa in contrahendo – Zur Problematik der Haftungen „zwischen" Vertrag und Delikt, AcP 183 (1983), S. 369 ff.

Picker, Eduard: Richterrecht oder Rechtsdogmatik – Alternativen zur Rechtsgewinnung, JZ 1988, S. 1 ff., 62 ff.

Picker, Eduard: Vertragliche und deliktische Schadenshaftung, JZ 1987, 1041 ff.

Planck: Kommentar zum Bürgerlichen Gesetzbuch nebst Einführungsgesetz, Band I, Einleitung und Allgemeiner Teil, Dritte Auflage, Berlin 1903 (zitiert: Planck, 3. Auflage); 4. Auflage, Berlin 1913 (zitiert: Planck, 4. Auflage); Zweiter Band, Recht der Schuldverhältnisse, Dritte Auflage, Berlin 1907 (zitiert: Planck); II. Band, 1. Hälfte, Recht der Schuldverhältnisse (§§ 241–432), Vierte Auflage, Berlin 1914

Pleister, Wolfgang: Persönlichkeit, Wille und Freiheit im Werke Jherings, Ebelsbach 1982

Pohlmann, André: Die Haftung wegen Verletzung von Ausklärungspflichten, Dissertation Berlin 2002

Posch, Willibald: Einführung in das Österreichische Recht, Darmstadt 1985

Pouliadis, Athanassios: Culpa in contrahendo und Schutz Dritter. Betrachtungen zur Rechtsprechung des BGH unter vergleichender Berücksichtigung des griechischen Rechts, Berlin 1982

Protokolle: Protokolle der Kommission für die zweite Lesung des Entwurfs des Bürgerlichen Gesetzbuchs. Band I, Allgemeiner Theil und Recht der Schuldverhältnisse, Abschnitt I, Abschnitt II Titel I, Berlin 1897 (zitiert: Protokolle

Band I); Band II, Recht der Schuldverhältnisse, Abschnitt II, Titel 2–20 Abschnitt II, IV, Berlin 1898

Raab, Thomas: Die Bedeutung der Verkehrspflichten und ihre systematische Stellung im Deliktsrecht, JuS 2002, 1041 ff.

Reichsgerichtsräte-Kommentar: Das Bürgerliche Gesetzbuch mit besonderer Berücksichtigung der Rechtsprechung des Reichsgerichts und des Bundesgerichtshofes. Kommentar herausgegeben von Reichsgerichtsräten und Bundesrichtern. II. Band, 1. Teil, 11. Auflage, Berlin 1959, II. Band, 1. Teil, 12. Auflage, Berlin, New York 1979 (zitiert: RGRK/Bearbeiter)

Reischl, Klaus: Grundfälle zum neuen Schuldrecht, JuS 2001, 40 ff.

Rengier, Hans-Bernhard: Die Abgrenzung des positiven Interesses vom negativen Vertragsinteresse und vom Integritätsinteresse, Berlin 1977

Rolland, Walter: Schuldrechtsreform – Allgemeiner Teil, NJW 1992, 2377 ff.

Savigny, Friedrich Carl von: System des heutigen römischen Rechts, Band I, Berlin 1840, Neudruck 1973, Band III, Berlin 1840, Neudruck 1973 (zitiert: Savigny, System)

Schanze, Erich: Culpa in contrahendo bei Jhering, in: Ius Commune 7 (1978), 326 ff.

Schimmel, Roland/Buhlmann, Dirk (Hrsg.): Frankfurter Handbuch zum neuen Schuldrecht, Neuwied 2002

Schlechtriem, Peter: Entwicklung des deutschen Schuldrechts und europäische Rechtsangleichung, in: Helms, Tobias/Neumann, Daniela/Caspers, Georg/Sailer, Rita/Schmidt-Kessel, Martin, Jahrbuch Junger Zivilrechtswissenschaftler 2001, Das neue Schuldrecht, Freiburg 2001, S. 9 ff.

Schlechtriem, Peter: Rechtsvereinheitlichung in Europa und Schuldrechtsreform in Deutschland, ZEuP 1 (1993), 217 ff.

Schlechtriem, Peter: Schuldrechtsreform, Heidelberg 1987

Schlegelberger, Franz: Abschied vom BGB, Berlin 1937

Schlosser, Hans (Hrsg.): Bürgerliches Gesetzbuch 1896–1986, Heidelberg 1997

Schlosser, Hans: Kodifikation im Umfeld des Preußischen Allgemeinen Landrechts. Der französische Code civil (1804) und das österreichsche Allgemeine Bürgerliche Gesetzbuch (1811), in: Merten, Detlev (Hrsg.), Kodifikation gestern und heute: Zum 200. Geburtstag des Allgemeinen Landrechts für die Preußischen Staaten, Berlin 1995, S. 63 ff.

Schmidt, Eike: Nachwort zu Rudolf von Jherings „culpa in contrahendo“ und Staubs „positiven Vertragsverletzungen“. Neudruck, Bad Homburg, Berlin, Zürich 1969, S. 131 ff. (zitiert: Schmidt, Nachwort)

Schmidt, Eike: Zur Dogmatik des § 278 BGB, AcP 170 (1970), 502 ff.

Schmidt, Jürgen: „Sonderverbindungen“ – eine Problemskizze, in: Gedächtnisschrift für Dietrich Schulz, Berlin, Bonn, München 1987, S. 341 ff.

Schmidt, Karsten: Die Zukunft der Kodifikationsidee: Rechtsprechung, Wissenschaft und Gesetzgebung vor den Gesetzeswerken des geltenden Rechts (zitiert: Schmidt, Die Zukunft der Kodifikationsidee), Heidelberg 1985

Schmidt, Karsten: Haftung und Zurechnung im Unternehmensbereich – Grundlagen im Zivil- und Versicherungsrecht –, Karlsruher Forum 1993, 4 ff.

Schmidt-Räntsch, Jürgen: Das neue Schuldrecht, Köln 2002

Schmude, Jürgen: Schuldrechtsüberarbeitung – eine Herausforderung an den Gesetzgeber, NJW 1982, 2017 ff.

Schubert, Werner (Bearbeiter): Sammlung sämtlicher Erkenntnisse des Reichsgerichts in Zivilsachen, Jahrgang 1902, Goldbach 1993

Schulte-Nölke, Hans: Die schwere Geburt des Bürgerlichen Gesetzbuches, NJW 1996, 1705 ff.

Schulze Reiner/Schulte-Nölke, Hans: Die Schuldrechtsreform vor dem Hintergrund des Gemeinschaftsrechts, Münster 2001

Schulze, Götz: Grundfragen zum Umgang mit modernisiertem Schuldrecht – Wandel oder Umbruch im Methodenverständnis? in: Helms, Tobias/Neumann, Daniela/Caspers, Georg/Sailer, Rita/Schmidt-Kessel, Martin, Jahrbuch Junger Zivilrechtswissenschaftler 2001, Das neue Schuldrecht, Freiburg 2001, S. 168 ff.

Schulze, Reiner: Grundprobleme der Dritthaftung bei der Verletzung von Auskunfts- und Beratungspflichten in der neueren Rechtsprechung, JuS 1983, 81 ff.

Schünemann, Wolfgang: Wandlungen des Vertragsrechts, NJW 1982, 2027 ff.

Schur, Wolfgang: Leistung und Sorgfalt, Tübingen 2001

Schütz, Victor: Die Haftung für das Verschulden von Gehilfen nach dem Recht des Bürgerlichen Gesetzbuchs, Dissertation Jena 1901

Schwab, Martin/Witt, Carl-Heinz: Einführung in das neue Schuldrecht, München 2002

Schwab, Martin: Das neue Schuldrecht im Überblick, JuS 2002, 1 ff.

Schwab, Martin: Grundfälle zu culpa in contrahendo, Sachwalterhaftung und Vertrag mit Schutzwirkung für Dritte nach neuem Schuldrecht, JuS 2002, 773 ff.

Schwartz, Clemens von: Die Haftung des Schuldners für seine Gehilfen nach dem Recht des Bürgerlichen Gesetzbuches, Dissertation Leipzig 1906

Schwennicke, Andreas: Die Entstehung der Einleitung des Preußischen Allgemeinen Landrechts von 1794, Frankfurt 1993

Schwennicke, Andreas: Zwischen Tradition und Fortschritt – Zum 200. Geburtstag des Preußischen Allgemeinen Landrechts von 1794, JuS 1994, 456 ff.

Sessler, Anke: Die Lehre von den Leistungsstörungen Heinrich Stolls Bedeutung für die Entwicklung des allgemeinen Schuldrechts, Berlin 1994

Soergel, Hans Theodor/Siebert Wolfgang: Bürgerliches Gesetzbuch, Band 1 Allgemeiner Teil (§§ 1–240), Stuttgart 1978; Band 2, Schuldrecht I (§§ 241–432), 12. Auflage, Stuttgart 1990; Band 3 Schuldrecht II (§§ 433–515), 12. Auflage, Stuttgart 1991; Band 5/2, Schuldrecht IV/2 (§§ 823–853), 12. Auflage, Stuttgart 1998 (zitiert: Soergel/Bearbeiter); Band 5/1, Schuldrecht 3/1a (§§ 311, 311 a – c, 313, 314), 13. Auflage, Stuttgart 2014 (zitiert: Soergel/Bearbeiter, 13. Auflage)

Sonnabend, Wolfgang: Die Typen der Culpa in Contrahendo – unter besonderer Berücksichtigung des Inhalts des Schadensersatzanspruchs, Bielefeld 1984

Staub, Hermann: Die positiven Vertragsverletzungen, Berlin 1904

Staudinger, Julius von: Kommentar zum Bürgerlichen Gesetzbuch, Erstes Buch, Allgemeiner Teil, §§ 90–240, 12. Auflage, Berlin 1979; Zweites Buch, Recht der Schuldverhältnisse, §§ 243–254, 12. Auflage, Berlin 1983; Zweites Buch. Recht der Schuldverhältnisse, §§ 823–825, 13. Bearbeitung, Berlin 1999; Zweites Buch, Recht der Schuldverhältnisse, §§ 830–838, 13. Bearbeitung, Berlin 1999 (zitiert: Staudinger/Bearbeiter); Buch 2, Recht der Schuldverhältnisse, §§ 311, 311a, 312, 312a-i (Vertragsschluß), Neubearbeitung 2013, Berlin 2013 (zitiert: Staudinger/Bearbeiter, Neubearbeitung 2013)

Steindorf, Ernst: EG-Vertrag und Privatrecht, 1. Auflage, Baden-Baden 1996

Stoeckle, Matthias: Die Arbeitsweise von Ulrich Huber und seine Konzeption des Leistungsstörungsrechts, München 2007

Stoll, Hans: Tatbestände und Funktionen der culpa in contrahendo, in: Festschrift für Ernst von Caemmerer, Tübingen 1978, S. 435 ff.

Stoll, Hans: Vertrauensschutz bei einseitigen Leistungsversprechen, in: Festschrift für Werner Flume, Köln 1978, S. 741 ff.

Stoll, Heinrich: Das Bürgerliche Recht in der Zeitenwende, Stuttgart 1933

Stoll, Heinrich: Haftung für das Verhalten während der Vertragsverhandlungen, LZ 1923, S. 532–548

Stürner, Rolf: Der hundertste Geburtstag des BGB – nationale Kodifikation im Greisenalter?, JZ 1996, 741 ff.

Taupitz, Jochen: Europäische Privatrechtsvereinheitlichung heute und morgen, Tübingen 1993

Teichmann, Arndt: Strukturveränderungen im Recht der Leistungsstörungen nach dem Regierungsentwurf eines Schuldrechtsmodernisierungsgesetzes, BB 2001, 1485 ff.

Thiele, Wolfgang: Leistungsstörung und Schutzpflichtverletzung, JZ 1967, 649 ff.

Thiemann, Rudolf: Culpa in contrahendo – ein Beitrag zum Deliktsrecht, Dissertation Gelsenkirchen 1984

Tiedemann, Klaus: Das neue Strafgesetzbuch Spaniens und die europäische Kodifikationsidee, JZ 1996, 647 ff.

Ulmer, Peter: Die deliktische Haftung aus der Übernahme von Handlungspflichten, JZ 1969, 163 ff.

Ulmer, Peter: Integration des AGB-Gesetzes in das BGB ?, in Schulze, Reiner, Schulte-Nölke, Hans, Die Schuldrechtsreform vor dem Hintergrund des Gemeinschaftsrechts, S. 215 ff.

Verhandlungen des 17. Deutschen Juristentages: Band 1, herausgegeben von dem Schriftführer-Amt der ständigen Deputation, Berlin 1884; Band 2, Berlin 1885

Verhandlungen des 18. Deutschen Juristentages: Band 2, herausgegeben von dem Schriftführer-Amt der ständigen Deputation, Berlin 1886

Vollkommer, Max: Die Konkurrenz des allgemeinen Leistungsstörungsrechts mit den Leistungsstörungsinstituten der besonderen Schuldvertragstypen (mit Diskussionsbericht Udo Wolter), AcP 183 (1983), 525 ff.

Vollmer, Lothar: Haftungsbefreiende Übertragung von Verkehrssicherungspflichten, JZ 1977, 371 ff.

Vosskuhle, Andreas: Kodifikation als Prozeß, in: Schlosser, Hans, Bürgerliches Gesetzbuch 1896–1986, Heidelberg 1997

Wagner, Gerhard: Das Zweite Schadensersatzrechtsänderungsgesetz, NJW 2002, 2049 ff.

Weimar, Willhelm: Ersatz für Personenschaden aus culpa in contrahendo, MDR 1978, 376 ff.

Werner, Horst/Machunsky, Jürgen: Rechte und Ansprüche geschädigter Kapitalanleger, 3. Auflage, Göttingen 1991

Westermann, Harm Peter: Verabschiedung oder Überarbeitung des BGB ?, ZRP 1982, 249 ff.

Westermann, Harry: Haftung für fremdes Verschulden, JuS 1961, 332 ff.

Westphalen, Friedrich Graf von: AGB-Recht ins BGB Eine erste Bestandsaufnahme, NJW 2002, 12 ff.

Wieacker, Franz/Wollschläger, Christian: Jherings Erbe Göttinger Symposion zur 150. Wiederkehr des Geburtstags von Rudolf von Jhering, Göttingen 1970

Wieacker, Franz: Rudolf von Jhering, in: SZ 86, 1969, S. 1 ff.

Wieacker, Franz: Zur Methodik der Rechtsgeschichte, in: Festschrift für Fritz Schwind, Wien 1978 (zitiert: Wieacker, Festschrift Schwind), S. 355 ff.

Wilhelm, Walter: Zur juristischen Methodenlehre im 19. Jahrhundert – Die Herkunft und Methode Paul Labands aus der Privatrechtswissenschaft, Frankfurt 1958

Wilhelm, Walter: Zur Theorie des abstrakten Privatrechts. Die Lehre Jherings, in: Wilhelm, Walter, Studien zur Europäischen Rechtsgeschichte, Frankfurt 1972

Wilmowsky, Peter von: Pflichtverletzungen im Schuldverhältnis – Die Anspruchs- und Rechtsgrundlagen des neuen Schuldrechts, Beilage zu JuS 2002/ Heft 1, 1 ff.

Windscheid, Bernhard: Lehrbuch des Pandektenrechts, Erster Band, 7. Auflage, Frankfurt 1891, Zweiter Band, 7. Auflage, Frankfurt 1891

Wittibschlager, Martina: Einführung in das Schweizerische Recht, München 2000

Wolf, Alfred: Die Überarbeitung des Schuldrechts, Anlässe und Stand der Überlegungen, AcP 182 (1982), 80 ff.

Wolf, Erik: Große Rechtsdenker der deutschen Geistesgeschichte, 4. Auflage, Tübingen 1963

Wolf, Ernst: Kein Abschied vom BGB ?, ZRP 1982, 1 ff.

Wolff, Hans Julius: Der Rechtshistoriker und Privatrechtsdogmatik, in: Festschrift für Fritz von Hippel, Tübingen 1967, s. 687 ff., (zitiert: Wolf, Festschrift Hippel)

Würthwein, Susanne: Zur Schadensersatzpflicht wegen Vertragsverletzungen im Gemeinen Recht des 19. Jahrhunderts – Grundsätze des Leistungsstörungsrechts im Gemeinen Recht in ihrer Bedeutung für das BGB, Berlin 1990

Zimmer, Daniel: Das neue Recht der Leistungsstörungen, NJW 2002, 1 ff.

Zimmermann, Max: Die Haftung des Schuldners für seine Gehilfen nach dem BGB für das Deutsche Reich (§278), Dissertation Leipzig 1907

Zimmermann, Reinhard/Leenen, Detlef/Mausel, Heinz-Peter/Ernst, Wolfgang: Finis Litium? Zum Verjährungsrecht nach dem Regierungsentwurf eines Schuldrechtsmodernisierungsgesetzes, JZ 2001, 685 ff.

Zimmermann, Reinhard: Konturen eines Europäischen Privatrechts, JZ 1995, 477 ff.

Zimmermann, Reinhard: Schuldrechtsmodernisierung?, JZ 2001, 171 ff.

Zippelius, Reinhold: Juristische Methodenlehre, 6. Auflage, München 1994

Zweigert, Konrad/Kötz, Hein: Einführung in die Rechtsvergleichung auf dem Gebiete des Privatrechts, Tübingen 1996

www.ingramcontent.com/pod-product-compliance
Ingram Content Group UK Ltd.
Pitfield, Milton Keynes, MK11 3LW, UK
UKHW021931290926
8980IPUK00016B/1576

9 783631 742716